Das Buch der
Entdeckungen

RAY HOWGEGO

Aus dem Englischen von Michael Haupt

Inhaltsverzeichnis

Einleitung

DIESES BUCH UNTERNIMMT DEN VERSUCH, der Leserschaft einen unterhaltsamen wie zugleich erkenntnisfördernden und verlässlichen Bericht über die Geschichte der Entdeckungen von den frühesten Zeiten bis fast zum heutigen Tag zu bieten. Meine Aufgabe erforderte dabei kaum weniger Unerschrockenheit als die von mir beschriebenen Unternehmungen. Hatte ich mir doch zum Ziel gesetzt, das Thema in Form von 150 relativ kurzen, in sich geschlossenen Essays abzuhandeln, die an ein denkwürdiges Ereignis oder einen hinreichend rühmenswerten Entdecker erinnern, während sie insgesamt den Fortschritt geographischer Erkundungen weltweit und über die Jahrhunderte hinweg untersuchen. Noch anspruchsvoller war die Entscheidung, die Essays streng chronologisch anzuordnen, denn der Verzicht auf jegliche Kontinuität in Raum und Zeit zwang dazu, jeden Essay als Solitär zu entwerfen, der sein eigenes Szenarium schildert und kein Hintergrundwissen voraussetzt. Das ist für einen Leser, der weder die Zeit noch die Neigung hat, das Buch vom Anfang bis zum Ende zu studieren, eine große Erleichterung, doch für den Autor, der immer wieder mit einer leeren Seite beginnen muss, so als gäbe es kein Vorher und Nachher, eine beträchtliche Herausforderung. Dennoch wird der Leser anerkennen, dass kein historisches Ereignis isoliert dasteht, vor allem nicht, wenn es im Prozess kontinuierlicher Aufklärung einen Meilenstein darstellt. In der Hoffnung, dass selbst diejenigen, die leidenschaftlich gern herumblättern, ein wenig Zeit aufwenden, um diese Einleitung zu lesen, schien es mir also eine gute Idee, an dieser Stelle einen kurzen Überblick über die Geschichte der Entdeckungen mit ihren bedeutendsten Ereignissen und ihrem unaufhaltsamen Fortschritt zu geben, um so den Essays einen historischen Hallraum zu verschaffen.

Lange vor dem Beginn der ersten geschichtlichen Aufzeichnungen waren unsere frühesten Vorfahren aus ihrer afrikanischen Heimat in den Nahen Osten und von dort weiter in die Welt hinaus gewandert, und vor nicht weniger als 13 000 Jahren hatte sich *Homo sapiens* in fast allen bewohnbaren Regionen der Erde angesiedelt. Manche Vertreter unserer Spezies führten ein Nomadenleben, während andere sich im Laufe der Zeit zu jenen Landwirtschaft betreibenden Gemeinschaften zusammenschlossen, aus denen später die großen Zivilisationen der Welt erwachsen sollten. Mit der Zeit wurden die Reiche der Alten Welt, um sich kulturell und wirtschaftlich weiterentwickeln zu können, zunehmend von Handelsrouten abhängig, die wiederum, ob zu Land oder zur See, von Menschen erspäht und ausgekundschaftet werden mussten. Diese Wegbereiter waren sicherlich unsere ersten Entdecker. Gedenktexte aus dem alten Ägypten verzeichnen die Namen einiger solcher Entdecker, berichten von ihren Expeditionen nilaufwärts und zum geheimnisvollen Land namens Punt, aber von den unbesungen gebliebenen Helden, die anderswo auf der Welt für Handel und kulturellen Austausch sorgten, wissen wir außer den Wegen, die sie genommen haben müssen, kaum etwas.

Die griechischen und römischen Geographen – darunter Herodot, Strabon und Plinius –, deren Werke die Zeitläufte zum Glück unbeschadet überstanden haben, durchforschten die Schriftrollen nach Hinweisen auf frühe Entdeckungsfahrten und bescherten uns appetitanregende Häppchen in Form von knappen Berichten über erfundene Reisen und schattenhafte, aber namentlich genannte Entdecker, deren Abenteuer bis ins 7. vorchristliche Jahrhundert zurückreichen. Aber die weitreichendsten und konkretesten Fortschritte erfuhr das geographische Wissen durch die Feldzüge Alexanders des Großen und den Aufstieg des Römischen Reichs, sodass um 130 n. Chr. der ehrwürdige Geograph Claudius Ptolemäus aus Alexandria die Gestalt der Erde von den Küsten des Atlantiks bis Indien und darüber hinaus sowie von Schwarzafrika bis zu den unbewohnten Grenzen des hyperboräischen Nordens auf angemessene Weise beschreiben konnte. Aber auch aus der entgegengesetzten Richtung kamen Entdecker – Gesandte der Han-Dynastie in China, die ihren Landsleuten Kunde von einer zivilisierten Welt jenseits des Reichs der Mitte brachten und dabei die einsamen Routen ergründeten, auf denen Ost und West ihren ersten, später dauerhaften Kontakt aufnehmen sollten.

Das 700 Jahre währende Dunkle Zeitalter, das auf Ptolemäus' methodische Beschreibung der bis dato bekannten Welt folgte, erlebte einige Blutauffrischung durch zwei neu sich herausbildende Kulturen, die, wiewohl geographisch weit voneinander entfernt und von ganz unterschiedlichen Motiven geleitet, gleichermaßen Eroberungs- und Entdeckungsdrang besaßen. Vom Nahen Osten breitete sich der Islam über ein weites Gebiet aus, das vom Orient bis nach Spanien reichte und das die Gelehrten friedlich und ungehindert auf der Suche nach neuen Welten und neuen Dimensionen des Wissens durchmessen konnten. Aus Skandinavien strömten Siedler nach Russland, ans Kaspische und Schwarze Meer, über den Nordatlantik nach Island und Grönland und bis zu den Küsten von Nordamerika, wo entfernte Verwandte der menschlichen Diaspora zum ersten Mal seit Zehntausenden von Jahren von Angesicht zu Angesicht aufeinandertrafen. Aber die Fahrten der Wikinger blieben wesentlich bedeutsam nur für sie selbst und ohne Einfluss auf ein kontinentales Christentum, das viel zu sehr mit den eigenen kleinlichen Streitereien beschäftigt war und sich um die große Welt nicht kümmerte. Das sollte sich bald ändern. Jäh wurde Europa aus der Isolation gerissen, als an seinen Grenzen die Reiterhorden furchterregender mongolischer Krieger auftauchten, die aus ihrer Heimat im fernen Asien aufgebrochen waren, um sich die damals bekannte Welt in ihrer Gänze zu unterwerfen. Überraschenderweise waren diese Invasionen von belebender Wirkung auf europäische Entdecker. Sie mussten nun nicht mehr die Gefahren des islamischen Südens bestehen, der schon lange mit dem Christentum wegen des Heiligen Lands im Krieg lag, sondern konnten unter dem Schutz manch europafreundlicher Mongolen-Khans Asien durchwandern.

Nur wenigen gelang es, sich in den Fernen Osten Asiens durchzukämpfen, und bei ihrer Rückkehr berichteten sie von glänzenden Kulturen, brachten Seide, Gewürze und andere im Westen hochgeschätzte Luxusgüter mit. Doch erst im 15. Jahrhundert, mit der Entwicklung hochseetüchtiger Schiffe, begann in Europa das große Zeitalter der Erforschungen und Entdeckungen, in dessen Verlauf die Europäer mit allen Völkern des Erdballs in Kontakt kamen. Zunächst unternahmen die Portugiesen eine ganze Reihe von Erkundungsfahrten entlang der westafrikanischen Küste, anfänglich mit der Absicht, vom lukrativen Goldhandel in der Sahara zu profitieren. Doch dann umrundeten sie das Kap der Guten Hoffnung und eröffneten damit den Seeweg nach Indien, zum malaiischen Archipel und den Gewürzinseln und lokalisierten schließlich das sagenhafte, lang gesuchte Reich des Priesterkönigs Johannes in Äthiopien. Andere jedoch, die wie Kolumbus mit dem Wunsch aufbrachen, eine direktere Route in den Orient zu finden, indem sie westwärts über den Atlantik segelten, stießen zu ihrer Enttäuschung auf eine scheinbar wertlose und undurchdringliche Landmasse, die ihrem Ehrgeiz ein von Pol zu Pol reichendes Hindernis entgegensetzte. Tatsächlich beschränkte sich das erste halbe Jahrhundert der Erforschung beider Amerikas auf die Suche nach einer Möglichkeit, diese Barriere zu überwinden: Magellan fand wie durch ein Wunder eine enge, gewundene Passage am südlichen Ende, und Balboa kletterte über einen Isthmus hinweg, der die beiden Ozeane nur um Haaresbreite voneinander trennte. Cartier und andere fuhren den St.-Lorenz-Strom aufwärts in der fehlgeleiteten Erwartung, so den Pazifik zu erreichen, und die Engländer vergeudeten viele Jahrzehnte mit Irrfahrten im Labyrinth der vereisten Sackgassen, die die Nordküsten des Kontinents umschließen.

Nach der unerwarteten Entdeckung und sinnlosen Zerstörung zweier stattlicher Kulturen – der Azteken und der goldreichen Inkas – lockte Amerika beständig neue, aber gleichermaßen unappetitliche Individuen an: selbstsüchtige Abenteurer und rücksichtslose Schatzjäger, die im Vertrauen auf unentdeckte Reichtümer die Urwälder ebenso durchstreiften wie die wasserlosen Wüsten. Alles, was sie entdeckten, war jedoch die Einsicht, dass der amerikanische Kontinent nur wenig Gelegenheit zu schneller Bereicherung bot. Stattdessen wurde insbesondere der nördliche Teil zum Schauplatz der Kolonialisierung: Man gründete Kolonien und schuf ein Reich in Übersee. Nun kamen Siedler, die ein besseres Leben suchten, Missionare, die unter Heiden ein Neues Jerusalem erbauen wollten, verstoßene Sektierer und politische Flüchtlinge, Pelzhändler und verspätete Konquistadoren – und sie alle wurden die neuen Entdecker, mit denen die Grenzen immer weiter nach Westen über die nordamerikanischen Landschaften und nach Süden bis in die tiefen Dschungel des Amazonas verlagert wurden. Freibeuter bedrohten die spanischen Kolonien, während die Galeonen zwischen den Häfen an der Pazifikküste und den Philippinen hin und her pendelten und visionäre christliche Eiferer noch die entferntesten Südseeinseln zum Ziel ihrer Kreuzzüge machten.

Das 17. Jahrhundert erlebte die Geburt eines weiteren Phänomens: Die Handelsgesellschaft entstand. Kaufleute, die bislang aus rein privatem Gewinnstreben Tauschhandel betrieben, und Schiffe, die die Meere in couragierter Einsamkeit durchpflügt hatten, schlossen sich nun um des gesellschaftlichen Gemeinwohls willen zu mächtigen, zentralistischen Monopolorganisationen zusammen. Die Moskauer Handelsgesellschaft schickte ihre Kaufleute in die Weiten Russlands und Zentralasiens und suchte, wenngleich vergeblich, eine eisfreie Nordost-Passage nach China, während die Ostindien-Gesellschaften Englands und Hollands miteinander um die dicksten Rosinen im Kuchen der Orientmärkte wetteiferten, wobei sie die Portugiesen aus dem Rennen warfen und Kolonialreiche errichteten, die bis ins 20. Jahrhundert hinein Bestand haben sollten. Von ihrem Stützpunkt auf Java stießen die Holländer nach Westen und über den Indischen Ozean nach Süden vor, womit sie durch Zufall an den einsamen, unwirtlichen Küsten West- und Nordaustraliens landeten. Auch Neuseeland wurde damals von ihnen zum ersten Mal gesichtet. Zur gleichen Zeit überwanden christliche Missionare, die bis dahin ihre Aktivitäten auf Indien und die Küstenstädte beschränkt hatten, die hohen Bergpässe des Himalayas und entdeckten die alten Routen Zentralasiens. In China verbreiteten sie den (bis heute dort präsenten) christlichen Glauben und stellten den ersten Kontakt mit den buddhistischen Reichen des tibetischen Hochlands her.

Bei diesen Entdeckungsreisen standen andere Ziele im Vordergrund als die Vermessung der Erdoberfläche, die Erforschung der unendlichen Vielfalt von Fauna und Flora oder die Würdigung unterschiedlicher Kulturen und Ethnien. Dergleichen lief eher zufällig nebenher, wenn es z. B. um die Ausweitung des Handels, die Proselytenmacherei, die Suche nach Gold und die Gründung von Kolonialreichen ging. Aber die wissenschaftliche Revolution stimulierte den Willen zu genauen und verifizierbaren Erkenntnissen, und zugleich gelangten durch Veränderungen in den europäischen Machtverhältnissen Großbritannien, Frankreich und sogar Russland zur Vorherrschaft auf dem Feld globaler Entdeckungsreisen. Damit begann eine Ära der Expansion, in der zum ersten Mal die Erforschung unbekannter Regionen um ihrer selbst willen betrieben wurde. Die alten Landkarten, die noch auf Ptolemäus zurückgehende Namen enthielten, wurden verworfen oder ihrer jahrhundertealten Details entkleidet, sodass riesige weiße Flecken übrig blieben, die nun vermessen und neu beschrieben werden konnten. Umfangreiche, staatlich geförderte Expeditionen strömten in die noch nicht kartierten Weiten Sibiriens und darüber hinaus, während die Erfindung des Chronometers endlich die mit der Bestimmung der Längengrade verbundenen Unklarheiten beseitigte und zu einer Welle von Neubewertungen führte, in deren Gefolge die Kontinente ihre endgültige Gestalt und abgelegene Inseln ihre richtige Position auf den Seekarten erhielten.

Im ersten Jahrzehnt des 19. Jahrhunderts war auch die gesamte Küstenlinie Australiens kartographisch erfasst und damit, binnen nicht einmal fünfzig Jahren, jeder Kontinent mit einer Kontur versehen worden, die sich von der heutiger Karten kaum unterscheidet. Doch noch blieben im Inneren große Gebiete unbekannt oder waren jahrhundertelang nur selten betreten worden. Weitgehend unerforscht war Nordamerika westlich des Mississippi und der Großen Seen. Afrika war, abgesehen von den ausgetretenen Pfaden Äthiopiens und einigen wenigen Expeditionen ins Innere, ein einziger weißer Fleck. Zentralasien, eine Brutstätte interner Zwistigkeiten zwischen verfeindeten Khanaten, hatte man lange Jahre ignoriert, und seine bergigen Grenzgebiete im Osten und Süden blieben einstweilen ein Geheimnis. Australien schien leer, nutzlos und unpassierbar zu sein. Und Südamerika war zwischen dem Mäandergewirr seiner Ströme mit ihren bevölkerungsreichen Siedlungen nur einheimischen Stämmen bekannt, die bislang dem zumeist verheerenden Kontakt mit Europäern hatten entgehen können. Aber am Ende des Jahrhunderts hatte man die Ströme Afrikas befahren, seine Wüsten in alle nur erdenklichen Richtungen durchquert und den Kontinent in ein buntes Patchwork aus kolonialen Enklaven verwandelt. Asien war jetzt das Lieblingsgebiet staubbedeckter, sonnenverbrannter Archäologen, vagabundierender Botaniker auf der Suche nach süß duftenden Zierden für viktorianische Gärten und lautstark an den Toren von Lhasa um Einlass heischender Abenteurer. Nordamerika war, mit Ausnahme der weit nördlich gelegenen, unzugänglichen Gebiete, von der Ost- bis zur Westküste detailliert erfasst worden. Und in Australien, wo die Entdecker bedingt durch das Fehlen jeglicher Infrastruktur vor ihrer größten Herausforderung standen, führte jetzt eine Telegrafenlinie quer durch das „No Man's Land".

In der Arktis suchten die Briten wie besessen nach der Nordwest-Passage, die ihnen Jahrhunderte zuvor entgangen war, während andere unaufhaltsam dem Nordpol entgegenstrebten. In den ersten Jahrzehnten des 19. Jahrhunderts wagte man sich zaghaft in die Antarktis vor, doch die systematische Erkundung dieses Kontinents sollte erst gegen Ende des Jahrhunderts stattfinden, als im Zuge des heroischen Zeitalters der Entdeckungen auch der Südpol erreicht wurde. Als das 20. Jahrhundert heraufdämmerte, waren bis auf die weniger verlockenden Küsten und Eiswüsten der Antarktis nicht mehr viele Regionen größeren Ausmaßes unerforscht geblieben. Noch lockten die Wanderdünen der Ostsahara, die wasserlosen Weiten der Arabischen Halbinsel, die Dunkelheiten Neuguineas, die eisigen Tundren Kanadas, die Regenwälder Südamerikas. Doch auch diese wurden innerhalb der nächsten vierzig Jahre erobert, denn mittlerweile hatte das Flugzeug den Charakter von Entdeckungsreisen völlig verändert.

Sie wurden nun lokal begrenzter und richteten sich auf ganz bestimmte Ziele, wie etwa die Besteigung von Berggipfeln, die Suche nach Bodenschätzen, die Entdeckung bislang unbekannter Stämme oder das Überleben unter extremen Bedingungen, das vielfach der Selbstbestätigung oder der Produktion eines lukrativen Dokumentarfilms diente. Zwar nannten sich noch viele Leute „Entdecker", aber der Begriff hatte an Wert verloren. Er bezeichnete nicht mehr denjenigen, der mit Sextant und Chronometer bewaffnet das Unbekannte ausmisst und Koordinaten bestimmt, sondern jemanden, der einen Bestseller schreiben oder ein Publikum mit Anekdoten und selbstgefälligen Erinnerungen an ermüdende Ausflüge in Jeeps mit Allradantrieb, Navigationssystem und Notfunkbake unterhalten will. Der wahre Geist der Entdeckungsreisen lebt noch fort in den Tiefen der Ozeane, den unterirdischen Labyrinthen der Höhlenforscher und sogar in der unbemannten Erkundung des Weltraums. Doch leider gibt es für all jene, die mit beiden Beinen fest auf der Erde bleiben, nur noch wenige Orte, wo sie gedankenvoll verweilen können in der sicheren Gewissheit, dass noch niemand vor ihnen dort gewesen ist.

Die Reise zum sagenhaften Reich Punt

Die Suche nach dem Seltenen und Exotischen im alten Ägypten

1470 v. Chr.

Um etwas über die ersten Entdecker zu erfahren bzw. über diejenigen, deren Namen bekannt und deren Ambitionen mit denen späterer Fahrensleute vergleichbar sind, müssen wir uns altägyptischen Überlieferungen zuwenden. Um 2270 v. Chr. unternahm Harkhuf, ein Adliger, der von manchen als der „erste bekannte Entdecker" gefeiert wird, vier Expeditionen, die ihn nilaufwärts führten. Bei seiner Rückkehr brachte er allerlei kostbare Sachen mit, zur Freude des Pharaos Pepi, der damals noch ein Knabe war, auch einen „tanzenden Pygmäen", der direkt aus dem „Land der Geister" stammte. Als Ägypten mächtiger wurde und nach weiterem Luxus strebte, wuchs sein Bedarf an exotischen Spezialitäten, insbesondere Weihrauch und Myrrhe, die in den Tempeln und auch zur Einbalsamierung verwendet wurden. Ihre Quelle vermuteten die Ägypter im Südosten, der heiligen Gegend, aus der die Sonne emporstieg. Dort lag das sagenhafte Land namens Punt.

Die früheste Reise nach Punt, von der wir Kunde haben, fand um 2450 v. Chr während der Regentschaft von Sahura statt. Die für den Bootsbau benötigten Materialien wurden mit reiner Muskelkraft über eine 250 Kilometer lange Strecke durch sengend heißes, ausgedörrtes Gelände vom Nil zum Ufer des Roten Meers transportiert. Von dort aus konnte die Reise, abhängig von der Gunst der Winde, mehr als ein Jahr dauern. Um 2000, während der Regentschaft von Mentuhotep III., beschäftigte ein Beamter namens Hennu nicht weniger als 3000 Leute, um diese monumentale Aufgabe zu bewältigen. In den darauffolgenden 500 Jahren scheint es keine Reisen nach Punt mehr gegeben zu haben, der Name aber lebte im Gedächtnis der Ägypter als der eines fernen und fast mythischen Landes weiter, das ihre Vorväter einst besucht hatten. Es war weniger ein konkreter Ort als eine geistige Vorstellung, die unterschiedlichen Menschen Unterschiedliches bedeutete, sodass es für uns sinnlos wäre, zu fragen, wo genau das geheimnisvolle Punt Punt gelegen haben könnte.

Königin Hatschepsut, die erste Frau, die Ägypten mit der vollen Titulatur eines Pharaos regierte, gelangte um 1479 v. Chr. an die Macht. Um ihre Stellung zu legitimieren und sich selbst durch große Taten und grandiose Bauwerke unsterblich zu machen, wollte sie für ihr dem Gott Amun-Re geweihtes Mausoleum einen Gewürzgarten anlegen. Um die Bäume zu bekommen, die ihn schmücken sollten, suchte sie den Kontakt mit Punt wiederherzustellen. Zu diesem Zweck entsandte sie eine Expedition von fünf Schiffen aus Zedernholz, deren Besatzung 210 Mann umfasste. Bei ihrer Rückkehr nach Theben waren die Schiffe mit Myrrhen- und Weihrauchbäumen, Ebenholz, Elfenbein und Zimt beladen. Sie brachten auch Affen und Hunde mit und sogar einige „Puntianer" samt ihren Kindern. Hatschepsut aber erlangte eine Unsterblichkeit, die wohl ihre kühnsten Träume übertraf: Jeden Tag beschauen Hunderte von Touristen die lebendige Beschreibung dieser Expedition, die als Schmuckwerk ihres Totentempels nahe dem Tal der Könige die Jahrtausende überdauert hat.

Rechts Detail des Reliefs vom Totentempel der Hatschepsut bei Deir el-Bahri. Es zeigt die Expedition nach Punt im 16. Jh. v. Chr.

Afrika wird umsegelt

Eine Reise nach Westen, doch mit der Sonne zur Rechten

600 v. Chr.

NECHO II., EIN ÄGYPTISCHER KÖNIG DER 26. DYNASTIE, bestieg 610 v. Chr. den Thron und regierte 15 Jahre lang. Als es an der nordöstlichen Grenze Ägyptens zu feindlichen militärischen Übergriffen kam, führte er in Syrien Krieg gegen die Babylonier, bis deren König Nebukadnezar ihn bezwang und so zum Rückzug nötigte. Necho sann auf Vergeltung und befahl den Bau eines Kanals vom Nil zum Roten Meer. Durch ihn sollten seetüchtige Schiffe zum Indischen Ozean gelangen und Babylonien quasi von hinten angreifen. Aber der Kanal versandete immer wieder, und nachdem 120 000 Ägypter bei den Arbeiten gestorben waren, ließ Necho den Plan fallen. Zudem musste er in Erwägung ziehen, dass die Babylonier im Roten Meer auftauchen und den Kanal zu ihrem Vorteil nutzen könnten.

Nunmehr stellte Necho, wohl um die Verteidigung seiner südöstlichen Grenze nach Asien zu befestigen, im Roten Meer eine Flotte zusammen, die den Befehl hatte, entlang der afrikanischen Küste nach Süden zu segeln und durch die Straße von Gibraltar ins Mittelmeer zurückzukehren. Da Necho wusste, wie sehr seine Kapitäne Ozeanreisen verabscheuten, betraute er phönizische Seeleute mit der Aufgabe. Sie waren nicht nur erfahrene Navigatoren, sondern auch geschworene Feinde Babyloniens. Allerdings konnten sie, wiewohl vertraut mit Afrikas nördlichen und nordwestlichen Küsten, kaum eine Vorstellung davon haben, wie weit sich der Kontinent nach Süden erstreckte. Bedauerlicherweise ist das einzige Zeugnis dieser Reise ein kurzer Abschnitt in Herodots *Historien*, doch kann aus dem Wenigen, was dort notiert ist, der Reiseverlauf nachvollzogen werden: Wenn die Flotte im Juli in See stach, wird sie bei nördlichem Wind und nordöstlichem Monsun im März den Äquator erreicht haben, von wo aus der Agulhas-Strom sie nach Südafrika trug. Hier, so berichten die Seefahrer, seien sie westwärts gesegelt, mit der Sonne zu ihrer Rechten, was Herodot, dem die Erdkrümmung unbekannt war, nicht einleuchtete.

Um sich zu ernähren, verbrachten die Seefahrer wohl immer wieder längere Zeiträume an Land. Im Herbst – dem Frühling der Südhälfte – säten sie Feldfrüchte aus, die sie dann im Jahr darauf ernten konnten. Bei richtiger Beachtung der Gezeiten würden der Benguela-Strom und südöstliche Passate die Flotte entlang der Küste Namibias und zurück in die Äquatorregion gebracht haben. Nach zwei Jahren war das Mittelmeer erreicht, und im dritten Jahr kehrten die Schiffe nach Ägypten zurück. Der Bericht wurde später von Ptolemäus energisch bestritten und seine Ansicht, Afrika sei Teil eines weit nach Süden kontinuierlich ausgedehnten Kontinents, blieb 1500 Jahre lang unangefochten. Moderne Gelehrte dagegen sehen Herodots Ausführungen durchaus im Bereich des Möglichen.

Rechts Dieses phönizische Handelsschiff auf einem im Nationalmuseum des Libanons ausgestellten Sarkophag ist typisch für die Segler, mit denen Nechos Seefahrer Afrika umrundeten.

Entdeckungsreisen in der Antike

Erzählungen über schattenhafte Pioniere

500 v. Chr.

Mit einiger Gewissheit können wir über Entdecker in der Alten Welt nur behaupten, dass wir bei Weitem nicht genug über sie wissen. Die wenigen Geschichten, die es über sie gibt, sind zumeist lange nach ihren Reisen geschrieben worden, oft genug geschrumpft auf ein paar appetitanregende Sätze oder knappe Abschnitte bei Strabon, Plinius und Herodot, die vermuten lassen, dass solche Fahrten nichts Alltägliches waren. Diese vergessenen Entdecker waren die Amundsens und Livingstones ihrer Zeit und dürften schon zu Lebzeiten enormen Ruhm genossen haben.

Herodot erzählt von Kolaios von Samos, der im 7. Jahrhundert v. Chr. von Winden in den Atlantik getrieben wurde. Der römische Dichter Avienus berichtet von Himilko aus Karthago, der im 6. oder 5. vorchristlichen Jahrhundert ebenfalls den Atlantik besegelte, bis er – wie einige vermuten, im Sargassomeer – in eine Flaute geriet. Etwa zur gleichen Zeit umschiffte Hanno, ein Karthager, dessen Bericht uns erhalten ist, die westafrikanische Küste bis zur Äquatorialregion. Dabei kam er an einem Ort vorbei, wo „Ströme von Feuer ins Meer flossen" – ein deutlicher Hinweis auf den Ausbruch eines Vulkans, vielleicht des Mt. Kamerun. Ein Grieche aus Massalia mit Namen Euthymenes erreichte die Mündung des Senegal, die er fälschlicherweise für die Quelle des Nil hielt.

Weit im Westen, so berichtet Herodot, sei der größere Teil Asiens vom persischen König Dareios I. und seinen Kundschaftern erforscht worden. Um 515 v. Chr. wurde Scylax, ein Grieche in persischen Diensten, ausgesandt, um den Verlauf der Flüsse Kabul und Indus zu erkunden. Den Indus fuhr er bis zur Mündung hinab, erkundete die Küsten des Indischen Ozeans, umrundete die Arabische Halbinsel und kehrte nach dreißig Monaten über das Rote Meer nach Persien zurück. Im Jahr 470 entging der Neffe Dareios', Sataspes, der die Tochter eines persischen Adligen vergewaltigt hatte, der dafür vorgesehenen Strafe des Pfählens, indem er sich für etwas „noch Schlimmeres" entschied: die Umschiffung Afrikas. In Ägypten besorgte er sich ein Schiff samt Besatzung, segelte durch die Straße von Gibraltar und hielt sich dann monatelang südwärts. Er landete schließlich an einer Küste, wo Pygmäen lebten, die nur mit Palmblättern bekleidet waren. Da er gegen die nach Norden verlaufende Strömung nicht mehr ankam, drehte er um und kehrte auf demselben Weg, den er gekommen war, nach Ägypten zurück. In Persien regierte unterdessen König Xerxes, der befand, Sataspes habe seinen Auftrag nicht ordnungsgemäß erfüllt, weshalb er ihn, ungeachtet der schon ausgestandenen Strapazen, doch noch pfählen ließ.

Rechts Das Basrelief zeigt den Achämenidenkönig Dareios I. von Persien auf seinem Thron, dem ein von zwei Wachen begleiteter Offizier seine Aufwartung macht. Herodot zufolge hat Dareios im frühen 6. und im späten 5. Jh. v. Chr. große Teile Asiens erkunden lassen.

Alexander der Große: Eroberer und Entdecker

Will man die Welt beherrschen, muss man zuerst ihre Grenzen kennenlernen

326 v. Chr.

Obwohl man Alexander als Entdecker nicht überbewerten sollte, waren seine Reisen von erheblichem Einfluss auf die griechische Geographie. Alexander der Große war hochgebildet und wohlbewandert in Geschichte und Geographie. Als er 334 v. Chr. die Dardanellen überquerte, um Asien zu erobern, hatte er durchaus eine Vorstellung von den Gebieten, die jenseits der Meerenge lagen. Das persische Reich, das unter Dareios I. seinen Höhepunkt erreicht hatte, umfasste die Hälfte der bekannten Welt, vom Bosporus bis zum Indus. Doch östlich des Kaspischen Meers und südwärts zum Arabischen Meer hin wurde die griechische Geographie zunehmend phantasievoller. Alexander hatte von Aristoteles gelernt, dass die Welt eine insulare, vollständig von einem weiten „Ozean“ umgebene Landmasse sei. Er wusste nichts von den Ausmaßen Asiens noch von der Existenz des Arabischen Meers. So wurde sein Bild von der Welt, je weiter er nach Osten vordrang, in allen Himmelsrichtungen infrage gestellt.

Alexander war von der Vorstellung besessen, dass die Beherrschung der Welt sich nur erlangen ließ, indem er zu den Küsten jenes sie umfließenden Ozeans vorstieß. So wurde er nicht nur Eroberer, sondern ein wahrer Entdecker. Zunächst erkannte er, dass das Kaspische Meer nicht, wie von den Geographen behauptet, eine Bucht des Ozeans war. Zudem schienen die Steppen Zentralasiens sich bis in die Unendlichkeit zu dehnen. Im Industal hörte er Berichte über den Ganges, einen mächtigen Strom, der ihn von den Rändern der bekannten Welt noch weiter entfernte. 326, als seine erschöpften Generäle meinten, nun sei es endlich genug, fuhr Alexander mutlos den Indus hinab – den er für den Nil hielt –, um nach Ägypten zurückzugelangen. Doch das Mündungsdelta lag am Arabischen Meer (Indischer Ozean), und von dort brach Nearchos, einer seiner Generäle, mit der Flotte auf, um mit einem Teil der Armee durch den Persischen Golf nach Babylon zu segeln. So war fortan auf griechischen Landkarten das Arabische Meer verzeichnet. Alexander quälte sich mit dem Großteil der Armee durch die Makran-Wüste zurück nach Persien, während Krateros, ein anderer General, im weiten Bogen durch das südliche Afghanistan zog.

Alexanders Reich wurde von seinen Nachfolgern zerschlagen, doch wurden immer wieder Reisen in den Osten unternommen: Um 300 besuchte Megasthenes, ein Grieche aus Ionien, die Ebene zwischen Indus und Ganges, studierte sorgfältig die dortige Bevölkerung und verfasste die vier Bücher der *Indika*, die für die nächsten Jahrhunderte der grundlegende Bericht über diese Region bleiben sollten.

Rechts Das römische Mosaik aus der Casa del Fauno in Pompeji stellt Alexanders Schlacht gegen die Perser 333 v. Chr. bei Issos dar.

Die Entdeckung Britanniens

Die bemerkenswerte Reise des griechischen Händlers und Geographen Pytheas

325 v. Chr.

Schon im 4. vorchristlichen Jahrhundert war die Hafenstadt Massalia, das heutige Marseille, ein wichtiges Handelszentrum. Um 600 v. Chr. von phokäischen Griechen gegründet, lag der Ort günstigerweise dort, wo die ins Binnenland führenden Handelsrouten aufeinandertrafen. Über Massalia lief der Handel der nordwestlichen Mittelmeerregion bis ins von Barbaren bewohnte Hinterland. Um 325, zur gleichen Zeit, als Alexander der Große im Osten bis an die Grenzen der damals bekannten Welt vordrang, schiffte sich ein Bewohner Massalias namens Pytheas ein, um zu einer bemerkenswerten Entdeckungsreise aufzubrechen. Die Aufzeichnungen, die währenddessen gemacht wurden, sollten der erste dokumentierte Bericht über die Küstenlinie Nordeuropas, die britischen Inseln und die Länder des fernen Nordens werden. Von Pytheas selbst ist wenig mehr bekannt, als dass er ein unabhängiger Abenteurer mit begrenzten Mitteln, ein gebildeter und scharfsichtiger Seefahrer mit beträchtlichen wissenschaftlichen Fähigkeiten war.

Pytheas' genaue Reiseroute lässt sich nur hypothetisch aus fragmentarischen Beobachtungen, die in den Werken späterer Geographen erhalten sind, rekonstruieren. Ob er den Golf von Biskaya über Land durch das Tal der Garonne erreichte oder indem er die karthagische Blockade der Straße von Gibraltar durchbrach, ist ungewiss. Jedenfalls umrundete er vom Golf aus die Halbinsel Armorika, die heutige Bretagne, und überquerte den Ärmelkanal nach Cornwall. Dann machte er sich in unbekannter Richtung daran, die „Inseln der Pretani" zu umsegeln. Dabei besuchte er auch die Orkney- und Shetland-Inseln und stieß bis weit in den Norden in das Land „Thule" vor, das wechselweise mit Island oder der norwegischen Küste identifiziert wird. Wieder auf dem Weg nach Süden, segelte er – wie weit und wie lange ist ungewiss – an der Küste Nordeuropas entlang.

Pytheas ging häufig an Land und konnte die Breitengrade sehr genau anhand des Sonnenstands oder der Dauer des längsten Tags berechnen, der in Thule, sechs Segeltage von Britannien entfernt, fast 24 Stunden betrug. Er beschrieb Eisformen, die manche an Flacheis erinnerten, das sich an den Rändern von Treibeis bildet, und er war der erste Grieche, der eine Verbindung zwischen den Gezeiten und den Mondphasen herstellte. Auch beobachtete er die Sitten und Gebräuche der Bewohner, die Herstellung von Getränken aus Weizen und Honig durch Gärung und das allmähliche Verschwinden verschiedener Getreidearten auf dem Weg in den hohen Norden. Seine geographische Abhandlung *Über den Ozean* von 320 v. Chr. ist nicht erhalten. Sie wurde aber so sehr geschätzt, dass daraus überlieferte Zitate noch 900 Jahre lang von Geographen verwendet wurden.

Rechts Pytheas beschreibt Britannien als eine Gegend, in der alte Gebräuche bewahrt werden. Ein eindrucksvolles Zeugnis dafür ist das prähistorische Monument Stonehenge.

Die Entsendung von Zhang Qian in die „westlichen Länder"

Der Pionier der Seidenstraße in diplomatischer Mission

138 v. Chr.

Rechts Die Welt, wie das alte China sie sah. Die Rechtecke umschließen den kaiserlichen Palast. Die inneren Rechtecke bezeichnen die von den den Kaiser dienstbaren Gesellschaftsklassen bewohnten Regionen, während das fünfte, äußerste Rechteck, Huang Fu, den Rest der Welt, den „barbarischen" Bereich jenseits der kaiserlichen Herrschaft, darstellt.

Bevor das Römische Reich sich aus seinem mittelmeerischen Kerngebiet zur vollen Größe entwickelt hatte, war im Osten ein noch größeres Reich entstanden. Um 210 v. Chr. waren die Ch'in aus ihrer Heimat westlich des Wei-Flusses aufgebrochen, um die Länder jenseits der großen Biegung des Gelben Flusses zu erobern und ihre Herrschaft über ganz China auszuweiten. Die Han-Dynastie, insbesondere Kaiser Wu-ti, dehnte die Grenzen sogar noch weiter aus, bis sich das Reich mitsamt seinen Protektoraten von Korea nach Kirgisistan und im Süden bis Vietnam erstreckte. Doch in westlicher Richtung wurde die Expansion fortwährend durch die Xiongnu behindert. Sie waren ein vom Norden eingewandertes Nomadenvolk, dessen mächtiges Reich die nördlichen Grenzen Chinas bedrohte und ein dort ansässiges Volk, die Yuezhi, weit nach Zentralasien abgedrängt hatte. 138 v. Chr. fasste der 18 Jahre alte Wu-ti den Entschluss, eine Gesandtschaft zu den Yuezhi zu schicken, um ihre Unterstützung für einen Zangenangriff auf die Xiongnu zu gewinnen. Zum Leiter der Gesandtschaft hatte er den Höfling Zhang Qian bestimmt, der die Hauptstadt Chang'an, das heutige Xi'an, mit 100 Mann Gefolgschaft und einem Führer aus dem Volk der Xiongnu verließ.

Weit im Westen führte die Route der Gesandtschaft durch das Territorium der Xiongnu. Sie hielten Zhang Qian fest und gaben ihm eine Ehefrau, um ihn abzulenken. Doch Zhang Qian vergaß seinen kaiserlichen Auftrag nicht. Nach zehn Jahren entkam er und konnte seine Reise zu den Yuezhi fortsetzen. Er überquerte die Berge und erreichte nach einigen Wochen das Königreich von Dayuan, das Vergana-Tal des heutigen Usbekistan. In Begleitung von Dolmetschern und Führern reiste er weiter nach Westen durch Kangju – dort liegt heute Samarkand – und wandte sich dann nach Süden, wo er am Fluss Amu Darja das Königreich der Yuezhi fand. Die Yuezhi waren indes mit ihren neuen Weideländern sehr zufrieden und zu einem weiteren Krieg gegen die Xiongnu nicht bereit.

Nach einjährigem Aufenthalt machte Zhang Qian sich unverrichteter Dinge auf den Heimweg und traf nach 13 Jahren Abwesenheit schließlich wieder in Chang'an ein, begleitet von seiner Frau und seinen Führern. Zhang Qians Bericht, der die bereisten Länder und auch weitere, noch entlegenere, umfassend schildert, gehört zu den frühesten Reiseerzählungen eines echten Entdeckers. Zhang Qian war der Erste, der den Chinesen Kunde von einer zivilisierten Welt jenseits ihrer Grenzen gab. Seine geographischen Erkenntnisse regten den Handel an, der dann zur Eröffnung der Seidenstraße führte, dem ersten großen Bindeglied des beginnenden Austauschs zwischen Ost und West.

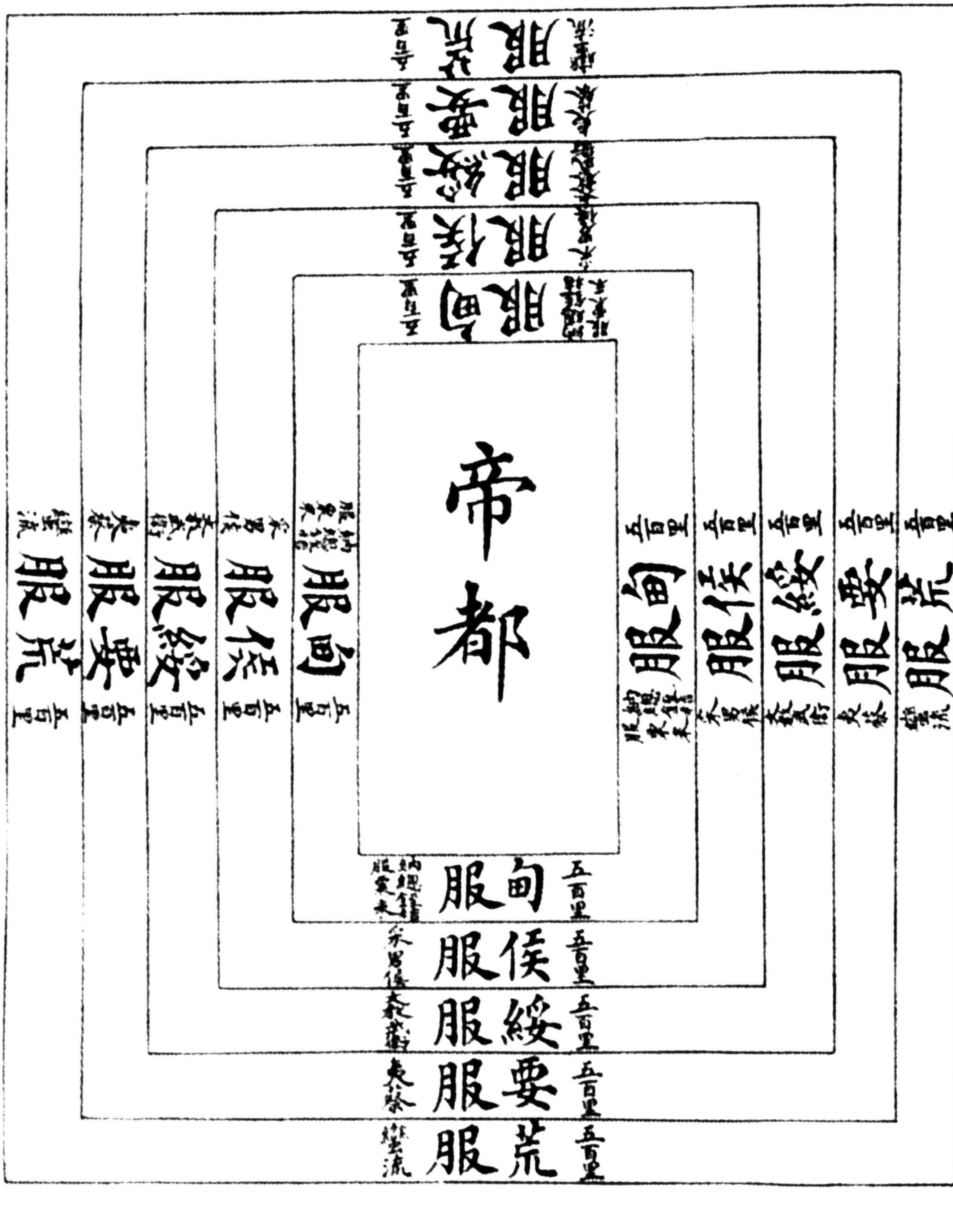
帝都
甸服 五百里
侯服 五百里
綏服 五百里
要服 五百里
荒服 五百里

Entdeckungsreisen in der römischen Kaiserzeit

Fahrten jenseits der Grenzen des Reichs

100 n. Chr.

Vor der Entstehung des Römischen Reichs gibt es so gut wie keine Berichte über eine größere Landreise, abgesehen von Aufzeichnungen aus China und dem Nahen Osten. Unter römischer Herrschaft brachten dann die Feldzüge Julius Cäsars und seiner Nachfolger in den Norden die ersten verlässlichen Nachrichten aus weit entfernten Regionen wie Gallien, Germanien, Britannien und Hispanien. Im Jahr 9 v. Chr. hatte Drusus, Stiefsohn von Kaiser Augustus, die Elbe erreicht. Im Jahr 84 n. Chr. war der römische Senator und Heerführer Agricola bis nach Nordschottland gelangt, von wo aus er eine Flotte entsandte, die Britannien umsegeln sollte. Da man nichts von Pytheas' Reise vier Jahrhunderte zuvor wusste, die auch durch dieses Gebiet geführt hatte, unterwarfen die Römer die Bewohner der vermeintlich unbekannten Orkney-Inseln und sichteten „Thule", womit dieses Mal allerdings die Shetland-Inseln gemeint waren.

Auch in der südlichen Mittelmeerregion gab es Entdeckungen. 42 n. Chr. überquerte Suetonius Paulinus (Sueton), der sich durch den Sieg über die britische Königin Boudica Ruhm erworben hatte, das Atlas-Gebirge, dessen schneebedeckte Gipfel sein Erstaunen erregten. Um 60 n. Chr. sandte der berüchtigte Kaiser Nero zwei Zenturionen aus, die die Quelle des Nil ausfindig machen sollten. Von dieser wichtigen Reise ist nur überliefert, dass die lange Fahrt der Männer in einem riesigen Sumpf voller Gras und Ried endete – dem berüchtigten Sudd, der auch vielen späteren Expeditionen zum Verhängnis werden sollte. Etwa zwanzig Jahre danach marschierte Septimus Flaccus mit einer Armee drei Monate lang durch die Sahara und kam schließlich in ein von Schwarzen bewohntes Land. Ungefähr zur gleichen Zeit durchquerte ein wenig bekannter Abenteurer namens Julius Maternus ebenfalls die Wüste. Er verbrachte damit vier Monate und gelangte in eine Gegend, wo es Rhinozerosse gab.

Besser dokumentiert ist der verhängnisvolle Feldzug des Aelius Gallus, der 25 n. Chr. von Augustus ausgesandt wurde, um mit den Völkern im Westen der Arabischen Halbinsel Verträge zu schließen oder sie anderenfalls zu unterwerfen. Er ging mit seiner Armee von 10 000 Mann in kurzer Entfernung vom Roten Meer an Land und machte sich dann auf den 1500 Kilometer langen Weg nach Arabia Felix, der fruchtbaren Küstenregion, die heute zum Jemen gehört. Leider war sein Führer ein verräterischer Nabatäer, der seine Heimat unbedingt vor den Invasoren bewahren wollte und die Römer deshalb durch endlose Weiten öder Wüsten leitete, sodass viele Soldaten an Hunger und Durst starben. Das Elend wurde noch durch eine ebenso schreckliche wie mysteriöse Krankheit verschlimmert, die nur durch Verabreichung von Öl und Wein, beides mittlerweile höchst knapp geworden, zu heilen war. Nach sechs Monaten drehte Aelius Gallus, dessen Armee durch Tod und Krankheit stark dezimiert war, bei Marib im Land der Sabäer um und machte sich erschöpft auf den Rückweg zur Küste.

Rechts Das Detail eines Bodenmosaiks im Heiligtum der Fortuna östlich von Rom zeigt ein Boot, das Soldaten nilabwärts transportiert.

Die Schätze der Bibliothek von Alexandria

Von Landkarten und geographischen Texten

130 n. Chr.

Gegen Ende des 1. nachchristlichen Jahrhunderts waren die Kenntnisse über die Welt jenseits der Mittelmeerregion beträchtlich angewachsen, und die Bibliothek von Alexandria, die man nach ihrer Zerstörung 48 v. Chr. neu bestückt hatte, enthielt reichlich Material an Landkarten und geographischen Texten. So bekam man Kenntnis von dem griechischen Seefahrer Eudoxos von Kyzikos, der um 116 v. Chr. Handelsreisen nach Indien unternommen hatte, von denen er mit Schiffsladungen voller Duftöle und wertvoller Steine zurückgekehrt war. Eines Tages entdeckte er an der afrikanischen Küste das Wrack eines Schiffs, von dem er glaubte, es habe Afrika umrundet. Daraufhin unternahm er selbst zwei Versuche, von denen der eine mit einer Havarie an der marokkanischen Küste endete, während er vom zweiten nicht mehr zurückkehrte.

Zur ungefähr gleichen Zeit entdeckte der griechische Kaufmann und Seefahrer Hippalos, wie man Monsunwinde nutzen konnte, um direkt nach Indien zu gelangen, ohne sich an der Küste orientieren zu müssen. Damals wurde auch der *Periplus* entwickelt, eine frühe Form der für Seeleute wichtigen Küstenbeschreibung, die viele geographische und handelskundliche Details enthielt, und von dem sich einige Exemplare erhalten haben. Wir erfahren auch etwas über Diogenes, einen weiteren griechischen Kaufmann, den die Winde entlang der afrikanischen Küste bis zu den „Seen, aus denen der Nil fließt", bliesen. Bion von Soli wiederum wagte sich zu den Oberläufen des Nil vor und schrieb eine Abhandlung über Äthiopien, die leider nicht erhalten ist. Ein makedonischer Kaufmann, Maes Titianos, reiste bis zum „Steinernen Turm", einem wichtigen Orientierungszeichen, das wohl im heutigen Südkirgisistan stand, und von wo aus er Vertreter nach China schickte, um mit Seide zu handeln.

Um 100 n. Chr. machte sich der griechische Geograph Marinos von Tyros an die riesige Aufgabe, alle Informationen über die bekannte Welt miteinander in Beziehung zu setzen und jeden namentlich genannten Ort mit einer Koordinate zu versehen. Leider ist von Marinos nur wenig bekannt, und seine Aufzeichnungen samt Karten sind verloren gegangen, aber seine Arbeit wurde fortgeführt von einem Gelehrten, der seine Entdeckungsreisen ebenfalls zu Hause unternahm: Claudius Ptolemäus aus Alexandria. Kurz nach dem Jahr 130 verfasste er seine *Geographia*; es ist das einzige Buch über Kartographie aus der Antike, das vollständig erhalten ist. Die dazugehörigen Karten allerdings gibt es nicht mehr, und das Buch selbst wurde erst zwölf Jahrhunderte nach seiner Niederschrift von Maximus Planudes, einem Theologen aus Byzanz, wiederentdeckt. Planudes war auch der Erste, der, wie später noch viele nach ihm, anhand der ausführlichen Koordinatentabellen des Ptolemäus eine Rekonstruktion der Karten versuchte, die dann, obwohl längst überholt, noch viel genutzt wurden.

Rechts Eine der zahlreichen frühen europäischen Weltkarten, die aus den Koordinatenangaben in Ptolemäus' *Geographia* rekonstruiert wurden, auch wenn die Ortsnamen schon seit 13 Jahrhunderten überholt waren.

Chinesische Pilger suchen Erleuchtung in Indien

„Nicht um des Reichtums oder Ruhms, sondern um der religiösen Wahrheit willen"

400–700

Der Buddhismus gelangte im 1. Jahrhundert n. Chr. nach China und war im 5. Jahrhundert schon fast so populär wie der Taoismus. Aber der Ursprung dieser Religion lag im fernen Indien, wo die Tempel standen und die heiligen Texte verwahrt wurden. Der Weg dorthin war schwierig und gefährlich. Jenseits der Seidenstraße lagen, kaum benutzt und großenteils unpassierbar, die furchterregend abschüssigen Pfade des Karakorum-Gebirges. Die Route über Burma führte den Reisenden durch ein von Stammeskonflikten zerrissenes Gebiet, während für die Reise mit dem Schiff viele den langwierigen Umweg zur Küste auf sich nehmen mussten. Dennoch traten chinesische Mönche in großer Zahl die Pilgerfahrt an. Frömmigkeit und Gelehrsamkeit wiesen ihnen das Ziel: Sie suchten nach den heiligen Schriften des Buddhismus. Der Mönch Yijing, der 671 den Seeweg wählte, berichtet von nicht weniger als 56 solcher Reisen, doch gibt es von den wenigsten ausführliche Dokumente.

Unter denen, die detaillierte Berichte ihrer Reisen hinterlassen haben, ragen besonders zwei hervor: Zum einen der Mönch Faxian (Fa Hsien), der auf der Suche war nach einem vollständigen Exemplar des *Vinaya Pitaka*, einer Sammlung buddhistischer Ordensregeln, und zum anderen Xuanzang (Hsuan Tsang), der zu Füßen der Meister sitzen und Sanskrittexte zur Übersetzung ins Chinesische sammeln wollte. Faxian verließ Chang'an, das heutige Xi'an, im Jahr 399. Um Wegelagerern zu entgehen, schloss er sich einer Karawane an, die die weglose Wüste Taklamakan durchquerte, wo böse Dämonen Sandstürme schickten, um den Reisenden orientierungslos zu machen. Schließlich gelangte Faxian in das blühende Handelszentrum Khotan, von wo aus er das schneebedeckte Gebirge Karakorum durchquerte, „wo Drachen Sturm speien". Der Abstieg brachte ihn nach Peschawar, und nach fünf Jahren erreichte er die Gangesebene, wo er, überwältigt von der Fülle an Bauwerken und heiligen Texten, sechs Jahre verweilte, ehe er über den Golf von Bengalen, Ceylon und Sumatra in die Heimat zurückkehrte.

Xuanzang, ein Mann von außergewöhnlicher Intelligenz und Bildung, verließ Chang'an im Jahr 629. Er durchquerte die Wüste Gobi in Zentralasien, wo nur Steinhaufen und Pferdemist ihm den Weg wiesen. Er folgte dann der nördlichen Seidenstraße, überwand das Gebirge Tien Shan und kam südwärts nach Afghanistan, wo er in Bamiyan die riesige vergoldete Statue des Buddha bewunderte, die von den Taliban 2001 sinnlos zerstört wurde. Xuanzang durchreiste Indien in alle Himmelsrichtungen und blieb bisweilen zwei Jahre lang an den Stätten buddhistischer Unterweisung. Nach 16 Jahren Abwesenheit kehrte er auf etwa dem gleichen Weg, den er gekommen war, nach China zurück. Seine 22 Pferde konnten die Last von 644 heiligen Texten kaum tragen.

Rechts Der Mönch Xuanzang bei seiner Rückkehr von der 16-jährigen Pilgerfahrt nach Indien.

Die islamischen Geographen

Al-rihla fi talab al-`ilm: Reisen um der Erkenntnis willen

006

Nach der Himmelfahrt des Propheten Mohammed führte die Ausbreitung des Islam in den folgenden Jahrhunderten zu religiös-politisch einheitlichen und stabilen Verhältnissen, die es arabischen und persischen Gelehrten erlaubten, viele Gebiete der bekannten Welt ungehindert zu bereisen. Die geographischen Kenntnisse konnten sich durch direkte Beobachtungen in Regionen erweitern, die den Griechen und Römern unzugänglich geblieben waren. Auf diese Weise blühte die geographische Forschung im Islam, deren beste Vertreter es durchaus mit Ptolemäus, Strabon und Plinius aufnehmen konnten.

Arabische und persische Händler unternahmen ausgedehnte Seereisen nach Indien, zu den Ostindischen Inseln, nach China und Afrika. Ahmad al-Ya'qubi reiste zwanzig Jahre lang zwischen Indien und Nordafrika hin und her und konnte 891 den *Kitab al-Buldan* fertigstellen, ein Buch, in dem er alle Länder und die bedeutenderen Städte der islamischen Welt beschrieb. Etwa zur gleichen Zeit gab Ibn Khurdadhbih eine genaue Schilderung der Handelsrouten bis nach Südostasien, wobei er auch China, Korea und Japan erwähnte. 922 überquerte Ahmad ibn Fadlan das Kaspische Meer, fuhr die Wolga aufwärts und wurde Zeuge eines Schiffsbegräbnisses der Wikinger. Al-Muqaddasi, der seine Werke um 985 niederschrieb, bereiste die ganze Welt und schuf die ersten Landkarten mit natürlichen Farben, ähnlich den heutigen. Um 977 gelangte Mohammed ibn Hawqal, der dreißig Jahre in entlegenen Regionen verbrachte, auf der Karawanenroute nach Darfur und zum Tschad-See, segelte auf dem Niger und kam bis ins Königreich von Ghana.

In dieser frühen Zeit des Islam erreichten die geographischen Forschungen ihren Höhepunkt in den komplementären Werken von Abu al-Hasan al-Mas'udi und Abu Raihan al-Biruni. Mas'udi, der einem „muslimischen Herodot" gleichgesetzt wurde, bereiste alle Länder zwischen dem Kaukasus und Ostafrika, der Mittelmeerregion und Indien. Vielleicht als Erster sah er die Wechselwirkung von Geographie und Geschichte. Sein monumentales Werk, der *Akhbar az-Zaman* umfasste dreißig Bände und enthielt Berichte über Königreiche weit außerhalb der islamischen Welt. Biruni wiederum, der als geistiger Vater von Geodäsie und Anthropologie bezeichnet wurde, berechnete 990, im zarten Alter von 17 Jahren, die geographische Breite seiner Heimatstadt. Später unternahm er weite Reisen durch Indien, wo er die Religion und Gebräuche der Einwohner studierte. Er verfasste 146 Bücher über Themen aus allen Gebieten der Naturwissenschaften und bestimmte den Erdumfang bis auf 17 Kilometer genau. Sechs Jahrhunderte lang konnte das Christentum ihm nichts Gleichwertiges an die Seite stellen.

Rechts Die Welt in der Darstellung des arabischen Geographen al-Idrisi. Die 1154 gezeichnete Karte ist gesüdet, Süden ist also oben und Norden unten.

Die Wikinger entdecken Amerika

Westwärts nach Vinland

986–1010

Da gegen Ende des 10. Jahrhunderts so viele Schiffe den stürmischen Nordatlantik in Richtung Grönland durchpflügten, konnte es nur noch eine Frage der Zeit sein, bis eines von ihnen auf die Festlandküste von Nordamerika stoßen würde. 986 wollte Bjarni Herjolfsson in Island seine Familie besuchen, erfuhr aber, dass sein Vater alles verkauft und mit den Kolonisten Eriks des Roten nach Grönland gezogen war. Bjarni machte sich auf den Weg, wurde jedoch am dritten Tag von einem starken Nordwind an eine unbekannte Küste mit dichtem Wald getrieben. Als er endlich in Grönland angekommen war, zeigte man dort wenig Interesse für Bjarni Herjolfssons Entdeckung von Labrador. Erst 15 Jahre später entschloss sich Leif Eriksson, der Sohn von Erik dem Roten, Bjarnis Schiff zu erwerben und selbst auf Entdeckungsfahrt zu gehen.

Leif Eriksson verließ Grönland einige Zeit nach der Jahrtausendwende und folgte mit 15 Mann Besatzung Bjarnis Kurs in umgekehrter Richtung. Zuerst sichtete er Helluland, die kahle, bergige Spitze der Baffin-Insel, die nicht besonders verlockend wirkte. So segelte er weiter südwärts nach Markland, jener dicht bewaldeten Küste, von der Bjarni erzählt hatte. In einiger Entfernung davon lag Vinland, wo ein sehr viel gemäßigteres und milderes Klima herrschte. Hier verbrachte er den Winter. Im darauffolgenden Sommer kehrte Leif nach Grönland zurück und sang Loblieder auf Vinland, sein Gras und seine Trauben, seine Wälder und seine Lachse. Wuchs dort wirklich Wein, wenn es das war, was Leif meinte, oder spielte er, wie schon sein Vater, einfach nur den Propagandisten? Da er mit der Verwaltung der Kolonie genug zu tun hatte, betraute er seinen Bruder, Thorvald Eriksson, mit der Aufgabe einer zweiten Expedition, die jedoch böse endete, denn Thorvald fiel einem Indianderpfeil zum Opfer.

Ein weiterer Kolonisierungsversuch wurde erst wieder um 1010 unternommen, als Thorfinn Karlsefni, ein isländischer Seefahrer und Leifs Schwager, mit etwa sechzig Männern, ihren Frauen sowie etlichem Hausvieh aufbrach, um Leifs Route wiederzufinden und in Vinland eine Kolonie zu gründen. Die sagenhaften Erzählungen darüber unterscheiden sich in Einzelheiten, aber anscheinend verbrachten die Siedler drei Winter dort – vermutlich auf der nördlichsten Spitze von Neufundland –, bis Konflikte mit den lange Zeit friedlichen Eingeborenen ihre Lage unhaltbar machten.

Archäologische Funde belegen die Anwesenheit von Nordmännern in Neufundland, aber in welchem Ausmaß der Kontakt mit Nordamerika in späteren Jahren aufrechterhalten wurde, ist ungewiss. Fragmentarische Hinweise lassen darauf schließen, dass noch bis zur Mitte des 14. Jahrhunderts Reisen stattfanden; danach verfielen die weit entfernten Siedlungen.

Rechts Die berühmte Vinland-Karte, die heute allgemein als moderne Fälschung gilt, zeigt angeblich die Entdeckungen der Nordmänner in der Neuen Welt.

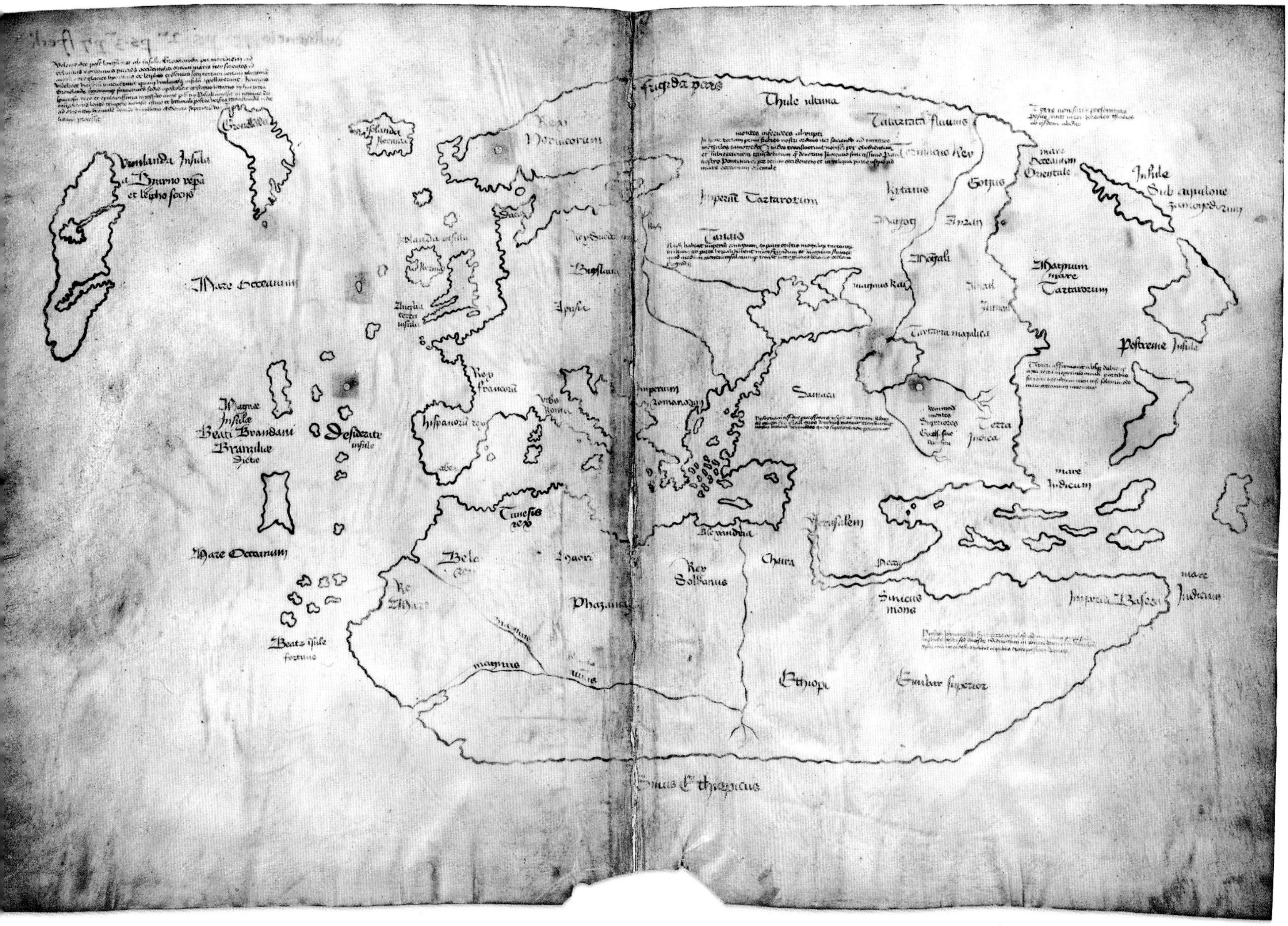
Vinlanda Insula
Mare Oceanum
Thule ultima
Magnum mare Tartarorum
Postreme Insule
mare Indicum
Alexandria
Rex Solbanus
Sinus Ethiopicus

Chang Chuns Reise zum Lager von Dschingis Khan

Yin und Yang im kriegsgebeutelten Zentralasien

1220

Der mächtige Kriegsherr Dschingis Khan hatte nur zwei Jahrzehnte benötigt, um die Mongolenstämme Zentralasiens zu einer kollektiven Streitmacht zusammenzuschweißen und ein Reich zu schaffen, das sich vom Tien Shan-Gebirge bis zum Chinesischen Meer erstreckte. 1219 stand er an der westlichen Grenze seiner Besitzungen, bereit zum Angriff auf das gewaltige Reich der Choresmier, das zwischen ihm und dem Persischen Golf lag. Aber der große Khan war mittlerweile fast sechzig Jahre alt. Voller Angst gedachte er seiner Sterblichkeit, und mit Besorgnis überlegte er, ob seiner Herrschaft nicht „irgend etwas ermangelte". So suchte er leidenschaftlich jene spirituelle Unterweisung, die nur ein Mann von anerkannter Weisheit vermitteln konnte. Mit einer für ihn ungewöhnlichen Demut bat er den berühmten, 71 Jahre alten taoistischen Weisen Qiu Chuji, besser bekannt als Chang Chun, zu ihm zu kommen. Nun wohnte dieser zwar 3000 Kilometer entfernt am Ufer des Gelben Meers, doch war er bereit, der Einladung Dschingis Khans zu folgen, denn er wollte im Khan das Mitgefühl für den gewöhnlichen Menschen wachrufen und auf diese Weise der Tötungslust, die zum Schreckenszeichen der mongolischen Feldzüge geworden war, Einhalt gebieten.

1220 machte sich Chang Chun, begleitet von 18 Schülern, von denen einer die Reise in einem Tagebuch festhielt, auf den Weg. Zunächst ging es 1000 Kilometer nach Norden. Den Winter verbrachte die Gruppe in einem entlegenen taoistischen Kloster. Dann wandten sich die Reisenden nach Westen und durchquerten die Wüste Gobi, wo „auf 10 000 li [5000 km] kein Baum zu sehen ist". Sie überlebten auch die Hagelstürme der „unfassbar kalten Berge" und durchmaßen die heutige Mongolei in ihrer ganzen Breite. Im September 1221 erreichte Chang Chun das nördliche Xinjiang. Als die Hitze tagsüber unerträglich wurde, reiste er bei Nacht und rieb die Pferde mit Blut ein, um böse Geister fernzuhalten. Er hielt sich nun westwärts, kam durch Taschkent und Samarkand, überquerte in südlicher Richtung den Hindukusch und gelangte schließlich im Mai 1222 zum Lager der Mongolen im nordöstlichen Afghanistan. Zwar konnte der taoistische Weise dem Khan kein Unsterblichkeitselixir anbieten, erklärte ihm dafür aber, dass zum guten Leben ein reines Herz und die Abkehr von weltlichen Begierden gehöre, während eine gute Herrschaft ihre Grundlage in der Liebe des Volkes habe. Im April 1223 nahm Chang Chun Abschied von Dschingis-Khan und verfolgte seine Route bis zur westlichen Mongolei, um dann direkt durch die Wüste Gobi nach China zurückzukehren, wo er Ende des Jahres eintraf. Obwohl die Mongolen den Choresmiern noch mehrere vernichtende Niederlagen beibrachten, wird behauptet, dass zahllose Menschen ihr Leben den erleuchteten Unterweisungen des Khans durch Chang Chun verdankten.

Rechts Der taoistische Weise Chang Chun meditiert über die Wunder der Natur.

長春丘

Europäische Gesandtschaften reisen zum Khan der Mongolen

Im Herzen Zentralasiens findet das Christentum seinen Meister

1245 – 55

Vor dem 13. Jahrhundert hatten die Christen im Westen nur höchst unklare Vorstellungen davon, was jenseits der Fürstentümer des europäischen Russlands und der Kreuzzugsgebiete des Nahen Ostens lag. Vage und phantasievolle Bilder malten sie sich von Asien aus, wie etwa die Herrschaft des Priesterkönigs Johannes, eines mächtigen Fürsten, der irgendwo weit im Innern ein christliches Reich regieren sollte. Seltsamerweise brachte der Aufstieg des Mongolenreichs Ost und West schließlich einander näher, denn nachdem die Mongolen Osteuropa verwüstet hatten, sorgten sie für jene politische Stabilität der *Pax Mongolica*, die es Reisenden nunmehr erlaubte, ungehindert von den christlichen Ländern nach China zu reisen. Das wollte Papst Innozenz IV. nutzen, weil er – höchst anmaßend und arrogant – meinte, der „Große Khan" der Mongolen könne für das Christentum gewonnen werden. Dabei hatte er jedoch nicht bedacht, dass der Khan das Erscheinen eines Gesandten als Geste der Ergebenheit und Unterwerfung werten würde, die nicht nur den Gesandten selbst betraf, sondern auch das von ihm vertretene Oberhaupt.

Die erste Gesandtschaft, die sich auf den Weg zu den Mongolen machte, brach 1245 von der päpstlichen Residenz in Lyon auf. Geleitet wurde sie von dem Franziskanermönch Giovanni da Pian del Carpini. Aber als er mit seinem polnischen Gefährten nach einem Jahr in dem an der Wolga gelegenen Lager von Batu bei dem Befehlshaber der mongolischen Westfront eintraf, beschied dieser ihnen, dass sie zur Erfüllung ihres Auftrags weiter nach Osten reiten müssten, zum Hof des obersten Herrschers. „Weiter" bedeutete hier: 5000 Kilometer. So verbrachten sie 106 Tage im Sattel; ihre Körper hatten sie fest bandagiert, um sich nicht wundzuscheuern. Den Khan trafen sie dann in seinem Lager nahe der mongolischen Hauptstadt Karakorum an. Indes war dieser, Guyuk mit Namen, keineswegs bereit, zum Christentum überzutreten. Im November 1246 schickte er die Reisenden, versehen mit einem selbstbewussten Antwortschreiben an den Papst, zurück nach Frankreich. Sieben Jahre später schickte der französische König Ludwig IX. den Mönch Wilhelm von Rubruk in diplomatisch-politischer Mission nach Osten. Die Reise wurde für Wilhelm zu einer spirituellen Erfahrung sondergleichen. Er folgte im Wesentlichen der Route von Carpini, genoss aber die Bequemlichkeit eines von Ochsen gezogenen Planwagens. Am Palmsonntag 1254 traf er in Karakorum ein, wo er zu seinem Erstaunen Handwerker aus ganz Europa und Asien antraf, unter ihnen auch einen Goldschmied aus Paris. Rubruks detaillierter, mit Sympathie und Scharfblick verfasster Bericht, ist vollständig erhalten und blieb in mancher Hinsicht bis ins 19. Jahrhundert unübertroffen.

Rechts Der Brief des Khans, den Carpini nach seiner Rückkehr 1247 Papst Innozenz IV. übergab.

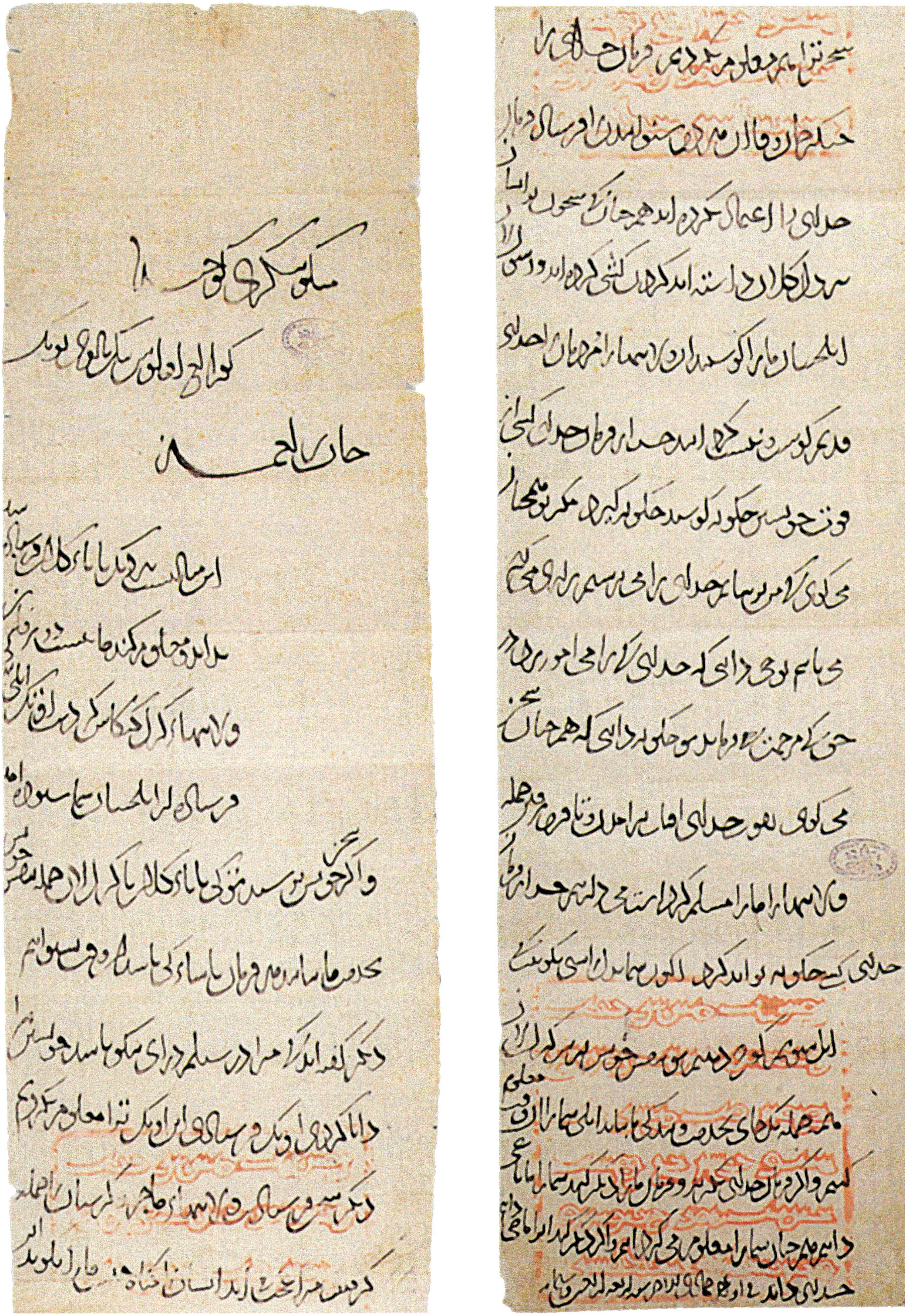

Marco Polo und die Entdeckung Chinas

„Ich habe nur die Hälfte von dem erzählt, was ich gesehen habe"

1271 – 95

Die *Pax Mongolica*, die die Mönche Rubruk und Carpini nach Zentralasien brachte, eröffnete auch anderen Reisenden den Weg zum Großkhan Guyuk in der Absicht, seine Unterstützung zu gewinnen: In den Jahren 1249 bis 1251 stieß der Mönch André de Longjumeau tief ins Innere Asiens vor, um den Khan zu einem Bündnis gegen den Islam zu bewegen. 1254 besuchte der kilikische König Hetoum (oder Hayton) Karakorum mit demselben Begehren. Der Bericht über seine Reise wurde für die nächsten 300 Jahre zur Pflichtlektüre. Angesichts der Stabilität des Mongolenreichs konnte es nicht lange dauern, bis wagemutige Kaufleute, allen voran die im Fernhandel führenden Venezianer, sich die Situation zunutze machen und die alten Seidenstraßen wieder eröffnen würden. Bereits im 14. Jahrhundert waren Handelsreisen durch Asien fast alltäglich geworden.

Soweit uns bekannt ist, wurde der zu Lande betriebene Handel mit China von zwei italienischen Juwelenhändlern, den Brüdern Niccolò und Maffeo Polo, ins Leben gerufen. Ihre Reise begann 1260 und dauerte neun Jahre, von denen sie drei in Buchara verbrachten. Sie gelangten schließlich an den Hof von Kublai Khan, der Priester und Gelehrte suchte, die seinen Hof in den Sitten und Gebräuchen des Westens unterweisen konnten. Diese Aufgabe zu erfüllen waren die Brüder aber nicht in der Lage, und so kehrten sie nach Venedig zurück. Jedoch schon 1271 brachen sie erneut in Richtung China auf und nahmen diesmal Niccolòs 17-jährigen Sohn Marco mit. Sie durchquerten Gebiete, die noch nie zuvor ein Europäer betreten hatte – die persischen Wüsten, die Pässe des Pamirs, das tibetische Hochland und die Ausläufer der Wüste Gobi – und trafen im Mai 1275 am Hof des Khans ein.

Marco Polo unternahm dann im Dienste des Khans viele Reisen, die ihn in alle Regionen des Reichs führten, bis er 1295 auf dem Seeweg über Südostasien nach Venedig zurückkehrte. Seinen Bericht, bekannt geworden je nach überlieferter Version unter dem Titel *Il Milione* oder auch *Buch der Wunder, Beschreibung der Welt*, diktierte er angeblich in einer Gefängniszelle in Genua. Durch ihn erfuhren westliche Leser zum ersten Mal über den Reichtum und die gewaltige Ausdehnung Chinas sowie über seine herausragenden Leistungen in Kultur, Wissenschaft und Handwerk. Anfänglich hielt man Marco Polos Erzählungen für phantastisch und unzuverlässig, doch später gewannen sie solche Anerkennung, dass Kolumbus sie zwei Jahrhunderte später benutzte, um seine Reise nach Westen zum Orient zu planen. Gegen Ende des 20. Jahrhunderts tauchten Zweifel an ihrer Authentizität auf, die sich jedoch, zumindest nach Ansicht des Verfassers dieser Zeilen, mittlerweile als weitgehend unberechtigt erwiesen haben.

Rechts Das Detail aus dem Katalanischen Atlas von 1375 zeigt auf der linken Tafel, auf den Kopf gestellt, Marco Polos Karawane.

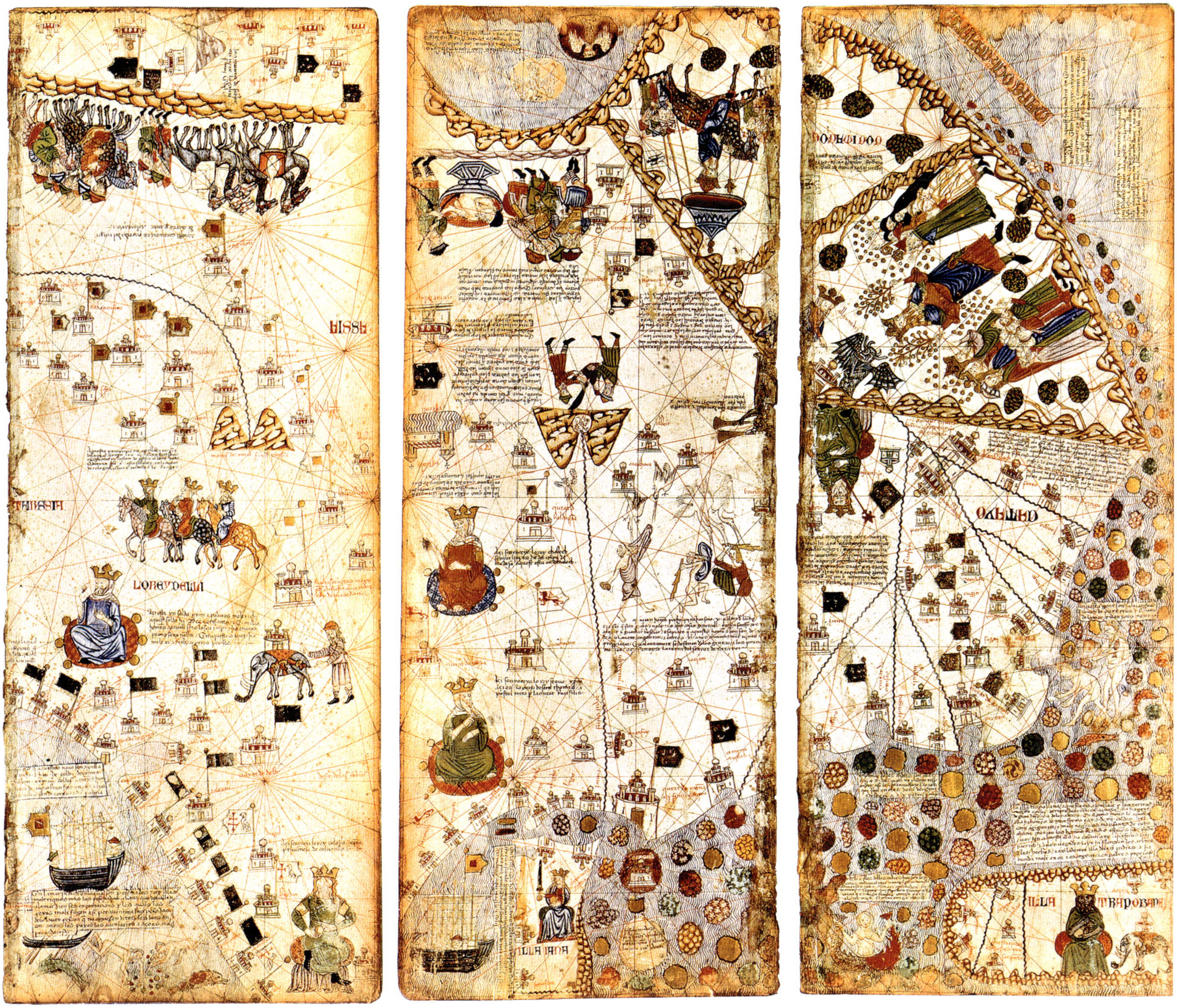

Bar Sauma und Odorico da Pordenone

Das Christentum sucht Bündnispartner im Orient

1280–1330

Während Marco Polo die Gastfreundschaft Kublai Khans in China genoss, machte sich ein chinesischer Christ, Rabban Bar Sauma, zu einer langwierigen, zehn Jahre währenden Reise in den Westen auf. Der Mönch, ein Angehöriger der (christlichen) Nestorianischen Kirche, die längs der Seidenstraße viele Klöster errichtet hatte, begab sich zuerst in das nordpersische Maragha, die kulturelle Heimstatt der Kirche, das mit seinem Observatorium und einer 400 000 Bände umfassenden Bibliothek ein damals weltweit einmaliges Bildungszentrum darstellte. Bar Sauma hatte den Auftrag, ein gegen Ägypten gerichtetes Bündnis zwischen Mongolen, Nestorianern und Katholiken zu schmieden. 1287 traf er in Rom ein und überbrachte die willkommene Botschaft, dass der Khan dem Christentum freundlich gesonnen und bereit sei, Missionare unter seinen Schutz zu stellen. Damit begann die Ausweitung missionarischer Tätigkeiten, die bis zum Sturz der Mongolenherrschaft achtzig Jahre später dauern sollte. 1294 wurde der franziskanische Missionar Giovanni da Montecorvino in Peking willkommen geheißen. Er erbaute dort eine Kirche und wurde der erste Erzbischof der Stadt. Andere, wie etwa Giovanni de Marignolli, sollten bald folgen, aber von ihren Reisen haben sich nur wenige Berichte vollständig erhalten oder schlummern vielleicht noch unentdeckt in den Archiven.

Der detaillierteste Bericht über Reisen von Franziskanern nach China stammt von Odorico da Pordenone, einem italienischen Mönch, der seine Fahrten um 1316 begann. Von Persien segelte er nach Westindien, wo er ein Jahr bei der christlichen Gemeinde nahe dem heutigen Chennai verbrachte. Dann ging es mit der Dschunke weiter über Sumatra und Java nach China, wo er um 1322 ankam. Drei Jahre später trat Odorico von der Hauptstadt des Khans, Kambaluk, dem heutigen Peking, über Land die Rückreise an. Sie führte ihn durch Zentralasien, Persien und Kleinasien. 1330 war er wieder in Padua. Unglücklicherweise ist sein einflussreicher Bericht, der von Schwindlern wie dem angeblichen Weltreisenden John de Mandeville weidlich plagiiert wurde, eine Sammlung von Merkwürdigkeiten und Anekdoten, unterhaltsam, aber geographisch eher vage und unzusammenhängend. Mit großen Augen bestaunt er den glänzenden Palast des Khans, beschreibt Hangzhou als „größte Stadt der Welt" und Kanton (Guangzhou) als „dreimal so groß wie Venedig". Er hat diese Städte mit eigenen Augen gesehen, doch ist es, wie für mittelalterliche Erzählungen üblich, nicht immer einfach, persönliche Beobachtungen von dem zu trennen, was der Reisende aus zweiter Hand erfuhr. Immerhin hat Odorico als Erster Tibet erwähnt und die ungewöhnlichen Gebräuche, die dort gepflegt wurden. Ob er tatsächlich Lhasa betreten hatte, ist Gegenstand heftiger Kontroversen gewesen. Er starb bald nach seiner Rückkehr und wurde in Udine begraben. Seine Grabstätte war ein beliebter Pilgerort, an dem angeblich manch Wunder gewirkt wurde.

Rechts Das Wandgemälde zeigt eine Prozession nestorianischer Priester. Es ist heute noch in der Höhle der Tausend Buddhas bei Bezeklik zu sehen, wo die Seidenstraße in den Nordosten der Wüste Taklamakan führt.

Ibn Battuta berichtet von Wanderungen aus dreißig Jahren

Pilgerfahrten eines großen Reisenden

1325 – 54

Für seine Bewunderer ist Mohammed ibn Battuta einer der grössten Reisenden aller Zeiten. Fast dreißig Jahre lang durchwanderte er die islamische Welt. Er legte dabei schätzungsweise 120 000 Kilometer zurück und durchmaß, nach heutiger Geographie, 44 Länder, traf weise und gute Menschen und vertraute alles, was er sah und tat, seinem Gedächtnis an. Zwar war er nicht im eigentlichen Sinn ein Entdecker – erst seine letzte Reise führte ihn über die normalen Handelsrouten des *Dar al-Islam*, „Haus des Islam", hinaus –, doch ist sein Bericht *Rihla* bis heute eine der umfassendsten Darstellungen der Welt des 14. Jahrhunderts. Ibn Battuta wurde in Tanger geboren und begab sich 1325, im Alter von 21 Jahren, auf die Pilgerfahrt zu den heiligen Stätten in Mekka und Medina. Er tat dies nicht nur aus Glaubenspflicht, sondern wollte auch die berühmten Gelehrten des Ostens kennenlernen, um so seine Eignung für das Richteramt zu fördern. Doch schon bald erkannte er, dass es zur geistigen Erfüllung mehr bedurfte als den Hadsch, die Pilgerfahrt nach Mekka, vielmehr wollte er nun „die ganze Erde" kennenlernen.

So unternahm Ibn Battuta nach seinem Besuch in Mekka eine Rundreise durch die klassischen Länder der islamischen Kultur und begab sich dann zu den Handelsniederlassungen an der ostafrikanischen Küste, in Südarabien und am Persischen Golf. 1332 zog es ihn nordwärts nach Kleinasien; er überquerte das Schwarze Meer und besuchte die westlichen Khanate des Mongolenreichs. Über Zentralasien und Afghanistan gelangte er auf dem Landweg nach Indien, wo er neun Jahre lang blieb. 1342 schickte ihn der Sultan als Gesandten zum mongolischen Kaiser von China. Diese Reise führte ihn entlang der Küste von Malabar zu den Malediven, nach Ceylon, Bengalen und Assam und von dort über Sumatra zur großen chinesischen Hafenstadt Quanzhou. Bei seiner Rückkehr gelangte er nach Syrien, wo gerade die Pest wütete. Er machte sich deshalb gleich wieder auf den Weg nach Nordafrika und Spanien und kehrte schließlich 1351 in seine Heimat zurück. Doch konnte er nicht ruhen, bis er den letzten Außenposten des Islam gesehen hatte. Der Weg durch die Sahara führte ihn ins Königreich von Mali, dessen vormaliger Herrscher, Mansa Musa, in aller Pracht auf der Pilgerfahrt nach Mekka durch Ägypten gezogen war. Über Timbuktu, dessen Blütezeit noch nicht begonnen hatte, und nach einer abermaligen gefährlichen Durchquerung der Sahara kehrte Ibn Battuta im Jahr 1354 endgültig nach Marokko zurück. Die vielbändige Beschreibung seiner Reisen, die er ausschließlich aus dem Gedächtnis diktierte, blieb lange Zeit unbeachtet und wurde erst 600 Jahre später von Gelehrten wiederentdeckt.

Rechts Weltkarte aus einem anonymen arabischen Werk mit dem Titel *Buch der Erschaffung und Geschichte* (*Kitab al-Bad' wa-al-ta'rikh*), Osten ist oben.

ياجوج
ماجوج

Die sieben Reisen des Admirals Zheng He

Aufstieg und Fall des chinesischen Seereichs

1405 – 33

Die Dynastie der Mongolen in China, die so viele westliche Missionare und Kaufleute willkommen geheißen hatte, fand 1368 ein gewaltsames Ende. Nun übernahm zum ersten Mal seit vielen Jahren eine einheimische Dynastie, die der Ming-Kaiser, die Herrschaft. Sie kehrte zurück zu alten Sitten und Gebräuchen und verfolgte nach außen eine aggressive Politik, um noch die entferntesten Grenzregionen unter staatliche Gewalt zu bringen. Als 1402 der dritte Ming-Kaiser, Yongle, den Thron bestieg, weitete die Dynastie ihr Interessengebiet über die traditionellen Grenzen aus, indem sie zahlreiche kostspielige Gesandtschaften in alle Teile Asiens und zu den Inseln schickte. Sie dienten nicht der Entdeckung, denn sie folgten den jahrhundertealten Handelsrouten chinesischer Kaufleute. Ihr Auftrag war es, Chinas Handelsinteressen mit massivem Druck durchzusetzen.

Die bei weitem größten und prestigeträchtigsten dieser Expeditionen waren die Seereisen des Admirals Zheng He, eines muslimischen Eunuchen und Favoriten am Hof von Yongle. In einem Zeitraum von mehr als zwanzig Jahren unternahm er sieben Reisen, bei denen er den Indischen Ozean mit riesigen, ehrfurchtgebietenden Dschunkenflotten überwand. Seine erste Expedition umfasste nicht nur 62 dieser Schiffe, von denen einige zehnmal so groß waren wie herkömmliche Dschunken, sondern dazu noch 225 Begleitboote. Die Besatzung bestand aus insgesamt 27 780 Mann. Sieben Jahre lang, von 1405 bis 1411, schwärmten Zheng Hes Flotten aus und gelangten über die Ostindischen Inseln bis zur Küste von Malabar. Eine vierte Reise (1413 – 1415) führte an den arabischen Küsten entlang das Rote Meer hinauf bis Djidda. Die Heimreisen wurden häufig von ausländischen Gesandten begleitet. Von der fünften Reise (1416 – 1419) brachte Zheng He seinem Kaiser eine erstaunliche Sammlung exotischer wilder Tiere mit, darunter auch eine Giraffe, auf die er seltsamerweise in Bengalen aufmerksam geworden war. Das Tier erregte in China so großes Aufsehen, dass man es von diesem Zeitpunkt an als Zeichen göttlicher Vorsehung verehrte.

Die sechste und siebte Reise (1421 sowie 1431 – 1433) dienten der Erkundung der afrikanischen Küste, und die Flotte gelangte möglicherweise bis zur Straße von Mosambik. Doch wenn neuere Kommentatoren behaupten, Zheng He sei noch sehr viel weiter gekommen, dürfte dabei der Wunsch der Vater des Gedankens sein, denn es gibt keine Hinweise darauf, dass chinesische Schiffe über den Indischen Ozean hinausgelangt wären. Yongle starb 1424, und sein Nachfolger wandte sich bald darauf näherliegenden Problemen zu. Die Gelder für den Schiffbau wurden gestrichen und Zehng Hes Name aus den Annalen getilgt. Zwar betrieben chinesische Kaufleute weiterhin einen schwunghaften Handel, doch mussten sie nun ohne kaiserliche Protektion auskommen.

Rechts Die erst kürzlich entdeckte chinesische Weltkarte wird von einigen Optimisten auf die Zeit von Zheng Hes Reisen datiert. Doch handelt es sich wohl eher um die Kopie einer europäischen Karte aus dem frühen 17. Jh.

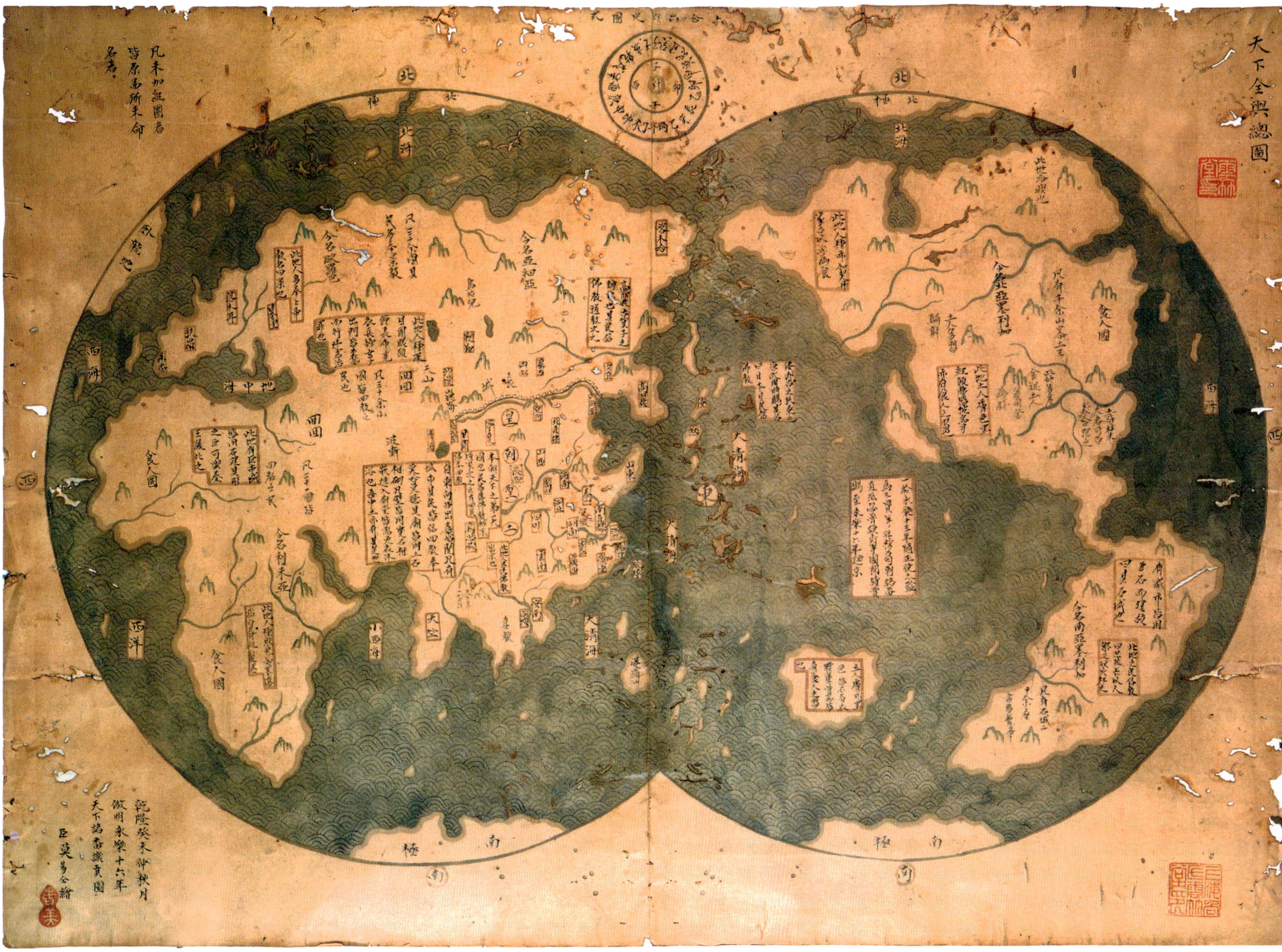
天下全輿總圖
凡未加紅圖者
皆原圖所未命
名者
乾隆癸未仲秋月
倣明永樂十六年
天下諸番識貢圖
臣莫易仝繪

Die bemerkenswerte Odyssee von Niccolo de' Conti

Reisen in Verkleidung

1414 – 37

VON DER MITTE DES 14. BIS ZUM ENDE DES 15. JAHRHUNDERTS gelang es nur wenigen Europäern, weiter über die Handelszentren der Levante hinaus nach Osten vorzudringen. 1404 konnte Ruy González de Clavijo, ein vom kastilischen König Heinrich III. ausgesandter Ritter, der in diplomatischer Mission nach Tamerlan unterwegs war, Samarkand erreichen. In den darauffolgenden Jahren fand Johann Schiltberger, ein deutscher Kaufmann, von dem sonst wenig bekannt ist, auf abenteuerliche Weise nach Zentralasien und in die westlichen Gegenden Sibiriens. Doch all jene, die ausschließlich die islamische Welt bereisen wollten, mussten sich gewisser Täuschungen bedienen, indem sie sich als Araber verkleideten und zumindest nach außen hin islamischen Sitten und Gebräuchen folgten, wobei sie immer der Gefahr ausgesetzt waren, durchschaut zu werden. Der bekannteste und einflussreichste war der venezianische Kaufmann Niccolo de' Conti, der um 1414 in Damaskus lebte. Da er die arabische Sprache fließend beherrschte und mit den lokalen Umgangsformen vertraut war, konnte er es wagen, inkognito zu reisen, denn er wollte wissen, auf welchen Handelswegen Gewürze in den Persischen Golf gelangten. Seine Odyssee sollte mehr als zwanzig Jahre dauern.

Der genaue Verlauf und die Chronologie seiner Reisen sind unbekannt, doch lässt sich mit einiger Sicherheit sagen, dass de' Conti zunächst durch die Wüste nach Bagdad und Basra und von dort zu den großen Hafenstädten Indiens und Ceylons gelangte. Drei Monate lang segelte er den Ganges aufwärts, überquerte Berge und Ebenen hin zum Burmesischen Reich, wo er dem Irawadi flussaufwärts bis zur Hauptstadt Ava folgte. Weiter besuchte er auf den normalen Handelsrouten Sumatra, Java und Champa (das heutige Vietnam), um dann über Indien und das Rote Meer zurückzukehren. Um 1435 traf er in Kairo ein. Hier musste der venezianische Händler zwei Jahre lang auf seine Reisepapiere warten und konvertierte während dieser Zeit nach einigem Widerstreben zum Islam. Zwei seiner vier Kinder und seine indische Frau starben an der Pest.

Im Jahr 1439 gelangte er nach Venedig zurück und ersuchte Papst Eugenius in Florenz um eine Audienz, um Absolution für seinen Übertritt zum Islam zu erhalten. Der Zeitpunkt seiner Rückkehr war über die Maßen günstig, denn er fiel mit einer Versammlung ausgezeichneter Gelehrter zusammen, die ihn voller Neugier auf seine Erfahrungen aufforderten, seine Erlebnisse dem Sekretär des Papstes, Poggio Bracciolini, einem Humanisten von außergewöhnlicher Bildung, zu diktieren. Das Manuskript enthielt zahlreiche präzise Angaben und kam ohne die sonst üblichen Ausschmückungen aus. Es fand weite Verbreitung und beeinflusste die geographische Forschung, insbesondere durch Hinweise auf die Länder um den Golf von Bengalen.

Rechts Fra Mauros *Mappa mundi* entstand 1459; der Süden ist oben. Die Darstellung Südostasiens und insbesondere der Gewürzinseln ist stark von Niccolo de' Contis Bericht über seine Reisen in diesen Regionen beeinflusst.

SEPTENTRIO
POLVS ARTICVS
OCCIDENS
ORIENS
TROPICVS
POLVS ANTARTICVS
ETHIOPIA OCCID
EVROPA
RVSSIA

Portugiesische Seefahrer stoßen in die afrikanischen Tropen vor

Reisen in die Heiße Zone

1435–75

Im Mittelalter bot die Westküste Afrikas, die weder über bekannte Häfen noch über Fernhandelsmöglichkeiten verfügte, wenig Anreiz für Entdeckungsfahrten. Die großen Königreiche, allen voran das goldreiche Mali, lagen weit im Landesinnern und wickelten ihren Handel über das jahrhundertealte Netzwerk der Routen durch die Sahara ab. Einige frühe Reisende waren mutig genug, an der Küste entlangzusegeln, so etwa die Brüder Vivaldi aus Genua, die 1291 Indien auf dem Seeweg zu erreichen suchten oder der Mallorquiner Jayme Ferrer, der 1346 umsonst nach dem mysteriösen „Goldfluss" fahndete. Aber sie alle waren fürchterlichen Gegenströmungen, lebensfeindlichen Küsten und der fortwährenden Gefahr ausgesetzt, dass ihre Schiffe durch die Sonnenglut in Brand gerieten. Normannische Abenteurer hatten, getrieben von ihrer Gier nach Gold, bereits 1402 die Kanarischen Inseln erreicht, aber erst 1435 umrundete der portugiesische Seefahrer Gil Eannes das berüchtigte Kap Bojador, jenseits dessen die undurchdringliche „Heiße Zone" lag, die arabische Geographen auch mit dem unheilkündenden Namen „Grünes Meer der Dunkelheit" belegt hatten.

Eannes war nur einer von vielen Rittern und Landadligen, die in einem Zeitraum von etwa vierzig Jahren immer weiter nach Süden vorstießen, um den westafrikanischen Küstenvorsprung zu umrunden. Die treibende Kraft dabei war der portugiesische Prinz Heinrich mit dem Beinamen „der Seefahrer". Er selbst unternahm zwar keine Reisen, sah aber seine Aufgabe darin, in Nordafrika oder auf den Kanaren ein Reich zu gründen, um auf diese Weise den über die Sahara verlaufenden Goldhandel anzuzapfen. Als diese Versuche fehlschlugen, wandte er seine Aufmerksamkeit Flüssen wie dem Senegal und dem Gambia zu, in der Hoffnung, vom Meer aus direkten Zugang zu den Reichtümern des Binnenlandes zu finden. Navigatorische Schwierigkeiten, die den Galeonen zum Verhängnis geworden waren, konnten durch die Entwicklung der hochseetüchtigen Karavelle beseitigt werden, deren Takelage das Segeln dicht am Wind ermöglichte. Zudem wurden professionelle Nautiker, häufig Genuesen, eingesetzt, und als Heinrich 1460 starb, hatte man die afrikanische Küste bis Sierra Leone kartographiert und die Kapverdischen Inseln entdeckt. Nach neunjähriger Pause ergriff Fernão Gomes, ein wohlhabender Kaufmann aus Lissabon, die Initiative zu weiteren Erkundungen. Seine Kapitäne erreichten im Verlauf von etwa zwei Jahren Benin an der Nigermündung und überquerten 1474 den Äquator. Gomes verlor sein Monopol ein Jahr später, als die Verantwortung für weitere Unternehmungen direkt an den Thronfolger fiel, König João, der die Ausweitung der portugiesischen Seemacht durch Entdeckungsreisen mit aller Macht vorantrieb.

Rechts Die Katalan-Estense-Karte von 1450–60 stellt die Mittelmeerregion und den Nordwesten Afrikas mit bemerkenswerter Genauigkeit dar.

Cão und Dias finden einen Seeweg in den Osten

Das Kap der Guten Hoffnung wird zum ersten Mal umsegelt

1482 – 88

Als 1481 João II. den portugiesischen Thron bestieg, machte er sich sofort daran, die afrikanischen Entdeckungen der vergangenen fünfzig Jahre zu nutzen. Er ließ bei Elmina, westlich vom heutigen Akkra, eine Festung errichten, um den Goldhandel kontrollieren und spanische Schwarzhändler abwehren zu können, und 1482 erteilte er Diogo Cão, einem erfahrenen Kapitän, den Auftrag, die Erkundungsfahrten über den bislang bekannten südlichsten Punkt an der afrikanischen Küste hinaus auszudehnen. Cão sollte einen Seeweg nach Indien suchen, seine Route mit der Errichtung markierter Steinsäulen kennzeichnen und die größeren Flüsse aufwärts segeln, um von den Eingeborenen etwas über das Reich des Priesterkönigs Johannes zu erfahren, das sich auf irgendeine Weise von Zentralasien ins Innere Afrikas verlagert hatte. Cão entdeckte die Mündung des Kongo, von wo er Gesandte flussaufwärts schickte, um Rat vom lokalen Herrscher zu erhalten, und fuhr dann etwa 800 Kilometer weiter nach Süden, bevor er an der Küste Südangolas kehrtmachte. Auf einer zweiten Reise, 1485 – 86, kam er noch weiter voran, aber die Benguelaströmung machte ihm zu schaffen, und er musste sein Vorhaben, die Spitze Afrikas zu umrunden, bei Cape Cross an der öden Küste Namibias aufgeben.

Es war nun ersichtlich, dass eine solche Reise nicht von einem einzelnen Schiff bewältigt werden konnte. Als Bartolomeu Dias sich im August 1487 aufmachte, um noch weiter südwärts zu gelangen als Cão, war er mit drei Karavellen ausgerüstet, von denen eine mit zusätzlichen Vorräten bestückt war. Dias passierte Cape Cross, ließ das Vorratsschiff in der Lüderitz-Bucht im Südatlantik und näherte sich der Mündung des Oranjeflusses. Dort zwangen ihn Strömungen und Winde aufs Meer hinaus, wo furchtbare Stürme tobten. Als dann einsetzender Westwind ihn nicht zur Küste zurückbrachte, wusste er, dass er das unfassbare Kap umrundet hatte. Wenn er jetzt Richtung Norden steuerte, musste er auf eine sich östlich erstreckende Küste stoßen. Im Februar 1488 ankerten seine beiden Schiffe in der friedlichen Mossel-Bucht, in deren Hinterland Hirten ihre Herden weideten. Dias wollte weiter nach Indien, aber seine Mannschaft fürchtete weitere Strapazen und stellte sich gegen ihn. So kam er noch bis zur Mündung des Großen Fischflusses und kehrte dann zum Kap zurück. Ob er oder sein König ihm den Namen „Kap der Guten Hoffnung“ gaben, ist ungewiss, aber im Dezember 1488 kam Dias heil wieder in Lissabon an. Der letzte Meilenstein für den Seeweg zum Indischen Ozean war errichtet worden.

Rechts Die Karte von Henricus Martellus von 1489 verzeichnet bereits die Entdeckungen von Cão und Dias und zeigt zum ersten Mal einen offenen Seeweg zum Indischen Ozean.

Mare glaciale
OCEANVS
MARE
MEDITERRANEVM
SINVS PERSICVS
SINVS GANGETIC
OCEANVS INDICVS MERIDIONAL

Pêro da Covilhã erkundet die Handelswege nach Indien

Portugiesische Spione spähen den Handel im Osten aus

1487 – 90

DIE JAHRZEHNTE, IN DENEN DIAS DAS KAP DER GUTEN HOFFNUNG ENTDECKTE und etwas später Vasco da Gama nach Indien segelte, waren Zeiten fieberhafter Unternehmungen: Neue Länder wurden entdeckt und Handelsrouten ausgespäht, oftmals unter strenger Geheimhaltung, um die Erkenntnisse vor neugierigen Augen zu bewahren. Die Geschichten vieler Pioniere, deren Namen in Büchern wie diesem hervorgehoben werden, existieren häufig nur als Fragmente, finden sich in illegalen Plagiaten oder sind uns aus zweiter Hand durch Schriften bekannt, die erst viel später verfasst wurden. João II. von Portugal schickte viele Entdecker als Gesandte auf den Weg. Sie sollten alles Wichtige über Indien in Erfahrung bringen und, wenn möglich, auf ihren Reisen dorthin christliche Königreiche aufspüren. Portugiesische und italienische Handelshäuser unterhielten zu Äthiopien bilaterale Beziehungen, während arabische Dokumente vom Auftauchen portugiesischer Schiffe an der Küste Ostafrikas berichten – drei Jahre vor dem Datum, das westliche Quellen verzeichnen.

Von den uns überlieferten Berichten jener Agenten, die König João II. aussandte, stammt der substanziellste von Pêro da Covilhã, der Lissabon 1487 verließ, im selben Jahr, als Dias zum Kap der Guten Hoffnung segelte. Zwar enthält Covilhãs, aus der Erinnerung eines alten Mannes zusammengestückelte Geschichte viele romanhafte Episoden, deren Echtheit, wie etwa sein Besuch von Mekka und Medina, heutige Forscher bezweifeln, doch gibt er einen einzigartigen Einblick in das portugiesische Spionagenetzwerk. Covilhã und sein Gefährte, Afonso de Paiva, zogen, verkleidet als maurische Kaufleute, zunächst nach Aden, wo sie sich trennten. Paiva reiste weiter nach Äthiopien, wo er starb, während Covilhã an Bord einer Dhau ging, die nach Indien fuhr. Nachdem er die Häfen an der Malabarküste ausgekundschaftet hatte, folgte er der ostafrikanischen Handelsroute bis nach Sofala in Mosambik und kehrte 1490 nach Kairo zurück, um Joseph von Lamego, einem anderen Geheimagenten des portugiesischen Königs, einen Zwischenbericht zu übergeben. Was er darin über den Gewürzhandel und die Möglichkeit, Indien auf dem Seeweg zu erreichen, bemerkte, wäre für weitere Unternehmungen wohl von großer Bedeutung gewesen, doch scheint sein Bericht Portugal nie erreicht zu haben. Covilhã machte sich dann auf den Weg nach Äthiopien, wo er freundschaftlich empfangen wurde, aber den Rest seines Lebens bleiben musste. Er genoss Vertrauen im Dienste des Kaisers, doch blieb sein Schicksal in Portugal unbekannt, bis 1520 eine portugiesische Gesandtschaft unter Rodrigo de Lima eintraf, deren Sekretär, Francisco Álvares, Covilhãs Geschichte aufzeichnete und drucken ließ.

Rechts Rodrigo de Limas Gesandtschaft für Äthiopien 1520, nach der Erzählung von Francisco Álvares.

Kolumbus sorgt für einen neuen Horizont im Westen

Die zufällige Entdeckung Amerikas

1492

Jahrhundertelang hatten die europäischen Geographen beobachten können, wie die bekannte Welt sich immer weiter nach Osten entfaltete, während in Richtung Westen nichts zu erblicken war als ein riesiger Ozean. Die sphärische Gestalt des Planeten war seit über 1700 Jahren, abgesehen von schlichten Gemütern, allgemein akzeptiert und sein Umfang von griechischen und islamischen Geographen mit bemerkenswerter Genauigkeit berechnet worden. Aber für die dem Atlantik zugewandten Nationen hätte die Erde ebensogut eine Scheibe sein können, von deren Rand der unaufmerksame Seefahrer in den grenzenlosen Raum stürzen konnte. Mit der Wiederentdeckung der Azoren 1427 war die Grenze zwar weiter nach Westen hinausgeschoben worden, doch jenseits lagen nur verstreut einige mythische Inseln, die der Phantasie weitgehend unbekannt gebliebener Reisender entsprungen waren. Als Christoph Kolumbus, spanisch Cristóbal Colón, mit der Ausarbeitung seiner Pläne für eine neue Reiseroute nach Indien begann, hatte er vielleicht nur diese Inseln im Sinn, doch als der schicksalhafte Tag näherrückte, an dem er mit drei Schiffen ins Unbekannte aufbrechen würde, wurde er zunehmend zuversichtlicher, dass es möglich sei, westwärts um die Welt Asien oder zumindest dessen vorgelagerte Inseln zu erreichen. Durch fehlerhafte Berechnungen und eine erhebliche Überschätzung der Ausdehnung des asiatischen Kontinents hatte er die 18 000 Kilometer lange Reise nach Kathay (Nordchina) auf bloße 5300 reduziert und für Japan noch weniger angesetzt. Beide lagen also in Reichweite eines gut proviantierten Schiffs, sofern der Wind bei der Hinfahrt und, was für den einfachen Matrosen noch wichtiger war, auch bei der Rückfahrt günstig war.

Ob Kolumbus mit den nautischen Gegebenheiten des Atlantiks bereits vertraut war, wissen wir nicht, doch seine Entscheidung, von den Kanaren aus zu starten, erwies sich als überaus vorteilhaft, denn die sanftbeständigen Ostwinde brachten ihn in gerade einmal fünf Wochen nach Amerika. Am 12. Oktober 1492 wurde Land gesichtet. Kolumbus hielt es für eine der 1300 dem asiatischen Festland vorgelagerten Inseln, von denen Marco Polo berichtet hatte, doch diese gehörte zu den Bahamas. Weiter ging die Reise nach Kuba, wo eine Gesandtschaft sich auf den Weg ins Binnenland machte, um den Hof des Großkhans zu suchen. Aber es fand sich keine Spur einer wohlgeordneten Regierung, sodass Kolumbus umkehrte. Der Wind und der Zufall führten ihn ins goldreiche Haiti, wo eine hochentwickelte Kultur herrschte, die von Kolumbus' Nachfolgern innerhalb kürzester Zeit ausgerottet wurde. Kolumbus selbst unternahm noch drei weitere Reisen in die Karibik und streifte an den Küsten Mittel- und Südamerikas entlang. Er erlebte noch, wie die Kartographen kämpfen mussten, um seine angebliche Entdeckung Indiens mit den Berichten der Reisenden über den tatsächlichen Orient in Einklang zu bringen. Doch erst sieben Jahre nach seinem Tod erkundete Balboa den weiten Pazifik.

Rechts Diese Weltkarte wurde 1500 von dem Seefahrer Juan de la Cosa gezeichnet und zeigt den Versuch, die Entdeckungen Kolumbus' und seiner Nachfolger in der Neuen Welt mit den bisherigen Erkenntnissen in Einklang zu bringen.

ASIA
EVROPA

John Cabot und die Matrosen von Bristol

England betritt die Weltbühne der Entdeckungsreisen

1497 – 98

Reisen, von denen es heisst, man sei „1800 Meilen westwärts“ gesegelt und dann auf ein „grasreiches“ Land mit „großen Bäumen“ gestoßen, sind der Alptraum eines Geographiehistorikers. Leider fallen einige der bedeutendsten Pioniertaten in diese Kategorie und rufen eine endlose Literatur voller Meinungen und Mutmaßungen hervor, die den Wahrheitssuchenden nur in noch größere Verwirrung stürzen. Eines der besten Beispiele dieser Art sind die Reisen der Seeleute aus Bristol, deren häufige Ausflüge in den Nordatlantik nur in Form kryptisch-verlockender Fragmente und Briefe aus zweiter Hand, entdeckt in verstaubten Archiven, überlebt haben. Das gilt auch für die epische Reise von John Cabot, die fünf Jahre nach der Fahrt von Kolumbus unternommen wurde. Immerhin hält sich hier die Spekulation in etwas engeren Grenzen, denn es ist der erste unzweideutige Hinweis auf die Entdeckung nordamerikanischen Territoriums seit den Wikingern. Allerdings blieben Kenntnisse über die Reise und ihre Einzelheiten damals auf einen engen Kreis von Privilegierten beschränkt, sodass der berühmte Historiker Richard Hakluyt, der seine Schriften nur 100 Jahre später verfasste, von diesen Ereignissen noch weniger wusste als wir heute.

Cabot, ein Venezianer, kam um 1495 nach Bristol, wo er mit Nachdruck für seinen Plan einer Reise nach Asien warb. Indem er auf einem hohen Breitengrad segeln würde, käme er auf einer etwas kürzeren Route als Kolumbus zum „Land des Großkhans“ und vor allem nach Japan. Diese Idee gefiel König Heinrich VII. ganz außerordentlich. Er stellte Cabot und dessen Söhnen einen Schutzbrief aus, der ihm im Namen der Krone Eigentumsrechte für alle Länder zusicherte, die entdeckt würden. Im Mai 1497 stach Cabot mit dem kleinen Schiff *Matthew* und etwa zwanzig Mann Besatzung, zumeist Matrosen aus Bristol, in See. Von einem Logbuch, das er womöglich führte, scheint nichts erhalten, aber die wenigen Berichte aus zweiter Hand bestätigen, dass er schon nach gut einem Monat Land sichtete, wobei es sich um einen Punkt irgendwo an der nordamerikanischen Küste handelte. Cabot glaubte Asien erreicht zu haben, doch aller Wahrscheinlichkeit nach war es Neufundland. Drei Wochen segelte er an der Küste entlang, schickte Leute an Land und fand Hinweise auf menschliche Besiedlung. Anfang August kehrte er zurück und ließ sich von den 10 Pfund Belohnung ein Gewand anfertigen, das seinem Status als Konquistador gerecht wurde. Es war nun für ihn nicht schwierig, die Unterstützung des Königs und der Kaufleute von London und Bristol für eine nächste, sehr viel größere Reise zu gewinnen, die diesmal weiter in den Süden führen sollte. Im Mai 1498 brach er mit fünf Schiffen in den Atlantik auf, wo die Expedition in einen gewaltigen Sturm geriet. Ein Schiff konnte schwer beschädigt nach Irland zurückgelangen, doch von den anderen, darunter auch Cabots Flaggschiff, wurde nie wieder etwas gehört.

Rechts Der im März 1496 von Heinrich VII. für John Cabot ausgestellte Schutzbrief, der seine Reise genehmigt und ihm die Eigentumsrechte an allen Ländern, die er entdecken würde, zusichert.

Die historische Reise von Vasco da Gama

Die Entdeckung des Seewegs nach Indien

1497–99

Obwohl Bartolomeu Dias den Weg über das Kap der Guten Hoffnung nach Indien gewiesen hatte, folgte daraus zunächst keineswegs, dass Portugal seine Zukunft in dieser Richtung suchen wollte. Auf Dias' Reise folgte eine zehnjährige Flaute. König João II. war von Papst Alexander VI. in einer Bulle, die den Expansionsraum von Spanien und Portugal durch eine Linie von Pol zu Pol in einen östlichen und einen westlichen Teil trennte, die östliche Hälfte der Welt zugesichert worden. Doch der Hof blieb unter seinem Nachfolger, König Manuel, zunächst geteilter Meinung über die Vorteile, die Entdeckungsreisen jenseits des afrikanischen Kontinents bringen könnten, zumal die Kosten solcher Unternehmungen mitsamt ihren Folgen den möglichen Nutzen weit überstiegen. Aber Manuel ließ sich schließlich vom wiewohl zweifelhaften Vermächtnis Heinrichs des Seefahrers inspirieren und rüstete eine Flotte für die Fahrt nach Indien aus. Nach vielen Erwägungen und für die damalige Zeit typischen Hofintrigen wurde dem zuvor kaum bekannten Vasco da Gama das Kommando übertragen.

Im Juli verließen gut ausgerüstete Schiffe mit 170 Mann Besatzung den Fluss Tejo. In weitem Bogen durchquerten sie den Südatlantik, umrundeten Ende Dezember das Kap der Guten Hoffnung und gingen in der Mossel-Bucht vor Anker. Der nächste Abschnitt der Reise führte an der tückischen Küste von Natal entlang, an der schon so viele Seeleute ihr Leben lassen mussten. Hier warfen Stürme und die Mosambik-Strömung die Schiffe immer wieder zurück. Aber im April 1498 hatten sie es geschafft, nach Malindi vorzustoßen, einer florierenden Hafenstadt an der Küste Kenias, wo da Gama die Dienste eines Lotsen in Anspruch nahm, der die indischen Handelsrouten gut kannte. Bei günstigem Wind erreichte der Portugiese die Hafenstadt Kalikut in nur 23 Tagen.

Aus westlicher Perspektive hat da Gamas Reise den Verlauf der Geschichte entscheidend beeinflusst, doch für die meisten Inder blieb sie folgenlos. Da Gama war für sie nicht mehr als einer von den vielen Portugiesen, die in den nächsten zwei Jahrhunderten immer wieder an der Peripherie auftauchten, ohne dass die Reiche, die den Handel faktisch unter Kontrolle hatten, davon berührt wurden. Für die europäischen Geographen legte da Gama den Umriss des afrikanischen Kontinents fest, doch als Entdecker brachte er wenig Neues, und als Botschafter war er eine Katastrophe. Er hatte Indien nichts zu bieten und wurde kaum besser behandelt als irgendein ärmlich ausgestatteter Händler, den der lokale Herrscher ob der Minderwertigkeit seiner Waren verspottet. Im August 1498 machte er sich auf den Heimweg, doch da er die falsche Jahreszeit wählte, verlor er auf der vier Monate währenden Überfahrt nach Malindi die Hälfte seiner Besatzung und zwei der Schiffe. Im Sommer 1499 kam er nach einer alptraumhaften Fahrt schließlich in Lissabon an.

Rechts Die Cantino-Weltkarte aus dem Jahr 1502 enthält bereits Informationen über Vasco da Gamas Reise nach Indien und gehört zu den ersten Karten, die den afrikanischen Kontinent wahrheitsgetreu darstellen.

Circulus articus:
Jherusalem:
Os montes claros em affrica:
Serra lioa
Castello damina
Mare barbaricus:
Circulus capricorni:

Vespucci und die Benennung Amerikas

Die Geburt der Neuen Welt

1499 – 1502

Mehr als zwanzig Jahre lang waren die Kartographen damit beschäftigt, Kolumbus' Entdeckungen mit den wenigen Informationen in Einklang zu bringen, die sie über den asiatischen Orient besaßen. Allerdings wurden die Versuche, die Inseln der Karibik irgendwo zwischen Japan und Portugal anzusiedeln, zunehmend problematischer, weil nach Westen und Süden hin ausgedehnte Landmassen entdeckt wurden, von denen keine den Eindruck erweckte, es könne sich dabei um Asien handeln. Während Kartographen wie Martin Waldseemüller die jüngsten Entdeckungen resolut zu einem völlig neuen Kontinent formten, der etwas dünnbrüstig zwischen Asien und Europa geklemmt wurde, ließen andere ihre Karten bequemlichkeitshalber nach Osten und Westen in eine nebulöse Leere auslaufen, die Gelegenheit zum Rätselraten gab. In den Hafenstädten von Spanien herrschte kein Mangel an Möchtegern-Entdeckern und anderen Außenseitern, die nur darauf warteten, auf den Spuren von Kolumbus neue Reiche zu gründen: 1499 fuhr der Spanier Alonso de Ojeda an der Küste von Venezuela entlang, das seinen Namen durch Ojedas Schiffskameraden Amerigo Vespucci erhielt, weil eine Ortschaft dort ihn auf irgendeine Weise an Venedig erinnerte, und im darauffolgenden Jahr konnte Rodrigo de Bastidas den Golf von Uraba durchqueren, bevor sein Schiff den Bohrwürmern zum Opfer fiel.

Einen kurzen Augenblick lang wurde Südamerika zu einer Insel mittlerer Größe. Doch als Vicente Yáñez Pinzón im Januar 1500 mit Cabo São Roque den östlichsten Punkt erreichte, um das Land zu umsegeln, bemerkte er, dass die Küste nicht in westlicher, sondern in südlicher Richtung verlief. Er segelte nach Nordwesten und gelangte durch Zufall an das Delta des Amazonas, das er durch eine merkwürdige geographische Verdrehung für die Mündung des Ganges hielt. Etwa zur gleichen Zeit landete Pedro Álvares Cabral etwas weiter unten an der Küste, und im darauffolgenden Januar erreichte Vespucci eine tief ins Landesinnere führende Bucht, die er Río de Janeiro nannte. Südamerika war nun nicht mehr eine vorgelagerte Insel oder eine Landspitze Asiens, sondern eine eigenständige kontinentale Landmasse, die Vespucci begeistert „Mundus Novus", Neue Welt, taufte. Aber Waldseemüller sollte Vespucci sogar mit noch größerem Ruhm versehen, als er 1507 vorschlug, den neuen Kontinent nach dem Vornamen des Entdeckers zu benennen. Er wählte dafür die latinisierte Form, Americus, und versah sie, passend zu Asia, Afrika und Europa, mit der weiblichen Endung. „Amerika" war geboren. Wie dieser Name, der zunächst kaum benutzt wurde, in die Alltagssprache einging und schließlich sogar das – zu der Zeit noch unentdeckte – nordamerikanische Festland bezeichnete, ist eine lange Geschichte, von der es mehrere Versionen gibt. Aber Vespucci, ein begabter PR-Experte, der wenig entdeckte und sehr wahrscheinlich niemals eine eigene, unter seinem Kommando stehende Reise unternahm, erlangte eine Unsterblichkeit, die seine unbezweifelbaren Verdienste weit überstieg.

Rechts Detail der Karte von Waldseemüller, die bewirkte, dass der neue Kontinent nach Vespucci benannt wurde.

CHOR⁹
ZEPHIR⁹
CLAVDII PTHOLOMEI ALEX ANDRINI COSMOGRAPHI
ASIA
AFRICA
SEPTENT
OCCEANVS OCCIDENTALIS
TERRA VLTERI INCOGNITA
PARIAS
CIRCVLVS ARCTICVS
MARE GLACIALE SIVE CONGELA
SPAGNOLLA INSULA
TOTA ISTA PROVINCIA INVENTA EST PER MANDATVM REGIS CASTELLE
TERRA VLTRA INCOGNITA
EQVINOCTI
CAPRICO
AFRICVS
AMERICA
AFFRICA
ETHIOPIA INTERIOR
LYBONOTH⁹

Balboa entdeckt den Pazifik

Die Gier nach Gold und die Geburt des Konquistadors

1513

Von allen Regionen der Erde, um die zu kämpfen sich lohnte, dürfte der Isthmus von Darién die am wenigsten einladende sein. Dieser schmale Landbogen, der die Brücke zwischen Mittel- und Südamerika darstellt, und dessen Wälder und Sümpfe Krankheiten ausbrüten, wird auch heute noch von Reisenden, die ihre fünf Sinne beisammen haben, nicht ohne Furcht und Beklommenheit betreten. Doch für ein paar Jahre, vor der Entdeckung der Inka- und Aztekenreiche, genoss Darién den Ruf, der entlegenste Außenposten des spanischen Reichs zu sein. Zugleich war es eine Stätte blutiger Konflikte, in denen nicht nur die Einwohner gewaltsam unterdrückt wurden, sondern auch die Eroberer selbst einander niedermetzelten, als sie darangingen, in diesem lebensfeindlichen Niemandsland kleine Königreiche zu errichten. Aus diesen Kämpfen ging Vasco Nuñez de Balboa als Sieger hervor – der erste der Konquistadoren, deren Unternehmungen durch persönlichen Ehrgeiz und die Gier nach Gold angetrieben wurden. Balboa hatte Darién zum ersten Mal 1501 kennengelernt, als er, damals noch ein einfacher Wachmann, die Expedition von Rodrigo de Bastidas entlang der nördlichen Küsten Südamerikas begleitete. Manche der Einheimischen waren freundlich und tauschten gern ihr Gold gegen Glasperlen und Tuch, doch die meisten standen den spanischen Eindringlingen feindselig gegenüber. Doch das Gold lockte mit Macht, und 1509 traf Alonzo de Ojeda dort ein, um die erste dauerhafte Siedlung zu gründen.

Balboa, der unterdessen als Landwirt auf Haiti Schiffbruch erlitten hatte, wollte nun sein Glück in Darién machen. Er bestieg das nächstbeste Proviantschiff, fand jedoch von Ojedas Siedlung nur noch Ruinen vor. Den Konkurrenzkampf mit dem Kapitän bestand Balboa als Sieger und gründete eine neue Kolonie namens Santa Maria de la Antigua nahe der heutigen Grenze von Panama. Gold gab es hier so reichlich wie billigen Schmuck, aber die wahre Quelle des Reichtums lag weiter südlich an den Flüssen, die sich in die Karibik ergossen, oder vielleicht noch jenseits davon. Balboas erste Erkundungen führten nicht zum Ziel, aber 1513 hörte er von Einheimischen, dass es auf der anderen Seite einen großen See gäbe, an dessen Ufern die Menschen von goldenen Tellern äßen und aus goldenen Kelchen tränken. Im September machte sich Balboa mit einer Verstärkung von 190 Spaniern und 1000 einheimischen Männern auf den Weg durch den Dschungel. Wilde Kämpfe, Krankheiten und Erschöpfung dezimierten seine Truppe zusehends, aber am 25. September 1513 erreichte die zusammengeschmolzene Gruppe den Gipfel der Bergkette und blickte auf den Golf von San Miguel, die Bucht eines riesigen Ozeans, den nun zum ersten Mal europäische Augen betrachteten. Mit 26 Mann marschierte Balboa zur Küste hinab und badete vier Tage später im Pazifik. Im Namen Spaniens erhob er Anspruch auf die Bucht und alle angrenzenden Länder.

Rechts Der Stich zeigt Balboas Männer, die zusehen, wie ihre Hunde Einheimische angreifen.

1517–21

Hernán Cortés und die Eroberung Mexikos

Die spektakuläre Entdeckung von Städten in den Amerikas

Nach Kolumbus' Ankunft in Amerika lebten die spanischen Siedler in der Karibik 25 Jahre lang in seliger Ungewissheit über die mächtigen Reiche der Maya und Azteken, die nur einen Katzensprung von ihnen entfernt in Richtung Westen lagen. Als Diego Velázquez de Cuéllar 1511 Kuba eroberte, fand er nur relativ primitive Kulturen vor, ähnlich denen auf Hispaniola, und Balboas Überquerung der Landenge von Darién 1513 hatte, abgesehen von der historisch bedeutsamen Entdeckung des Pazifiks, wenig mehr erbracht als den Hinweis auf goldreiche Kulturen irgendwo weit unten im Süden. Eine glücklose Mannschaft spanischer Matrosen, Überlebende einer 1511 auf dem Heimweg schiffbrüchig gewordenen Flotte, hatte sich an der Küste von Yucatán niedergelassen, doch da sie niemandem Nachricht geben konnten, blieb ihre Anwesenheit jahrelang unentdeckt. 1517 jedoch schickte Velázquez eine kleine Flotte unter dem Kommando von Francisco Hernández de Córdoba nach Westen, deren Auftrag wohl darin bestand, Sklaven für die Arbeit auf den Feldern und in den Minen von Kuba herbeizuschaffen. Nach einer stürmischen Überfahrt erblickte Córdoba zum ersten Mal eine Stadt in den Amerikas. Ihre Pyramiden verglich er recht naiv mit den *mezquitas* oder „Moscheen", die aus Ägypten bekannt waren, und taufte die Stadt „El Gran Cairo". Im folgenden Jahr trieb Juan de Grijalva die Erkundungsfahrt noch weiter, als er mit vier Schiffen entlang der Küste von Yucatán bis zur Region Tabasco im südlichen Mexiko vorstieß.

Hernán Cortés war 1503 auf Hispaniola angekommen, ein ruheloser Frauenheld von 18 Jahren, den das Kleinstadtleben in der spanischen Provinz gelangweilt hatte. Binnen 15 Jahren hatte er sich in der Verwaltungshierarchie, häufig mit hinterhältigen Methoden, emporgearbeitet. Er hatte an der Eroberung Kubas teilgenommen, war Bürgermeister der Hauptstadt Santiago geworden und hatte mit Gouverneur Velázquez um politische Aufstiegsmöglichkeiten konkurriert. Als Cortés mit seinen 400 Soldaten 1519 an der Küste Mexikos landete, war das Unternehmen illegal, denn Velázquez hatte zwar zu der Unternehmung zunächst gedrängt, sie aber dann nach einigem Überlegen widerrufen. Cortés nutzte die Gelegenheit, sich der Autorität des Gouverneurs zu entledigen und übernahm im Namen des spanischen Königs Karl das Kommando. Natürlich wusste Cortés, dass er mit seinem Häuflein von Männern das mächtige Aztekenreich nicht würde stürzen können, und so schmiedete er auf dem Weg dorthin mithilfe seiner mexikanischen Frau ein starkes Bündnis mit den Stämmen, auf die er während seines Vormarschs traf. Im November 1519 wurde der Eroberer von dem arglosen Kaiser Moctezuma II. in der Hauptstadt der Azteken, Tenochtitlán, empfangen. Cortés musste hart kämpfen, um die Herrschaft zu erlangen, denn nicht nur die Azteken wurden später feindlich, sondern auch Velázquez, der Truppen entsandte, um Cortés abzulösen. Doch binnen zwei Jahren war Moctezuma tot, Tenochtitlán zerstört und das Aztekenreich zerfallen.

Rechts Die erste Karte der Stadt, die Cortés auf den Ruinen von Tenochtitlán erbauen ließ. In der Mitte sind noch die Bauten der Azteken zu erkennen, um die sich die neuen Gebäude gruppieren.

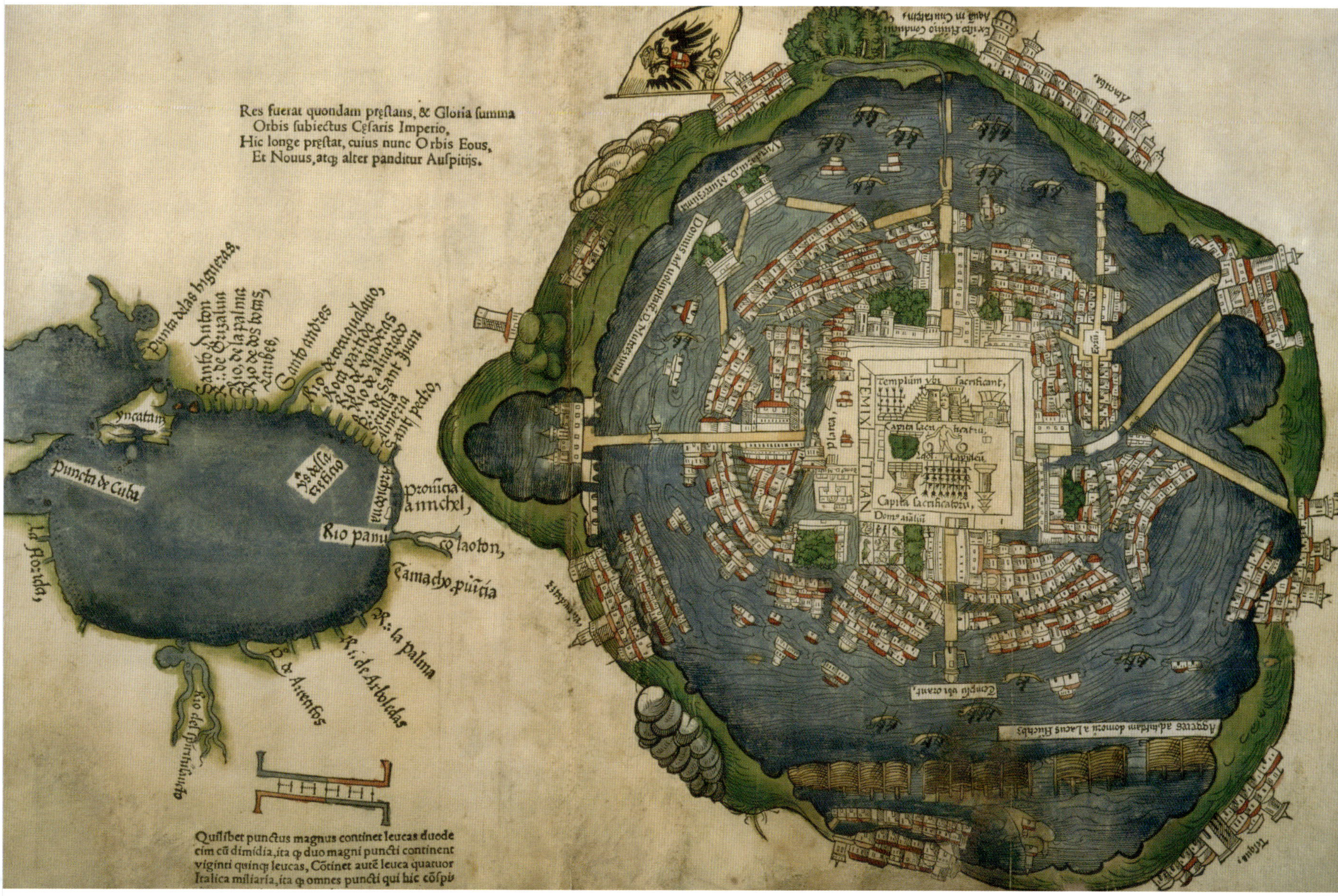
Res fuerat quondam prestans, & Gloria summa
Orbis subiectus Cesaris Imperio,
Hic longe prestat, cuius nunc Orbis Eous,
Et Nouus, atq; alter panditur Auspitijs.
Puncta de Cuba
Yucatan
Rio panu
Camacho pûicia
TEMIXTITAN
Templum ubi sacrificant,
Capita sacrificatoru,
Quilibet punctus magnus continet leucas duode
cim cũ dimidia, ita q duo magni puncti continent
viginti quinq; leucas, Cõtinet autẽ leuca quatuor
Italica miliaria, ita q omnes puncti qui hic cõspi

Magellan und die erste Erdumsegelung

Glanzleistung in der Geschichte der Entdeckungen

1519 – 22

Welche Massstäbe man auch immer bei der Bewertung der Entdeckungsreisen im Hinblick auf Heldentum, Entbehrungen und Einfluss anlegt, die Reise des Ferdinand Magellan wird von keiner anderen übertroffen. Magellan – eigentlich Fernão de Magalhães – entstammte dem niederen Adel Portugals und hatte im Staatsdienst Reisen nach Indien und Malakka unternommen, bevor Anschuldigungen, er treibe illegalen Handel mit den Mauren, ihn am portugiesischen Hof zur *persona non grata* machten und seine Karriereaussichten so ein jähes Ende fanden.

In Malakka hatte er gehört, dass das Zentrum des hoch geschätzten Gewürzhandels auf Ternate läge, einer kleinen ostindischen Insel am Rande der bekannten Welt, so weit entfernt, dass die Reise dorthin 18 Monate dauerte. Als Magellan den Plan unterbreitete, die Reise durch eine Route in westlicher Richtung wesentlich zu erleichtern, fand er bei seinen Landsleuten kein Gehör, wohl aber bei den Bankkaufleuten im benachbarten Kastilien. So wurde er spanischer Untertan und erklärte seine Absicht, bis 75° südlicher Breite vorzustoßen, um eine Passage ins westliche Meer zu finden. Im September 1519 brach er mit fünf Schiffen und 250 Mann Besatzung von Sanlúcar de Barrameda auf.

Die Reise war über alle Maßen hart und entbehrungsreich. Die Schiffe gerieten in die Kalmen, an der menschenleeren Küste von Patagonien bliesen Winterwinde, und die Passage durch die labyrinthische Meerenge, die heute den Namen des Entdeckers trägt, war nicht nur der Stürme wegen quälend. Die Mannschaft meuterte dreimal, ein Schiff sank und ein weiteres trat die Heimreise an. Aber Magellan wagte sich weiter ins Unbekannte vor, wobei er immerhin das Glück hatte, bei seinem Eintritt in den Pazifik auf günstige Winde zu treffen. Als im März 1521 Guam in Sicht kam, hatte er 99 Tage auf See zugebracht. Seine von Skorbut befallenen Leute aßen mittlerweile die aus Ochsenhaut bestehenden Segelhüllen, Sägemehl und nach Rattenurin stinkenden Schiffszwieback. Als die Expedition endlich die Philippinen erreichte, beging Magellan den Fehler, sich in einen lokalen Konflikt einzumischen, wobei er den Tod fand. Das Kommando ging nach und nach von einem Mitglied der verbliebenen Mannschaft auf ein anderes über, weil ein Schiff versenkt werden musste und ein anderes gesunken war, bis schließlich Sebastian del Cano Kapitän des letzten noch verbliebenen Seglers, der *Vittoria*, wurde. Mit ihr, dem ersten Schiff, das den Erdball umrundet hatte, traf er im September 1522 heil in Sanlúcar ein. Doch auch die Rückfahrt mit der Durchquerung zweier weiterer Ozeane war ein Alptraum gewesen, und von der Besatzung hatten nur 18 Mann überlebt.

Rechts Die von Battista Agnese 1542 gezeichnete Weltkarte zeigt auf einer ungewöhnlichen, ovalen Projektionsfläche die Route Magellans.

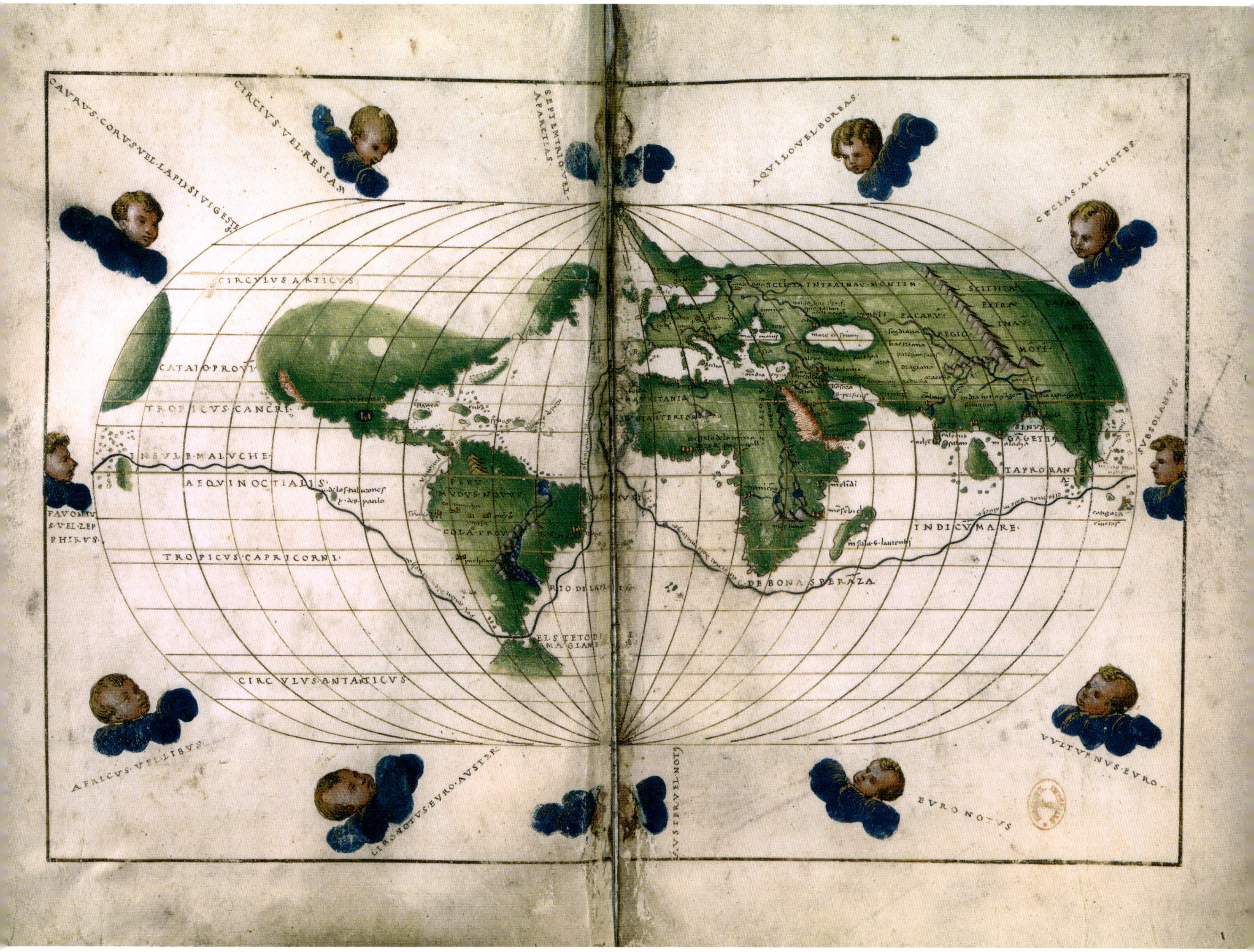
CIRCIUS VEL RESIAS
AQUILO VEL BOREAS
CIRCULUS ARTICUS
TROPICUS CANCRI
AEQUINOCTIALIS
TROPICUS CAPRICORNI
CIRCULUS ANTARTICUS
INDICUM MARE
TAPROBANA
MUNDUS NOVUS
EURO NOTUS

Oben Die historische und bemerkenswert ehrliche Weltkarte von Juan Vespucci, 1526, zeigt nur jene geographischen Besonderheiten, von denen man mit Sicherheit wusste.

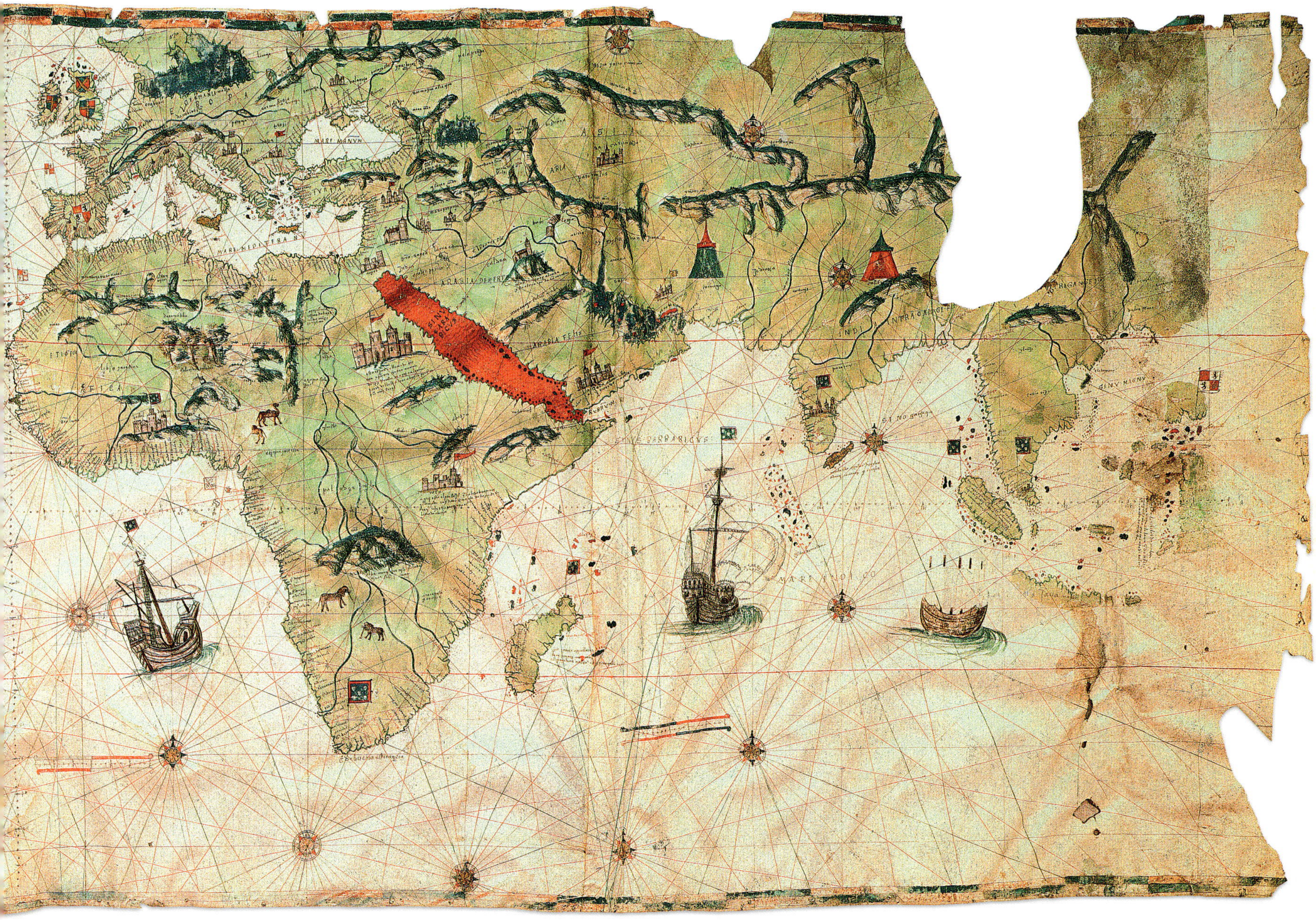

Jesuitische Missionare an der Quelle des Blauen Nil

Äthiopien bietet ehrgeizigen Entdeckern neue Möglichkeiten

1520 – 1635

Im 16. Jahrhundert schien es um das christliche Königreich von Äthiopien schlecht bestellt. Vom Roten Meer aus war es durch die Türken bedroht und an den Landesgrenzen im Innern auf drei Seiten von einer Vielzahl muslimischer Kriegsherrn umgeben. Aber als die Portugiesen im Indischen Ozean eintrafen, wuchs die Hoffnung auf einen gut bewaffneten christlichen Bündnispartner, dessen Eingreifen das Überleben des Königreichs sichern könnte. 1520 besuchte eine vielköpfige portugiesische Gesandtschaft das Land, über das Francisco Álvares als Erster einen detaillierten Bericht verfasste, und in den 40er-Jahren konnte eine große portugiesische Streitmacht eine muslimische Invasion zurückschlagen. Daraus resultierte eine Missionstätigkeit, später vor allem von Jesuiten betrieben, die zwar gering an Zahl, aber nicht ohne Einfluss waren und sich bis ins 17. Jahrhundert dort hielten. Die Jesuiten waren 1577 nach Äthiopien gekommen und hatten in der Folgezeit einige bemerkenswerte „Entdeckungen" aufgezeichnet, die vor allem die Region um den großen Tana-See, aus dem der Blaue Nil entspringt, betrafen. Im Süden hatte António Fernandes den tapferen Versuch unternommen, eine Landroute zur somalischen Küste ausfindig zu machen, wobei er jedoch in die Hände von Stammeshäuptlingen fiel.

1613 erhielt der Jesuitenmissionar Pedro Páez am Ufer des Tana-Sees ein Stück Land für den Bau eines Klosters. Er unternahm danach eine weite Reise durch Äthiopien und beschrieb 1618 die Quellen, die seiner Ansicht nach den Tana-See und damit auch den Nil selbst speisten. Damals ahnten die Europäer nichts von der Existenz eines zweiten Flusses, des Weißen Nil, dessen Bett noch weiter südwärts lag, und wer immer an dem Ort vorbeikam, wo die beiden Nile sich vereinigten, übersah merkwürdigerweise den breiteren Strom. Páez starb 1622 – und sein Nachfolger Jerónimo Lobo war als Reisender noch abenteuerlustiger als Páez. Lobos erster Versuch, Äthiopien vom Indischen Ozean aus zu erreichen, scheiterte an der somalischen Küste, aber 1625 gelangte er auf einer etwas unkonventionellen Route, die über das Wüstengebiet von Danakil führte, sicher an sein Ziel. Er blieb in Äthiopien, bis die Jesuiten 1635 vertrieben wurden, und folgte bei seinen ausgedehnten Reisen den Spuren von Páez zur Nilquelle. Nicht weniger aufregend war Lobos Rückreise nach Portugal. Nach einem Schiffbruch vor der Küste von Natal baute er mit den anderen Überlebenden in aller Eile Boote, mit denen sie nach Luanda in Angola gelangen konnten. Zu Lobos großem Ärger lag jedoch kein portugiesisches Schiff im Hafen, sodass der Missionar zu einer ungeplanten Besichtigungstour durch die Karibik gezwungen war, bevor er endlich heimkehrte.

Rechts Äthiopien und das Rote Meer, ca. 1640; Darstellung aus Manuel de Almeidas *História da Etiópia*.

TABOA DAS TERRAS E REINOS DO IMPERIO ABEXIM, OU
ARABI A.
NV BIA BAL LOTS
PRESTE IOAM.
Reino de ohim.
ETHIOPIA ORIENTAL
RNº FVNHIE
M. AR ROXO
Amora
Camaram
Heda
B. da Serra
B. lebibe
moca
Adem
T Baba mandel
AGAVS
ABARGALE SALAOA
BEGAME ME
TEMBEN
RNº ANCOTE
A MA HA RA
RNº DANCALI
GOIAM
RNº BI ZAMO
GAFATES
RNº XAOA de cima
MARRABET
OIFATE
XAOA de baixo
RNº GANZ
RNº DAMVT
RNº Guraque
RNº ADEA
REINO OGE
REINO FATEGAR
RNº NAREA
RNº Cambate
ALABA
Galas
RNº DO ARÔ
BA LI
CAFRES
R. Zebe
Esta terra Alaba nam Pertence a o Imperio
Patria e Nacimento dos galas
OCEANUS ORIENTALIS
Oriens
Occidens
R. Malleg
Esta rio entra Quatro Jornadas
Morocobri
osbodeis

Verrazzano legt den Küstenverlauf Nordamerikas fest

Das Schicksal der Westpassage nach Asien wird endgültig besiegelt

1524

Wie wurde um 1523 die Welt jenseits des Atlantiks wahrgenommen? Die Überlebenden der Magellan-Expedition hatten zu berichten gewusst, dass Balboas „Meer des Südens" ein großer Ozean sei, in den man nur durch Umschiffung des südamerikanischen Kontinents gelange. 1513 hatte Juan Ponce de Léon die „Insel" Florida entdeckt, und vier Jahre später waren die ersten Spanier nach Mexiko gekommen. 1519 war Alonso de Pineda die gesamte Nordküste des Golfs von Mexiko entlanggesegelt, während weit nördlich John Cabot und andere die Ausläufer Kanadas betreten hatten. Aber noch gab es das Unbekannte zwischen Florida und Neuschottland; vielleicht öffnete sich dort irgendwo der Atlantik hin zum Pazifik? Das wäre die letzte Gelegenheit, einen direkten Seeweg nach China ausfindig zu machen. 1522 kam der florentinische Abenteurer Giovanni da Verrazzano, der wie Cabot und Kolumbus bereit war, sich in den Dienst dessen zu stellen, der ihn bezahlte, nach Lyon. Die dortigen Seidenhändler waren natürlich sehr an einem kurzen Seeweg zum Orient interessiert. Verrazzanos Ziel, nördlich von Florida eine Durchfahrt zu suchen, kam auch König Franz I. vernünftig vor, der ohnehin meinte, es sei an der Zeit, dass Frankreich sich an den transatlantischen Unternehmungen beteilige.

Mit einer Karavelle namens *Dauphine* und fünfzig Mann Besatzung stach Verrazzano im Januar 1524 von Madeira aus in See und erreichte acht Wochen später die Küste von North Carolina. Nach einer kurzen Erkundungsfahrt in den Süden folgte er der Küste nordwärts, ankerte in der Bucht von New York, taufte Long Island nach der Mutter des Königs „Louise" und verbrachte 15 Tage in der Bucht von Narragansett. Über Neuschottland gelangte er in bekannte Gewässer, und von Neufundland aus brauchte er zwei Monate für die Passage nach Dieppe. Verrazzano hatte den kontinuierlichen Verlauf der nordamerikanischen Ostküste festgestellt und sein Ziel somit verfehlt, doch der Hoffnung auf eine abkürzende Route nach Asien noch ein Türchen offengelassen, denn die North Carolina vorgelagerte Inselkette, die den Sund von Pamlico vom offenen Meer abgrenzt, hatte er für einen Isthmus gehalten, hinter dem der Pazifik liegen müsse. Ob ihm dabei ein merkwürdiger Irrtum unterlief oder ob er seine wohlhabenden Sponsoren durch bewusste Täuschung besänftigen wollte, ist nicht klar, aber dieser Mythos sollte die Geographen 100 Jahre lang verwirren. Bezeichnenderweise ging Verrazzano bei seinen weiteren Reisen dem nicht mehr nach, sondern suchte viel weiter südlich nach einer Durchfahrt.

Rechts Diese Weltkarte (1529 – 40) von Verrazzanos Bruder Gerolamo, einem Kartographen, zeigt die geschlossene Küstenlinie von Nordamerika, doch zugleich eine weite, tatsächlich gar nicht existente Ausdehnung des Pazifiks in das heutige North Carolina.

Francisco Pizarro und die Eroberung Perus

Entdeckung und tragisches Ende des letzten unbekannten Reichs

1526 – 33

In den 20er-Jahren des 16. Jahrhunderts gelangten erste Hinweise auf eine goldreiche Kultur tief im Herzen von Südamerika nach Europa. Maritime Expeditionen entlang der Atlantikküste in Richtung Süden hatten Gerätschaften aus wertvollem Metall entdeckt, die aus dem Landesinneren stammten, während Siedler in Panama immer wieder von sagenhaften Städten berichteten, die nicht weit entfernt im Süden liegen sollten. Solche Gerüchte erhielten durch Pascual de Andagoya, einen der Mitbegründer Panamas, weitere Nahrung. Er war 1522 die Küste Kolumbiens entlanggefahren und hatte sich dabei das Gebiet von Birú untertan gemacht. Birú war ein Stammeshäuptling, dessen Name zu „Peru" entstellt schon bald den ganzen äußersten Süden des spanischen Kolonialgebiets bezeichnete. Als eine Verletzung Andagoya daran hinderte, seine Entdeckungen fortzusetzen, nahm sich ein gewisser Francisco Pizarro dieser Aufgabe an, ein wenig gebildeter, des Lesens und Schreibens unkundiger Ex-Soldat, der Balboa über den Isthmus von Darién begleitet hatte und später aus in den Konkurrenzkämpfen zwischen den Konquistadoren zum Bürgermeister der Stadt Panama aufgestiegen war.

Pizarros erste Fahrt, die er in Begleitung seines Handlangers Diego de Almagro unternahm, war eine unbedeutende Angelegenheit, die, schlecht ausgerüstet und unterfinanziert, zum völligen Fehlschlag geriet und Almagro durch indianische Pfeilangriffe ein Auge kostete. Die zweite Fahrt, 1526 – 27, verlief kaum besser. Pizarro geriet mit seinem geduldig leidenden Gefolge in die verseuchten Mangrovensümpfe Südkolumbiens. Aber seine fanatische Entschlossenheit war ungebrochen. Mit 13 Mann stieß er kühn weiter nach Süden vor und gelangte im April 1528 in den Golf von Guayaquil, wo er bei Tumbez seine erste Inkastadt erblickte. Weitere Landungen längs der peruanischen Küste bestätigten rasch, dass es die von ihm so leidenschaftlich gesuchte Kultur wirklich gab. Aufgeregt segelte er nach Spanien, um königliche Zustimmung, Geld und Männer für eine umfassende Invasion zu erhalten. Die Königin, deren Hofdamen sich bereits durch Geschenke aus dem von Cortés herangeschafften Aztekenschatz hatte bezaubern lassen, kam seinem Ansuchen bereitwillig nach. 1532 war Pizarro wieder in Tumbez mit einer buntgemischten Schar aus Möchtegern-Eroberern und selbstsüchtigen Abenteurern, die entschlossen waren, es Cortés gleichzutun. Er zog ins Landesinnere, überwand die gefährlichen Pässe der Hochanden und erreichte mit nur 185 Mann Cajamarca, die Hauptstadt des Aztekenreichs. Trotz fünfzehnfacher Übermacht der Azteken konnte er die Stadt einnehmen. Er nahm König Atahualpa gefangen und erpresste so dessen Freikauf gegen einen ganzen Raum voller Gold. Darauf folgte Pizarro der Inkastraße über die Hochebenen und kam im November 1533 in Cuzco an. Er plünderte die zweite Stadt des Reiches, zwang ihre Führung ins Exil und bereitete so einer der bedeutendsten Kulturen der Welt ihren Untergang.

Rechts Der Stich aus dem 16. Jh. zeigt Pizarros Erstürmung von Cuzco 1533.

Sebastian Cabot sucht die Silberberge

Europa bekommt Kunde von den Reichtümern Südamerikas

1527 – 29

Bereits in der frühen Periode europäischer Kontaktaufnahme mit Südamerika gab es einige außerordentliche entdeckerische Großtaten. Sie wurden damals nur wenig bekannt und werden heute von Pizarros Eroberung des Inkareichs überschattet, doch können ihre Helden die späteren Abenteurer durchaus beschämen. 1516 entdeckte der spanische Seefahrer Juan Díaz de Solís auf der Suche nach einem Seeweg nach Asien das „Mar Dulce" – die breite Mündung des Río de la Plata – und segelte den Uruguay stromaufwärts. Unterwegs wurden er und seine Kameraden vor den Augen der Schiffsbesatzung von Indios getötet und verspeist. Einer seiner Matrosen, Aleixo Garcia, der mit anderen vor der brasilianischen Insel Santa Catalina Schiffbruch erlitten hatte, stieß ins Landesinnere vor und gelangte auf der Suche nach dem „Weißen König", der in den „Bergen aus Silber" leben sollte, womöglich bis zu den bolivianischen Anden. Mit Silber und Kupfer, das aus dem bislang unentdeckten Inkareich geraubt worden war, kehrte er zurück, starb aber nach einem kräftezehrenden Marsch von 3000 Kilometern am Ufer des Paraguay. Immerhin hatte er zuvor noch einige Beutestücke seinen Freunden an der Küste geschickt.

1527, ganze sechs Jahre vor Pizarros Eroberung von Peru, traf Sebastian Cabot mit drei Schiffen im Mar Dulce ein. Er war der Sohn von John Cabot aus Bristol, stand aber nun als Nachfolger Díaz' in spanischen Diensten und wollte einen Weg nach Asien finden, der kürzer war als die von Magellan entdeckte Passage. Zunächst erlöste er Garcias Kameraden von ihrem zehnjährigen Aufenthalt an der brasilianischen Küste und nahm auch den Schatz mit. Dann setzte er seine Mission fort, doch wurde die Verlockung, den Weißen König ausfindig zu machen, immer größer. Schließlich ließ Cabot den Auftrag fahren und segelte einen Fluss hinauf, der später Río de la Plata, „Fluss aus Silber", getauft wurde. Auf der Suche nach einer schiffbaren Route zu den „Bergen aus Silber" gelangte er weit in den Oberlauf des Paraná bis fast zum heutigen Asunción und wurde erst von Stromschnellen aufgehalten. Unterwegs schickte er Francisco César ins Landesinnere, der tief nach Westen vordrang und dort angeblich eine sagenhafte Stadt entdeckte. Jedenfalls kam er mit reichlich Gold und Silber zurück. Die Stadt aber ging in die südamerikanische Mythologie als *Ciudad de los Césares*, „Stadt der Kaiser", ein und wurde die nächsten 250 Jahre fieberhaft von Entdeckern gesucht. Zwar wurde Cabot bei seiner Rückkehr nach Spanien scharf gerügt, weil er den eigentlichen Auftrag nicht erfüllt hatte, doch brachte er die frühesten Kartierungen eines großen Flusssystems mit – und den ersten Inkaschatz, der in Europa bestaunt werden konnte.

Rechts Eine bemerkenswert genaue Weltkarte, die Sebastian Cabot 1544 zeichnete und auf der seine Entdeckungen in Südamerika zu sehen sind.

MAXIMVS HIC DIES VI MENSIVM EST
MARE CONGELATVM PER TOTVM
OCEANVS OCCIDENTALIS
TROPICVS CANCRI
MAR DEL SVR
MARE PRASSODVM
TERRA VEL MARE INCOGNITVM

Narváez' Invasion Floridas und ihre Folgen

Eine Farce, die zur Tragödie wurde und zu Erkenntnissen führte

1527–36

Hätte Pánfilo de Narváez gewusst, welche Katastrophen mit seiner Invasion Floridas verbunden sein würden, wäre er wohl gar nicht erst losgezogen. Seine Expedition wurde von Investoren finanziert, die reiche Gewinne erwarteten, und Karl I. von Spanien beanspruchte seine üblichen fünf Prozent von den in Aussicht stehenden Schätzen. Im Juni 1527 brach Narváez mit 600 Soldaten und Matrosen samt Ehefrauen auf. Der Ärger begann bereits auf Kuba, wo im ersten Monat 100 Mann desertierten, während die zwei Schiffe, die er nach Trinidad geschickt hatte, von wo Pferde und Proviant geholt werden sollten, in einen Sturm gerieten und mit sechzig Mann kenterten. Die Expedition formierte sich vor Kubas Südküste neu, aber als die Flotte im Februar 1528 endlich einen neuen Aufbruch wagte, lief sie prompt auf eine Sandbank auf, wo sie drei Wochen lang festsaß, und die Mannschaft wertvolle, ohnehin schon knappe Vorräte aufzehren musste. Schließlich befreite sie ein Sturm, doch verhinderten dessen kräftige Winde die Rückkehr nach Havanna zwecks Neuverproviantierung. Stattdessen gerieten die Schiffe immer tiefer in den Golf, aber wiederum durchkreuzten starke Strömungen die geplante Landung an der mexikanischen Küste und trieben die Expedition zur Westküste Floridas. Unbeeindruckt von all dem bekräftigte Narváez mit den üblichen Zeremonien seinen Anspruch auf die wertlose Domäne, wobei er zwei weitere Schiffe verlor. Dann ging er weiter nordwärts an Land, wo die Einheimischen, wie gewöhnlich, von reichen Gold- und Nahrungsquellen schwärmten, die es anderswo, in Appalache, gäbe.

Nun teilte Narváez seine Armee in zwei Kontingente auf. 300 Mann marschierten nach Norden, und 100 bildeten die Mannschaft einer Flotte, die parallel zur Landarmee an der Küste entlangsegeln sollte. Narváez führte die 300 Mann ins Gebiet von Appalache, doch machten ihnen Sümpfe, Krankheiten, Hunger und Indianerüberfälle zu schaffen. Die Flotte verlor den Kontakt zu Narváez, gab schließlich die Suche auf und steuerte heimwärts. Ohne Hoffnung auf Rettung von außen blieb der Gruppe um Narváez nichts anderes übrig, als ihre Pferde zu schlachten, um sie (und wahrscheinlich auch die toten Kameraden) zu essen, die Waffen zu Werkzeugen für den Bau von Flößen umzuschmelzen und den Golf damit zu befahren. Ein Hurrikan trieb sie zur Küste von Texas, doch von den 242 Mann starben 160, darunter auch Narváez, an Hunger und Durst, zudem wurden zwei Flöße von der rauen See verschlungen. Die Überlebenden wurden teils versklavt, teils schlossen sie sich den Indianern an, während andere den verzweifelten Versuch unternahmen, zurück nach Mexiko zu gelangen. Von ihnen blieb nur Álvar Núñez Cabeza de Vaca, der Schatzmeister der Expedition, mit seiner Gruppe übrig. Sie brachten den ersten anthropologischen Bericht über das Leben der Indianer mit. Die Überlebenden verließen Texas 1532 in Richtung Westen und tauchten vier Jahre später im Nordwesten Mexikos bei Culiacán auf.

Rechts Die Titelseite von Cabeza de Vacas einflussreichem Buch *Relacion* (1555), in dem er seine außergewöhnlichen Abenteuer in Texas und dem Südwesten beschreibt. Es ist ein Werk von großer anthropologischer und historischer Bedeutung.

¶ La relacion y comentarios del gouernador Aluar nuñez cabeça de vaca, de lo acaescido en las dos jornadas que hizo a las Indias.

Con priuilegio.

¶ Esta tassada por los señores del consejo en Ochenta y cinco mrs.

1528 – 44

Deutsche Entdecker in Südamerika

Unzeitgemäße Expedition

Angesichts der Tatsache, dass Spanien und Portugal die neue Welt mehr oder weniger zwischen sich aufteilten, liegt die Frage nahe, was deutsche Entdecker in den frühen Jahrzehnten des 16. Jahrhunderts in Südamerika zu suchen hatten. Wie kamen sie auf die *llanos* von Venezuela und in die Kordilleren Kolumbiens? Sie suchten das sagenhafte Goldland El Dorado, das zwischen der Karibik und Pizarros Reich im Süden liegen sollte. Da fügte es sich gut, dass Karl I. von Spanien, der schon eine gewaltige Ausdehnung seines Reichs miterlebt hatte, ein aussichtsreicher Kandidat für ein hohes Amt war: Er wollte Kaiser des Heiligen Römischen Reiches Deutscher Nation werden, brauchte aber, um seine Konkurrenten abfinden zu können, einen gewaltigen Vorschuss von Europas führenden Bankhäusern, den Fuggern und den Welsern. Die Welser waren sehr an Kapitalanlagen in Form von (widerrechtlich angeeignetem) Indiogold interessiert und verlangten für den Kredit Sicherheiten, in diesem Fall Ausbeutungsrechte für den größeren Teil des Nordens von Südamerika. Der Vertrag wurde 1528 unterzeichnet, und kein Jahr später war der Welser Ambrosius Alfinger (oder Ehinger) als Gouverneur von Venezuela in Coro ansässig. Drei Schiffsladungen Kolonisten hatte er mitgebracht.

Alfinger machte sich rasch daran, sein Herrschaftsgebiet zu erforschen. Er gründete Maracaibo und drang mit 170 Mann 300 Kilometer landeinwärts bis zum Magdalena vor, dem größten Fluss Kolumbiens. Dort wurde Alfinger von einem Giftpfeil getroffen, und nur 35 Überlebende gelangten nach Coro zurück. Nikolaus Federmann, der Nachfolger Alfingers, schlug 1530 von Coro aus die südwestliche Richtung ein, um ein Land zu suchen, wo es Berichten zufolge bärtige weiße Männer geben sollte. Doch waren seine geographischen Kenntnisse so mangelhaft, dass er meinte, es handle sich dabei um Mitglieder von Sebastian Cabots Expedition nach Paraguay. 1535 marschierte Georg Hohermuth mit 400 Mann 1000 Kilometer weit über die *llanos* von Venezuela. Als er nach zwei Jahren zurückkehrte, hatte er außer dem Tod von zwei Dritteln seiner Leute nichts vorzuweisen. 1538 unternahm Federmann einen weiteren Versuch. Er folgte der Route Hohermuths und gelangte über die Kordilleren zu den goldreichen kolumbianischen Hochebenen der Muisca-Indios, wo später Bogotá liegen sollte. Aber Federmanns Expedition, die einzige deutsche Unternehmung, die Gewinn zu bringen versprach, kam zu spät. Vor Ort war schon ein spanisches Kontingent unter Gonzalo Jiménez de Quesada, das von Norden eingetroffen war, und ein zweites war aus südlicher Richtung im Anmarsch und nur noch zwei Tagesmärsche entfernt. Danach beschränkten die Welser ihre Unternehmungen auf die *llanos*, deren Höhepunkt die vierjährige Reise (1541 – 44) Philips von Hutten ins Land der Omagua war. Die Konzession wurde 1556 zurückgezogen und damit fiel die gesamte Region wieder an Spanien.

Rechts Zeitgenössische Darstellung einer Expedition der Welser beim Aufbruch aus Sevilla 1534.

Der Alptraum von Diego de Almagros langem Marsch

Eine barbarische Reise nach Chile

1535 – 37

Es gibt wohl kaum Entdeckungsreisen ohne Pech und Pannen, aber an Grauen, Elend und Tod dürfte Diego de Almagros unglückselige Reise nach Chile nur schwer zu übertreffen sein. Almagro war bei der Eroberung des Inkareichs Pizarros Hauptgeschäftspartner gewesen, erhielt jedoch als Lohn nur jene Gebiete, die jenseits des peruanischen Kernlands lagen. Um das Beste aus dieser ärmlichen Konzession zu machen und, so hoffte er, südlich von Pizarros Herrschaftsgebiet ein eigenes goldverbrämtes Königreich zu gründen, verließ er Cuzco im Juli 1535 und zog zunächst auf der Inkastraße zum Titicacasee. Begleitet wurde er von 570 Mann Kavallerie und Fußsoldaten, dem schlachterfahrenen Abschaum der Menschheit, sowie 12 000 einheimischen Trägern, die der Marionettenherrscher Manco Capac bereitgestellt hatte. Jenseits des Sees überquerte die Expedition mitten im Winter den 3700 Meter hoch gelegenen bolivianischen Altiplano. Nahrung und Wasser wurden knapp, die Soldaten rangen in der dünnen Luft nach Atem und ihre Kleider konnten sie nicht vor der eisigen Kälte schützen. 150 Spanier legten sich einfach hin und starben, während andere sich Erfrierungen zuzogen, von denen sie sich nie wieder erholten. Von den Trägern starben viele hundert, doch war für sie der Tod fast eine Erlösung, denn sie mussten von einer Handvoll geröstetem Mais pro Tag leben, und die widerstrebenden unter ihnen wurden tagsüber gefesselt und nachts auf barbarische Weise mit Ketten zusammengeschlossen.

Schließlich erreichte die dezimierte Streitmacht das einsam gelegene Tal von Salta im Nordwesten Argentiniens, wo Almagro das Ende des Winters abwartete, bevor er die Kordilleren überquerte, um zu den Ebenen Nordchiles vorzustoßen. Auf den verschneiten Pässen starben weitere 1600 Träger und zudem noch 112 Pferde. Als Copiapó erreicht wurde, flohen die übrigen Träger. Almagro bekräftigte in üblicher Weise seinen Anspruch auf die gottverlassene Gegend. Doch die zu den Grenzen des Inkareichs ausgesandten Expeditionen fanden kein Gold, sondern nur unfruchtbares, von wilden Indios bevölkertes Land. Da erreichten Almagro Nachrichten von einem Aufstand in Peru. Diesen glaubte er nutzen zu können, um Cuzco in seinen Besitz zu bringen, und so kehrte er um. Er wollte jetzt die Gefahren der Hochebenen vermeiden und zog an der Küste entlang. Dort jedoch geriet der Trupp in die glühend heiße Atacama-Wüste, in der kein Grün die monotone braune Landschaft unterbricht. Beim Rückweg über die Kordilleren fand man die Erfrorenen unverändert hingestreckt. Almagro erreichte Cuzco im April 1537; seine Leute waren unterdessen schneeblind geworden. Es gelang ihm nicht, die Stadt zu erobern, vielmehr wurde er gefangen genommen und im Jahr darauf enthauptet.

Rechts Der Kupferstich zeigt die von Pizarro betriebene Gefangennahme, Verurteilung und Hinrichtung Diego de Almagros.

Cartier erkundet den St.-Lorenz-Strom

Ein Fluss, der so lang ist, dass „niemand sein Ende kennt“

1535 – 42

Im frühen 16. Jahrhundert wurden die reichen Fischgründe vor den nordöstlichen Ausläufern des amerikanischen Kontinents regelmäßig von englischen, französischen und iberischen Seefahrern aufgesucht. Da sie Fischer waren und keine Entdecker, verspürten sie wenig Neigung, weiter vorzudringen oder sich in die dichten Wälder längs der Küste zu wagen. Doch hielten sich hartnäckig Gerüchte über eine reiche Kultur tief im Landesinnern, und als der französische König einen Seemann aus St. Malo namens Jacques Cartier damit beauftragte, die kartographisch noch nicht erfassten Gewässer jenseits von Neufundland zu erforschen, dachte er an „Inseln und Länder, wo es, wie man sagt, große Mengen an Gold geben soll“. Fand man diese nicht, blieb immerhin noch die Möglichkeit, hoch im Norden einen ebenso lukrativen Seeweg zum Pazifik und damit nach China zu entdecken.

Cartiers erste Reise fand 1534 statt. Sie war geographisch bedeutsam, doch kam ihm der Golf von St. Lorenz so wertlos vor wie „das Land, das Kain von Gott erhielt“. Glücklicherweise aber lernte er dabei den Irokesenhäuptling Donnacona kennen, dessen Stamm vom Norden nach Gaspé gekommen war, um seinen alljährlichen Fischzug zu unternehmen. Zu seiner Erleichterung hörte Cartier von Donnacona, dass es weiter nördlich ein goldreiches Land namens Saguenay gäbe, woraufhin er zwei Söhne des Häuptlings als Dolmetscher anheuerte.

1535 kehrte Cartier mit drei Schiffen zurück, um die Erforschung jenes Flusses, den man später St.-Lorenz-Strom nannte, fortzusetzen. Er passierte Saguenay, wo es nur Kupfer gab, aber kein Gold, kam an Stadacona vorbei, wo heute Quebec liegt, und wurde in Hochelaga herzlich willkommen geheißen. Hochelaga, am Fuße des Mont Réal gelegen, war eine beeindruckende Festungsstadt der Irokesen mit geometrischem Grundriss. Weiter flussaufwärts behinderten Stromschnellen das Vorankommen, sodass Cartier nach Stadacona zurückkehrte. Der Winter führte zu Bedingungen, unter denen auch viele seiner Nachfolger leiden sollten: Der Fluss gefror, die Schiffe lagen bis April fest, die Mannschaft wurde vom Skorbut geplagt, und Cartiers Beziehung zu den Indianern verschlechterte sich, bis nur noch gegenseitiges Misstrauen übrig war. Im Juli 1536 war er in St. Malo zurück. Was er die nächsten vier Jahre tat, ist unbekannt. 1540 erteilte der König den Auftrag für eine weitere Reise, die im Jahr darauf zu einer Kolonialexpedition aufgewertet wurde, bei der Cartier nur eine untergeordnete Rolle spielte. Von dieser Expedition ist kaum mehr bekannt, als dass die noch sehr instabilen Kolonien schon nach einem weiteren Winter im Eis aufgegeben wurden. Die angeblichen Diamanten erwiesen sich als Quarz, und das Gold konnten nur Narren für solches halten. So gehörte der St.-Lorenz-Strom bis auf Weiteres wieder den Irokesen, und Cartier zog sich auf sein Landgut in Frankreich zurück.

Rechts Die Irokesenstadt Hochelaga 1556, nach einer Darstellung von Cartiers Zeitgenossen Giovanni Battista Ramusio in seinem Buch *Navigazioni e Viaggi*, 1550 – 59.

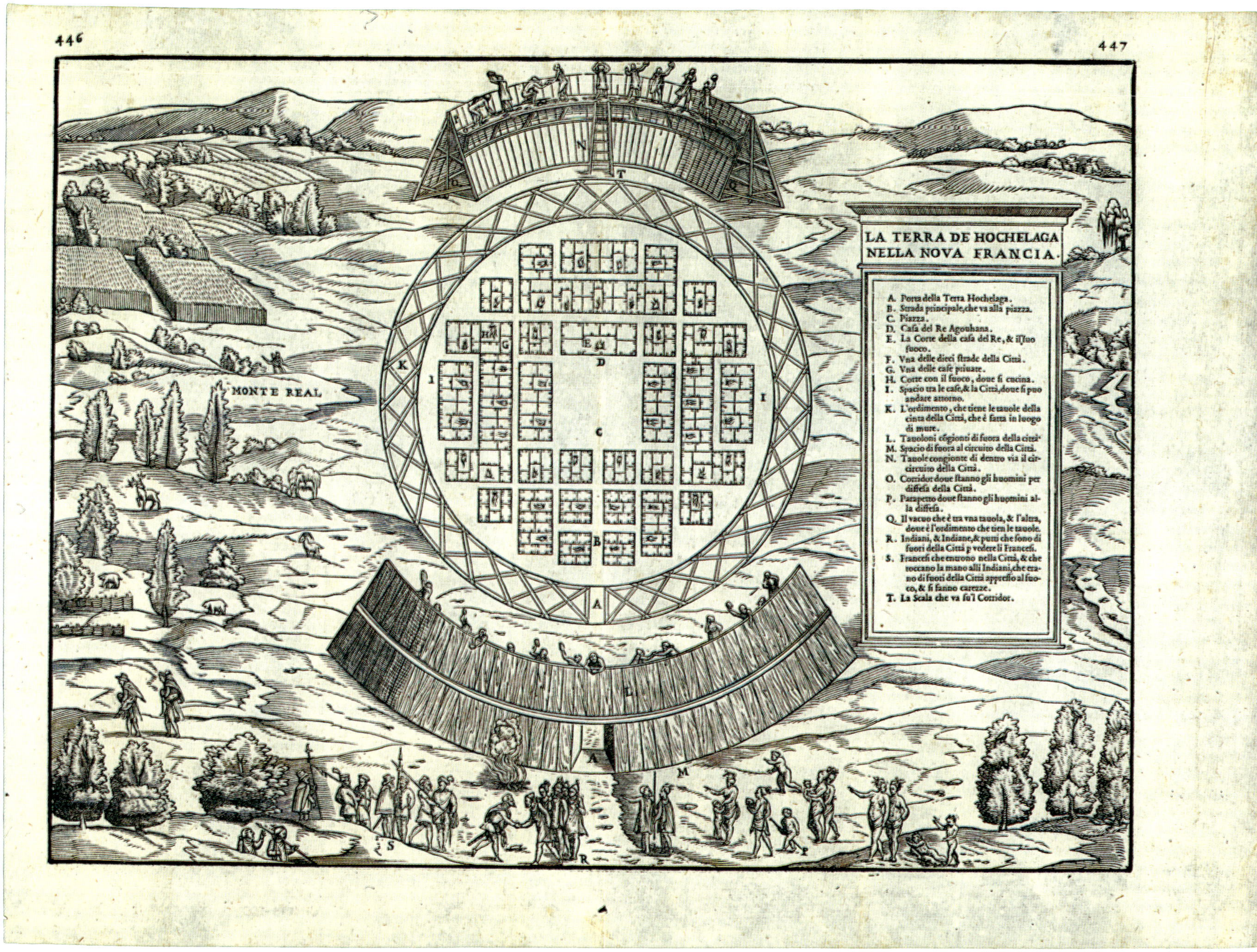
446
447
LA TERRA DE HOCHELAGA NELLA NOVA FRANCIA.
A. Porta della Terra Hochelaga.
B. Strada principale, che va alla piazza.
C. Piazza.
D. Casa del Re Agouhana.
E. La Corte della casa del Re, & il suo fuoco.
F. Vna delle dieci strade della Città.
G. Vna delle case priuate.
H. Corte con il fuoco, doue si cucina.
I. Spacio tra le case, & la Città, doue si puo andare attorno.
K. L'ordimento, che tiene le tauole della cinta della Città, che è fatta in luogo di mure.
L. Tauoloni cögionti di fuora della città.
M. Spacio di fuora al circuito della Città.
N. Tauole congionte di dentro via il circuito della Città.
O. Corridor doue stanno gli huomini per diffesa della Città.
P. Parapetto doue stanno gli huomini alla diffesa.
Q. Il vacuo che è tra vna tauola, & l'altra, doue è l'ordimento che tien le tauole.
R. Indiani, & Indiane, & putti che sono di fuori della Città p vedere li Francesi.
S. Francesi che entrono nella Città, & che toccano la mano alli Indiani, che erano di fuori della Città appresso al fuoco, & si fanno carezze.
T. La Scala che va su'l Corridor.
MONTE REAL

Die Pilgerfahrten des Fernão Mendes Pinto

Ein Meisterwerk der Reiseliteratur

1537 – 58

Das sogenannte „Reich" der Portugiesen in Asien, dessen Ausdehnung nach Vasco da Gamas ersten Kontakten mit Indien eifrig betrieben wurde, war seltsam ungreifbar, insofern es gerade nicht auf Territorialbesitz beruhte, sondern den Handel durch die gewaltsame Besetzung strategisch bedeutsamer Hafenstädte kontrollierte, während die binnenländische Existenz sich auf ein paar Enklaven an der Küste beschränkte. Unternehmungslustige Vizekönige trieben, geleitet vom Interesse am Gewürzhandel, die Seefahrt weiter nach Osten voran. 1511 ergriff Afonso d'Albuquerque Besitz von Malakka, und nach einigen Jahren hatte man die Kontakte zu den Ostindischen Inseln und nach Südostasien beträchtlich ausgeweitet. Portugiesische Händler und Gesandte befuhren die chinesische Küste nordwärts und landeten um 1542 unerwarteterweise in Japan. Unter den vielen Reisenden, die diese rastlose Zeit hervorbrachte, nimmt Fernão Mendes Pinto einen bedeutenden Rang ein, denn seine *Peregrinação* fand in ganz Europa begeisterte Leser. Pinto erzählt von Piratenüberfällen, Wüstenkarawanen, Hofintrigen und kühnen Fluchten und beschreibt sehr lebendig die asiatischen Völker. Zwanzig Jahre lang war Pinto als Soldat, Kaufmann, Diplomat, Gefangener, Sklave, Pirat und Missionar unterwegs, und so ist es kein Wunder, dass sein Werk, fast vergleichbar mit der homerischen *Odyssee*, zu den schönsten Werken der Reiseliteratur gehört.

Pinto entstammte einer armen, in Montemor-o-Velho ansässigen Familie. Er war 1537 nach Indien gelangt und hatte sich einer Aufklärungsexpedition ins Rote Meer und nach Äthiopien angeschlossen. Er wurde von Türken gefangen genommen, mit einer Karawane nach Hormuz gebracht und von den Portugiesen freigekauft. 1539 kam er nach Malakka, von wo aus er weite Reisen nach Sumatra, Malaysia, Siam, Indochina und Japan unternahm. 1549 machte er den Jesuiten Francisco Xavier mit einem japanischen Flüchtling bekannt, und der Jesuit konnte mit Pintos Hilfe in Japan die erste christliche Mission errichten. In den folgenden neun Jahren segelte Pinto mit unterschiedlichen Aufträgen nach Burma und zu den Ostindischen Inseln, bevor er 1558 nach Portugal zurückkehrte. Als Humanist und Philanthrop kritisierte er nachdrücklich die Ungerechtigkeiten und Gewalttaten des portugiesischen Kolonialismus und vermachte sein Manuskript einer Einrichtung, die sich um ehemalige Prostituierte kümmerte. Doch als es 1614 veröffentlicht wurde, hatten fremde Hände es bearbeitet und entschärft. Spätere Kommentatoren haben den Wahrheitsgehalt von Pintos Erzählung radikal infrage gestellt und behauptet, es handle sich um einen stark ausgeschmückten, romanhaften Bericht oder gar um freie Erfindung. Die neuere Forschung jedoch betrachtet die *Peregrinação* mit anderen Augen. Mittlerweile wird eingeräumt, dass sie im Kern wahrheitsgetreu und in vielen Einzelheiten, wenn man die heroische Einkleidung und die späteren Bearbeitungen unberücksichtigt lässt, historisch verlässlich und genau ist.

Rechts Das Detail aus der Weltkarte *Lopo Homems* (um 1519) verzeichnet die frühen Entdeckungen der Portugiesen in Ostindien.

De Soto sucht in den Südstaaten ein zweites Peru

Nordamerika wird jäh aus dem Dornröschenschlaf gerissen

1539 – 42

HERNANDO DE SOTO WAR EINER DER REICHSTEN MÄNNER DER WELT. Er hatte sich an der Eroberung Mittelamerikas beteiligt und auch bei Pizarros Feldzügen in Peru eine bedeutende Rolle gespielt. Nun hätte er sich eigentlich in Sevilla zur Ruhe setzen und seinen stattlichen Haushalt mit seinem Anteil an der Beute, gut 500 Kilogramm Gold aus dem Schatz der Inkas, finanzieren können. Aber schon bald erlag er den Verlockungen noch größeren Reichtums, der angeblich in Florida zu finden sein sollte. König Karl I. von Spanien, der ihm noch Geld schuldete, hatte keine Bedenken, de Soto zum Gouverneur von Kuba und zum *adelantado* (Statthalter) all dessen zu ernennen, was in den unerforschten Tiefen des nordamerikanischen Hinterlands liegen mochte. De Soto scheute keine Ausgaben, ließ sich in großem Stil in Kuba nieder, betraute seine Frau mit der Verwaltung des Staats und bereitete seine Invasion Floridas vor, eine Region, die damals praktisch die ganze südliche Hälfte der heutigen Vereinigten Staaten umfasste. Entschlossen, den katastrophalen Verlauf früherer Unternehmungen zu vermeiden, stach er im Mai 1539 mit neun Schiffen, 620 Mann Besatzung, Tonnenladungen schwerer Rüstung und Waffen und 500 Stück Vieh in See, um die arglose indigene Bevölkerung mit einem gigantischen und sorgfältig vorbereiteten „Blitzkrieg" zu überraschen.

Nach der Landung in der Bucht von Tampa zog de Soto mit 400 Mann und 200 Pferden nordwärts. Den Winter verbrachte er im Land von Appalache und zog dann durch die nordöstlich gelegene Savanne, überquerte, sich nach Nordwesten wendend, die Blue Ridge Mountains und gelangte schließlich ins heutige Alabama, wo ihm der Häuptling Tuscalusa schwere Verluste zufügte. Weil er auf keinen Fall mit leeren Händen zurückkehren wollte, traf er sich nicht wie geplant mit seiner Flotte in Mobile Bay, sondern zog weiter nach Nordwesten, immer noch auf der Suche nach der goldreichen Kultur, die bereit wäre, Edelmetall gegen Glasperlen einzutauschen. Im Mai 1541 verbrachte de Soto einen Monat damit, seine Truppen auf Flößen über den Mississippi zu bringen, dessen Existenz er als Erster dokumentierte. Er pausierte unweit von Little Rock und überwinterte in Arkansas, wo es Zusammenstöße mit dem kriegerischen Stamm der Tula gab. De Soto starb im Mai 1542 am Ufer des Mississippi, wahrscheinlich durch Malaria, aber sein Stellvertreter, Luis de Moscoso, setzte die Suche in Richtung Westen fort, bis er in der Nähe des Flusses Brazos von Indianerstämmen zurückgeschlagen wurde. Die 300 Überlebenden fuhren auf Flößen den Mississippi abwärts und folgten dem Küstenverlauf nach Mexiko, wo sie im September 1543 ankamen.

Rechts Das zeitgenössische Aquarell zeigt einen von de Sotos Männern mit zwei Indianern.

Coronado sucht die Phantomstädte Nordamerikas

Die sieben Städte von Cibola

1540 – 42

SCHON EINE STADT VOLLER GOLD HÄTTE GEREICHT, UM EINEN ABENTEURER ins Unbekannte zu locken, aber wenn sich gleich sieben solcher Städte finden ließen, war das fast zu schön, um wahr zu sein. Tatsächlich hatte die Legende von den „Sieben Städten" die Geographen seit dem 8. Jahrhundert beschäftigt. Damals sollten sieben katholische Bischöfe vor der Invasion der Muslime aus Portugal geflohen sein, den Atlantik überquert und sich auf einer Insel namens Antilia niedergelassen haben. Dort habe, so die Legende, jeder der Bischöfe für sich und seine Nachfolger eine Stadt gegründet. Zwar waren die Suchaktionen transatlantischer Pioniere bislang vergeblich geblieben, doch hielt sich die Phantasie zumindest im Unbewussten hartnäckig, zumal Berichte nordamerikanischer Eingeborener über eine entwickelte Kultur tief im Landesinneren sie zu bestätigen schienen. Als der franziskanische Wandermönch Marcos de Niza dann 1539 aus den nördlichen Grenzregionen Mexikos zurückkehrte und von den „Sieben Städten von Cibola" schwärmte, die „reich an Gold, Türkisen und Vieh mit prachtvollem Fell" seien, erinnerte man sich sofort der alten Legende. Schon nach wenigen Monaten hatte der Vizekönig, Antonio de Mendoza, eine Streitmacht aus 1600 Spaniern und Einheimischen zusammengestellt, um die Orte zu erobern. Der Gouverneur Francisco Vázquez de Coronado übernahm das Kommando, und mit de Niza als Führer brach die mächtige Armee im Februar 1540 von Compostela in Richtung Norden auf, während weitere Expeditionen zur Unterstützung den Colorado erforschen sollten.

Fünf Monate später erreichte Coronado mit dem Hauptteil seiner Truppen das im heutigen New Mexiko gelegene Cibola. Dort fand er aber nur eine armselige Ansammlung von Pueblos der Zuni-Indianer, die zwar architektonisch anregend sein mochten, doch beileibe nicht jene goldgepflasterte Stadt darstellten, von der de Niza erzählt hatte. Von ihm ward nichts weiter gehört, während Coronados Leute das Gebiet durchsuchten, um die Expedition nicht zu einem fruchtlosen Unternehmen werden zu lassen, aber vergebens. Noch einmal keimte Hoffnung auf, als Gerüchte über eine weitere „goldene Stadt" kursierten, die Quivira hieß und fern im Nordosten lag. So trottete die Invasionsarmee, bedeckt mit Brustpanzern, Helmen und Schweiß, von April bis Juli 1541 müde über weite Ebenen und durch Sandwüsten, in denen nur Haufen von Kuhdung den Weg wiesen. Quivira lag anmutig in Wiesen gebettet und bestand aus hübschen, reetgedeckten Hütten, aber von Gold war auch hier keine Spur. Enttäuscht schleppten sich die Männer zurück nach New Mexiko, wo sie bis zum Frühling ihr Lager aufschlugen. Zwei Drittel der Armee kamen bei Auseinandersetzungen mit Indianern um, der Rest traf im Oktober 1542 in Mexiko ein.

Rechts Die Karte von Giacomo Gastaldi entstand um 1553 und enthält bereits Coronados Entdeckungen. Sie zeigt auch zum ersten Mal in umfangreicherem Maße Siedlungsstätten auf dem Gebiet der heutigen Vereinigten Staaten von Amerika.

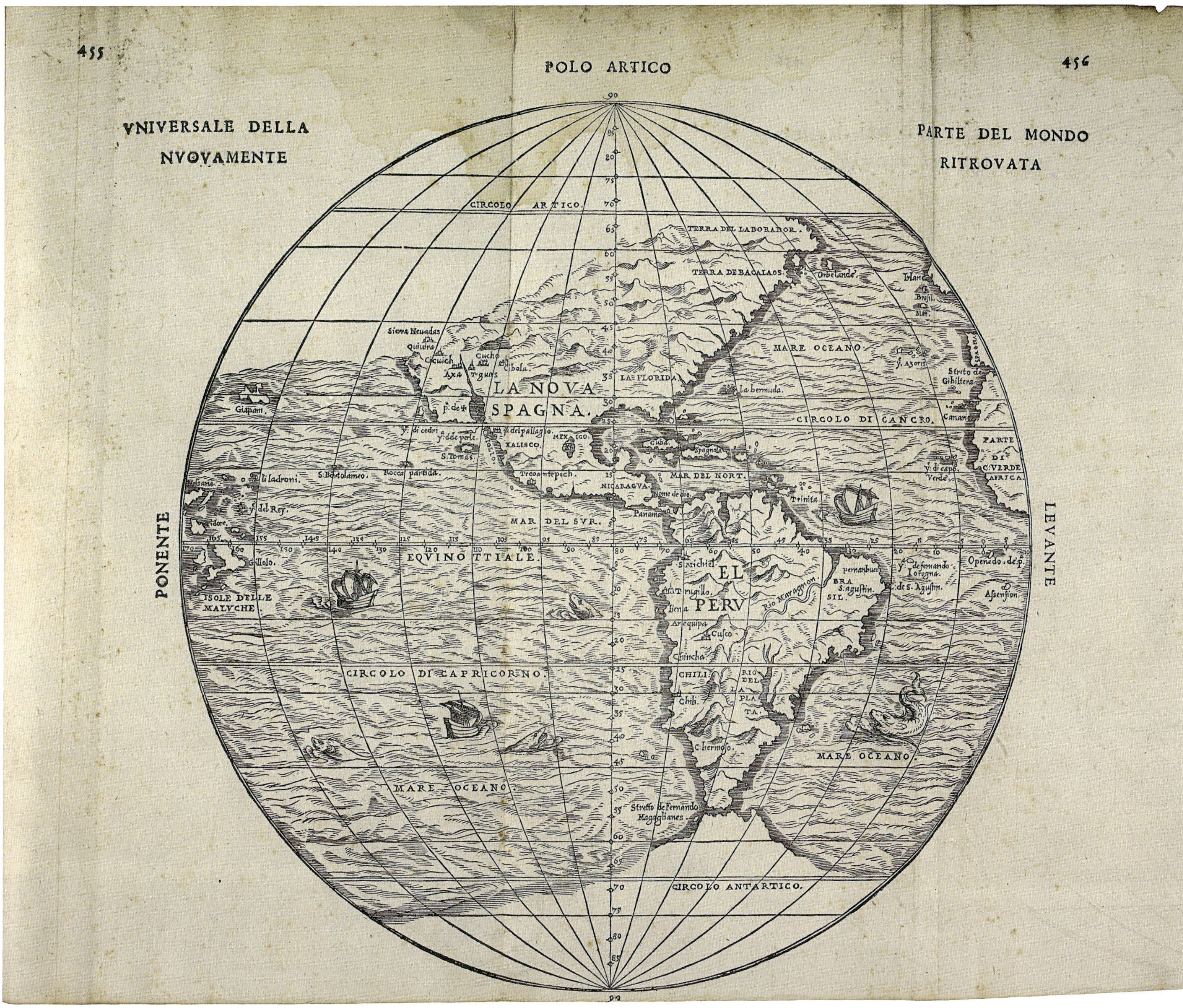
455
POLO ARTICO
456
VNIVERSALE DELLA
NVOVAMENTE
PARTE DEL MONDO
RITROVATA
CIRCOLO ARTICO
TERRA DEL LABORADOR
TERRA DE BACALAOS
LA NOVA
SPAGNA
LA FLORIDA
MARE OCEANO
CIRCOLO DI CANCRO
MAR DEL NORT
MAR DEL SVR
EQVINOTTIALE
EL
PERV
BRA
SIL
PARTE
DI
C. VERDE
AFRICA
PONENTE
LEVANTE
ISOLE DELLE
MALVCHE
CIRCOLO DI CAPRICORNO
CHILI
RIO
DEL
LA
PLA
TA
MARE OCEANO
MARE OCEANO
Stretto de Fernando
Magaglianes
CIRCOLO ANTARTICO

Francisco de Orellana fährt den Fluss der Amazonen hinunter

Die erste Durchquerung des südamerikanischen Kontinents

1541

SCHON BALD NACH PIZARROS EROBERUNG DER ANDEN stiegen ganze Schwärme unbedeutender Konquistadoren, berauscht von Gerüchten über goldreiche Städte und mythische Königreiche, das Schluchtenlabyrinth der Osthänge des Andengebirges hinab. Die meisten kehrten aus den tiefen, undurchdringlichen Wäldern mit leeren Händen zurück oder fielen feindseligen Indios in die Hände. Aber sie suchten nicht nur nach Gold und Silber. Von vergleichbarem Wert nämlich waren die Früchte des Waldes: Gewürze, ähnlich denen der Ostindischen Inseln, wo die Portugiesen das Handelsmonopol besaßen. Als daher Pizarro von einem „Zimtland" irgendwo im Dschungel östlich von Quito hörte, zögerte er nicht lange und stattete seinen Bruder Gonzalo mit einer Expedition von 300 Soldaten und 4000 indianischen Trägern aus. Im Februar 1541 verließ Gonzalo samt Mannschaft Quito, doch schon die Überquerung der Kordilleren wurde zum Alptraum, als der Schnee in wochenlangen sintflutartigen Regen überging. 140 Spanier und zahllose Indios desertierten oder starben an Entkräftung. Als die übrigen den Napo, einen Nebenfluss des Amazonas, erreichten, bauten sie ein behelfsmäßiges Schiff, um die Schwächsten flussabwärts zu bringen. Sie ernährten sich mittlerweile von Kröten, Schlangen und dem Leder ihrer Stiefel.

Gonzalo hegte die Erwartung, schon bald auf einen noch größeren Fluss zu stoßen und schickte unter dem Kommando seines Stellvertreters, Francisco de Orellana, fünfzig Mann als Kundschafter voraus. Aber er sollte Orellana nie wiedersehen. Während die starke Strömung ihn und seine Leute in den Amazonas trieb, machte sich Gonzalo nach vergeblichem Warten auf den Rückweg. Orellana indessen erreichte ein Dorf mit freundlich gesonnenen Indios, von wo er im Mai, nachdem ein zweites, größeres Schiff notdürftig zusammengezimmert worden war, zur Fahrt flussabwärts aufbrach. Unterwegs hörte er von einem Stamm kriegerischer Frauen, der tief in den Wäldern lebte. Nach ihnen sollte der Strom später benannt werden. Nahe dem Zusammenfluss mit dem Tapajós bemerkte die Expedition zum ersten Mal das Phänomen der Gezeiten, doch war das Meer immer noch 600 Kilometer weit entfernt, und erst Ende August wurde der Atlantik erreicht. Mit Reben als Takelzeug und Decken als Segel tastete sich die Expedition an der Küste entlang, bis sie den spanischen Vorposten auf der Insel Cubagua erreichte. Schließlich zurück in Madrid, unterhielt Orellana den spanischen Hof mit (manchmal recht ausgeschmückten) Erzählungen über seine Abenteuer, woraufhin er die Genehmigung erhielt, den Fluss für Spanien zu kolonisieren. Doch wurden seine Leute durch Krankheiten und Angriffe feindseliger Indios dahingerafft, und auch er selbst starb an dem Fluss, dessen Entdeckung seinen Namen unsterblich machen sollte.

Rechts Als gewaltiger Strom windet sich der Amazonas durch die Neue Welt auf dieser Karte aus dem Jahr 1558. Entlang der Küste markieren Wappen spanischen und portugiesischen Besitz.

Mare antiliarum.
Peru
EQVINOCTIALIS
Cambales.
Brasilis.
Mundus nouus.
Terra Incognita
ORIENS

Francisco Xavier und die christliche Mission in Asien

Wohin auch inmer „Seine Heiligkeit uns schickt, um für das Seelenheil zu sorgen“

1541 – 52

Während die iberischen Seefahrer häufig einen Priester mitnahmen, der den Matrosen predigen und unterwegs vielleicht ein paar Bekehrungen vornehmen sollte, sahen es die großen christlichen Orden als ihre apostolische Pflicht an, in „heidnischen“ Ländern zu missionieren. Sie entsandten unabhängige Gruppen von Missionaren, die auf ihren Reisen ebenfalls zu bedeutsamen Entdeckungen kamen. Besonders eifrig war die *Societas Jesu*, die Ignatius von Loyola 1539 – 40 auf dem Höhepunkt der Fahrten nach Übersee gegründet hatte und die als einziger Orden missionarische Tätigkeit in den „Neuen Welten“ in ihrer Satzung aufgeführt hatte. Ihre Priester verloren keine Zeit, und schon im April 1541 war Francisco Xavier, einer der Mitbegründer, auf dem Weg nach Portugiesisch-Indien. Den Winter verbrachte er in Mosambik und segelte dann weiter nach Goa, wo er einige Monate lang die dortigen Christen betreute. Weitere zwei Jahre verbrachte er an der Südspitze Indiens. Dort bekehrte er angeblich 30 000 Menschen. 1545 ging er nach Malakka, wo er wie schon in Goa mit der Unmoral und Korruption unter den portugiesischen Pfründnern kämpfte. Im folgenden Jahr zog es ihn auf die Molukken, auf denen verstreut bereits 10 000 zuvor von Franziskanern zum Christentum Bekehrte lebten.

Als Xavier 1547 nach Malakka zurückkehrte, begegnete er einem Japaner namens Yajiro, der Zuflucht auf einem portugiesischen Schiff gesucht hatte und zum Christentum übergetreten war. Die Unterhaltung mit ihm brachte Xavier zu der Überzeugung, dass Japan ein für missionarische Tätigkeit lukratives Feld sein könnte. Mit einer kleinen Gruppe von Unterstützern aus Goa bestieg Xavier eine chinesische Piratendschunke und landete im August 1549 in Kagoshima auf Kyushu. Begeistert von anfänglichen Erfolgen, reiste die Gruppe nach Kyoto, um sich die kaiserliche Zustimmung zur Propagierung des Christentums im gesamten Gebiet zu sichern. Die Reise war nicht nur langwierig, sondern auch vergeblich, denn der Kaiser war im politischen Chaos versunken und hatte kaum noch Gewalt über seine Untertanen. Xavier ließ seine Mitstreiter in Japan, um das Missionswerk fortzusetzen und kehrte allein nach Goa zurück. 1552 schloss er sich einer portugiesischen Gesandtschaft nach China an, wo er den Kaiser beeindrucken und sich den Einfluss der chinesischen Kultur auf Japan zunutze machen wollte. Aber die Gesandtschaft zerfiel, und Xavier starb an Fieber auf der Insel Sancian (Shangchuan), während er darauf wartete, aufs Festland geschmuggelt zu werden. Trotz häufiger Verfolgungen florierte die in Nagasaki ansässige japanische Mission bis zu den Vertreibungen von 1614. Auch danach hatte sie noch einige Jahrzehnte lang Bestand und behauptete, in ihrer Blütezeit 300 000 Bekehrungen vorgenommen zu haben.

Rechts Der Wandschirm aus dem frühen 16. Jh. zeigt geschäftige portugiesische Händler in einem japanischen Küstenort.

Anthony Jenkinson auf den Handelsrouten Zentralasiens

Ein unbesungener Pionier englischer Entdeckungsreisen zu Lande

1555 – 60

Im frühen 16. Jahrhundert hatten die Erwartungen der westlich gelegenen europäischen Nationen einen unerwarteten Dämpfer erhalten, als man ärgerlicherweise die nicht besonders vielversprechende Landmasse Nordamerikas entdeckte, die auf der ohnehin schon umständlichen Route zu den Reichtümern Chinas sozusagen im Weg lag. Besonders enttäuschend war diese Entdeckung für die Engländer, die zwar die Weltbühne noch nicht betreten hatten, aber doch schon einen größeren Absatzmarkt für ihre Wollwaren suchten. Die Annahme, dass der Weg nach Osten in Polnähe kürzer und weniger schwierig sein müsste, veranlasste sie zu jahrelangen, fruchtlosen Erkundungen in hohen Breitengraden. 1553 machten sich Richard Chancellor und Hugh Willoughby in der Mutmaßung, Asien sei, wie schon die Griechen glaubten, von einem Ozean umgeben, mit drei Schiffen auf die Suche nach einer Nordost-Passage. Willoughby erfror dabei, aber Chancellor gelangte rein zufällig mit einem Schlitten nach Moskau, wo er Verhandlungen mit Iwan dem Schrecklichen aufnahm. Versehen mit Handelsprivilegien, kehrte Chancellor nach England zurück und gründete mit anderen Interessenten die Moskauer Handelskompanie, die erste Aktiengesellschaft der Welt, um mit Russland und weiter östlich gelegenen Ländern Handel zu treiben. Einige Jahrzehnte lang bereisten englische Kaufleute das Land, fuhren die Wolga hinunter, kamen über das Kaspische Meer bis nach Persien und kehrten zurück, um dem englischen Chronisten Richard Hakluyt weitere nüchtern-untertriebene Berichte über außergewöhnliche Reisen für sein Hauptwerk *Principal Navigations* zu liefern.

Zwar wurden die Versuche, einen Weg durch die nördlichen Meere zu finden, fortgesetzt, und 1580 drangen Arthur Pet und Charles Jackman bis zur vereisten Karasee vor, doch konzentrierten die meisten der Handelskompanie angehörenden Kaufleute ihre Aufmerksamkeit auf aussichtsreichere Überlandrouten. Im April 1558 brach Anthony Jenkinson, der den Nahen Osten bereist hatte, mit zwei Kollegen von Moskau auf, um einen Landweg nach China ausfindig zu machen. Sie fuhren die Wolga hinab durch Gebiete, die erst kurz zuvor von der Mongolenherrschaft befreit worden waren, und schlossen sich einigen lokalen Kaufleuten in Astrachan an, mit denen sie den nördlichen Ausläufer des Kaspischen Meers überquerten. Von da aus ging es weiter über Land nach Urgenj (Urganch) im heutigen Usbekistan. Im Dezember hatte die Gruppe Buchara erreicht, wo sie die Gastfreundschaft des Königs genoss und mit ihren Waren Handel treiben konnte, denn die Stadt wurde von zahllosen Kaufleuten aus nah und fern besucht. Jenkinson war dennoch enttäuscht, denn Kriege im Osten behinderten den Handel mit China, und da die Engländer keine Möglichkeit sahen, weiterzukommen, traten sie den Rückweg nach Moskau an. Immerhin konnte Jenkinsons Bericht einen entscheidenden weißen Fleck auf der Karte von Zentralasien tilgen.

Rechts Das Detail aus einer Karte von Abraham Ortelius (1598) zeigt die Ergebnisse von Jenkinsons Erkundungsreisen in Zentralasien.

prodigium annis circiter 300. retro elapsis.
CAS
SAC
KI
A
I.
GAIA.
T A
R
Kirgessi gens cateruatim degit, id est in hordis. habetq; ritum huiusmodi. cum rẽ diuinam ipsorũ sacerdos peragit, sanguinem, lac, & fimũ iumentorum accipit, ac terrę miscet, inq; vas quoddam infundit, eóq; arborem scandit, atq; cócione habita, in populum spargit, atq; hęc aspersio pro Deo habetur & colitur. Cum quis diem inter illos obit, loco sepulturę arboribus suspendũt.
TVRK
A Mangusla Shaysuram vsq; 20. dierum iter habent, sine vllis sedibus, cum summa aquę penuria. A Shaysura vsq; Bogar, par itineris interuallum latrocinijs infestum.
Sur fl.
BO
GH
AR
Amow fl.
SHA MAR GHAN.
TASKENT.
Taskent
Ardock fl.
Shaysure
Vrgeme
Cante
Ougus fl.
Kyrmina
Cosin
Ghudowa
Boghar vrbs ampliſsima
Carakol
Mare
Acsow
KIR
Corasan parua, à Rege Persico adiuuantibus Tartaris 1558. expugnata fuit.
Shamarcandia olim totius Tartarię metropolis fuit, at nunc ruinis deformis iacet, vna cum multis antiquitatis vestigijs. Hic conditus est Tamerlanes ille, qui olim Turcarũ Imperatorẽ Bayasitẽ captum aureis catenis vinctum, circumtulit. Incolę mahumetani sunt.
Meshent
Kirshij
Andeghen
GES
Corasam magna
MHOGOL
SIA.
Balah
480 560 640 720 800

Álvaro de Mendaña entdeckt die Salomonen

Imaginäre Länder im Südpazifik

1567–95

GEGEN ENDE DES 16. JAHRHUNDERTS WAREN SPANISCHE SCHIFFE IM NORDPAZIFIK kein ungewöhnlicher Anblick mehr, nachdem der Seefahrer und Mönch Andrés de Urdaneta 1565 als Erster die Überfahrt von Westen nach Osten gewagt hatte. Aber was südlich vom Äquator lag, war so gut wie unbekannt. Eine immense Leere erstreckte sich von der Küste Südamerikas bis zu den Schiffsrouten des Indischen Ozeans, ein geeigneter Ort für mythische und märchenhafte Länder wie die legendären „Goldinseln" von Incan, der merkwürdig zählebige, dabei aber rein hypothetische Kontinent namens Terra Australis, die Länder der Amazonen und sogar die hier nun wirklich deplazierten Goldminen König Salomos. Aber „Männer, die etwas von Mathematik verstanden", gingen mit Gewissheit davon aus, dass es dort einen „großen, unbekannten, südlichen Kontinent" geben müsse, dessen verlorene Seelen nach göttlicher Erleuchtung riefen und dessen Reichtümer noch eine weitere Generation von Konquistadoren beschäftigen könnten. So veranlasste der Vizekönig von Peru die Entsendung einer Expedition, die dieses imaginäre Land ausfindig machen sollte. Er bootete alle aus, die sich von einer neuen Entdeckung Ruhm versprachen und übertrug das Kommando seinem Neffen, dem visionären galizischen Seefahrer Álvaro de Mendaña.

Mendaña brach im November 1567 mit zwei Schiffen und 150 Mann Besatzung von Callao auf, aber gegen Mitte Januar wurde deutlich, dass die Mathematiker sich wohl getäuscht hatten: Von dem erträumten Kontinent oder den reichen Inseln war nichts zu sehen. Das Trinkwasser wurde knapp und Mendaña trieb auf einem sich endlos dehnenden Ozean dahin, ohne genau zu wissen, wo er sich befand. Er wollte nun nach Neuguinea, ein weiteres Land, über das extravagante Erzählungen verbreitet wurden. Auch dieses fand er nicht, stieß aber durch Zufall auf eine Inselgruppe, wo er nun verzweifelt die Reichtümer und Mineralien suchte, die dem bislang glücklosen Unternehmen etwas Respekt hätten verschaffen können. Obwohl er nichts dergleichen fand, taufte er den Archipel „Salomonen-Inseln" in Erinnerung an König Salomo und das sagenhafte Goldland Ophir aus dem Alten Testament. Die Heimreise gestaltete sich schwierig, und die nahezu morschen Schiffe landeten an der Küste von Kalifornien. Dennoch hielt Mendaña an seinem Traum fest, konnte aber erst nach 25 Jahren einen weiteren Versuch unternehmen. 1595 segelte er mit vier Schiffen und 600 Kolonisten und Soldaten erneut in den Südpazifik, um sich abermals dort zu verirren. Schließlich gingen sie auf Santa Cruz an Land, nicht weit von seinem eigentlichen Ziel entfernt. Aber die Kolonisten wurden von Krankheiten geplagt und von feindseligen Inselbewohnern angegriffen und spalteten sich schließlich in einander bekriegende Fraktionen auf. Mendaña starb an Fieber, aber seine überaus tapfere Frau scharte die Überlebenden um sich, und mit der Unterstützung durch den Lotsen Fernández de Quirós gelangten sie zu den Philippinen.

Rechts Die von Abraham Ortelius 1589 gezeichnete Karte zeigt die frühesten Entdeckungen von Seefahrern im Pazifik.

MARIS PACIFICI,
(quod vulgò Mar del Zur)
cum regionibus circumiacentibus, insulisque in eodem passim sparsis, novissima descriptio.
GENIO ET INGENIO NOBILI DN. NICOLAO ROCCOXIO, PATRICIO ANTVERPIENSI, EIVSDEMQVE VRBIS SENATORI,
Abrahamus Ortelius Regiæ Mtis geographus lub. merito dedicabat.
SPE ET METV.
1589
In China regione, Iapania aliisque insulis vicinis, messis multa Christianorum: quorum indies novæ colonię ducuntur, patribus societatis Iesu fidis operarijs.
Prima ego velivolis ambivi cursibus Orbem, Magellane novo te duce ducta freto. Ambivi, meritoq; vocor VICTORIA: sunt mi Vela, alæ; precium, gloria; pugna, mare.
Cum privilegijs Imp. & Reg. Maiest. atum, nec non Cancellariæ Brabantiæ, ad decennium.
SEPTEMTRIO.
MERIDIES.
ASIAE PARS ORIENT.
Tartariæ limites.
CHINAE REGNI PARS.
Isla de Plata.
Iapan ins.
Philippinas.
Islas de Lucois.
Circulus Cancri.
AMERICAE SEPTEMTRIONALIOR PARS.
Quivira
Noua Hispania.
MARIS ATLANTICI, SIVE MAR DEL NORT PARS.
Cuba
Spagnola
Florida.
MARE PACIFICUM, QVOD VVLGO MAR DEL ZVR.
Circulus Aequinoctialis.
Circulus Capricorni.
Nova Guinea, quibusdam Terra de Piccinacoli.
Insulæ Salomonis.
AMERICAE MERIDIONALIOR PARS.
Caribana.
Quito.
Peru.
Charcas.
Chili.
Patagones.
Archipelagus in sularum.
Mar del Nort.
Tierra del Fuego.
TERRA AVSTRALIS, SIVE MAGELLANICA, NONDUM DETECTA.

Francis Drake umrundet den Erdball

Ein englischer Seewolf schüchtert die iberische Welt ein

1577–80

MAGELLANS REISE HATTE ZUR UMSEGELUNG DER WELT GEFÜHRT, jedoch unter entsetzlichen Umständen. Von den 250 Mann, mit denen er aufgebrochen war, kamen nur 18 mit dem letzten verbliebenen Schiff nach Spanien zurück. Magellan selbst war auf den Philippinen umgekommen. Angesichts dieser Torturen erklärte Francisco Antonio Pigafetta, der führende Chronist jener Zeit, dass kein Mensch jemals mehr eine solche Reise unternehmen werde. Bei weiteren Versuchen, die Magellan-Straße als Tor zum Pazifik zu nutzen, fand man noch schwierigere Bedingungen vor, und man empfahl, die Route aufzugeben. So gelangten die Portugiesen weiterhin über die gut bekannten Routen durch den Indischen Ozean zu den Ostindischen Inseln, während die Spanier, die sich zwischen 1560 und 1570 der Philippinen bemächtigt hatten, ihre Flotten von den Pazifikhäfen Mexikos in See stechen ließen. Die zweite Erdumsegelung fand erst sechzig Jahre nach Magellan statt und wurde nicht von einem Spanier, sondern einem englischen Abenteurer vollbracht, der auf eigene Faust handelte.

1573 hatte Francis Drake bei seiner ersten Freibeutertour nach Mittelamerika, wo er den Spaniern das Gold der Inkas abjagen wollte, den Isthmus von Panama (Darién) überquert und laut gebetet, Gott möge es ihm ersparen, auf einem englischen Schiff die glitzernden Wogen des Pazifiks durchfahren zu müssen. Mit nur einer Handvoll Männer hatte er in den Gewässern Mittelamerikas die Spanier in Angst und Schrecken versetzt. Mit einem festen Stützpunkt auf dem Isthmus könnte er die Küsten des großen Ozeans beherrschen und seiner Königin die Schätze von Mexiko und Peru zu Füßen legen, womit Spanien ruiniert wäre. Drake verließ Plymouth im Dezember 1577 mit fünf Schiffen, von denen jedoch, als er die Magellan-Straße durchquert hatte, nur noch eines, die *Golden Hinde*, übrig war; die anderen hatten aufgegeben werden müssen oder die Heimreise angetreten. An der südamerikanischen Küste fürchteten die Spanier zwar den Angriff durch eine mächtige englische Armada, waren aber nicht auf einen einzelnen Freibeuter gefasst, der ihre mit Schätzen beladenen Galeonen verfolgte. An der Küste Kaliforniens nahm Drake Land in Besitz, das er Neu-Albion nannte, doch eine Kolonie wurde daraus nicht. Nachdem es ihm nicht gelungen war, die immer wieder beschworene Ostpassage zum Atlantik zu finden, blieb ihm nur die Möglichkeit, den Pazifik zu überqueren. Immerhin verlief seine Reise ohne größere Schwierigkeiten, und nach einer „Spritztour" zu den Gewürzinseln kam er mit der *Golden Hinde* im September 1580 nach Plymouth zurück, den Laderaum brechend voll mit Beute im Wert von einer halben Million Pfund.

Rechts Ein mit Schätzen beladenes spanisches Schiff wird von Drake im Pazifik gekapert.

Caca Fogo.
Caca Plata.

Henry Hudson und die Suche nach der Nordwest-Passage

Die Geburt einer typisch englischen Obsession

1577 – 1610

Das elisabethanische England, das die Errungenschaften Spaniens und Portugals mit einigem Neid betrachtete, war für die Eroberung eines Seereichs ideal gelegen und ausgestattet. Doch obwohl man Ansprüche auf Landbesitz in Nordamerika erhob, blieb die Arbeit der Pioniere dort ungenutzt. Stattdessen steckte man Unsummen in die verzweifelte Suche nach einem nördlichen Seeweg in Richtung Asien und schickte die Seefahrer in die vereisten Sackgassen der arktischen Gewässer. Bedenkt man aber, mit was für Schiffen diese Reisen unternommen wurden, muss man den Mut und das Können der Seeleute, die sie unternahmen, bewundern. Manches grenzte ans Surreale, wie etwa die Reise Martin Frobishers, der von seiner Fahrt zur Baffin-Insel zwischen den Jahren 1577 und 1578 Hunderte Tonnen einer angeblich goldhaltigen „schwarzen Erde" mitbrachte, die sich jedoch als wertlos erwies. 1587 stieß John Davis an der Westküste Grönlands bis 72° nördlicher Breite vor und erklärte später, das Meer sei dort „nach Westen hin völlig offen" gewesen. 1616 kam Bylot sogar bis 78° und berichtete von Beobachtungen, die 300 Jahre lang unbestätigt blieben. Begleitet wurde er von William Baffin, einem wahren Navigationsgenie, der in seine Berechnungen der Breitengrade sogar die astronomische Refraktion einbezog und damit seiner Zeit um 150 Jahre voraus war. Doch der entschlossenste von allen arktischen Seefahrern war Henry Hudson.

Sein Name taucht zum ersten Mal 1607 auf, als er im Auftrag der Moskauer Handelskompanie Asien durch eine Segelfahrt direkt über den Nordpol zu erreichen suchte. Man glaubte damals, das arktische Eis würde nur einen schmalen Gürtel bedecken, jenseits dessen die Mitternachtssonne den Ozean warm und befahrbar hielte. Hudsons Reise zeigte das Gegenteil, doch gelang es ihm, Spitzbergen zu umrunden und mit 80° nördlicher Breite einen neuen Rekord aufzustellen. Ein zweiter Versuch ein Jahr später brachte ihn an die Küste von Nowaja Semlja, ein dritter, diesmal im Auftrag der Holländisch-Ostindischen Kompanie, fand sein Ende in der vereisten Barentssee. Unbeeindruckt steuerte er Labrador an, um dort die NordwestPassage zu finden. Doch musste er, weil sein Schiff beschädigt war, einen Südkurs einschlagen.
So gelangte er in die Bucht von New York und fuhr 250 Kilometer den Hudson aufwärts, um in den Pazifik zu gelangen. Weil er das Gebiet für die Holländer in Anspruch nahm, wurde er bei seiner Rückkehr in London verhaftet, jedoch mit dem Versprechen freigelassen, die nächste Reise im Dienste Englands zu unternehmen. Diese führte ihn tief in die Hudson-Bucht, wo er einen harten Winter lang im Eis festsaß. Seine Mannschaft litt unter Skorbut, Hunger und Erfrierungen, meuterte schließlich, setzte Hudson in einem Boot aus und schleppte sich in mühseliger Fahrt über den Atlantik heimwärts. Von Hudson hat man nie wieder etwas gehört.

Rechts Samuel Purchas zeichnete 1625 diese Karte von Svalbard. Sie beruht hauptsächlich auf Hudsons Beobachtungen, die er auf seiner ersten Reise (1607) machte und gibt die Entdeckungen englischer Expeditionen wieder, die Walfang betrieben und Jagd auf Walrosse machten. Die Hauptinsel von Spitzbergen ist aufgrund ihrer Gestalt irrtümlich als Grönland ausgewiesen.

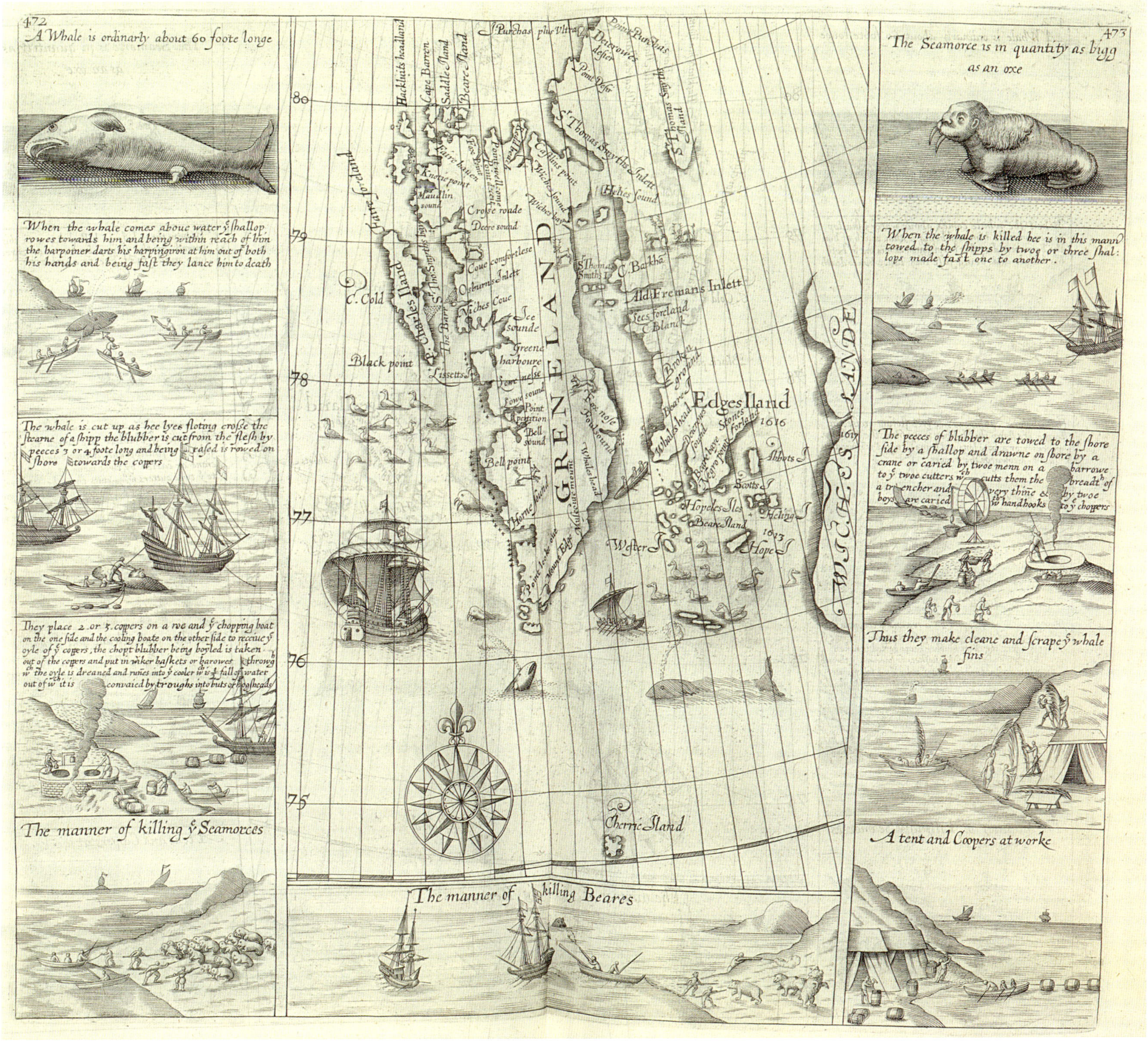
472
A Whale is ordinarly about 60 foote longe
When the whale comes aboue water ye shallop rowes towards him and being within reach of him the harpoiner darts his harpingiron at him out of both his hands and being fast they lance him to death
The whale is cut up as hee lyes floting crosse the stearne of a shipp the blubber is cut from the flesh by peeces 3 or 4 foote long and being rased is rowed on shore towards the coppers
They place 2. or 3. coppers on a roe and ye chopping boat on the one side and the cooling boate on the other side to receiue ye oyle of ye coppers, the chopt blubber being boyled is taken out of the coppers and put in wiker baskets or harowes throwgh wch the oyle is dreaned and runes into ye cooler wch is ½ fall of water out of wch it is convaied by troughs into buts or hogsheads
The manner of killing ye Seamorces
473
The Seamorce is in quantity as bigg as an oxe
When the whale is killed hee is in this mann towed to the shipps by twoe or three shal: lops made fast one to another.
The peeces of blubber are towed to the shore side by a shallop and drawne on shore by a crane or caried by twoe menn on a barrowe to ye twoe cutters wch cutts them the breadth of a trencher and by twoe boys are caried wth handhooks to ye choppers
Thus they make cleane and scrape ye whale fins
A tent and Coopers at worke
The manner of killing Beares
GREENELAND
Edges Iland
WITCHES LANDE
Sr Thomas Smyths Inlett
Ald Fremans Inlett
Point Purchas
Hacklutts headland
Cape Barren
Saddle Iland
Beare Iland
Faire foreland
P. Charles Iland
C. Cold
Black point
Coue comfortlese
Crosse roade
Deere sound
Maudlin sound
Fowle sound
Whales bay
Cuffins point
Heles sound
C. Bartha
Lees forland
C. Blanck
Ice sounde
Greene harboure
Bell sound
Bell point
Point Lookout
Horne sound
Whales head
Broken ground
Stones forland
Hopeles Iles
Beare Iland
Scotts
Abbots
Heling
Hope
Wester
Cherrie Iland
1616
1617
1613
80
79
78
77
76
75

Die „Konquistadoren" Sibiriens

Blutige Expeditionen in den Osten

1580–1650

DIE GEFRORENEN STEPPEN, NIEDERUNGEN UND WÄLDER SIBIRIENS boten endlose Weiten, aber keine Edelmetalle und waren deshalb für den durchschnittlichen europäischen Entdecker nicht besonders interessant. Zwar hatte Sibirien ein ausgedehntes, fast ohne Unterbrechung vom Ural bis zum Pazifik reichendes Netz an Flüssen, die im Sommer mit dem Schiff und im Winter mit dem Schlitten befahren werden konnten, doch war die Küste nicht einfach zu erreichen, und die kontinentalen Zugänge lagen zu weit abseits. Entdeckungsreisen mussten also vom Landesinneren ausgehen, und dafür waren diejenigen zuständig, die bereits an der Schwelle wohnten und erkannten, dass der Reichtum Sibiriens nicht im Handel mit Gold, sondern mit Pelzen liegen würde. Die Pioniere waren Kosaken, freie Grenzbewohner unterschiedlicher ethnischer Herkunft, deren Kreuzzugsmentalität mit der spanischer Konquistadoren vergleichbar war. Sie waren Mütterchen Russland treu ergeben, wenn es ihnen so passte, doch meist sehr viel leidenschaftlicher dem persönlichen Gewinnstreben zugetan. Sie benötigten nur sechzig Jahre, um bis zum Pazifik vorzudringen. 1581–82 überquerte der Kosake Jermak, finanziell unterstützt von der reichen Familie Stroganow, den Ural und brachte Kuchum, dem Herrscher von Sibirien und letzten Außenposten des zerfallenden Mongolenreichs, eine schwere Niederlage bei, die den Weg freimachte für die Pelzhändler. Sie fanden in den Weiten Sibiriens nicht nur ein reiches Reservoir an geeigneten Tieren, sondern auch Einheimische, denen sie Tribut abpressen konnten. Unaufhaltsam breiteten sie sich nach Asien aus, zogen im Norden von Tobolsk den Ob flussabwärts, stießen weiter nach Osten zum Jennisej vor und etablierten überall für *ostrogs*, befestigte Handelsstützpunkte. 1628 erreichte Wassili Bugor den Fluss Lena, und 1632 gründete Pjotr Beketow den *ostrog* Jakutsk. Sieben Jahre später hatten die ersten Kosaken das Ochotskische Meer erreicht.

1643–44 gelangte Wassili Pojarkow in das fruchtbare Tal des Amur, wo die Daur lebten, entfernte Vasallen des Kaisers von China. In einem der blutigsten Feldzüge der Geschichte bahnte sich Pojarkow mit List und Gewalt seinen Weg zur Mündung des Amur, wobei er einmal seinen Leuten die Leichen von ermordeten Daur zu essen gab. Sein Nachfolger, Jerofei Chabarow, unterwarf das Land so brutal wie endgültig und öffnete den Amur für ganze Horden von Abenteurern, bis China schließlich seinen Anspruch geltend machte. Weiter im Norden erreichten Pelzhändler 1630 das Delta des Flusses Lena und arbeiteten sich dann ostwärts an der Eismeerküste voran. 1648 schließlich umrundeten Semjon Deschnew und Fjodot Alexejew die Halbinsel Tschuktschen und gelangten in den Pazifik. Deschnews Bericht, der auch den geographisch wichtigen Hinweis auf einen Seeweg zwischen Asien und Amerika enthielt, verstaubte zunächst in den Archiven von Jakutsk, bis er 87 Jahre später entdeckt wurde.

Rechts Das Gemälde zeigt Jermak, wie sich das 18. Jh. den Eroberer vorstellte.

Matteo Ricci bringt die Welt nach China

Ein Pionier der kulturellen Beziehungen zwischen Ost und West

1582 – 1610

Rechts Matteo Riccis Karte von China, 1625.

Chinas staatlich geförderte Entdeckungsreisen in die äussere Welt waren mit dem Tod von Kaiser Yongle 1424 zu einem jähen Ende gekommen. Zwar blieb China auch weiterhin eine bedeutende Handelsnation, doch sahen seine Kaufleute wenig Sinn darin, Erkundungsreisen in ferne Regionen zu unternehmen, die nichts zu bieten hatten, was China nicht bereits besaß. Im späten 15. Jahrhundert bestand die Welt auf chinesischen Landkarten fast nur aus den 15 kaiserlichen Provinzen, alles andere waren kleine Inseln in einem Meer am Rande. Aber wie schon zuvor kam sozusagen die Welt, so sehr China sich von ihr abschottete, selbst nach China. Einige Jahrzehnte lang hatten europäische Missionare, darunter auch Jesuiten, an die Tore geklopft, doch keiner von ihnen war über Makao und Kanton (Guangzhou) hinausgekommen. Aber 1582 gelangte Matteo Ricci, ein italienischer Jesuit, der vier Jahre in Goa verbracht hatte, nach Makao und stieß während der nächsten zwanzig Jahre von dort immer weiter ins Innere vor. Zuerst ließ er sich in Zhaoqing nieder, einer Stadt im westlichen Kanton, und ging 1595 nach Nanchang, der Hauptstadt von Jiangxi. 1601 wurde er von Kaiser Wanli an den Hof gerufen. So kam er nach Peking, wo er die letzten neun Lebensjahre verbrachte.

Die Missionsarbeit in China musste mit größter diplomatischer Vorsicht betrieben werden. Ricci durfte nicht öffentlich seine Absicht bekunden, die christliche Lehre zu predigen, denn das hätte den Stolz der Chinesen, die von Ausländern nichts zu lernen brauchten, verletzt. So verlegte er sich darauf, die Neugier der Leute zu wecken, indem er ihnen das Gefühl gab, er habe neue und interessante Dinge zu zeigen und mitzuteilen. Er hatte aus Europa mechanische Uhren und Sonnenuhren, mathematische und astronomische Geräte, Ölgemälde und Drucke sowie kostbar ausgestattete Bücher mitgebracht. War dadurch das Interesse erst einmal geweckt, etwa indem er ein Bild der Madonna mit ihrem Kind in auffälliger Weise platzierte, konnte er das Publikum behutsam zu seinem eigentlichen Ziel lenken. Doch nach Riccis Meinung „war die nützlichste Arbeit, um China den Dingen unseres heiligen Glaubens geneigt zu machen", die Weltkarte, die er 1584 in Zhaoqing zeichnete. Sie zwang die Chinesen zum ersten Mal, sich der relativ geringen Ausdehnung ihres Reichs, verglichen mit der Weite der „barbarischen" Welt jenseits der Grenzen Chinas, bewusst zu werden. Mehr als ein Jahrhundert lang waren jesuitische Forscher in China willkommen. Sie trugen zur Ausbreitung astronomischer und geodätischer Kenntnisse bei, die zwischen 1709 und 1718 ihren Höhepunkt in einer außerordentlich detaillierten Karte des gesamten chinesischen Reichs fanden, die von Kaiser Kangxi selbst angeregt worden war.

覽 備 THE 輿 MAP 方 OF 統 CHI 一 NA 明 皇
400
401
CAR
ACATAI vel Cataia nigra
REGNUM CIALIS
MATHAEUS RICIUS
A Picture of a Chinese man
Picture of a China woman
CORAI vel COREA Regnum Chinæ vectigale
Pequin
Flu. men flavium
Canton
Amacao
Hainam vel Ainan
NAN

Ralph Fitch und englische Erkundungen in Asien

Ein vergessener Pionier des britischen Imperialismus

1583–91

In der Hierarchie grosser Entdecker nimmt Ralph Fitch bestenfalls einen unteren Rang ein, aber im elisabethanischen England war er ein gefeierter und einflussreicher Handelsreisender. Königin Elisabeth höchstpersönlich stattete ihn mit Empfehlungsschreiben für den Kaiser von China und die Mogule Indiens aus, und sein Schiff, die *Tyger*, wird von einer der Hexen in Shakespeares *Macbeth* erwähnt. Zwar war er nicht der erste Engländer, der Indien bereiste – dieser Ruhm gebührt dem aus Wiltshire gebürtigen Jesuiten Thomas Stephens. Auch war er nicht der erste, der auf die Ostindischen Inseln gelangte – da waren, wenngleich nur kurz, vor ihm schon Francis Drake und Thomas Cavendish auf ihren Erdumsegelungen gewesen. Aber Fitch war der erste, der über die Hafenstädte hinaus ins Landesinnere gelangte und mit detaillierten Berichten über Bevölkerung und Handel in Indien, Bengalen, Burma, Siam und Malaysia zurückkehrte. Seine Erkenntnisse waren von großer Bedeutung für die frühen Erfolge der englischen Ostindischen Handelskompanie, und bisweilen wird sogar behauptet, dass es ohne Fitch kein britisches Empire in Asien gegeben hätte.

1581 gründeten einige Londoner Geschäftsleute die Handelsgesellschaft *Levant Company* mit dem Ziel, direkte Handelsverbindungen zum Osten herzustellen und so das von Spanien, Portugal und Venedig über den Gewürzhandel ausgeübte Monopol zu beenden. Frühe geheime Erkundungen gaben Anlass zu Optimismus: John Newbery war über die Wüstenroute nach Basra, dann per Segelschiff nach Hormuz gelangt und 1582 nach London zurückgekehrt. Doch nun galt es, die Handelsbedingungen in und jenseits von Indien zu erforschen: ein gefährliches Unternehmen, das fehlschlagen konnte, wenn die Portugiesen Wind davon bekamen. Unter der Führung Newsberys segelten Fitch und drei weitere Kaufleute im Februar 1583 zum Libanon. Von dort ging es nach Basra, wo ein Mitglied der Gruppe zurückblieb. Die anderen wurden in Hormuz von den Portugiesen aufgegriffen und per Schiff nach Goa gebracht. Allerdings konnte sich Thomas Stephens erfolgreich um ihre Freilassung bemühen. Fitch, Newbery und William Leedes reisten dann im Juli 1585 landeinwärts nach Fatehpur Sikri, der neu errichteten Hauptstadt von Akbar. Dort ließ Leedes sich nieder, während Newbery über Land den Weg nach Hause einschlug, unterwegs jedoch verscholl. Fitch setzte nun die Reise nach Osten alleine fort. Über Benares, Bengalen und Chittagong kam er im Dezember 1586 nach Pegu, der Hauptstadt Birmas. Nach einem kurzen Besuch in Chiang Mai (im heutigen Thailand) folgte er der Küste südwärts und betrat als erster Engländer das von Portugiesen beherrschte Malakka. Die Rückreise führte ihn über Pegu und Bengalen nach Ceylon; von Quilon segelte er nach Basra und bestieg im Libanon ein Schiff nach England. Im April 1591 kam er in London an, wo man ihn nach einer Abwesenheit von acht Jahren bereits für tot gehalten hatte.

Rechts Das Detail aus der von Joan Blaeu 1638 gezeichneten Karte der indischen Mogulenreiche zeigt das Industal und die Routen nach Delhi und Lahore. Die Karte beruht auf Berichten europäischer Gesandter und Kaufleute.

REGNI
PERSICI
PARS.
Desertum Lut.
CIRCAM
Guadel
Camultan
Rachagi
Tebesmisma
Calatia
Chibinan
Daragsi
Chimecra
Pasir
Macran
Sindu
Tatta
Tata
Bilguri
Gest
Sind
Zire
Diul
Gjagat
Indus fluvius
Pesinga
Abdun
Coastu
Duruos
Secota
Duckee
Chatzan
R. Lacca
Petto
Multan
R. Indus
Buckar
Luckar
Roroo
Tutta
Saruna
Gundaiaw
Nuraquimire
Burdiano
Negar Parker
Soret
Ninoui
Cacha
GVZVRATTE,
nunc
CAMBAYA
S. Volo
Resbutos
Grinal
Enseada de Cambaya
MARE
ARABICVM
Daman
Bombaira
I. dos Vacas
Lahor
Can Channas
Ienba
GAN
INDTA
Bando
Ieselmeere
Gislemere
Lauara
Asmere
Iongesgong
R. Padder
Ranas
Rudopore
Bilmal
Chitor
MALVA
Reino dos Collys
Champanel
Cambaya
Barochi
Suratte
DECAN
Dolmbad
Patan
Narsin
Chand
Pala
Pale
Nobmo Spectatmo viro
D. IOHANNI HVYDEKOPER,
Equiti, Domino in Marsenveen, Neerdyck etc Vrbis Amsterdamensis Senatori et Scabino, nec non Concilii Societatis Indicæ Assessori, Tabulam hanc D.D. Joh. et Corn. Blaeu.

1595 – 1617

Walter Raleigh entdeckt Guyana

Ein Ritter auf der Suche nach El Dorado

El Dorado, die Goldstadt, war die Obsession ganzer Generationen von Abenteurern. Dabei bezeichnete der Name eigentlich gar keinen Ort, sondern bezog sich auf eine uralte Zeremonie, die im kolumbianischen Hochland von den Muisca praktiziert wurde. Es handelte sich um ein Krönungsritual, bei dem der Thronfolger mit Gummi eingerieben, mit Goldstaub bepudert und auf einem Floß zur Mitte eines großen Sees gebracht wurde. Um den Geist des Sees versöhnlich zu stimmen, versenkte der vergoldete Mann, *el dorado*, im See einen umfangreichen Schatz aus Gold und Edelsteinen. Der Brauch war kurz vor der Ankunft der Spanier aufgegeben worden, doch gab es seit 1535, zunächst in Ecuador, Gerüchte über eine sagenhafte Stadt, die sich hartnäckig hielten und den Ehrgeiz der Konquistadoren beflügelten. Für diese wurde El Dorado zu einem Königreich, dessen Entdeckung die Verwirklichung eines utopischen Traums von unermesslichen Reichtümern sein musste. Einige suchten El Dorado in den Hochanden, auf den *llanos* von Venezuela oder in den labyrinthischen Tiefen Amazoniens; für andere wiederum war es das letzte Versteck des Inkaschatzes, der nach der Vertreibung der Inkas durch die Spanier in einem Land namens Guyana verborgen gehalten werde. Irrtümlicherweise nahm man an, dass dieses Land unweit der östlichen Grenzgebiete Perus anzusiedeln sei.

Auch Sir Walter Raleigh, 1585 zum Ritter geschlagen, hing der Guyana-Theorie an, weshalb er sich 1595 nach Südamerika aufmachte. Antonio de Berrío, der gefeierte Pionier, der den Orinoco erkundet hatte, vermutete El Dorado an der Quelle des Río Caroní, mitten im Hochland von Guyana. Raleighs El Dorado war die legendäre Stadt Manoa, von der aus man auf den gewaltigen Parima-See hinabschaute, jenseits dessen die Herrschaftsgebiete der Amazonen lagen. Manoa jedoch war ein Mythos, fälschlich abgeleitet von „Manaos", dem Namen eines Stammes am Río Negro, der mit Gold handelte, während der Parima-See kaum mehr als eine zur Regenzeit überflutete Senke in den Savannen von Guyana war. Nachdem Raleigh im Delta des Orinoco herumgeirrt war, machte er an der Mündung des Caroní halt, um dann mit leeren Händen nach Hause zurückzusegeln. Aber sein Glaube an die Reichtümer von Guyana war ungebrochen, und eben das führte zu seiner Freilassung, nachdem er, fälschlicherweise der Verschwörung gegen König James beschuldigt, 13 Jahre im Tower gesessen hatte. Er versprach James den „goldenen Berg", den er auf seiner ersten Reise angeblich gesehen hatte, und stach 1617 mit zwanzig Schiffen in See. Aber das Unternehmen geriet zu einer Tragödie Shakespeare'schen Ausmaßes. Sein Sohn wurde bei einem unerlaubten Überfall auf einen spanischen Außenposten getötet, und Lawrence Keymis, Raleighs treuer Kapitän, erschoss sich aus Verzweiflung über seine Teilnahme an der Aktion. Als körperlich und seelisch gebrochener Mann kehrte Raleigh nach England zurück, wo er hingerichtet wurde.

Rechts Raleighs Karte des nördlichen Südamerika mit dem Süden oben zeigt den See von Manoa zwischen dem Orinoco und dem Amazonas.

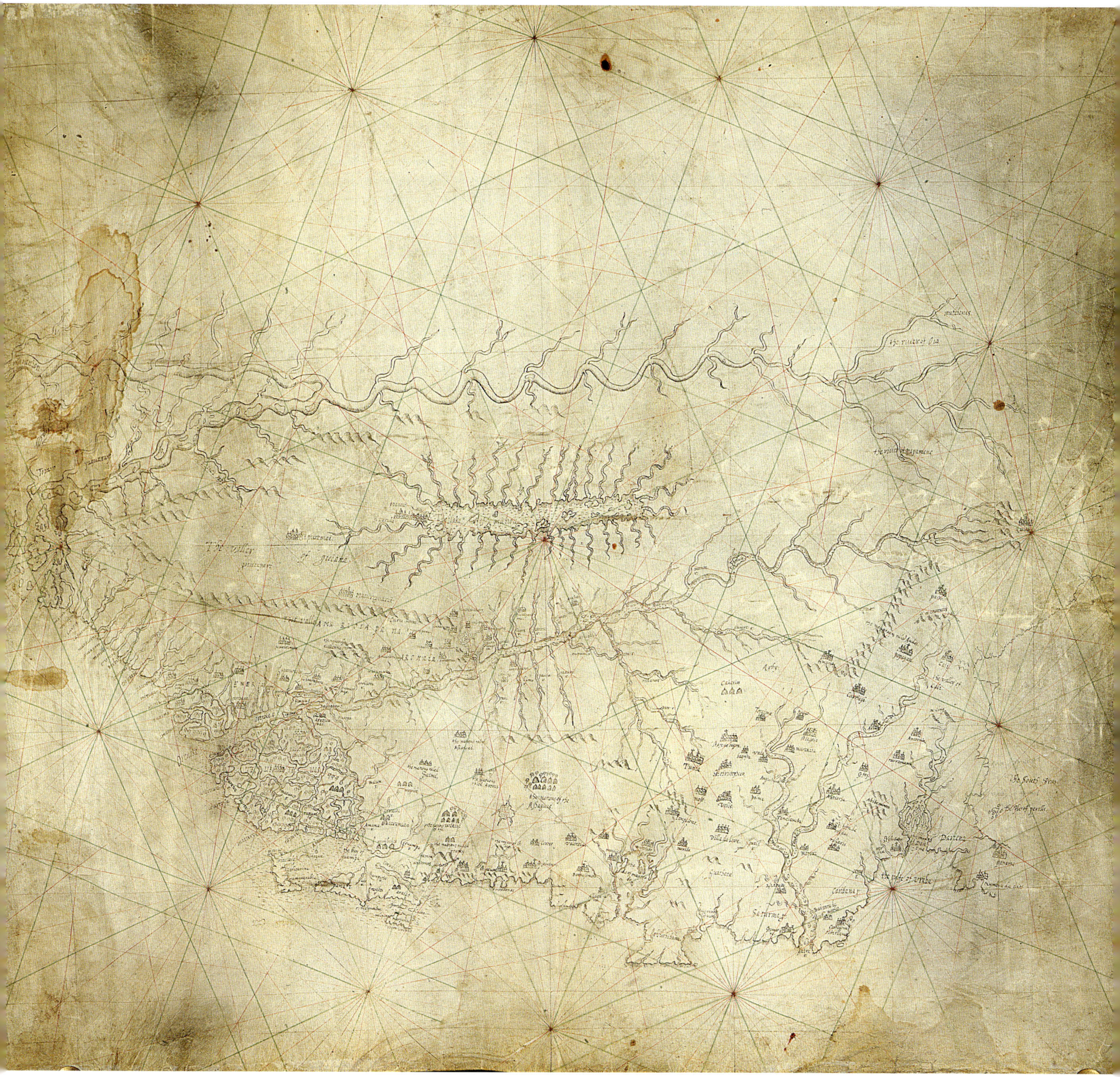

The valley of guiana
manoa
ARROMAIA

Willem Barents trotzt dem arktischen Winter

Auf der Suche nach der Nordost-Passage

1596–97

WÄHREND IN SPÄTEREN JAHREN DIE SUCHE NACH DEM NORDPOL um der Sache selbst willen betrieben wurde, hatten die Seefahrer, die im 16. Jahrhundert in die Arktis aufbrachen, kein Interesse an derlei unproduktiven Unternehmungen. Ebenso gering schätzten sie ein Heldentum, das den Investoren keine finanziellen Vorteile oder Gewinne anderer Art bescherte. Ihr Ziel war der Reichtum des Orients, der in den hohen Breitengraden nur einen Steinwurf von den offenen Gewässern entfernt lag, die, wie herausragende Gelehrte beteuerten, von Lappland bis nach China an die asiatische Küste schlugen. Diese Route musste für die großen nordeuropäischen Handelsnationen, für England und Holland, von Interesse sein, deren maritime Orientierung weit entfernt lag von den Schiffswegen ihrer spanischen und portugiesischen Konkurrenten. Ohne die geringste Ahnung von den tatsächlichen geographischen Bedingungen waren Seefahrer optimistisch genug, um hin und wieder Versuche zu unternehmen, die sogenannte Nordost-Passage zu durchqueren, wobei sie jedoch nicht über die vereiste Karasee hinausgelangten. Zudem versperrte ihnen noch die ausgedehnte Landmasse von Nowaja Semlja den Weg, an der nur eine enge Passage vorbeiführte, die die Insel vom Festland trennte. Doch 1596 suchte eine von Willem Barents geleitete holländische Expedition einen anderen Zugang. Sie segelte so weit wie möglich nach Norden, um Nowaja Semlja an der Nordspitze zu umrunden. Es war die erste Reise in den Winter der äußersten Arktis und das früheste Dokument, das vom heldenhaften Überlebenswillen in den hyperboräischen Breitengraden berichtet.

Zuerst ging alles gut. Man entdeckte die Inseln Svalbards und konnte, der Packeislinie ostwärts folgend, das Nordkap von Nowaja Semlja umrunden. Aber dann wurde das Schiff vom Eis eingeschlossen, dessen Spanten dem Druck nachgaben, woraufhin die Mannschaft notgedrungen Zuflucht an der öden, baumlosen Küste suchen musste. Aus dem zerborstenen Holz des Schiffes bauten sie eine Hütte, in der sie auch die mageren Vorräte verstauten, die sie noch hatten retten können. Mit heißen Steinen wärmten sie ihre Füße, aber die Strohsäcke, auf denen sie schliefen, gefroren nachts zu steinharten Brettern. Treibholz bescherte ihnen Feuer, aber auch erstickenden Rauch, und die Tiere, die sie gejagt hatten, um sich ernähren zu können, verschwanden in der langen Polarnacht. Erst im Juni konnten die skorbutgeplagten Überlebenden ihrer grabähnlichen Heimstatt entrinnen und die Rettungsboote loseisen, um rudernd, segelnd oder treidelnd von einem offenen Kanal zum nächsten zu gelangen. Barents starb unterwegs, aber 13 Seeleute bewältigten den 2500 Kilometer langen Treck zur Halbinsel Kola, wo sie mit ihren holländischen Kameraden zusammentrafen und durch schwedisches Starkbier wieder ins Leben zurückgeholt wurden.

Rechts Der zeitgenössische Stich zeigt Barents' Schiff im Eis vor Nowaja Semlja. Die Mannschaft ist auf dem Weg zum Ufer und führt die aus dem Wrack geretteten Vorräte mit.

Bento de Góis sucht Kathay und findet China

Ein Jesuit auf der Seidenstraße

1602 – 05

Heute lässt der Name „Kathay" instinktiv an China denken, aber für die Geographen des 16. Jahrhunderts waren die Wörter keineswegs gleichbedeutend. Kathay, abgeleitet von „Khitai", einer ethnischen Gruppe, die im 10. Jahrhundert den Nordosten Chinas beherrscht hatte, war seit dem Mittelalter durch die europäische Literatur gegeistert und von Marco Polo zur Bezeichnung des chinesischen Territoriums nördlich vom Jangtse verwendet worden. Aber die ersten europäischen Reisenden kamen in den südlichen Hafenstädten Makao und Kanton an, wo man mit den Namen „Kathay" und „Kambaluk", der Hauptstadt, wenig anzufangen wusste. Matteo Ricci, der sich 1601 in Peking niedergelassen hatte, hielt Kathay und China, Kambaluk und Peking für identische Bezeichnungen, aber die höfischen Sitten und Gebräuche, die Marco Polo erwähnte, unterschieden sich beträchtlich von dem, was Ricci beobachten konnte. Darüber hinaus waren islamische Reisende der Auffassung, Kathay liege direkt nordöstlich von Indien und sei von Christen bewohnt, von denen Ricci jedoch keine Spur fand. Um die Sache zu klären und die verlorenen Christen des mythischen Kathay in den Schoß der katholischen Kirche zurückzuholen, entschlossen sich die Jesuitenpatres in Goa, eine Expedition auf den Weg zu schicken. Die Leitung übertrugen sie Bento de Góis, einem auf den Azoren geborenen Laienbruder, der fließend Persisch sprach.

Góis trat die Reise im Oktober 1602 in Agra unter dem Deckmantel eines armenischen christlichen Kaufmanns namens Abdullah Isai an. In Lahore schloss er sich einer umfangreichen Karawane an, die nordwärts zog. Nach achtmonatigem Aufenthalt in Kabul ging es dann mit der Karawane durch steile, von Banditen belauerte Schluchten und über die eisigen Höhen des Hindukusch nach Jarkand (dem heutigen Shache), das de Góis im November 1603 erreichte. In dieser Stadt, dem bedeutendsten Handelszentrum der Seidenstraße, sprach er mit einem gefangen genommenen tibetischen König und vermerkte begeistert, dass in Tibet offensichtlich eine Variante des Christentums praktiziert wurde. Im Herbst 1604 zog die Karawane weiter, zunächst durch die Wüste Taklamakan, und folgte dann der nördlichen Seidenstraße via Kuqa und Hami. Als de Góis im Dezember 1605 in Suchow (dem heutigen Jiuquan) chinesischen Boden betrat, war er jedoch zu dem Schluss gekommen, dass das von ihm gesuchte Kambaluk tatsächlich mit Peking identisch sei und dass seine islamischen Informanten aufgrund von oberflächlichen Ähnlichkeiten den Buddhismus für eine Abart des Christentums gehalten hatten. De Góis schickte Ricci einen Brief nach Peking, doch starb er, überanstrengt von der Reise, im April 1607 in Suchow kurz nach der Ankunft von Riccis Boten. Ricci erhielt de Góis' überaus wichtiges Tagebuch und schrieb den Patres in Indien, dass die Reise des Jesuiten alle Zweifel über die Identität von Kathay beseitigt habe.

Rechts Der frühe europäische Stich zeigt die Chinesische Mauer.

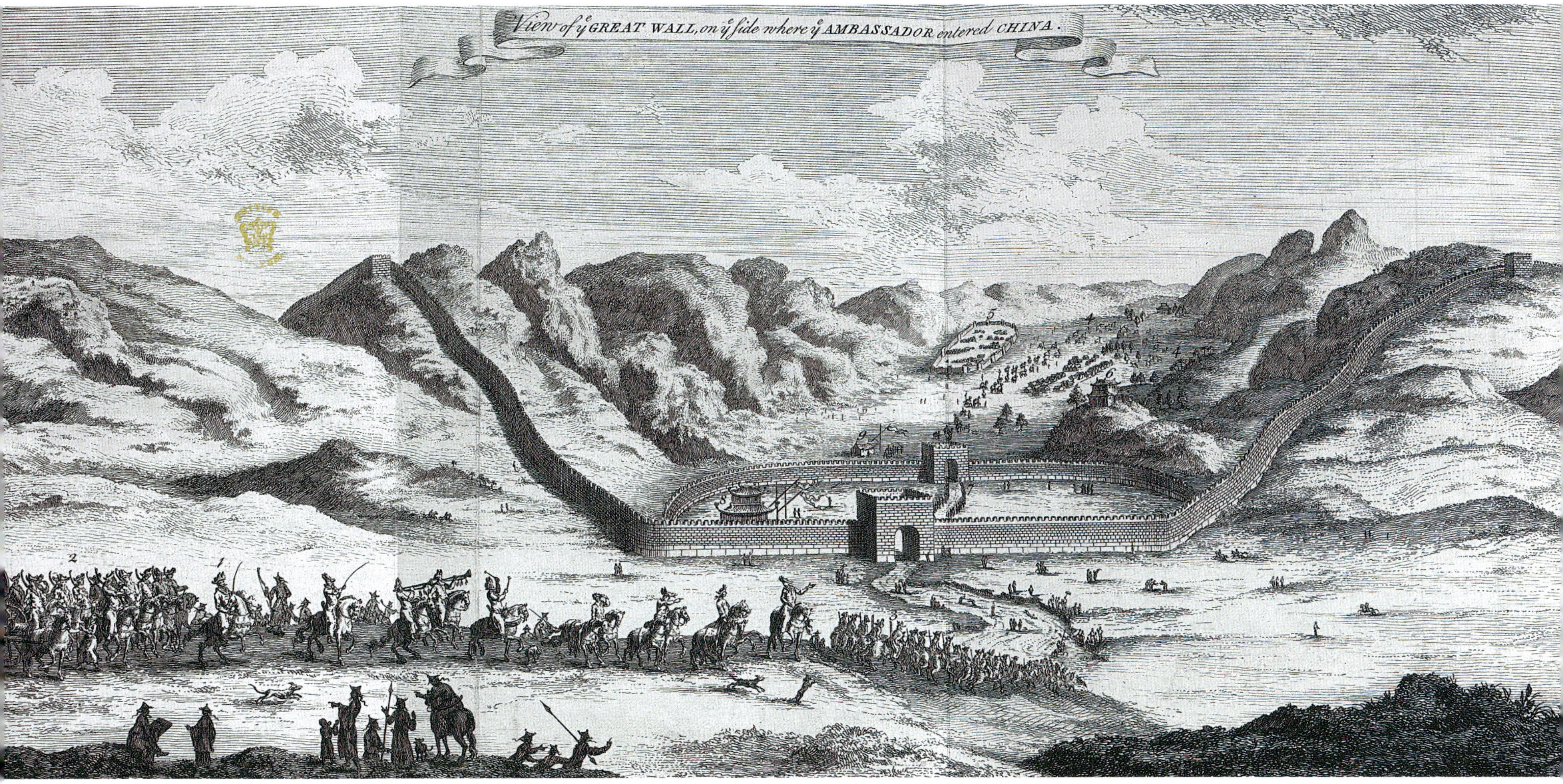
View of ye GREAT WALL, on ye side where ye AMBASSADOR entered CHINA.

Champlain bringt Frankreich nach Kanada

Die neuen Konquistadoren des nordamerikanischen Pelzhandels

1603–15

Als Cartier um 1535 den St.-Lorenz-Strom erkundete, ging es ihm um Gold und die Entdeckung eines Seewegs nach Asien. Beides fand er nicht, und so blieben die Einheimischen dort für die nächsten sechzig Jahre unbehelligt. Mit der Zeit schwand die Hoffnung auf weitere goldreiche Kulturen, während die wachsende Erkenntnis über die tatsächliche Größe des nordamerikanischen Kontinents die Existenz einer direkten Route nach China immer unwahrscheinlicher machte. Die Ära der gepanzerten und behelmten Ritter war vorüber, und an ihre Stelle traten Konquistadoren einer neuen Art, die nüchterner ins Auge fassten, was der Kontinent zu bieten hatte. Was ihm fehlte, war sogleich deutlich: Statt der Infrastruktur, die man in Mexiko und Peru vorgefunden hatte, gab es hier nur dichte Wälder und ein Labyrinth von miteinander verbundenen Wasserstraßen, sodass die Eroberung durch die Pelzhändler sehr viel allmählicher und weniger gewaltsam geschah. Cartier hatte bereits auf den Pelzhandel hingewiesen, und um 1600 gab es einige von unternehmungslustigen Franzosen errichtete Außenposten um den Golf von St. Lorenz. Aber erst Samuel de Champlain trieb die Eroberung voran und sicherte seiner Nation das Gebiet, aus dem später *La Nouvelle France* werden sollte.

Champlain, ein kenntnisreicher Seefahrer, war von den moralischen und finanziellen Vorzügen des Kolonialismus überzeugt. Er hatte die Karibik bereist und sogar den Bau eines Kanals zum Pazifik angeregt. Als Hydrograph in Diensten Heinrichs IV. kam er 1603 zum ersten Mal nach Kanada. Er hatte den Auftrag, die Wasserstraßen zu kartographieren und den Ort für die Gründung einer dauerhaften Handelsniederlassung auszukundschaften. Auf den Spuren Cartiers erreichte er die Stromschnellen von Lachine auf dem St.-Lorenz-Strom und erhielt Kunde von den Seen jenseits des Stroms. Während der nächsten vier Jahre war er bei der Suche nach Siedlungsmöglichkeiten in Neuschottland behilflich, wobei er die Küste Neuenglands bis nach Cape Cod vermaß. 1608 kehrte er zum St. Lorenz zurück und richtete sein Operationszentrum ein. Aus dem Ort wurde die spätere Stadt Quebec. Im darauffolgenden Jahr kartierte er den südlich gelegenen Fluss Richelieu und sah den See, der heute seinen Namen trägt. Für einige Zeit hing das Leben der Kolonie am seidenen Faden, denn die Bewohner wurden von Überfällen der Irokesen drangsaliert und im Winter Opfer von Skorbut. Aber Champlain hielt an seinem Ziel fest und kehrte 1610 dank der Unterstützung durch Kaufleute aus Rouen nach Kanada zurück. Während der nächsten sechs Jahre hielt er sich wiederholt in Kanada auf, wobei er den Ottawa vermaß, den Ontario-See entdeckte und 1615 durch das Kerngebiet der heutigen Provinz Ontario bis zum Huron-See vorstieß.

Rechts Auf Champlains Karte aus einem Manuskript von 1607 ist zum ersten Mal mit großer Genauigkeit der Verlauf der nordamerikanischen Küste von Neuengland bis Neuschottland nachgezeichnet.

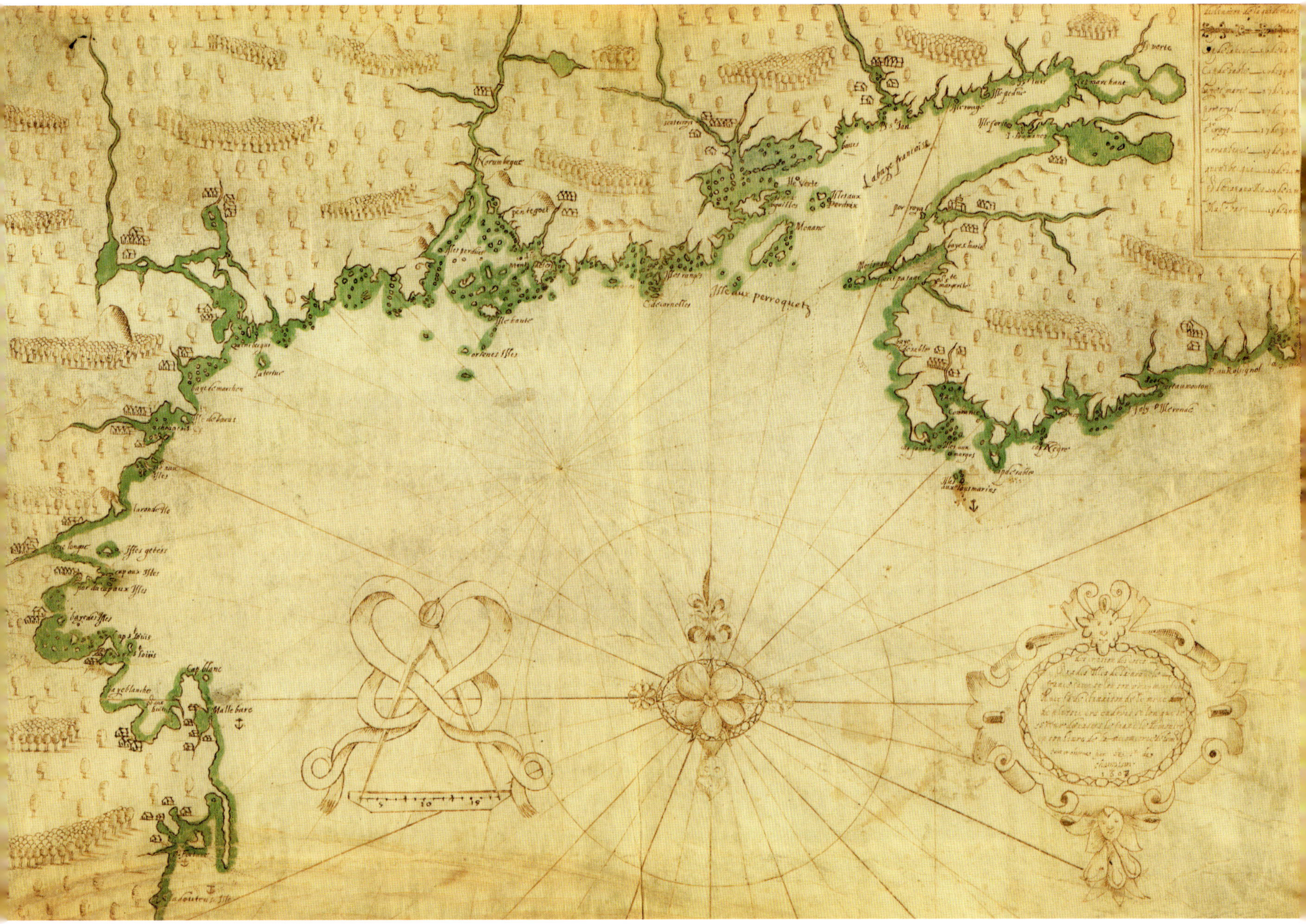
Norumbegue
Cap blanc
Malle barre
Isle aux perroquetz

Pedro de Quirós sucht den Kontinent der verlorenen Seelen

Ein verspotteter Kreuzfahrer treibt durch den Pazifik

1605 – 06

Nichts kommt der mit allen Insignien einer Burleske à la Don Quijote versehenen ritterlichen Irrfahrt so nahe wie die Reise des Pedro Fernández de Quirós. Dieser begabte portugiesische Seefahrer wusste mehr über den Pazifik als die meisten seiner kastilischen Rivalen, denn er hatte Galeonen zu den Ostindischen Inseln geleitet und die bedauernswerten Überlebenden der Expedition von Álvaro de Mendaña sicher zu den Philippinen gebracht. Seine Erfahrungen unter Mendaña hatten ihn in seiner Absicht bestärkt, in die Südsee zurückzukehren und das zu vollbringen, was Mendaña nicht geglückt war: Er wollte jenen Kontinent finden, wo verlorene Seelen nach Errettung flehten. In Peru fand er für sein Vorhaben kein Gehör, weshalb er direkt nach Rom ging. Dort erhielt er nicht nur die Schirmherrschaft des Papstes, sondern auch noch einen Splitter vom Kreuz Christi. Damit versehen verließ er im Dezember 1605 mit drei Schiffen, 300 Mann Besatzung und drei Mönchen den peruanischen Hafen Callao. Er verfolgte die Strategie, in generell südwestlicher Richtung zu kreuzen, um nichts zu übersehen. Sollte er dabei erfolglos bleiben, würde er die Santa-Cruz-Inseln ansteuern. Doch weil er die Expedition als moralischen Kreuzzug verstand und Glücksspiele, Fluchen und Blasphemie an Bord untersagte, brachte er die Matrosen an den Rand der Meuterei.

Er fand tatsächlich nichts außer einer Handvoll winziger Atolle und steuerte daraufhin, weil seine Leute Hunger und Durst litten, nach Nordwesten. Im Mai 1606 erreichte er eine bewohnte Insel voller Wälder und sanft gewellter Ebenen in dem heute als Vanuatu bekannten Archipel. In der Überzeugung, hier das ihm vom Allmächtigen versprochene himmlische Arkadien, die „Terra Australis" seines Herzenswunsches, gefunden zu haben, ergriff er von der Insel im Namen Gottes und König Philipps von Spanien Besitz und nannte sie *Austrialia del Espiritu Santo*, wobei das eingefügte „i" subtil auf Philipps Abstammung aus dem österreichischen Königshaus (Austria) hindeuten sollte. Neben einem Fluss, den er Jordan taufte, errichtete er die Siedlung Neu-Jerusalem und verlieh jedem Mitglied der Mannschaft, auch dem niedrigsten, den Titel des Ritters vom Heiligen Geist. Die Angehörigen dieses neuen Ordens mussten dessen Insignien, ein Kreuz aus blauer Seide, auf der Brust tragen. Doch mit der Zeit dämmerte es de Quirós, dass sein überaus wertgeschätzter Kontinent auch nur eine weitere Insel im Pazifik war, und im Juni waren alle drei Schiffe wieder auf See. Unter bis heute ungeklärten Umständen wurde de Quirós von der Flotte getrennt und fand seinen Weg zurück über Mexiko nach Spanien, wo er die letzten sieben Jahre seines Lebens in Armut und mit dem Kampf um Anerkennung gegen ein Sperrfeuer aus Hohn und Spott verbrachte.

Rechts Eine Karte des Pazifiks von Pedro de Quirós aus dem Jahr 1598. Neuguinea wird irrtümlich als Ausläufer eines ausgedehnten südlichen Kontinents dargestellt.

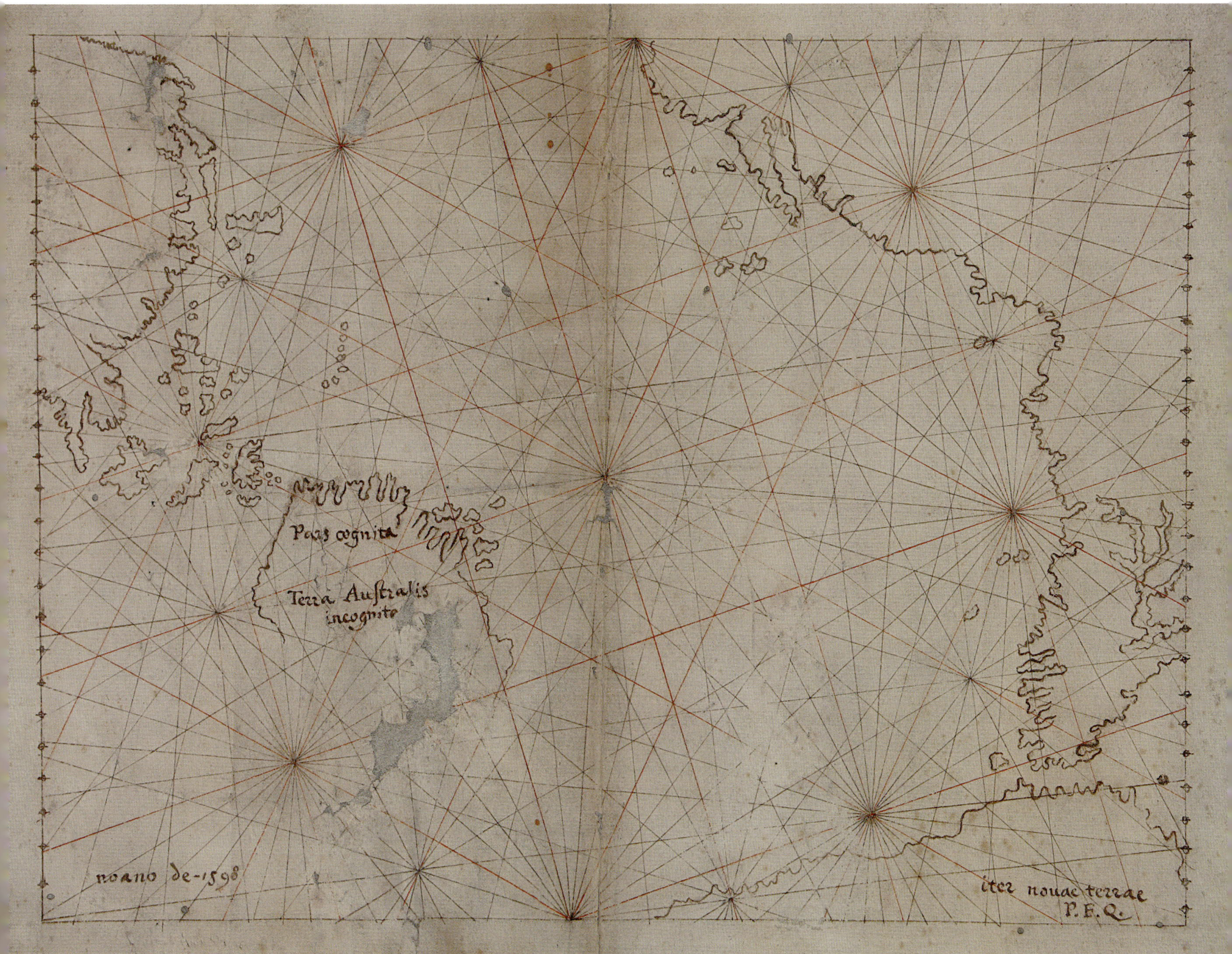
Paıs cognita
Terra Australis incognita
no ano de 1598
iter nouae terrae
P. F. Q.

Terra Australis oder der fünfte Kontinent

Von der Entdeckung Australiens

1606

Einigen leidenschaftlichen Behauptungen zum Trotz lassen sich keine eindeutigen Beweise dafür finden, dass es Europäern vor 1606 tatsächlich gelungen war, Australien zu entdecken. Frühe kartographische Darstellungen, auf denen ein „Großes Südland", „Terra Australis", „Java la Grande" oder eine noch anders benannte Landmasse zu finden ist, sind einem Irrtum in Marco Polos Berichten zu verdanken. Die ausgedehnte nördliche Küstenlinie eines Südkontinents wiederum, die französische Karten aus dem 16. Jahrhundert zeigen, ist mit einiger Sicherheit die falsche, weil übertriebene Wiedergabe von Beobachtungen der Teilnehmer einer portugiesischen Erkundungsreise entlang einer der Indonesien vorgelagerten Inseln. Während Geographen ohne große Bedenken das 1526 entdeckte Neuguinea zur nördlichen Ausdehnung eines „fünften Weltteils" machten, wurde Cornelius Wytfliets Behauptung aus dem Jahr 1598, „Terra Australis" sei „von Neuguinea durch eine Meerenge getrennt" von seinen Zeitgenossen heiß diskutiert. Konkrete Beweise gab es dafür nicht. Und während Berichte von Seefahrern, sie seien von Stürmen nach Australien getrieben worden, deutlich erkennen lassen, dass es sich dabei um zufällige Landungen auf Neuguinea handelte, bewahrten jene, die tatsächlich nach Australien gekommen sein mochten, darüber striktes Stillschweigen.

Es war ein außergewöhnlicher Zufall, dass innerhalb von sieben Monaten zwei Seefahrer, ein Holländer und ein Spanier, aus jeweils entgegengesetzten Richtungen in die Meerenge zwischen Neuguinea und Australien gelangten. Beide waren in der beneidenswerten Lage, die Entdeckung des südlichen Kontinents begründetermaßen in Anspruch nehmen zu können, aber wie es der Zufall wollte, tat es keiner von ihnen. Willem Janszoon, der Kapitän der *Duyfken*, segelte an der Südküste von Neuguinea entlang und hatte im Februar 1606 die Westküste der zu Queensland gehörenden Halbinsel Cape York erreicht. Es gibt noch Kopien seiner Karte, die mit außerordentlicher Genauigkeit die Kaps und Buchten des Golfs von Carpentaria verzeichnet, doch ist sein Logbuch abhanden gekommen, und seine Karte unterscheidet nicht zwischen Australien und Neuguinea. Tatsächlich stammt der detaillierteste Bericht über einen Vorfall, der sich bei Janszoons Reise ereignete, aus der mündlichen Tradition der australischen Wik, deren Vorfahren sich noch drei Jahrhunderte später an die versuchte Entführung einer Frau der Aborigines durch einen holländischen Matrosen erinnern konnten. Aus der anderen Richtung kam Luis Vaéz de Torres, der unbeabsichtigterweise von Pedro de Quirós Expedition nach Vanuatu getrennt worden war und nun den direkten Weg zu den Ostindischen Inseln suchte. Im September 1606 durchfuhr er die Meerenge, die 150 Jahre später nach ihm benannt werden sollte, ohne im Geringsten zu ahnen, dass die Spitze eines großen Kontinents nur einen Steinwurf weit entfernt lag.

Rechts Die Karte zeigt die Entdeckung Australiens 1606 durch Janszoon, den Kapitän der *Duyfken*. Die Halbinsel Cape York, rechts unten, wird hier als südliche Ausdehnung von Neuguinea dargestellt.

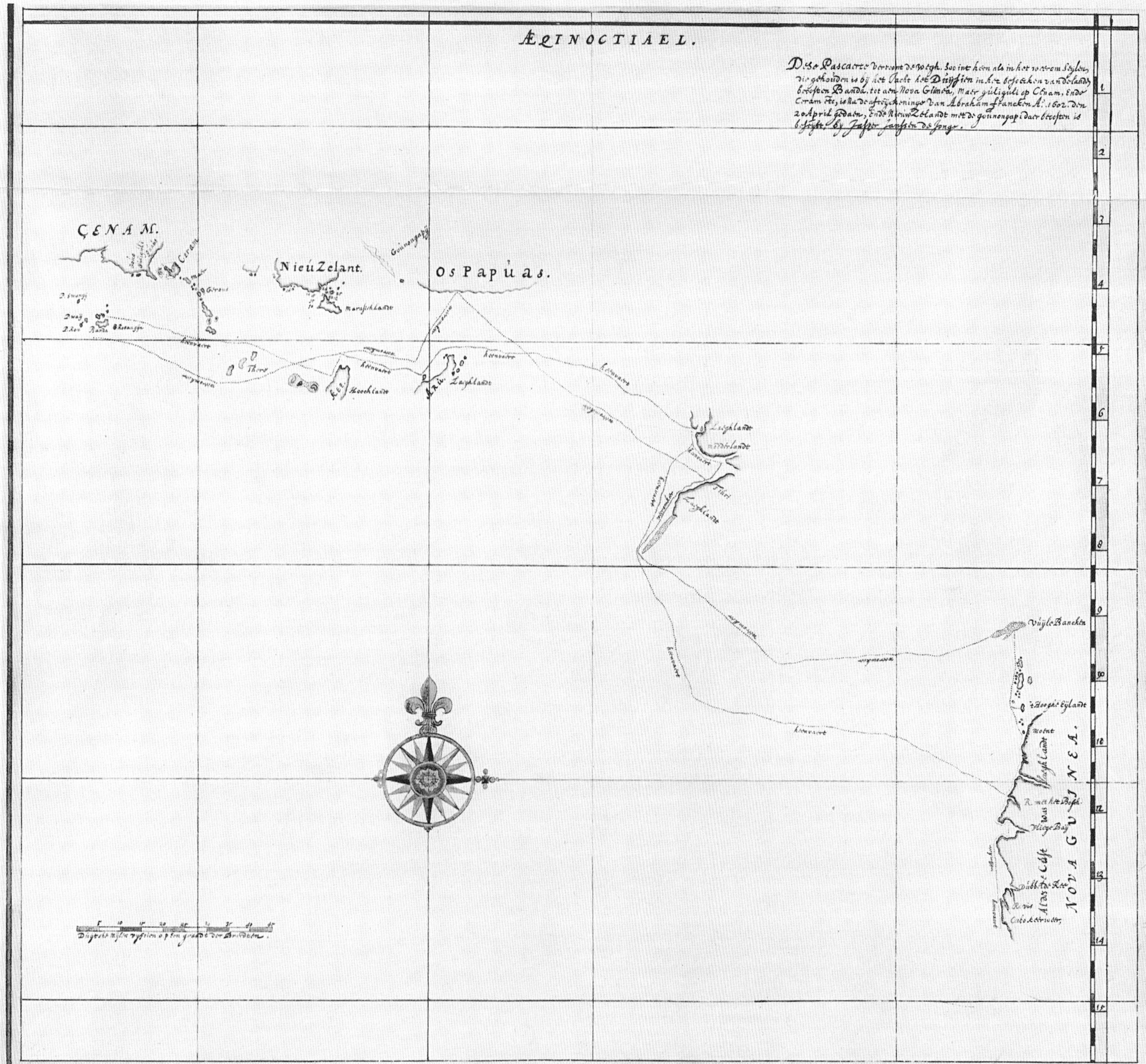

THE DISCOVERY OF AUSTRALIA BY THE YACHT HET DUYFIEN, 1606. — FROM THE SECRET ATLAS OF THE EAST INDIA COMPANY, c. 1670

THE HAGUE – MARTINUS NIJHOFF

Holländische Seeleute an der Westküste Australiens

Schiffbruch und Überleben an unfruchtbaren Ufern

1611 – 29

Als 1602 die niederländische Ostindien-Kompanie gegründet wurde, um den Handel mit dem Orient zu regulieren, fuhren bereits siebzig holländische Schiffe jedes Jahr auf der Route zu den Gewürzinseln. Aber die Reise um das Kap der Guten Hoffnung, die nordwärts nach Indien und über den Golf von Bengalen führte, war äußerst beschwerlich. Riffe, Gegenströmungen, Monsune und die tropische Feuchtigkeit, die Nahrungsmittel und Wasser verdarb, schwächten die Besatzung. Zudem befand man sich noch auf Handelsrouten, die zur Domäne von Engländern und Portugiesen gehörten. 1611 jedoch fand Hendrik Brouwer eine Lösung für diese Probleme. Er hatte bemerkt, dass ein vom Kap direkt nach Osten segelndes Schiff von den „Roaring Forties“ genannten starken Westwinden schnell über den Indischen Ozean getrieben und dann von der Westaustralischen Strömung nordwärts nach Java gebracht wird. Nun war es nur noch eine Frage der Zeit, bis die diese Route bald zahlreich fahrenden Seeleute auf die noch unbekannte australische Küste stoßen würden. Dort gab es zwar weder Nahrung noch Wasser, aber man hatte wenigstens die tröstliche Gewissheit, den richtigen Längengrad für den letzten Teil der Reise in Richtung Norden erreicht zu haben.

Während der folgenden 100 Jahre errichteten, soweit bekannt, dreißig holländische Schiffe das australische Festland, und zu Beginn des 18. Jahrhunderts gehörte die Küstenlinie der westlichen Hälfte des Kontinents, von Arnhem Land bis zur Großen Australischen Bucht, zu den kartographisch am genauesten erfassten. Die meisten Schiffe verweilten nur kurz an den unwirtlichen Ufern, während andere, weniger glückliche, kenterten und wertvolle Fracht verloren, deren Lokalisierung in neuerer Zeit zur Leidenschaft von Archäologen und Schatzsuchern geworden ist. Manche Reisen, wie die von François Pelsaert, dessen Schiff mit Namen *Batavia* samt 340 Passagieren und Matrosen 1629 bei einer einsamen Insel vor der australischen Westküste auf Grund lief, brachten schauerliche Berichte über die Folgen solcher Katastrophen.

Während Pelsaert mit einigen Leuten ein Beiboot bestieg und dank seines bemerkenswerten Navigationsgeschicks nach Batavia kam, ereignete sich unter den Zurückgelassenen eine Tragödie. Ein paar von ihnen, ränkevolle Meuterer, die der Größenwahn gepackt hatte, ermordeten 125 Personen – Männer, Frauen und Kinder –, indem sie sie erschlugen, mit Messern und Piken erstachen oder gefesselt ins Meer warfen. Bei seiner Rückkehr betrat Pelsaert einen Ort des Grauens, aber er sorgte schnell für Gerechtigkeit, indem er acht der Verbrecher auf der Stelle hängen ließ, zwei auf dem Festland aussetzte und die übrigen nach Batavia brachte, wo schwere Strafen auf sie warteten.

Rechts Die Karte von Hessel Gerriz (korrigiertes Entstehungsjahr 1631) zeigt den malaiischen Archipel und darunter die bemerkenswert genaue Zeichnung des Küstenverlaufs von Westaustralien, den holländische Seefahrer erkundeten.

Æquator
1618
t'Amsterdam,
by Hessel Gerrits z.
met Octroy
Vande H. M. Heeren de Staten Generael
der Vereenichde Neerlanden
Tropicus Capricorni
G.F. de Wits landt, ontdect A.° 1628.
Willems Revier
't Land vand'Eendracht.
ontdect A.° 1616.
Dirck Hartogs Ree
Houtmans Abrolhos
I. d'Edels landt,
beseylt A.° 1619.
't Land van de Leeuwin,
A.° 1622. aengedaen
't Landt van P. Nuyts, opgedaen met 't Gulden Zeepaerdt van Middelburgh
26 January A.° 1627.
I. S. Francois
I. S. Pieter

1615–16

Le Maire und Schouten umrunden Kap Hoorn

Die Suche nach einer neuen Passage in den Pazifik

Magellans Pazifikreise hatte so grosse Probleme aufgeworfen, dass während der folgenden 100 Jahre keine ernsthaft geographisch orientierte Entdeckungsfahrt in diese Richtung mehr unternommen wurde. Francis Drake und sein extravaganter Nachahmer Thomas Cavendish, der die Erde 1586 – 88 umsegelte, waren eher daran interessiert, den Spaniern das widerrechtlich erworbene Gold abzujagen als die wissenschaftliche Erkenntnis voranzutreiben. Ihre Fahrten von Kalifornien zu den Philippinen verliefen ereignislos und ohne Blick für geographisch interessante Details. Die ziellosen Unternehmungen Mendañas und Quirós erinnerten an die Suche nach El Dorado. Sie wurden von Inseln abgelenkt, denen sie große Bedeutung beimaßen, doch deren Entdeckung schließlich folgenlos blieb. Erst 1616 fand wieder so etwas wie eine „echte" Entdeckungsfahrt in den Pazifik statt, die einen Vorgeschmack auf die *grands voyageurs* des 18. Jahrhunderts gab.

Isaac Le Maire, der bei der Entwicklung des Handels mit den Ostindischen Inseln eine herausragende Rolle gespielt hatte, war der Monopolstellung der Niederländischen Ostindien-Kompanie überdrüssig geworden, obwohl er einst ihr größter Anteilseigner gewesen war. Er wollte nun eine Route zu den Ostindischen Inseln eröffnen, indem er eine neue Passage zum Pazifik fand, die nach Westen führend weder den traditionellen Handelswegen der Kompanie noch den Spaniern ins Gehege kam. Er bemannte zwei Schiffe, die *Hoorn* unter seinem Sohn Jacob und die *Eendracht* unter Willem Cornelis Schouten, die im Mai 1615 in See stachen und in Sierra Leone 25 000 Zitronen als Schutz vor Skorbut mit an Bord nahmen. Diese Maßnahme, verbunden mit ausreichend langen Pausen unterwegs, garantierte einen günstigen Verlauf. Die einzige Katastrophe blieb der Verlust der *Hoorn* vor der Küste von Patagonien. Die *Eendracht* fuhr nicht durch die Magellan-Straße, sondern fand als erstes Schiff den Weg um Kap Hoorn in den Pazifik. Von den Juan-Fernández-Inseln ging es direkt weiter nach Westen durch viele große Archipele: Tuamotu, die Gesellschaftsinseln und Tonga lagen auf dem Weg. Dann ging es in nordwestlicher Richtung nach Neu-Irland und zur Küste von Neuguinea. Im September 1616 wurde die Mannschaft auf der Molukken-Insel Ternate herzlich willkommen geheißen. Ironischerweise ließ sich aber der holländische Gouverneur von Java in Batavia nicht davon überzeugen, dass die *Eendracht* über eine Pazifikroute gekommen war. Er beschlagnahmte das Schiff wegen widerrechtlichen Eindringens in Territorialgewässer der Kompanie und schickte die beiden Kapitäne als Gefangene in die Niederlande zurück. Jacob Le Maire starb auf Mauritius, aber Schouten kam nach Hause und setzte neue Namen auf die Liste der Weltumsegler.

Rechts Eine zeitgenössische Karte, die Schoutens und Le Maires Route über den Pazifik zeigt.

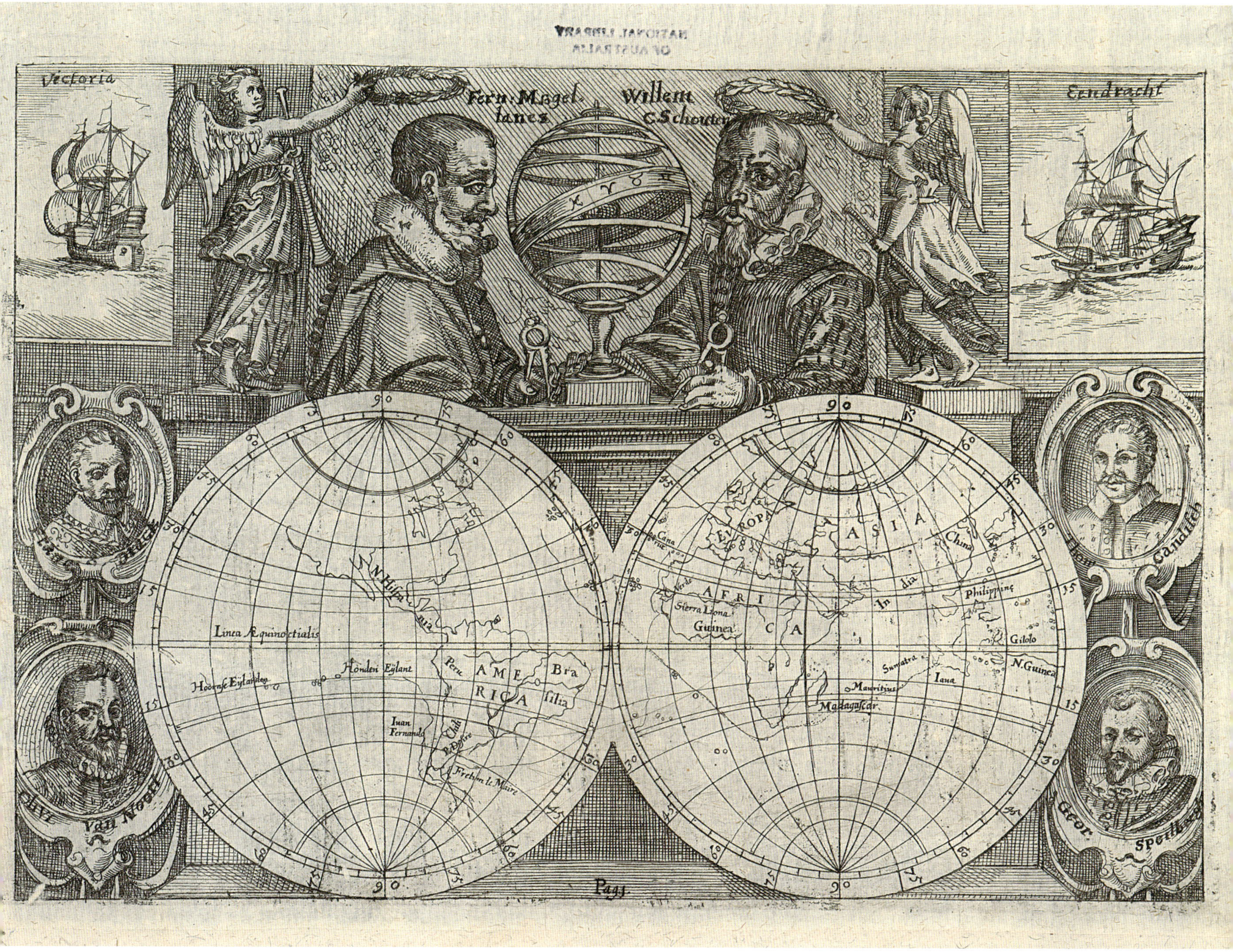
Victoria
Fern: Magel lanes
Willem C.Schouten
Eendracht
Van Noort
Geor Spelberg
EUROPA
ASIA
AFRICA
India
China
Philippina
Sierra Liona
Guinea
Gilolo
N.Guinea
Sumatra
Iana
Mauritius
Madagascar
N.Hispa
Linea Æquinoctialis
Hoornse Eylanden
Honden Eylant
Peru
AMERICA
Brasilia
Iuan Fernando
Chile
Fretum le Maire
Pag.

Abel Tasman wagt sich in den südlichen Ozean vor

Europa entdeckt Neuseeland

1642 – 43

Rechts Die Karte von Tasmans Reise gibt den ersten Hinweis auf die Küsten von Van Diemens Land (Tasmanien) und Neuseeland, die beide bis dato nicht als Inseln aufgefasst wurden.

Die Niederländische Ostindien-Kompanie oder, mit richtigem Namen, die *Vereenigde Oost-Indische Compagnie* (VOC), gegründet 1602, um den Handel mit und koloniale Aktivitäten auf den Ostindischen Inseln zu fördern, hatte 1611 ihr zukünftiges Operationszentrum in Batavia, dem heutigen Jakarta, eingerichtet. Während der ersten Hälfte des 17. Jahrhunderts weitete sie ihr Interessengebiet über den gesamten Orient von Persien nach Neuguinea und sogar nach Japan aus. Entdeckungsreisen wurden zu einem Hauptmoment ihrer Entwicklung, insbesondere unter der zehnjährigen Gouverneursherrschaft von Anton van Diemen (1636 – 45), der die Portugiesen aus ihren Hochburgen auf Ceylon und Malakka verdrängte und seine Seeleute in alle Himmelsrichtungen, sogar auf die Suche nach den märchenhaften gold- und silberreichen Inseln im Nordpazifik schickte. Seine Vision eines mächtigen niederländischen Handelsimperiums kannte keine Grenzen, und zu Beginn der 40er-Jahre dachte van Diemen über die kaum bekannten Landgebiete im Südpazifik nach. Da gab es die Salomonen, von denen Spanier berichtet hatten, das „unbekannte Südland" und sogar die Aussicht auf einen lukrativen, geheim geführten Handel mit Chile. Mit diesen Gedanken schickte er 1642 einen von ihm hoch geschätzten Seefahrer, Abel Janszoon Tasman, auf die Reise in die unkartierte Weite des südlichen Ozeans.

Um mit den für seine Route geeigneten Winden segeln zu können, stach Tasman von Mauritius aus in See. Seine beiden Schiffe fuhren weit südlich an der von Holländern bereits entdeckten australischen Westküste vorbei und sichteten die unbekannte Küste eines Gebiets, das Tasman pflichtbewusst „Van Diemens Land" taufte. Erst 1856 würde die Insel den Namen ihres Entdeckers erhalten. Zwei Wochen später war die See so rau, dass nur der Schiffszimmermann den Mut aufbrachte, an Land zu schwimmen und die holländische Fahne zu hissen. Tasman fuhr dann weiter nach Osten, um die Salomonen zu suchen. Nach neun Tagen, am 13. Dezember 1642, stieß er auf eine Küste, die sich unendlich von Südwesten nach Nordosten zu erstrecken schien. Er war davon überzeugt, nun das langgesuchte Südland gefunden zu haben, doch in Wirklichkeit erblickte er die Südinsel von Neuseeland. In der von Tasman später sogenannten „Bucht der Mörder" wurden seine Schiffe von furchterregend anzuschauenden Kriegern der Maori angegriffen, was Tasman einen unlösbaren Konflikt bescherte: Zum einen sollte er neu entdeckte Länder für die Niederlande beanspruchen, zum anderen aber Geduld beweisen gegenüber Fremden, denen er begegnete. Er wählte die Geduld, woraufhin er vier Leute seiner Mannschaft verlor und das Land, das er entdeckt hatte, nicht betreten konnte. Da das Trinkwasser bedrohlich knapp wurde, nahm Tasman Kurs auf Batavia.

LINGNE·ESQVINOCSIALLIS
TROPICVS·CAPRICORNVS
COMPAGNIS·NIEV·NEDERLAND

1661 – 64

Grueber und Dorville durchqueren das Hochland von Tibet

Eine Reise, die keiner zu wiederholen wagte

Die Missionare der Jesuiten, die im 17. Jahrhundert nach China kamen, hatten ein wechselvolles Schicksal: Wurden sie wegen ihrer wissenschaftlichen Verdienste zu hochrangigen Mandarinen gemacht, konnten sie im nächsten Augenblick schon zum Tode verurteilt werden, weil sie eine fremde Religion verbreiteten. Adam Schall von Bell, der für die kaiserliche Artillerie Teleskope gebaut und viele Jahre lang an der Reform des chinesischen Kalenders gearbeitet hatte, entkam 1665 der Hinrichtung nur deshalb, weil die abergläubischen Chinesen, von einem furchtbaren Erdbeben erschreckt, das Urteil abmilderten. Die Arbeit am Kalender wurde in Rom wiederum verurteilt, weil Schall von Bell durch die Berücksichtigung glück- und unglückbringender Tage dem Aberglauben Vorschub geleistet habe. Dieser Vorwurf führte zu einer außergewöhnlichen Entdeckungsreise. Als ein deutscher Gehilfe des Jesuiten, Pater Johann Grueber, nach Rom entsandt werden sollte, um für Schalls Integrität einzutreten, war der reguläre Seeweg durch die holländische Blockade von Makao versperrt. So fassten Grueber und sein belgischer Gefährte Albert Dorville den kühnen Plan, einen direkten Überlandweg nach Indien einzuschlagen, der durch Gebiete führte, die auf der Landkarte nur ein weißer Fleck waren.

Grueber und Dorville verließen Peking im April 1661 in Richtung Xi'an. Von dort ging es westwärts nach Xining, wo sie den Aufstieg zu den öden Weiten des tibetanischen Hochlands begannen. Im Oktober erreichten sie das den Mongolen als „Barantola" bekannte Königreich und waren zweifelsfrei die ersten Europäer, die dessen Hauptstadt Lhasa betreten konnten. Sie wurden freundlich willkommen geheißen. Grueber zeichnete Porträts vom Dalai Lama, einem ehrfurchtgebietenden Herrscher, der als Gott verehrt wurde, und bemerkte gewisse äußere Ähnlichkeiten zwischen der Religion der Tibeter und dem Christentum, obwohl „noch kein Christ vor ihnen in jenem Land war". Nach einmonatigem Aufenthalt in Lhasa wandten sich die Reisenden südwärts, durchquerten den Himalaya über den Lalung-Pass und kamen nach Katmandu, der Hauptstadt von Nepal. Im März 1662 erreichten sie Agra via Patna und Benares, wo Dorville starb. Grueber suchte sich einen neuen Reisegefährten, Pater Heinrich Roth, und segelte mit ihm den Indus hinab bis zur Mündung. In Richtung Westen durchquerten sie die Makran-Wüste und kamen über Persien und die Gebiete des heutigen Irak und der Türkei nach Smyrna (Izmir). Von dort brachte ein Schiff sie nach Rom, das sie im Februar 1664 erreichten. Grueber versuchte zweimal, nach China zurückzukehren, einmal durch Russland, dann durch Zentralasien, doch in Konstantinopel erkrankte er und verbrachte schließlich den Rest seines Lebens als Lehrer in Europa. Seine von dem Universalgelehrten Athanasius Kircher in *China Illustrata* veröffentlichten Tagebücher fanden starke Beachtung, doch waren bis in die neuere Zeit nur wenige bereit, ihm nachzueifern.

Rechts Karte von Asien, gezeichnet 1617 von Joan Blaeu nach den verlässlichsten Quellen der damaligen Zeit.

ASIA
noviter delineata
Auctore
Guiljelmo Blaeuw.
CALECVTH
GOA
DAMASCO
ORMVS
BANTAM
ADEN
MACAO
EVROPÆ PARS
AMERICÆ PARS
OCEANVS
OCCIDENTALIS
OCEANVS
CHINENSIS
AFRICÆ PARS
OCEANVS
ORIENTALIS
MARE ARABICVM et INDICVM
Gangeticus Sinus
ARABIA FELIX
Borneo
Æquator
Tropicus Cancri
Syri
Arabes
Armenii, Persæ
Balagnatæ
Insulani Sumatræ
Iavani
Chinenses
Moscovitæ
Tartari
Cum Privil. Ord. Hollandiæ privilegio decennali.

La Salles Vision eines Reichs am Mississippi

Eine Entdeckungsfahrt um des Ruhmes willen

1678–87

SCHON IN SEINER JUGEND ZEIGTE RENÉ-ROBERT CAVELIER DE LA SALLE alle Eigenschaften eines Entdeckers. Er war gefühl- und phantasievoll, aber auch selbstherrlich und aufbrausend, und insofern schlecht geeignet für die strengen Regeln des Jesuitenordens, der ihn neun Jahre lang für das Priesteramt ausgebildet hatte. Da ihm die Gelegenheit, seine Abenteuerlust durch missionarische Tätigkeit zu befriedigen, verwehrt wurde und sein Gelübde ihn vom Erbe des familiären Vermögens ausschloss, kam er 1667 mittellos in Kanada an, war aber entschlossen, als Entdecker Ruhm zu ernten. Allerdings gelangte er bei dem Versuch, 1669 den Ohio-Fluss, „den Weg zum Südlichen Meer und damit zum Seeweg nach China", zu entdecken, kaum über den Ontario-See hinaus, und seinen Ehrgeiz, einen Seeweg zum Pazifik ausfindig zu machen, musste er nach Jolliets Erkundung des Mississippi begraben. Doch wurde der Mississippi jener Fluss, durch den La Salle das französische Imperium über den nordamerikanischen Kontinent ausbreiten und so den von Carolina ausgehenden englischen Expansionsbestrebungen zuvorkommen konnte. 1679 besegelte er mit seinem treuen Gefährten, dem Leutnant Henri de Tonty und dreißig Mann Besatzung als erster Europäer die Großen Seen, überquerte den Michigan-See und errichtete am Illinois ein Fort.

La Salles erster Versuch, den Mississippi zu befahren, stürzte ihn in erhebliche Schulden. Sein Schiff wurde Opfer eines Sturms, das Fort zerstört und seine Vorhut zerstreut. Aber 1682 hatte er seine Mannschaft reorganisiert. Er fuhr den Illinois flussabwärts und kam im Februar mit 23 Mann auf dem Mississippi an. Am 6. April war die Küste erreicht, und drei Tage später beanspruchte er im Namen Ludwigs XIV. alle Gebiete am Mississippi für die französische Krone. Er fuhr wieder flussaufwärts und kehrte nach Frankreich zurück, wo er jedoch nicht als Held, sondern mit großem Missfallen empfangen wurde, denn König Ludwig hatte eigene Pläne und war sich gar nicht sicher, ob er „La Louisiane" – praktisch ganz Nordamerika von den Appalachen bis nach Mexiko – überhaupt in Besitz nehmen wollte. Aber La Salle fälschte die Karten, indem er die Flussmündung weiter nach Westen in Richtung Mexiko verschob und konnte damit den König und dessen Berater überzeugen. So segelte im August 1684 eine umfangreiche Kolonialexpedition zum Golf von Mexiko. Doch das Unternehmen wurde vom Pech geradezu verfolgt. Die Flotte verfehlte das Mündungsdelta, und 320 Siedler mussten sich an der unwirtlichen Küste von Texas niederlassen, während La Salle noch zwei Jahre auf der Suche nach dem Mississippi umherfuhr, bis er von seinen eigenen Leuten umgebracht wurde.

Rechts Diese Karte von Nordamerika wurde 1697 von Louis Hennepin gezeichnet. Sie zeigt La Salles Entdeckungen am Mississippi, verlegt den Fluss jedoch zu weit nach Westen.

CARTE
d'un tres grand PAIS
Nouvellement découvert
dans
L'AMERIQUE SEPTENTRIONALE
entre le
NOUVEAU MEXIQUE et la
Mer Glaciale
avec le Cours du Grand Fleuve
MESCHASIPI
Dediée a
GUILLIAUME III
Roy de la Grand Brettagne
Par le R.P.
LOUIS DE HENNEPIN
Mission: Recoll: et Not: Apost:
Chez G. BROEDELET
a Utreght.
Lieues Communes de France
Lieües d'Allemagne
Lieues d'une Heure de Chemin
BAYE DE HUDSON.
La Brador
NOUVELLE
FRANCE ou CANADA.
Lac Superieur
Lac des Illinois
LAC HURON ou KAREGNONDI
LAC D'ERIE OU DUCHAT
Grands Villages des Iroquois
LA VIRGINIE
NOUVELLE ANGLETERRE
NOUVEAU PAIS BAS
MER DE NORT.
FLORIDE.
GOLFE DE MEXIQUE.
NOUVEAU MEXIQUE
PARTIE DE NOUVELLE ESPAGNE.
Lac des Assenipoils
Lac St. Ioseph
Gaspesie
Apalache
Caroline

William Dampier: Freibeuter und Geograph

Ein umstrittener Pionier der wissenschaftlichen Entdeckungsfahrten

1683 – 1711

Historiker haben immer wieder gezögert, William Dampier einen Platz im Pantheon der großen Entdecker einzuräumen. Seine Beteiligung an den gnadenlosen Raubzügen englischer Piraten, die spanische Niederlassungen an den Küsten Mittelamerikas plünderten, trug dazu ebenso bei wie der Zweifel, ob er wirklich etwas zuvor Unbekanntes entdeckt habe, und so blieb sein Werk jahrhundertelang in den Apokryphen der Reiseliteratur verborgen. Doch für all jene, die sein Leben neu bewerteten, seinen rätselhaften Charakter unter die Lupe nahmen und seinen Beitrag zum Wachstum geographischen Wissens würdigten, gilt Dampier als Pionier der britischen wissenschaftlichen Entdeckungsreisen, als überaus intelligenter, zu seiner Zeit unübertroffener Navigator und als leidenschaftlich interessierter Beobachter. Er umsegelte als Erster dreimal die Erde und betrat als erster Engländer das australische Festland. Seine Bücher gelten manchem Leser als erste echte Reiseberichte in englischer Sprache. Zudem hat er eine Abhandlung über Winde und Strömungen verfasst, die bis ins 20. Jahrhundert benutzt wurde. Seine Erkundungen inspirierten Defoe und Swift, und er überbrückte das 150 Jahre währende Dunkle Zeitalter der britischen Erkundungen im Pazifik, die erst im 18. Jahrhundert eine glanzvolle Renaissance erlebten.

Dampier stammte aus einer Bauernfamilie in Somerset und fuhr 1669 im Alter von 18 Jahren zur See. Nachdem er auf Jamaika als Zuckerrohrpflanzer und in Mexiko als Holzfäller gearbeitet hatte, schloss er sich einer wüsten Gruppe englischer Piraten an, die die Küstensiedlungen Mittelamerikas heimsuchten. In ähnlicher Gesellschaft begab er sich 1683 auf eine Reise, die ihn aufs Geratewohl um die Welt führte. Er umrundete Kap Hoorn, segelte von Mexiko aus zu den Philippinen und betrat 1688 die unwirtliche Nordwestküste Australiens. Er wurde auf den Nikobaren ausgesetzt, paddelte in einem Einbaum nach Sumatra und kehrte von einer entlegenen britischen Handelsniederlassung über das Kap der Guten Hoffnung nach England zurück. Er war acht Jahre von zu Hause fort gewesen.

Im Jahr 1699 kam es zu einer von der Admiralität finanzierten Forschungsreise. Dampier übernahm ein verrottetes Schiff und eine unfähige, zur Meuterei neigende Mannschaft, mit der er nach Australien zum Ort seines ersten Landgangs segelte. Dort verbrachte er einen Monat damit, an der unfruchtbaren und verlassenen Küste nach Wasser zu graben. 1703 umsegelte er, wiederum als Freibeuter, zum zweiten Mal den Erdball. Unterwegs wurde Alexander Selkirk, das Vorbild für Defoes Held in *Robinson Crusoe*, auf den Juan-Fernández-Inseln ausgesetzt. Von 1708 bis 1711 dauerte Dampiers dritte Weltumsegelung, die er als Lotse auf dem Kaperschiff von Kapitän Woodes Rogers unternahm und bei der Selkirk nach sechsjährigem Zwangsexil wieder an Bord genommen wurde.

Rechts Kartierung und Küstenansichten von Shark's Bay, Nordwestaustralien, aus Dampiers Buch *Voyage to New Holland* (1703). **Folgende Seiten** „Dampier und seine Gefährten werden in ihrem Kanu von einem furchtbaren Sturm erfasst."

Damp. Voy. Vol. 3. p. 81.
Table IV.

New Holland

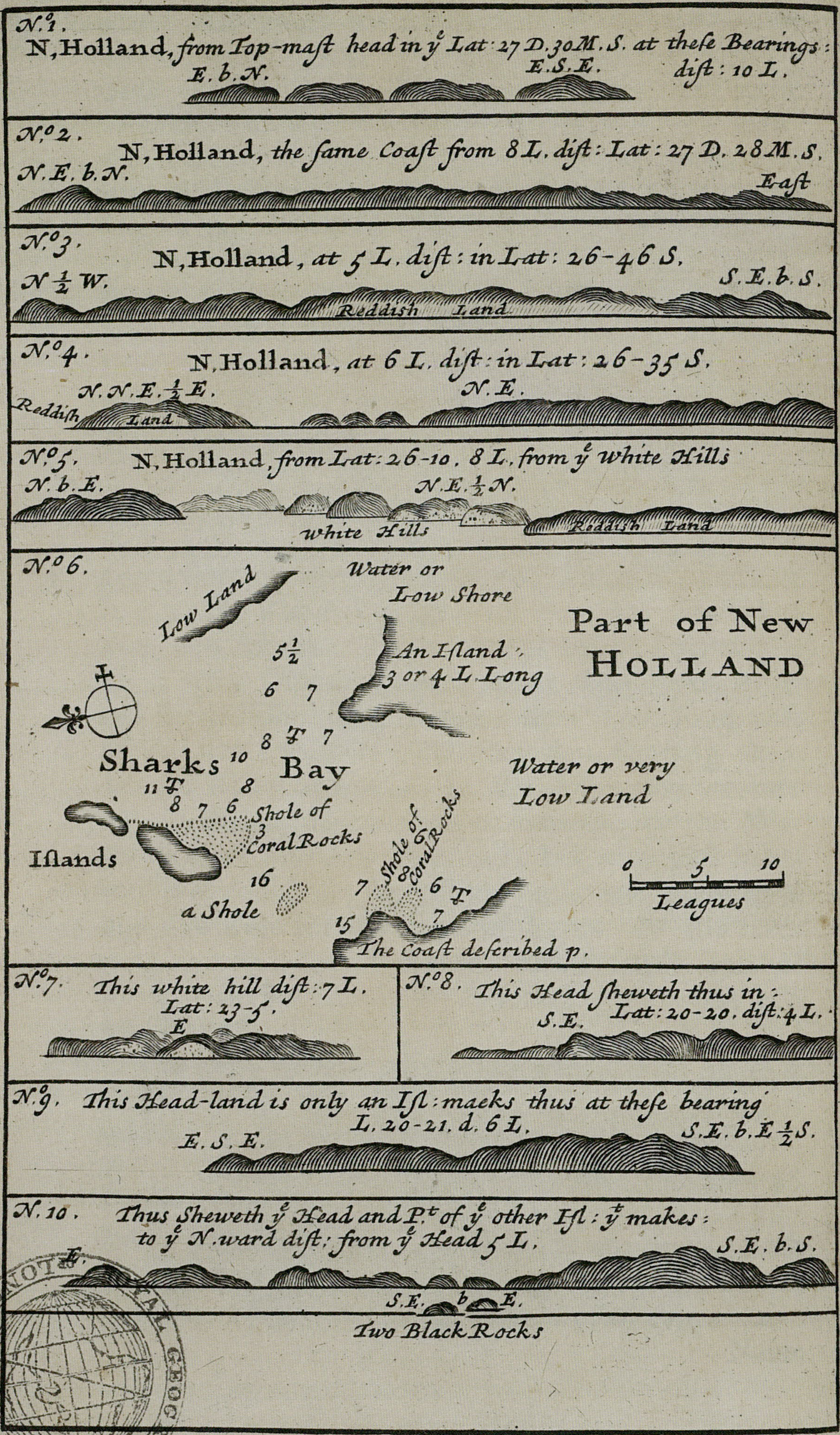

Dampier & his Companions in their

Canoe, overtaken by a dreadfull Storm.

Erfundene Reisen und fabelhafte Welten

Das Imaginäre in der Literatur der Entdeckungsreisen

Als wäre die Wahrheit nicht schon seltsam genug, hält die Literatur der Entdeckungsreisen ein ganzes Arsenal an bizarren und außergewöhnlichen Fahrten bereit, die nie stattgefunden haben. Da wird von phantastischen Begegnungen mit mysteriösen Völkern berichtet, zu denen es vorher keinen Kontakt gab und von denen man hinterher nie wieder etwas gehört hat; da gibt es Königreiche, die, wie die Insel Fand, für einen Augenblick aus der Tiefe auftauchen, um bald darauf wieder lautlos zu verschwinden, als hätte es sie nie gegeben. Tatsächlich sind Erzählungen von imaginären Reisen und Berichte über erfundene Welten oftmals anziehender und nicht weniger überzeugend als ihre bedrückend authentischen Gegenstücke. Heutzutage sind wir natürlich viel zu gut informiert, weltgewandt und klug, als dass wir uns von solchen kühnen Täuschungen hinters Licht führen ließen, aber zu jenen Zeiten, als Fabelwesen die weißen Flecken auf den Landkarten bevölkerten und aus den Seekarten Himmelsungeheuer hervordräuten, konnte das naive und arglose Publikum nur allzu leicht einem entschlossenen Betrüger auf den Leim gehen. Auch Daniel Defoe, weltberühmt geworden durch seinen Roman *Robinson Crusoe*, gehörte zu jenen Autoren, die ihre Geschichten so überzeugend mit imaginären Reisen, Piraten und idealistischen Kolonisten anreicherten, dass noch drei Jahrhunderte später heiß diskutiert wurde, ob es sich dabei um wirkliche oder fiktive Personen handelte.

Allerdings hatte die fiktive Reise schon damals eine lange Geschichte hinter sich, und Defoe bediente sich lediglich einer altehrwürdigen Tradition. Schon im 4. Jahrhundert v. Chr. erzählte der griechische Philosoph Euhemeros von seiner Reise zur mythischen Insel Panchaia, wo die Chronologie der Götter auf einer Säule aus Gold verzeichnet sei. Um 150 n. Chr. berichtete Antonius Diogenes in seinen *Wundern jenseits von Thule* von einer Fahrt in den hyperboräischen Norden, die den Reisenden in die Nähe des Mondes führte. Und etwa zur gleichen Zeit verfasste Lukian, nachdem er „ein langweiliges Leben, aus dem nichts Wahrhaftiges sich berichten ließ", geführt hatte, seine *Wahren Geschichten*, eine ausgelassene Parodie, in der seine Seeleute auf eine Insel voller antiker Helden geraten und dann über den Atlantik segeln, wo eine gigantische Fontäne sie in die Höhe hebt zu einer furchterregenden Schlacht zwischen den Völkern der Sonne und des Mondes.

Im Mittelalter verbreitete sich dann eine Form der fingierten Reisebeschreibung, wie sie in der Antike durch die *Odyssee* und die *Argonautica* vertreten, aber vom Rationalismus der griechischen und römischen Akademien gnadenlos verworfen worden war. Die mittelalterlichen Reiseerzählungen waren zwar von zweifelhafter Herkunft, aber sie schienen plausibel genug, um stattgefunden zu haben. Ihr Gehalt wurde von Kopisten und Herausgebern ausgeschmückt und kräftig aufgemöbelt, wobei man sich nicht scheute, freizügig zu plagiieren und Ereignisse aus einer Erzählung in die andere zu übernehmen. Tatsächlich wurden solche „Zutaten" von den Lesern des Mittelalters erwartet, ja fast sogar gefordert, ebenso wie die Bilder von Monstern aus der Tiefe und zweiköpfigen Menschen, mit denen die Seiten geschmückt waren. Der heilige Brendan segelte in einem einfachen *curragh* (einem traditionellen irischen Boot) davon, um das „von den Heiligen verheißene Land" zu finden, begegnete dabei einer „Kristallsäule" (einem Eisberg) und wurde auf den Rücken eines Wals gehoben.

Henry Sinclair, Gutsherr auf den Orkney-Inseln, führte eine Flotte nach Amerika, um einen Ruheplatz für den Heiligen Gral und andere Schätze der Tempelritter zu finden. Die Brüder Nicolo und Antonio Zeno trafen im Nordatlantik auf blühende Inselkönigreiche. Und der Ritter John de Mandeville verzierte eine profane Reise ins Heilige Land mit märchenhaften Anekdoten über Tibet, Indien und den Fernen Osten, die er aus Texten anderer Autoren entnommen hatte. Nur allmählich wurden die Landkarten von diesen seltsamen Bildern und Geschichten befreit, aber jene Berichte, die den Anschein von Wahrheit mit großer Überzeugungskraft zu verbreiten wussten, verwirrten die Geographen bis ins Zeitalter der Aufklärung. Die Reisen Lorenzo Maldonados, der 1588 fröhlich mitten durch Nordamerika segelte, um dann im Pazifik zu landen, und die Fahrten Bartolomé de Fontes, der 1640 Vergleichbares, nur in umgekehrter Richtung, vollbrachte, rumorten noch bis weit ins 18. Jahrhundert hinein.

1516 legte der Humanist Thomas Morus mit seinem Buch *Utopia*, in dem eine als ideal vorgestellte Welt irgendwo – im wörtlichen Sinn: nirgendwo – jenseits des Atlantiks angesiedelt wird, den Grundstein für ein Genre, das die Entdeckung fiktiver Länder nicht nur in satirischer und parodistischer Absicht nutzte, sondern auch um die Verzweiflung zu lindern, mit der Idealisten und Philosophen die Entwicklung des menschlichen und gesellschaftlichen Lebens betrachteten. In den nächsten zwei Jahrhunderten wurde das Genre immer raffinierter und wusste sich derart subtiler Requisiten und glaubwürdiger geographischer Angaben zu bedienen, dass die Grenze zwischen Fiktion und Realität verwischt wurde. 1676 fiel Gabriel de Foignys Held vom Rücken eines geflügelten Ungeheuers mitten in eine hermaphroditische, asexuelle Gesellschaft an der Küste Westaustraliens, und 1682 benutzte Denis Vairasse, der mit ungewöhnlicher Hartnäckigkeit auf der Wahrheit seiner Erzählung beharrte, neuere Berichte über holländische Entdeckungen, um sein „Land der Severamben“ ebenfalls an den westaustralischen Gestaden anzusiedeln. Die mögliche Existenz eines weiten, unentdeckten Kontinents tief in den südlichen Meeren kam utopischen Träumern, die in großer Zahl von ihren Erkundungen erzählten, gerade recht. Um 1710 fand der schiffbrüchig gewordene Seemann Jacques Massé irgendwo in der Nähe der Insel Kerguelen ein „mit Frieden gesegnetes Land“, wo die Menschen vor Tyrannei und Unterdrückung sicher waren. Der englische Abenteurer Morris Williams lebte zwanzig Jahre lang in Neu-Athen, einer vor zwei Jahrtausenden von den 100 000 Anhängern des Griechen Demophilos gegründeten Kolonie. Um 1750 beschrieb François Gabriel Coyer die Insel Frivola, auf die Lord Anson während seiner Weltumsegelung gestoßen war, die er aber achtloserweise in seinem Logbuch nicht erwähnt hatte. 1781 unternahm Restif de la Bretonnes Held Victorin eine Reise in einer Flugmaschine, die ihn ins Land der Antipoden brachte, ein spiegelbildliches Frankreich, dessen Hauptstadt Sirap hieß.

Im späten 17. Jahrhundert mischten sich die erfundenen Reisen aufgrund des literarischen Könnens ihrer Erfinder ganz unauffällig in die stetig wachsende Menge authentischer Reiseberichte. Einige Autoren ließen ihre Geschichte an echten Schauplätzen spielen, wobei sie jedoch darauf achteten, dass diese exotisch und unbekannt genug waren, um die Fiktion nicht auffliegen zu lassen. 1704 veröffentlichte der mysteriöse George Psalmanazar einen höchst erfolgreichen und zunächst für echt gehaltenen Bericht über die Insel Formosa (das heutige Taiwan), in dem er das Publikum mit grellen Beschreibungen von Polygamie, Menschenopfern, Kannibalismus und Kindsmord in Erstaunen versetzte. Einige Jahre zuvor hatte der Franzose Mathieu Sagean die Gebiete westlich des Mississippi erforscht, wo er ein Königreich vorfand, dessen hermelingekleideter Herrscher, ein Nachfahre Moctezumas, in seinem dreistöckigen Palast aus purem Gold ein mächtiges Heer befehligte. Der deutsche Abenteurer Johann Spassvogel wusste höchst ausführlich von einer befestigten Kolonie zu erzählen, die angeblich an der Küste Georgias lag. Manchen Seeleuten widerfuhr das Glück, die Insel Fonseca besuchen zu können, die ausschließlich von Frauen bewohnt wurde und nur einen Steinwurf weit von Barbados entfernt lag. Und 1756 konnte Kapitän David Thompson, indem er seine Reise in vertrauten Gegenden ansiedelte, einen höchst überzeugenden Bericht über die *Insel der Vernunft* vorlegen, wo zur Freude der Matrosen Polygamie herrschte.

Aber als sich der Rhythmus der geographischen Entdeckungen beschleunigte, sahen sich unsere phantasievollen Reisenden zunehmend der Orte beraubt, an denen sie ihre imaginären Welten ansiedeln konnten. Zunächst machten sie sich die Entdeckungen Cooks und Bougainvilles im Pazifik zunutze, indem sie mit großer Detailfreude Inseln beschrieben, die von den berühmten Navigatoren irgendwie übersehen worden waren. Zwischen 1783 und 1787 veröffentlichte Guillaume Grivel nicht weniger als sechs Bände, in denen er begeistert *L'isle inconnue* schilderte, ein unbekanntes Südseeparadies mit murmelnden Bächen und einer friedlichen Fauna. Vierzig Jahre später verbrachte der anonyme Held einer Erzählung während einer japanischen Handelsreise zwei Jahre auf den Inseln Bullanabee und Clinkataboo. Als der Markt für Berichte über fiktive Südseeinseln allmählich gesättigt war, wurden die Erfindungen zwangsläufig immer extravaganter. Ludwig Holbergs argloser Protagonist Niels Klim fiel in einen Schacht und landete in einem unterirdischen Königreich, das von Bäumen mit Menschenköpfen und -füßen bewohnt wurde. Im späten 19. Jahrhundert dann begegnete der Seemann Peter Wilkins aus Cornwall nach einem Schiffbruch am Südpol einer Gesellschaft wunderschöner fliegender Menschen. Einen von ihnen, günstigerweise eine Frau, pflegte er gesund und heiratete sie später.

Doch nachdem auch die entlegensten Orte und seltsamsten Völker auf dem Erdball ihre Geheimnisse verloren hatten, blieben nur noch außerirdische Reisen übrig. Berichte über Fahrten zum Mond und die dort lebenden Gemeinschaften erfreuten sich schon seit frühester Zeit großer Beliebtheit, vor allem bei den Autoren, die es für sicherer hielten, ihre politischen Satiren nicht auf einer Pazifikinsel, sondern gleich im Weltall anzusiedeln. Während die meisten, wie etwa Daniel Defoe in *The Consolidator*, das Leben hier auf Erden kritisierten, boten andere, beispielsweise John Wilkins' *Discovery of the World in the Moone* (1638), Reflexionen über eine mögliche Mondgesellschaft, die, gemessen an ihrer Zeit, durchaus vernunftbegründet waren. Der Chevalier de Béthune dehnte die Grenzen sogar noch weiter aus und schilderte uns das Leben auf dem Merkur um 1750, während Bernard de Fontenelle Wilkins' Überlegungen auf das gesamte Universum bezog. Voltaire und andere drehten die Sache um und ließen Außerirdische auf der

Erde landen, die aber von diesem Planeten zumeist höchst enttäuscht waren, wenn sie ihn mit ihrem eigenen verglichen.

Apokryphe Reiseberichte, die geeigneterweise im tiefsten Afrika oder in den Dschungeln Amazoniens spielten, erschienen zwar noch sporadisch im 19. Jahrhundert, doch sonst verblieben dem Genre als Medium politischer oder philosophischer Überzeugungen, vor allem aber als Plattform für den geschickt aufbereiteten Schwindel, kaum noch Orte als Spielwiesen der Phantasie. Hin und wieder lebte die Tradition noch einmal auf, wie etwa in Jules Vernes *Reise zum Mittelpunkt der Erde* oder in Arthur Conan Doyles *Die vergessene Welt* – beide Romane spielen an realen Schauplätzen und wären zu früherer Zeit wohl als wahrheitsgetreue Schilderungen aufgefasst worden. Aber war die Zeit der willkürlichen Täuschungsversuche damit vorbei? Keineswegs. Die Massenpresse des frühen 20. Jahrhunderts hatte keine Bedenken, höchst unspektakuläre Reiseberichte in ein Epos von Standhaftigkeit und Überlebenswillen zu verwandeln, und noch 1921 konnte der unternehmungslustige Abenteurer Walter Traprock – das Pseudonym des New Yorker Architekten George Chappell, der nie irgendwelche besonders aufregenden Reisen unternahm – die humorloseren unter seinen Lesern von einem Ausflug auf die Filbert-Inseln überzeugen, die „von Mercator bis Rand McNally auf keiner Karte verzeichnet sind". Dort legten die Favila-Vögel viereckige Eier, und die Königin trug ein *taa-taa*, um sich vor herunterfallenden Nüssen zu schützen. Ob Verleger heute noch solchen Wagemut besäßen?

Rechts Die Luftansicht aus dem Jahr 1660 zeigt das „Land von Jansenie", eine Erfindung des Kapuziners Ange Lambert Zacharie de Lisieux.

Septentrion
Oriant
Midy

Samuel Fritz: Als Missionar und Kartograph auf dem Amazonas

Das Wort Gottes, vom Einbaum aus verbreitet

1686–1723

Die Fahrt den Amazonas abwärts war schon 1542 vollbracht worden, doch sollte es noch mehr als ein Jahrhundert dauern, bis man größeres Interesse am Strom oder seinen natürlichen Ressourcen zeigte. In der Nähe der Mündung waren verstreut englische, holländische und irische Siedlungen entstanden, und von Ecuador aus suchten Expeditionen nach dem Volk der Omagua, die mit ihrer fortgeschrittenen Kultur große Gebiete am Oberlauf bewohnten. Eine dieser Expeditionen, die 1561 unter der Leitung des blutrünstigen und größenwahnsinnigen Lope de Aguirre stattfand, hatte es tatsächlich geschafft, flussabwärts zum Atlantik zu gelangen. Aber da die Grenzlinie zwischen den Territorien Spaniens und Portugals höchst unbestimmt war, gab es bald Streit darüber, welche Nation die Rechte auf den Amazonas beanspruchen durfte. Zwar waren die beiden Länder 1580 unter einer Krone vereint worden, doch pflegten die Kolonisten weiterhin ihre jeweilige nationale Gesinnung. Tatsächlich konnten die Portugiesen die Union zu ihrem Vorteil nutzen, indem sie ihre Eroberungen weit nach Westen ausdehnten und 1637 Pedro de Teixeira auf eine patriotisch motivierte Reise den Amazonas flussaufwärts schickten. Teixeira, der erste Europäer, der den Fluss bis zum Quellgebiet befuhr, erreichte Ecuador in nicht ganz einem Jahr und segelte danach wieder zur Mündung zurück. So wurde er auch der Erste, der Südamerika in beide Richtungen durchquerte.

Doch entwickelten sich präzise geographische Kenntnisse über den Amazonas und seine Nebenflüsse erst, als in den 50er-Jahren die Jesuiten eintrafen. Die nächsten 130 Jahre hatten sie das Monopol auf die Christianisierung der Indianer und konnten unter beträchtlichen Entbehrungen Missionen in ganz Amazonien errichten. Besondere Schwierigkeiten bereiteten ihnen dabei die unzähligen Sprachen der Einheimischen, von denen die meisten kein Äquivalent für abstrakte Begriffe wie „Glauben" oder „Geist" besaßen. Den Yancos die Idee der Dreifaltigkeit zu vermitteln, war völlig unmöglich, denn ihr Wort für „drei" lautete „poettarrarorincouroac". Für den furchtlosen böhmischen Missionar Samuel Fritz stellte das kein Problem dar. Sprachen waren genau das Feld, auf dem er sich bestens auskannte. Er verbrachte den größten Teil von vierzig Jahren damit, den Indianern von einem Einbaum aus das Evangelium zu verkünden, und es gelang ihm mit nur notdürftiger Ausrüstung, die erste detaillierte Karte von Amazonien zu zeichnen. 1689 lag er während der Regenzeit drei Monate in einem Dorf der Yarimagua krank darnieder. Das Wasser um ihn herum stieg beständig, Ratten und Eidechsen fraßen seine Vorräte auf, und das Grunzen der Alligatoren raubte ihm den Schlaf. Weil er medizinische Hilfe brauchte, fuhr er den Amazonas abwärts bis zur Mündung, wo er jedoch als Spion verhaftet wurde und 18 Monate im Gefängnis verbrachte. Die Indianer aber liebten ihn, weil er sie vor den portugiesischen Sklavenhändlern gerettet hatte, und er wandte viel Zeit auf, um seine Schäfchen am oberen Amazonas anzusiedeln, wo sie sicher waren. Er starb 1723.

Rechts Samuel Fritz' bemerkenswert genaue Karte vom Amazonas, seinen Nebenflüssen und den in seinem Gebiet lebenden Stämmen. Sie wurde 1707 gedruckt und fasst die Ergebnisse eines Jahrhunderts jesuitischer Erkundungen zusammen.

EL GRAN RIO
MARAÑON, o AMAZONAS
Con la Mission de la Compañia de IESVS
Geograficamente delineado
Por el Pe. Samuel FRITZ Missionero continuo en este Rio
P. I. de N. Societatis Iesu quondam in hoc Marañone Missionarius sculpebat Quiti Anno 1707.
A LA CATOLICA Y REAL MAGESTAD DEL REY N. S. D. FELIPE V.
LA PROVINCIA DE QUITO DE LA COMP. DE IESVS
OFRECE, Y DEDICA
en eterno reconocimiento
ESTE MAPA DEL GRAN RIO MARAÑON
CON SV MISSION APOSTOLICA
COMO A SV SOBERANO PATRON, Y MANTENEDOR
POR MANO
DE SV REAL AVDIENCIA
DE QVITO
MAR DEL NORTE
MAR DEL SVR
Fe de Bogota
Rio Orinoco
Popayan
Pasto
Linea Equinoccial
Parime Lago
Cabo de Norte
QVITO
Rio Napo
LIMA
Callao
CVZCO
Norte
Sur
Leste
Oeste
Leguas Castellanas
Mision de la Compañia de IESVS.
Ad maiorem Dei gloriam

Jakob Roggeveen entdeckt die Osterinsel

Der entlegenste bewohnte Außenposten der Welt

1721–22

Die Niederländische Westindien-Kompanie war nie so erfolgreich wie ihr ostindisches Gegenstück. Sie war 1621 gegründet worden, um den Handel mit den Atlantikanrainern zu monopolisieren, doch weil der um einiges weniger profitabel war als die Geschäfte der Konkurrentin, stammten die Gewinne anfänglich vor allem aus Kaperfahrten in spanischen Gewässern. Zwar gründete die Kompanie Kolonien an der Ostküste Nordamerikas, deren eine das spätere New York wurde, wie auch auf den Antillen, in Surinam, Ghana und Brasilien, doch ging davon während der nächsten fünfzig Jahre viel an konkurrierende Nationen verloren. 1674 bereits brach die Kompanie unter ihrer Schuldenlast zusammen, hielt sich aber noch in umgewandelter Form bis zu ihrer Verstaatlichung 1791. Verglichen mit der Ostindien-Kompanie trug sie nur wenig zu geographischen Entdeckungen bei, doch 1721 machte sie eine Ausnahme, als sie der Ausrüstung einer Flotte von drei Schiffen für eine Reise in den Pazifik zustimmte. Ziel war das halb mythische „Davis Land", das 34 Jahre zuvor von dem Engländer Edward Davis gesichtet worden war und für den Ausläufer eines großen, unentdeckten Südkontinents gehalten wurde. Das Kommando hatte der 62-jährige Jakob Roggeveen, dessen Vater, Arent Roggeveen, sein Leben lang Entdeckungen in der Südsee vom Lehnstuhl aus gemacht hatte.

Roggeveen stach im August 1721 in See und umrundete Kap Hoorn unter höchst unerfreulichen meteorologischen Bedingungen. Zwar wurden Eisberge gesichtet – ein deutlicher Hinweis auf einen südlichen Kontinent –, doch zwangen Stürme, Schnee und Hagel die Expedition auf einen Nordkurs zu den Juan-Fernández-Inseln, wo es ruhiger war. Von dort aus stieß Roggeveen nach Südwesten in ein navigatorisches schwarzes Loch vor, das bislang kaum befahren worden war, und erreichte am Ostersonntag, dem 5. April 1722, eine entlegene Insel, deren Bewohner seit Jahrhunderten in völliger Abgeschiedenheit lebten. Leider war Roggeveens Aufenthalt auf dem Eiland, das er „Paasch Eyland" (Osterinsel) taufte, nur sehr kurz. Er beschreibt ausführlich die Kleidung der Insulaner und ihre Art, Speisen ohne die Verwendung von Töpfen zu kochen, sagt aber nur wenig über die monumentalen Steinskulpturen und die Tradition, die sie hervorgebracht hatte. Aus Furcht vor schwerer See kehrte er zu seinen Schiffen zurück, und die Einheimischen genossen weitere fünfzig Jahre lang ihren Frieden. Eine mäandernde Route durch den Pazifik brachte ihn im Dezember nach Java, wo man ihn wegen unerlaubten Eindringens in das Territorium der Ostindien-Kompanie verhaftete und seine Schiffe beschlagnahmte. So kam es, dass die letzte der großen niederländischen Entdeckungsfahrten zu ihrer Zeit weitgehend unbekannt blieb und das Logbuch mehr als 100 Jahre lang in den Archiven verstaubte.

Rechts Roggeveens drei Schiffe, die vor der Osterinsel ankern. Aus Roggeveens *Tweejaarige reyze rondom de wereld* (1728).

Vitus Bering und die Große Nordische Expedition

Russland sucht seine Grenzen im fernen Nordosten

1725–41

Während der langen Jahre seiner Herrschaft über Russland war Peter der Große bestrebt gewesen, sein Land nach westlichen Maßstäben zu modernisieren. Er reformierte die Flotte, verschaffte ihr über das Baltikum und das Schwarze Meer Zugang zu den Ozeanen, und machte Russland zur Großmacht. Gegen Ende seines Lebens blickte er zunehmend in Richtung Osten und zu den öden Küsten des Nordpazifiks, wo keine Hindernisse das russischen Vordringen aufhalten könnten. Aber die Grenzgebiete im fernen Nordosten waren noch Gegenstand der Spekulation. Ging Russland ohne Unterbrechung in den amerikanischen Kontinent über, etwa durch eine schmale Landbrücke oder eine umfangreiche nördliche Landmasse? Oder gab es einen schiffbaren Weg zwischen den beiden Kontinenten?

Im Jahr vor seinem Tod 1724 gab Peter der Große einem erfahrenen dänischen Navigator im Dienst der russischen Flotte, Vitus Jonassen Bering, den Auftrag, das Geheimnis zu lüften. Bering und seine Mitstreiter verließen St. Petersburg im Januar 1725 auf dem Landweg und erreichten nach eineinhalb Jahren das Ochotskische Meer, wo ein Schiff gebaut wurde, mit dem sie zur Halbinsel Kamtschatka hinübersegelten. Hier wurde ein weiteres Schiff, die *St. Gabriel*, fertiggestellt, und im Juli 1728 machte sich die Expedition auf den Weg. Sie folgte der Küste nach Norden über Kap Tschukotski hinaus, doch schlechte Sicht verbarg den Forschern die Küste Alaskas im Osten. Als Bering auf 67° 18' nördlicher Breite wendete, war ihm nicht bewusst geworden, dass er die Straße durchfahren hatte, die heute seinen Namen trägt.

1730 kehrte Bering nach St. Petersburg zurück. Mittlerweile war Peter der Große verstorben, und die Regentschaft lag nun in den Händen seiner Nichte Anna. Sie wollte die Ziele ihres Onkels weiter verfolgen, und da Bering sie davon überzeugen konnte, dass Russlands Zukunft im Osten liege, stimmte sie einer zweiten, sehr viel ehrgeizigeren Expedition zu, deren Aufgabe die Kartierung der sibirischen Küste von der Arktis bis nach China war, und die zudem feststellen sollte, wie weit Amerika und Japan von Russland entfernt lagen. Das Unternehmen, das eigentlich nur zwei Jahre dauern sollte, weitete sich schließlich zu Berings Großer Nordischer Expedition aus, deren Ableger während der nächsten zehn Jahre fast alle Regionen Sibiriens erkundeten. Allein schon die logistische Vorbereitung erwies sich als überaus aufwendig. Vitus Bering verwandte fünf Jahre darauf, ein Heer von Schiffszimmerern und Matrosen sowie ein Aufgebot an renommierten Wissenschaftlern und Forschern zusammenzustellen, die mitsamt ihren Materialien in eine der unzugänglichsten Regionen der Erde transportiert werden mussten. Von all diesen Anstrengungen geschwächt starb Vitus Bering, nachdem er Schiffbruch erlitten hatte, an Skorbut auf einer Insel, die, wie die See, in der sie lag, später nach ihm benannt wurde.

Rechts Philip Johan von Strahlenbergs monumentale Karte des Russischen Reichs enthält die Ergebnisse der Großen Nordischen Expedition.
Folgende Seiten Michail Tatarinows Karte von 1781 zeigt das Ausmaß der frühen russischen Vorstöße nach Alaska.

MARE GLACIALE
MARE IAPONICUM
PONTUS EUXINUS
PERSIÆ PARS
MARE SINICUM
LAOQUO
SPATIOSISSIMUM IMPERIUM RUSSIÆ MAGNÆ iuxta recentissimas Observationes MAPPA GEOGRAPHICA accuratissime delineatum opera et sumtibus TOBIÆ CONRADI LOTTERI Geogr. et Chalcogr. AUGUSTÆ VINDEL.

Окуратная карта части Камчатк
совсеми Курилскими островами,
Америки совсеми Алеутскими острова
прежнихъ описей выправле
Восточная часть Сибири
Якуты
Юкагиры
Ламутки
Коряки
Чукоцкая земл
Анадирская губа
Мысъ Поворотной
Пенжинское море
Охотское море
Охотской портъ
Большерецкой острогъ
Петропавловская или Авачинская гавань
Камчатское или Бо
Острова Алеут
Восточный оке
I. St Math
I. Preobrashenie
I. Saghalin
Isle or Iesso of the Dutch
I. Tshirpoi
I. Schamashir
I. Urup wt a Volcano
I. Storgu, two Volcanoes
I. Kunashir wt a Volcano
I. Tshikota
Here Otcheredin, master of a Ship has been in 1778. & the Ku
Here Lt Walton touched in 1739.
Northern point of Japan
Here Capt. Spanberg touched in 1739.

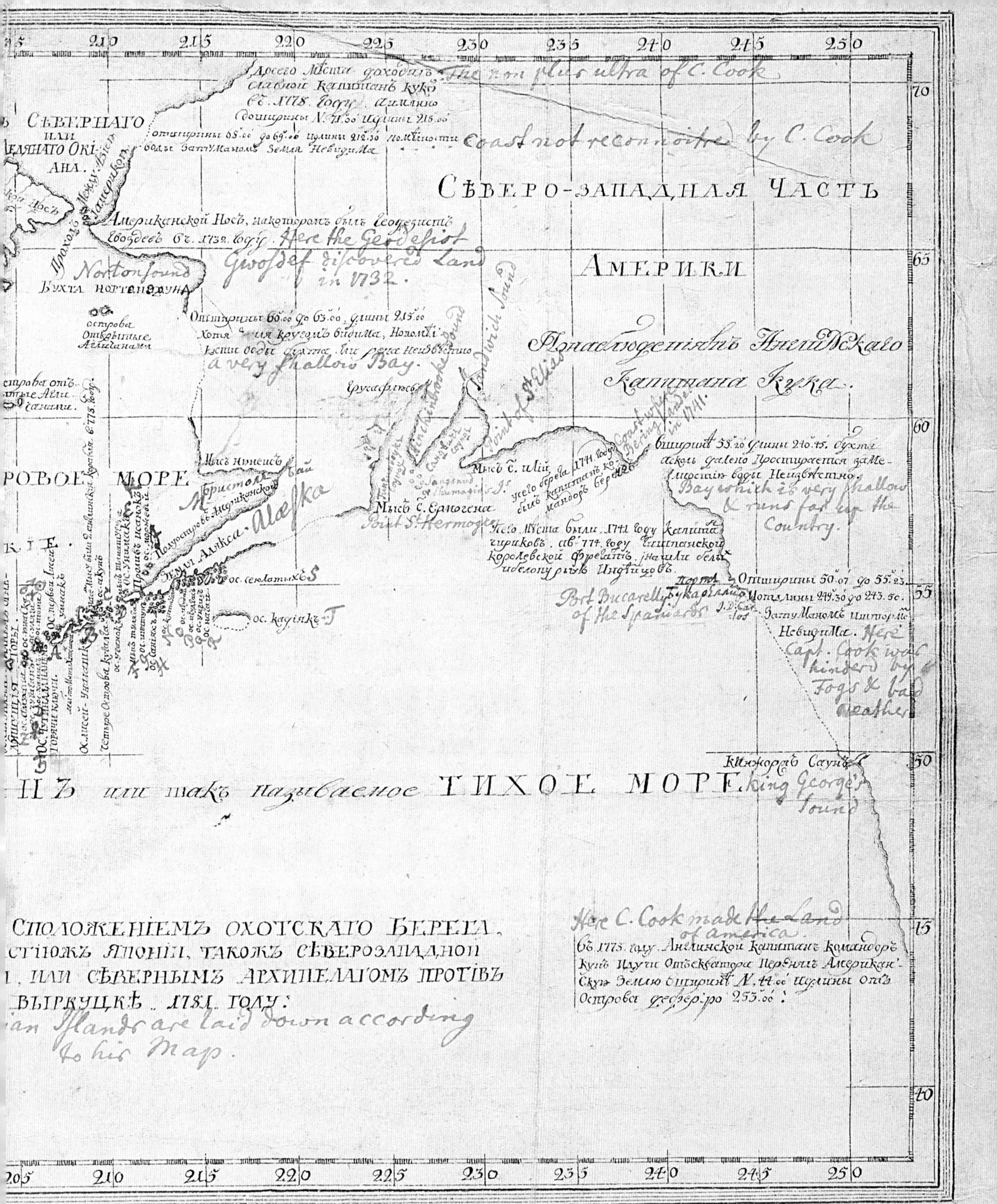

The non plus ultra of C. Cook
coast not reconnoitre by C. Cook
СѢВЕРО-ЗАПАДНАЯ ЧАСТЬ
АМЕРИКИ
Here the Geodesist Gwosdef discovered Land in 1732.
Norton sound
Бухта нортенсоуна
a very shallow Bay
Sandwich Sound
Point of St Elias
Coast where Bering landed in 1741.
Bay which is very shallow & runs far up the Country.
Point St. Hermogen
Мысъ С. Ермогена
Alaska
Земли Аляска
ос. кадiякъ
Port Bucarelly of the Spaniards
Here Capt. Cook was hindered by Fogs & bad weather
king George's sound
ТИХОЕ МОРЕ
Here C. Cook made the Land of america.
ПОЛОЖЕНIЕМЪ ОХОТСКАГО БЕРЕГА
ВЫРКУЦКѢ 1781 ГОДУ.
an Islands are laid down according to his Map.

La Condamines Expedition zum Äquator

Südamerika öffnet sich europäischen Wissenschaftlern und Kartographen

1736–44

Mit dem Beginn des 18. Jahrhunderts machten Technologie und Wissenschaft rasche Fortschritte und läuteten auch für die Kartographie ein neues Zeitalter ein. Die annähernde Darstellung wich der präzisen Vermessung, die nur das Verifizierbare zuließ und die Karten von allen, bisweilen jahrhundertealten Spekulationen befreiten, mit denen man bisher die weißen Flecken gefüllt hatte. Zu den Pionieren der neuen Bewegung gehörte eine Gruppe von französischen und spanischen Wissenschaftlern, die 1736 Ecuador bereisten, um die Gestalt der Erde festzulegen. Geleitet von dem Mathematiker Charles-Marie de La Condamine waren sie am Äquator an Land gegangen, um ein Problem zu klären, das seit längerem den Gegenstand erbitterter Auseinandersetzungen bildete: War die Erde, wie Newton behauptete, an den Polen abgeflacht oder, wie die Franzosen meinten, ein Ellipsoid? Nur durch Vermessung eines Breitengrads in der Arktis und am Äquator konnte der Streit entschieden werden. Während ein Team in Lappland unterwegs war, verbrachte La Condamine mit seinen eigensinnigen Gelehrten einige unerfreuliche Jahre im eisigen und stürmischen Hochland der Anden. Es gab Enttäuschungen, Verzögerungen und sogar Beschuldigungen, sie seien verkleidete Goldsucher. Erst 1743 waren die Vermessungen abgeschlossen, die, wie man widerstrebend einräumte, Newtons These bestätigten, aber mittlerweile waren zwei Expeditionsteilnehmer an Fieber gestorben, ein anderer war von einer aufgebrachten Menge gesteinigt worden, zwei litten an Wahnvorstellungen und zwei weitere hatten geheiratet.

Dennoch gelang es der Expedition innerhalb von acht Jahren, eines der größten Geheimnisse der Erde zu lösen und darüber hinaus eine gewaltige Menge an Informationen über Spanisch-Amerika zu sammeln, eine Region, die bislang geographisch kaum erkundet und für ausländische Reisende lange Zeit verbotenes Terrain gewesen war. Zudem war La Condamines Neugier auf Forschungsgebiete außerhalb der Mathematik erregt worden, sodass er sich entschloss, für die Rückreise mit den Expeditionsberichten im Gepäck die schwierige Route den Amazonas hinab nach Belém und von dort zur französischen Kolonie in Guyana zu nehmen. So wurde er nicht nur der erste Ausländer, sondern auch der erste Wissenschaftler, der den Amazonas bereiste. Abgesehen von den unvermeidlichen Gesundheitsproblemen und dem heiklen Abstieg aus den Anden verlief seine 5000 Kilometer lange Reise auf einem Balsafloß relativ unspektakulär. Er nutzte die Gelegenheit, um die bisherigen Karten zu korrigieren und detaillierte Beobachtungen über Fauna und Flora und die Gebräuche der Stämme niederzuschreiben. Seine Berichte fesselten das europäische Publikum und führten dazu, dass schon bald Wissenschaftler in großer Zahl den Fluss aufsuchten, um weitere Forschungen zu betreiben. In Guyana wurde er sechs Monate lang aufgehalten und kehrte Anfang 1745 nach Paris zurück, wo er weniger durch die Resultate seiner Berechnungen Aufsehen erregte als mit den Kenntnissen von den bemerkenswerten Eigenschaften eines bis dato unbekannten Materials: Gummi.

Rechts La Condamines Team vermaß Quito und zeichnete danach diesen Plan. Er lässt erkennen, welche Fortschritte die Kartographie bei dieser Expedition machen konnte.

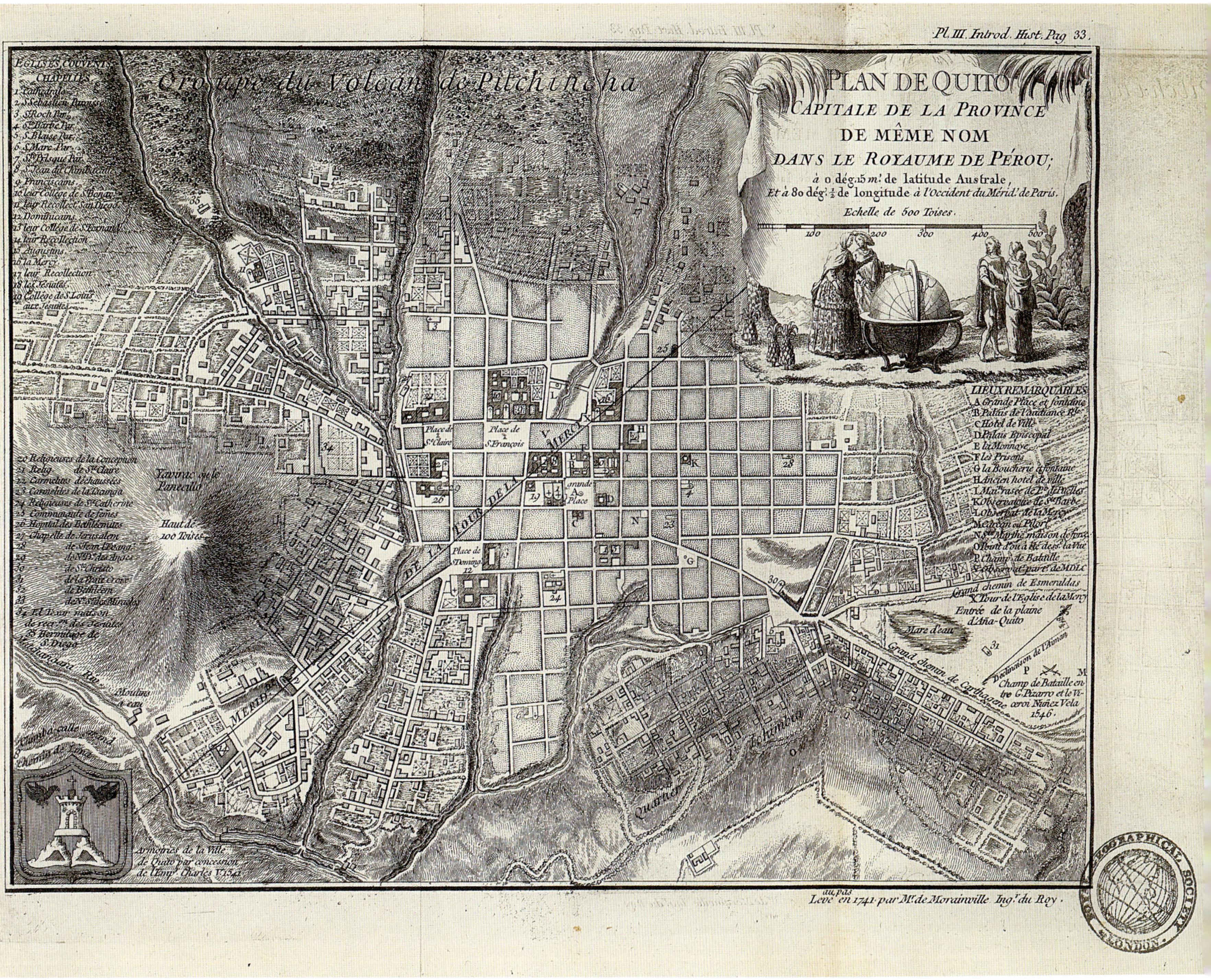
Pl. III. Introd. Hist. Pag. 33.
PLAN DE QUITO
CAPITALE DE LA PROVINCE
DE MÊME NOM
DANS LE ROYAUME DE PÉROU;
Echelle de 500 Toises.
100 200 300 400 500
Groupe du Volcan de Pitchincha
LIEUX REMARQUABLES
Place de Sᵗ. Claire
Place de S. François
Place de S. Doming.
grande Place
Haut de 100 Toises
Mare d'eau
Grand chemin de Esmeraldas
Entrée de la plaine d'Aña-Quito
Grand chemin de Carthagène
Armoiries de la Ville de Quito par concession de l'Empʳ. Charles V.
Levé au pas en 1741 par Mʳ. de Morainville Ingʳ. du Roy.

George Ansons furchtbare Reise um die Welt

Der Krieg um Jenkins' Ohr

1740–44

Als sich die englische Brigg *Rebecca* 1731 auf friedlicher Heimfahrt von den Westindischen Inseln befand, wurde sie von spanischen Küstenwachen geentert, die den Kapitän Robert Jenkins an den Hauptmast fesselten und mit dem Schwert eines seiner Ohren abtrennten. In den nächsten sieben Jahren häuften sich solche und ähnliche Überfälle auf englische Schiffe in der Karibik, und als Jenkins 1738 seine dramatische Geschichte vor dem Unterhaus erzählte und dabei auch stolz sein abgetrenntes Ohr vorzeigte, näherten sich die Beziehungen zu Spanien dem Nullpunkt. Das Parlament war empört über diese barbarische Behandlung eines ehrenwerten britischen Bürgers und beschloss einen umfassenden Kriegszug gegen Spanien. Im folgenden Jahr versammelte sich die Flotte der Royal Navy vor Portsmouth, um einen kräftigen Schlag gegen das spanische Reich zu landen. Einige Geschwader brachen zum Golf von Biskaya und nach Gibraltar auf, um dort Blockadeaktionen vorzunehmen, während ein schwer bewaffneter Konvoi den Blitzkrieg in der Karibik führen sollte. Eine weitere Flotte von sechs Schiffen unter dem Kommando von Kapitän George Anson hatte den Auftrag, eine Offensive gegen die unzureichend verteidigten Pazifikhäfen zu unternehmen. Der sogenannte Krieg um Jenkins' Ohr geriet jedoch zur umfassenden Katastrophe. Auf dem mangelhaft organisierten Karibik-Feldzug fielen die Mannschaften haufenweise dem Gelbfieber zum Opfer; die Angriffe auf strategisch wichtige spanische Häfen wurden zurückgeschlagen, und Ansons Reise sollte zu einer Tragödie ganz besonderen Ausmaßes werden.

Ansons morsche und unzureichend verproviantierten Schiffe verließen Portsmouth im September 1740, vollgestopft mit 1900 Mann Besatzung. 260 von ihnen waren Kriegsversehrte aus dem Hospital von Chelsea, 200 unerfahrene Marinesoldaten, den Rest hatte man in Gefängnissen und Kneipen zwangsrekrutiert. Bei Kap Hoorn kämpfte man sechs Wochen lang mit stürmischer See und Eishagel, der die Segel gefrieren ließ, sodass sie krachend aufs Deck fielen. Skorbut raffte viele Matrosen dahin, zwei Schiffe kehrten um, eins erlitt Schiffbruch im Chiloé-Archipel, und ein weiteres musste aus Mangel an Bemannung versenkt werden. Als die zwei übrig gebliebenen Schiffe die ruhigen Gewässer der Juan-Fernández-Inseln verließen, waren von der ursprünglichen Besatzung kaum mehr als 500 Mann am Leben. Aus erbeuteten Unterlagen erfuhr Anson, dass die Karibik-Expedition gescheitert war und er nun allein auf dem Ozean trieb. So gab er zwangsläufig noch ein weiteres Schiff auf, dessen Mannschaft auf das Flaggschiff, die *Centurion* geholt wurde. Anson schlug nun den Kurs zu den Ostindischen Inseln ein und konnte, nachdem er bei den Marianen einen Taifun überstanden hatte, doch noch einen Glückstreffer landen, als er bei den Philippinen eine spanische Galeone aufbrachte. Im Juni 1744 ging er in Portsmouth vor Anker, den Laderaum vollgestopft mit Schätzen im Wert von 400 000 Pfund.

Rechts Anson greift die spanische Galeone *Nuestra Señora de Cabadonga* an. Gemälde von John Clevely.

Byron, Wallis, Carteret und die Landnahmen im Pazifik

Der Beginn einer neuen Ära maritimer Entdeckungsfahrten

1764 – 69

Das Ende des Siebenjährigen Kriegs, der von 1756 bis 1763 die großen europäischen Nationen gegeneinander in die Schlacht geführt hatte, stellte in der Geschichte der Entdeckungsreisen einen bedeutsamen Wendepunkt dar. Mit Recht hatte Winston Churchill ihn „den ersten Weltkrieg" genannt, denn seine Auswirkungen waren überall auf dem Erdball zu spüren und sollten das Muster der kolonialen Expansion während der nächsten Jahrzehnte bestimmen. Großbritannien war aus dem Krieg als dominante Kolonialmacht hervorgegangen, während die französische Flotte stark dezimiert und Spanien, das an der Seite Frankreichs gestanden hatte, ebenfalls geschwächt war. Ironischerweise jedoch sollten sich die Auswirkungen des Kriegs am stärksten dort bemerkbar machen, wo die Europäer bisher am wenigsten präsent gewesen waren, nämlich im so entlegenen wie lockenden Pazifik. Für die Briten war er jetzt ein Ozean, der großartige Handelsmöglichkeiten bot. Frankreich, das seine nordamerikanischen Kolonien verloren hatte, erblickte hier Gebiete für ein neues Imperium, und für Russland, dessen gesamte Nordküste vom Eis blockiert war, bildete der Pazifik das einzige Tor für einen seegestützten Expansionsdrang. Unterbeschäftigte Seefahrer mussten nicht auf einen größeren Krieg warten, sondern wurden auf Erkundungsreisen in die Ferne geschickt, und auf die Freibeuter, die bis dahin spanische Galeonen geplündert hatten, folgten Eroberer, die ihre Fahnen noch auf die bescheidensten Atolle pflanzten und sie nach Kapitänen, Matrosen und bevorzugten Mitgliedern des heimatlichen Adels benannten.

1764 wurde Kapitän John Byron, der Großvater des Dichters, mit der *Dolphin* in aller Eile in den Südatlantik geschickt, um die Falkland-Inseln und die mythische „Pepys-Insel" für England in Besitz zu nehmen, weil sich von ihnen aus die Expansion in den Pazifik leichter angehen ließ. Danach sollte er „Neu-Albion", Francis Drakes wunderliche Kolonie an der kalifornischen Küste, zu neuem Leben erwecken und dann über die Nordwest-Passage direkt nach England zurückkehren. Byron nahm die Falkland-Inseln, ohne zu wissen, dass die Franzosen bereits dort gewesen waren und ihnen den Namen „Malouinen" (nach St. Malo) gegeben hatten, aber dann plagte ihn die Kälte, sodass er die weiteren Aufgaben ignorierte und sich auf eine fruchtlose Suche nach den Salomonen begab. 1766 kehrte er in die Heimat zurück, wo die *Dolphin* instandgesetzt und Kapitän Samuel Wallis übergeben wurde, dessen Reise das Ziel hatte, den notorisch unauffindbaren südlichen Kontinent zu entdecken, wobei er anfänglich von Philip Carteret auf der wenig seetauglichen *Swallow* begleitet wurde.

Wallis war der erste Europäer, der die Gastfreundschaft Tahitis (das er nach König George III. benannte) genießen durfte, wonach er die Gesellschafts- und Wallis-Inseln in Besitz nahm. Carteret musste zwar schlimme Entbehrungen ertragen, entdeckte aber Pitcairn und zahlreiche weitere Inseln, doch sein wichtigster Beitrag war die endgültige Zerstörung des Mythos von einem tief in der Südsee verborgenen Kontinent.

Rechts Wallis' Schiff, die *Dolphin*, liegt an der Küste von Tahiti vor Anker.

A. View of Port Roya Bay at Georges Island
25
Geo. Pinnock

Bougainville entdeckt ein Paradies in der Südsee

Frankreich blickt in Richtung Pazifik

1766 – 69

1766 BRACH LOUIS-ANTOINE DE BOUGAINVILLE MIT ZWEI SCHIFFEN, der *Boudeuse* und der *Étoile,* von Nantes auf. Sein Auftrag lautete den Erdball zu umrunden. Die Aufmerksamkeit, die seine Reise erregte, ließ ihn zum Pionier der französischen Erdumsegler werden, doch war er keineswegs der erste Franzose, der diese Aufgabe bewältigte, und auch den Pazifik hatten vor ihm schon andere seiner Landsleute befahren. In der Freibeuterära des späten 17. Jahrhunderts waren französische Piraten dort gewesen, und in den 1720er-Jahren steuerten mehr als 200 französische Schiffe regelmäßig die Häfen von Chile und Peru an. 1709 überquerte der Handelskaufmann Nicolas de Frondat den Pazifik von Westen nach Osten und umrundete danach die Welt, und während des nächsten Jahrzehnts konnten noch mindestens zehn weitere Franzosen die Umseglung vollbringen. Leider blieben diese privat finanzierten Fahrten damals weitgehend unbeachtet, und wir wissen über sie nur wenig. Bougainville dagegen segelte auf Geheiß des Königs, hatte Gelehrte von der Académie des Sciences an Bord, und sein Tagebuch, das in lyrischen Tönen von einem Südseeparadies schwärmte, wo der „edle Wilde" in seliger Unschuld lebte, wurde in mehrere europäische Sprachen übersetzt und ein einflussreicher Bestseller.

Bougainville, charmant und humanistisch gebildet, war Mathematiker, Wissenschaftler und Diplomat. Als französischer Patriot bedauerte er den Verlust der nordamerikanischen Kolonien zutiefst. Mit dem Gedanken, seinem „Land in der südlichen Hemisphäre das zu verschaffen, was es in der nördlichen nicht mehr besitzt", hatte er einen Außenposten auf den Falkland-Inseln gegründet, musste die Kolonie jedoch bereits 1767 den Spaniern übergeben – die Bedingung für Spaniens weitere Unterstützung Frankreichs im Krieg gegen Großbritannien. Nachdem diese Aufgabe erledigt war, machte er sich auf zum Pazifik, wo er, wie schon seine Vorgänger, vergeblich nach dem geheimnisvollen „südlichen Kontinent" suchte. Im April 1768 ankerte er vor Tahiti, das er für Frankreich in Anspruch nahm und Neu-Kythera taufte, ohne zu ahnen, dass der Engländer Samuel Wallis ihm bereits vor neun Monaten zuvorgekommen war. Die blühenden Büsche nannte er „Bougainvillea". Auf Tahiti entdeckte man auch, dass der Diener des Botanikers keine Junge, sondern eine junge Dame war. Sie hieß Jeanne Barré und wurde die erste Frau, die die Welt umsegelte. Bougainville reiste weiter nach Westen bis zum Großen Barriereriff und wandte sich von dort nach Nordwesten, vorbei an den Salomonen und umschifften die Küste von Neuguinea. Er war nur 150 Kilometer von der ausgedehnten Ostküste Australiens entfernt gewesen, die aber noch zwei Jahre auf ihre Entdeckung warten musste.

Rechts Eingeborene mit ihren Kanus im Südpazifik. Abbildung aus Bougainvilles *Voyage autour du monde* (1771).

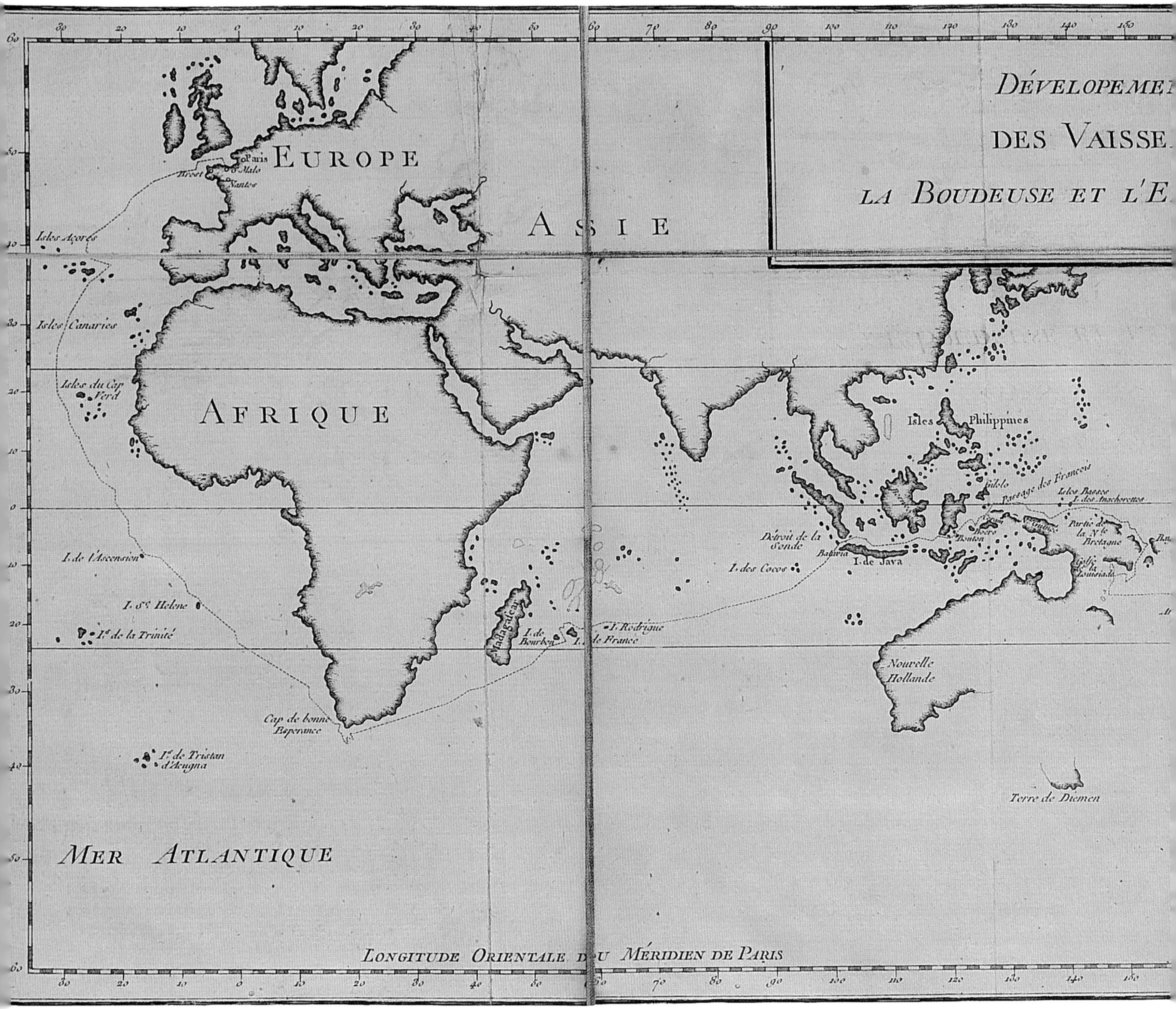

Oben Die Reiseroute der Schiffe Bougainvilles – *Boudeuse* und *Étoile* – bei ihrer Weltumseglung.

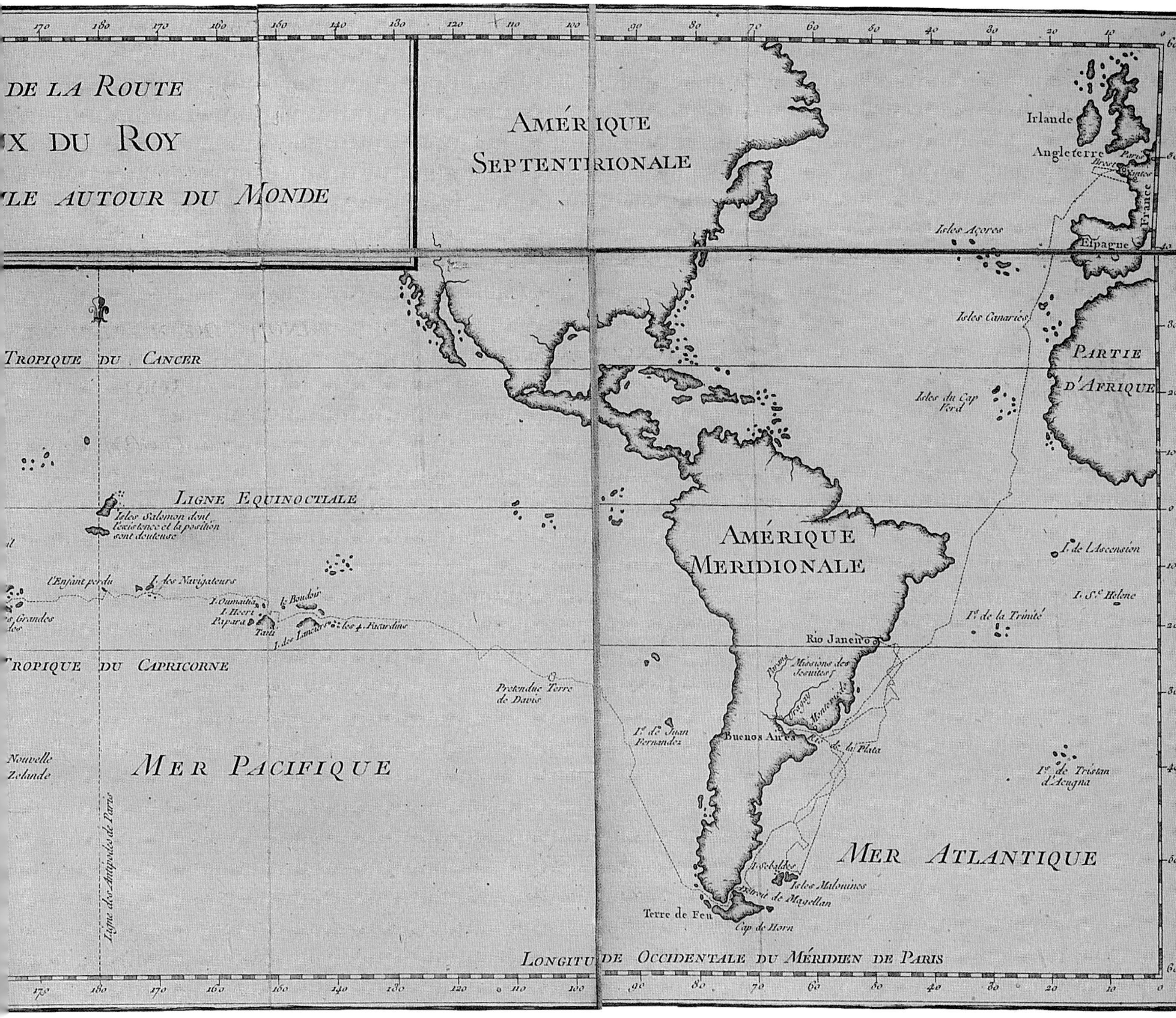

DE LA ROUTE
X DU ROY
LE AUTOUR DU MONDE
AMÉRIQUE SEPTENTRIONALE
Irlande
Angleterre
Paris
France
Isles Açores
Espagne
Isles Canaries
PARTIE D'AFRIQUE
Isles du Cap Verd
TROPIQUE DU CANCER
LIGNE EQUINOCTIALE
Isles Salomon dont l'existence et la position sont douteuse
AMÉRIQUE MERIDIONALE
I. de l'Ascension
I. S.te Helene
I.e de la Trinité
l'Enfant perdu
I. des Navigateurs
I. Oumaitia
I. Hiteri
Papara
Taiti
le Boudoir
I. des Lanciers
les 4 Facardins
Rio Janeiro
TROPIQUE DU CAPRICORNE
Missions des Jesuites
Pretendue Terre de Davis
I.s de Juan Fernandez
Buenos Ayres
Rio de la Plata
Montevideo
Nouvelle Zelande
MER PACIFIQUE
I.s de Tristan d'Acugna
Ligne des Antipodes de Paris
MER ATLANTIQUE
Isles Malouines
Detroit de Magellan
Terre de Feu
Cap de Horn
LONGITUDE OCCIDENTALE DU MÉRIDIEN DE PARIS

James Bruce an der Quelle des Nil

Ein Meilenstein in der Entwicklung der modernen Reiseliteratur

1768–73

JAMES BRUCE WAR EIN RIESE VON MANN: laut, eitel, großsprecherisch, tapfer und selbstbewusst, darüber hinaus bewandert in vielen Sprachen, begeisterter Astronom und Amateurwissenschaftler mit umfassenden Kenntnissen und scharfer Beobachtungsgabe – alles, was man vom Urtyp eines Entdeckers erwarten kann. Doch gegenüber seinen Zeitgenossen steht Bruce fast einzigartig dar, weil er nicht reiste, um zu bekehren, Handel zu treiben oder Besitzansprüche zu verfolgen, sondern einzig und allein, weil er seinen Wissensdurst stillen wollte. Sogar das Streben nach Ruhm, das der Entdecker gerne leugnet und woran er doch immer denkt, stand für Bruce hinter persönlicher Erfüllung zurück. Sein Bericht, die Vorbedingung für die Unsterblichkeit, erschien erst 17 Jahre nach seiner Nilreise und auch nur, um die seelische Leere zu füllen, die der Tod seiner Frau hinterlassen hatte.

Bruce war zuvor Konsul in Algier gewesen, hatte den Nahen Osten weitläufig bereist und sprach fließend Arabisch. 1768 brach er von Alexandria zu einer Odyssee auf der Suche nach der Quelle des Nil auf. Er verließ den Fluss bei Qena, fuhr das Rote Meer entlang und reiste über Massawa nach Äthiopien, wo er im Landesinneren Aksum und Gondar besuchte. Im November 1770 umrundete er das Westufer des Tana-Sees, sah die Wasserfälle von Tisiat und fuhr den „Kleinen Abbai" hoch, aus dem der See sich hauptsächlich speist und der daher die Hauptquelle des Nils ist. Nach einem Jahr Aufenthalt in Äthiopien ging er nach Sennar, ein von Stammeskämpfen zerrissenes Königreich, wo sein Leben ständig bedroht war. Nilabwärts ging es dann nach Berber und von dort auf der berüchtigten Karawanenroute nach Aswan (Assuan). Im Januar 1773 betrat er als Bettler verkleidet Kairo.

Bruces *Travels to Discover the Source of the Nile* wurden zu einem Meilenstein in der Geschichte der Reiseliteratur. Sie sind eher für ein breites Publikum geschrieben als für das etablierte Gelehrtentum, und der Charakter des Autors, seine Befürchtungen und Ambitionen, seine Momente der Verzweiflung und Hochstimmung durchziehen die Seiten wie eine Symphonie von Beethoven. Aber seine Kritiker, darauf versessen, den baumlangen Schotten lächerlich zu machen, warfen dem Buch seine wissenschaftlichen Unzulänglichkeiten vor, die in ihren Augen dazu Anlass gaben, den Wahrheitsgehalt des ganzen Werks zu bezweifeln. Bruce wurde als würdiger Nachfolger des Barons Münchhausen karikiert, und dass er seine Vorläufer, die Jesuiten Pedro Páez und Jeronimo Lobo, verleugnete, trug ihm ebenso wenig Lorbeeren ein wie seine hartnäckige Behauptung, der von ihm beschriebene Nil sei der Hauptstrom. Doch fanden seine Versuche, die Kritiker zum Schweigen zu bringen, ein jähes Ende, als er hastig eine Dame, die ihn besucht hatte, zu ihrer Kutsche begleiten wollte und dabei eine Treppe hinabstürzte.

Rechts Bruces Karte vom Blauen Nil verzeichnet sehr genau den Verlauf von der Quelle bis zur Mündung, zeigt aber den Weißen Nil nur als unbedeutenden Nebenfluss.

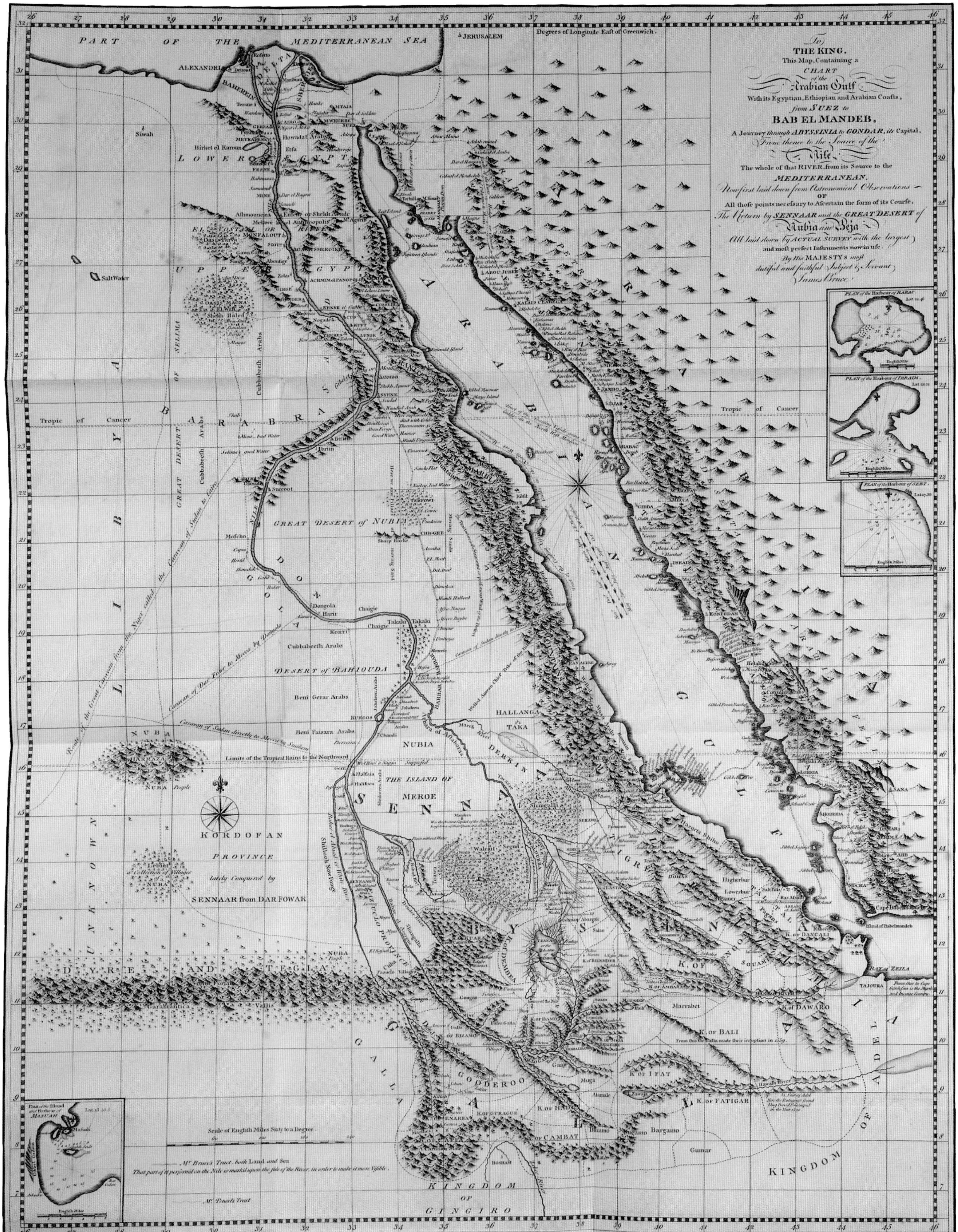

To THE KING.
This Map, Containing a CHART of the Arabian Gulf
With its Egyptian, Ethiopian and Arabian Coasts,
from SUEZ to BAB EL MANDEB,
A Journey through ABYSSINIA to GONDAR, its Capital,
From thence to the Source of the Nile.
The whole of that RIVER, from its Source to the MEDITERRANEAN.
Now first laid down from Astronomical Observations OF
All those points necessary to Ascertain the form of its Course,
The Return by SENNAAR and the GREAT DESERT of Nubia and Beja
All laid down by ACTUAL SURVEY with the largest and most perfect Instruments now in use.
By His MAJESTY's most dutiful and faithful Subject & Servant
James Bruce
Degrees of Longitude East of Greenwich.
PART OF THE MEDITERRANEAN SEA
JERUSALEM
ALEXANDRIA
DELTA
LOWER EGYPT
UPPER EGYPT
Siwah
Salt Water
Tropic of Cancer
GREAT DESERT of NUBIA
DESERT of BAHIOUDA
Dongola
Cubbabeesh Arabs
Beni Gerar Arabs
Beni Faisara Arabs
Limits of the Tropical Rains to the Northward
NUBIA
THE ISLAND OF MEROE
SENNAAR
KORDOFAN PROVINCE lately Conquered by SENNAAR from DAR FOWAR
NUBA
DYRE AND TEGLA
HALLANGA
TAKA
ABYSSINIA
K. OF DAMOT
K. OF BALI
K. OF IFAT
K. OF FATIGAR
K. OF DAWARO
GODDEROO
K. OF CAMBAT
Bargamo
Gumar
KINGDOM OF ADEL
KINGDOM OF GINGIRO
TAJOURA
BAY of ZEILA
Island of Babelmandeb
PLAN of the Harbour of RABAC
PLAN of the Harbour of IBRAHIM
PLAN of the Harbour of SERT
Plan of the Island and Harbour of MASUAH
Scale of English Miles Sixty to a Degree
Mr. Bruce's Tract, both Land and Sea
That part of it performed on the Nile is marked upon the side of the River, in order to make it more Visible
Mr. Poncet's Tract

James Cook kartographiert den Pazifik und die Südmeere

Forschung im Zeitalter der Aufklärung

1768 – 79

Es ist immer wieder interessant zu beobachten, wie ein einzelner Vorfall oder eine Reihe von besonderen Umständen es vermag, einem Entdecker den Status eines Nationalhelden zu verleihen oder eine bestimmte Forschungsreise für immer dem Gedächtnis der Öffentlichkeit einzuschreiben. Würde man sich heute noch an die *Beagle* und ihre Reise erinnern, wenn Charles Darwin nicht an Bord gewesen wäre, oder wäre das alles so in Vergessenheit geraten wie die Fahrten z. B. der *Challenger* oder der *Rattlesnake*? Hätte Henry Morton Stanley nicht seine aufsehenerregende Begegnung mit Livingstone gehabt, würden wir dann noch an seine viel bedeutsamere Erforschung des Kongo denken? Und wäre James Cook auf seiner dritten Reise nicht durch die Hände der Hawaiianer eines „heldenhaften", wiewohl umständehalber unrühmlichen Todes gestorben, hielten wir ihn immer noch für einen der größten Navigatoren aller Zeiten, dem 8000 Bücher und Artikel gewidmet sind, nach dem eine Universität benannt wurde und an dessen Person und Wirken Denkmäler gemahnen?

Cooks erste Reise (1768 – 71) diente im Auftrag der Royal Geographical Society dem Zweck, von Tahiti aus den Durchgang der Venus vor der Sonnenscheibe zu beobachten. Cook selbst war damals noch relativ unbekannt und sein Ruf als Kartograph nur Fachleuten vertraut. Mit dem wissenschaftlichen Ziel der Reise wusste die Öffentlichkeit wenig anzufangen, und so interessierte sich die Presse denn auch kaum für die epochale Entdeckung der Ostküste Australiens und die erste Vermessung der gesamten Küste Neuseelands, sondern eher für die amourösen Abenteuer des Botanikers Joseph Banks auf Tahiti. Auch Cooks großartige zweite Reise (1772 – 75), auf der er die gesamte Südsee kartographierte und unter extremsten Bedingungen der Antarktis so nahe kam, wie es vor ihm noch keinem gelungen war, hätte vielleicht nur als nüchtern-wissenschaftliche Unternehmung Aufmerksamkeit gefunden, wäre da nicht der Bericht eines ungenannten Leutnants der *Resolution* gewesen. Die Zeitungen, deren Berichte notorisch unklar und skizzenhaft waren, beschäftigten sich ohnehin vorwiegend mit der Ankunft eines Eingeborenen der Gesellschaftsinseln in England oder dem gruseligen Schicksal einer Bootsbesatzung von der *Adventure*, die an der Küste von Neuseeland massakriert und verspeist worden war. Erst als 1777 Cooks eigener Bericht veröffentlicht wurde, während er selbst schon seine dritte Fahrt (1776 – 79) angetreten hatte, erkannte die britische Öffentlichkeit, welcher Schatz bislang ihrer Wertschätzung entgangen war. Als im Januar 1780 die Nachricht von Cooks Tod in England eintraf, ergingen sich die Nachrufschreiber in Klagen über den Verlust eines Nationalhelden, waren jedoch kaum in der Lage, auch nur die grundlegenden Fakten und Daten seines Lebens ausfindig zu machen.

Rechts James Cook wird Zeuge eines Menschenopfers auf Tahiti.

Samuel Hearnes Reise an die Küsten der Arktis

Ein Europäer sichtet als erster ddas Nordpolarmeer

1770–72

Die Hudson's Bay Company, die später den Handel im größeren Teil Kanadas beherrschte, wurde 1670 gegründet, nachdem zwei verärgerte französische Pelzhändler in London angekommen waren, um die Erforschung der pelztierreichen Gebiete nördlich des Oberen Sees voranzutreiben. Zwar sah die Gründungsurkunde die Erkundung des gesamten Wassereinzugsgebiets der Hudson Bay vor, doch schienen die Händler ungeachtet der ständigen Bedrohung des Monopols durch die Franzosen zunächst wenig geneigt, sich allzu weit von den Küstenstandorten zu entfernen. 1715–16 unternahm William Stuart eine ausgedehnte Reise in das Gebiet der Chipewyan-Indianer, und 1754 gelangte Anthony Henday fast in Sichtweite der Rockies, aber ihren Berichten fehlte die geographische Genauigkeit eines ausgebildeten Beobachters. 1767 jedoch erhielt der Forschungsdrang neuen Auftrieb, als zwei Einheimische von einem weit im Nordwesten gelegenen Strom berichteten, an dessen Ufern Kupfer im Überfluss zu finden sei. Das Metall war begehrt, weil man es als Ballast für die leeren, nach England zurückkehrenden Frachtschiffe benutzen und dann an die metallverarbeitende Industrie verkaufen konnte. Zudem könnte die Handelsgesellschaft mit einer Expedition auch in entfernteren Landesteilen Flagge zeigen und vielleicht über ihre Handelsniederlassungen Kontakt mit bislang unbekannten Indianderstämmen aufnehmen.

Die Leitung der Expedition wurde Samuel Hearne übertragen, der zuvor im Dienst der Navy gestanden hatte und jetzt für die Gesellschaft arbeitete. Er hatte von William Wales, der später als Astronom mit Cook fuhr, etwas über Landnavigation gelernt. Hearne unternahm 1769 seinen ersten Versuch, den Kupferfluss zu finden, der jedoch abgebrochen werden musste, als seine Führer desertierten. Ein zweiter fand im darauffolgenden Jahr statt und führte ihn in das Ödland der Barrens um den Dubawnt-See. Sein Führer verirrte sich, und als ein Windstoß Hearnes Quadranten beschädigte, blieb ihm nichts anderes übrig, als zu seinem Stützpunkt, dem Fort Prince of Wales, zurückzukehren. Die dritte Expedition startete im Dezember 1770 und ging zunächst in westlicher Richtung durch das Gebiet der Athabasca-Indianer, dann nach Norden zum Aylmer- und Contwoyto-See. Bepackt mit dreißig Kilogramm pro Mann und ausgerüstet mit Kanus, die nur für kurze Flussüberquerungen geeignet waren, trottete Hearnes Expedition acht Monate lang durch wegloses Gelände und folgte geduldig den jahreszeitlich bedingten Wanderungen der Büffel- und Karibuherden, ihrer einzigen Nahrungsquelle. Als Hearne im Juli 1771 den Coppermine-Fluss erreichte, musste er voller Schrecken zusehen, wie seine einheimischen Helfer sich auf die Inuit stürzten, um sie zu massakrieren. Hearne fand zwar nur wertlose Kupferklumpen, doch ein paar Tage später war er der erste Europäer, der die Arktis vom nordamerikanischen Festland aus erblickte.

Rechts Samuel Hearnes Karte seiner Route von der Hudson Bay bis zum Nordpolarmeer, das er als erster vom nordamerikanischen Festland aus sah.

A Map
exhibiting Mr. HEARNE'S TRACKS in his
two Journies for the discovery of the
(COPPER MINE RIVER,)
in the Years 1770, 1771 and 1772.
under the direction of the
HUDSON'S BAY COMPANY.
BAFFINS BAY
Arctic Circle
PART OF
NORTH AMERICA
HUDSONS BAY
HUDSONS STRAITS

La Pérouse erkundet die Geographie der Pazifikländer

Ein franzöischer Cook beseitigt weitere weiße Flecken auf der Karte

1785–88

James Cook hatte weite Bereiche des Pazifiks und der südlichen Meere kartographiert, aber durch seinen zu frühen Tod 1779 auf Hawaii waren noch recht umfangreiche weiße Flecken auf der Landkarte verblieben, die er vielleicht auf einer vierten oder fünften Reise ausgefüllt hätte. So aber sollten die Briten erst zwölf Jahre später ein Unternehmen von vergleichbarer Bedeutsamkeit auf die Beine stellen, und die Franzosen, die ihre durch den Siebenjährigen Krieg dezimierte Flotte neu organisiert hatten, konnten Cooks unvollendetes Werk fortführen.

Im Jahre 1785 regte König Ludwig XVI., dessen lebhaftes Interesse an Geographie ihn zu einem begeisterten Befürworter von Entdeckungsfahrten machte, eine Reise an, die Cooks Arbeit in bislang noch unbekannten Regionen ergänzen sollte. Dazu gehörten die Inseln tief im Südatlantik, die Nordwestküste Amerikas und insbesondere die russische Pazifikküste jenseits der Amurmündung – einer der wenigen Abschnitte mit gemäßigter Temperatur, die bislang der Erkundung entgangen waren. Zwei Schiffe, die *Boussole* und die *Astrolabe*, wurden ausgerüstet, und eine große Schar bedeutender Naturforscher, Astronomen und Künstler war bereit, an der Reise teilzunehmen. Das Kommando über die Expedition erhielt Jean-François de Galaup de la Pérouse, ein Navigator mit dreißigjähriger Erfahrung.

Die Schiffe verließen Brest im August 1785, umrundeten Kap Hoorn bei gutem Wetter, fuhren in nördlicher Richtung an Chile, der Osterinsel und Hawaii vorbei und kartographierten zwischen Juni und September 1786 die amerikanische Ostküste von Alaska bis Kalifornien. Dann wurde der Pazifik in Richtung Makao und der Philippinen überquert und nach Norden hin die noch unvermessene Küste Koreas, die Insel Sachalin und die wie an einer Kette aufgereihten Kurilen erkundet. Von Kamtschatka sandte La Pérouse die bislang aufgezeichneten Berichte und Karten nach Frankreich und brach im September 1787 mit neuen Instruktionen nach Südaustralien auf, wo er in der Botany Bay Anker warf. Nur vier Tage zuvor war die erste Schiffladung mit Sträflingen aus England hier eingetroffen. Nach viermonatiger Erholung wurden die Anker gelichtet und die Expedition brach zum nordöstlich gelegenen Tonga auf, kam aber nie dort an. Bei den Santa-Cruz-Inseln wurden die Schiffe von einem Zyklon getroffen; wer sich an Land retten konnte, starb an Fieber oder wurde Opfer feindseliger Eingeborener. Eine kleine Gruppe segelte in einem Boot davon, das sie aus den Resten des Wracks gezimmert hatte, doch auch sie verschwand in den Weiten des Ozeans. Obwohl in Frankreich revolutionäre Turbulenzen herrschten, wurde eine Suchexpedition unter Joseph-Antoine d'Entrecasteaux ausgesandt, aber der Schauplatz der Tragödie und das Schicksal von La Pérouse blieben vierzig Jahre lang ein Geheimnis.

Rechts Das Gemälde zeigt La Pérouse, der seine geplante Reise mit Ludwig XVI. erörtert.

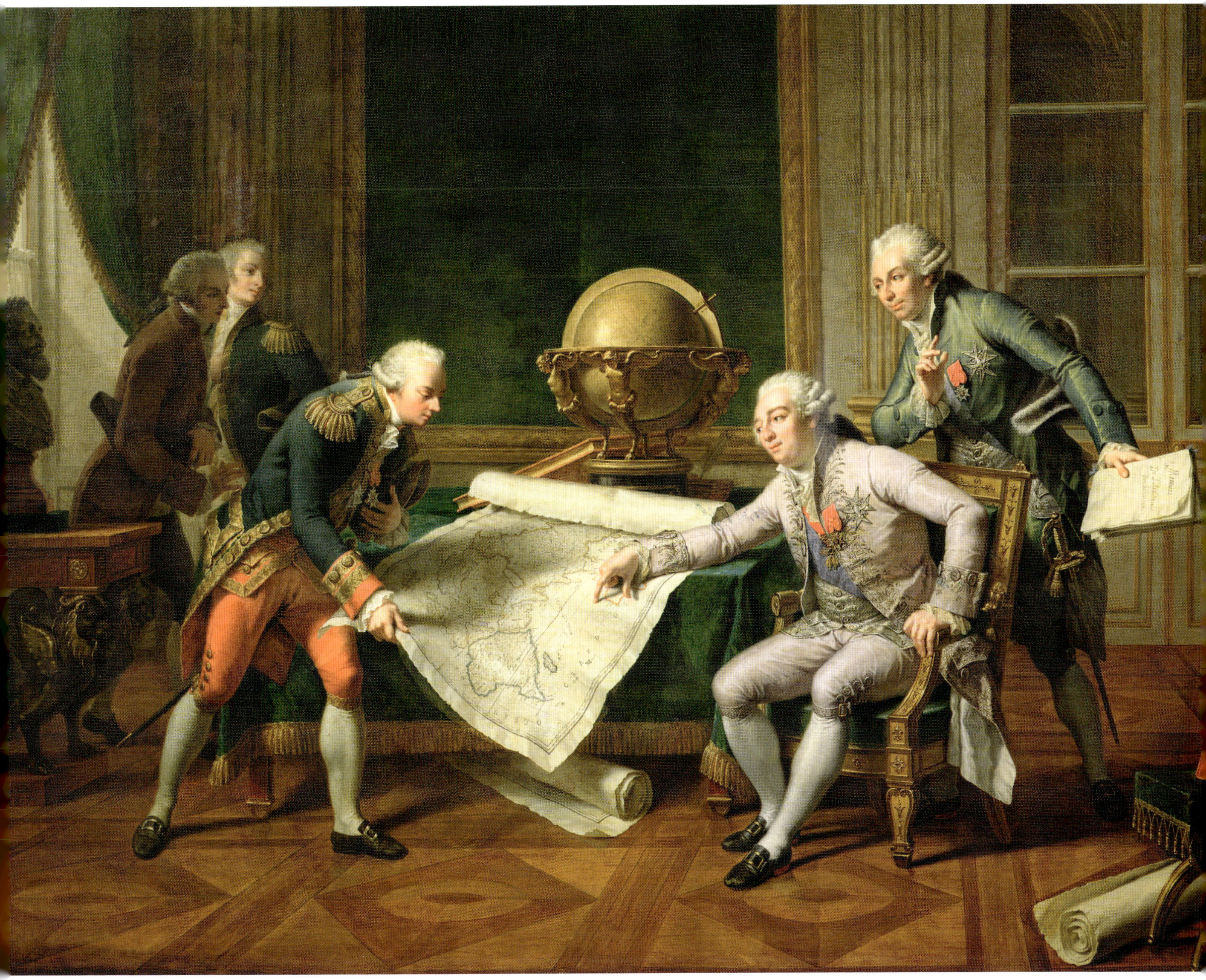

Rechts Eine zeitgenössische französische Karte der Inselwelt Melanesiens (1781), die auf der Reise des weniger bekannten spanischen Navigators Franco Antonio Maurelle beruht. La Pérouse verschwand spurlos, als er dabei war, dieser Karte weitere Details hinzuzufügen.

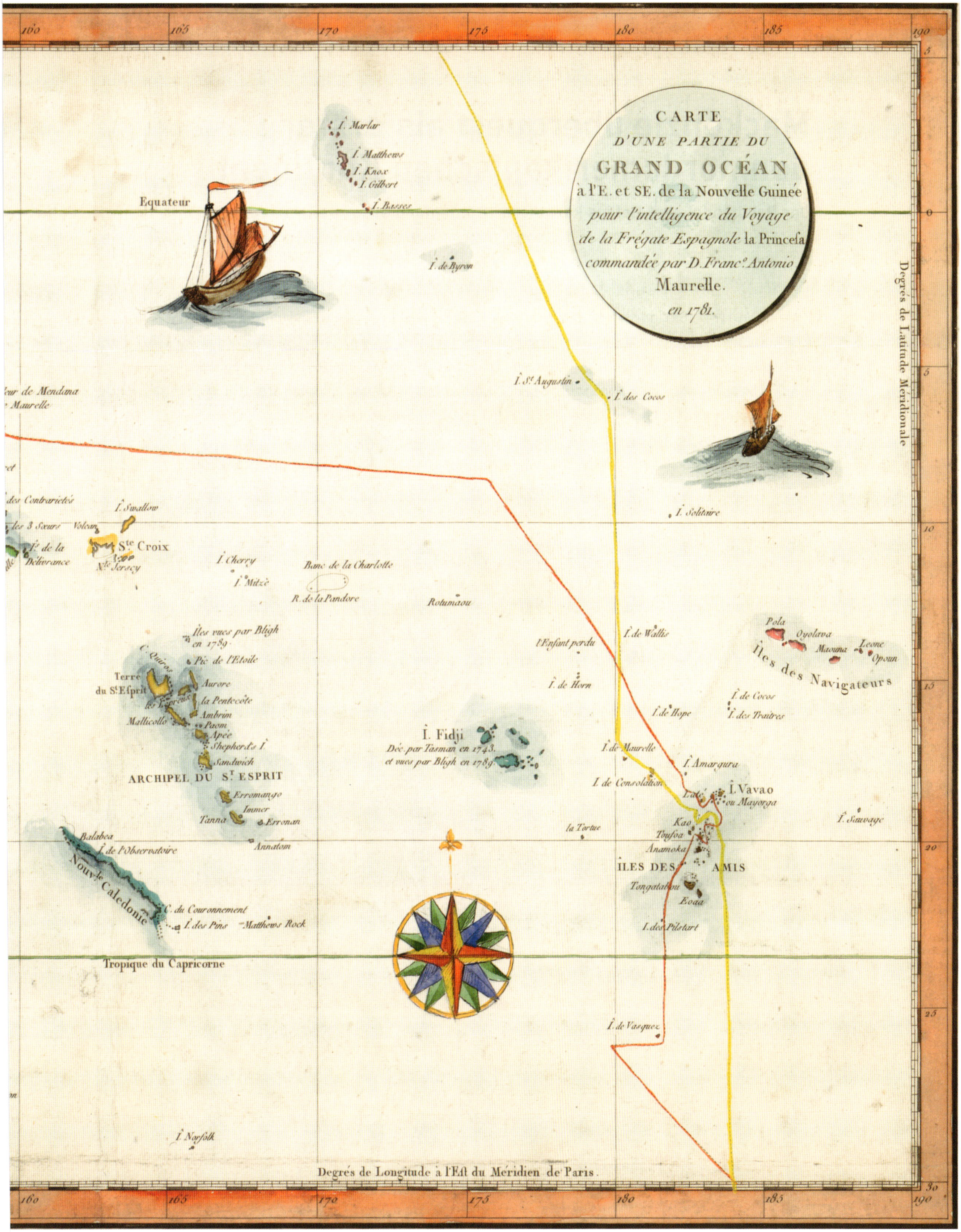
CARTE
D'UNE PARTIE DU
GRAND OCÉAN
à l'E. et SE. de la Nouvelle Guinée
pour l'intelligence du Voyage
de la Frégate Espagnole la Princesa
commandée par D. Franc.^o Antonio
Maurelle.
en 1781.
Equateur
Î. Marlar
Î. Matthews
Î. Knox
Î. Gilbert
Î. Basses
Î. de Byron
Î. S.t Augustin
Î. des Cocos
Î. Solitaire
Î. Swallow
Volcan
les 3 Sœurs
des Contrarietés
S.te Croix
N.le Jersey
Délivrance
Î. Cherry
Î. Mitzè
Banc de la Charlotte
R. de la Pandore
Rotumaou
Îles vues par Bligh en 1789
Pic de l'Etoile
C. Quiros
Terre du S.t Esprit
Aurore
la Pentecôte
Ambrim
Mallicollo
Paom
Apée
Shepherd's Î.
Sandwich
ARCHIPEL DU S.t ESPRIT
Erromango
Immer
Tanna
Erronan
Annatom
Balabea
Î. de l'Observatoire
Nouv.le Caledonie
C. du Couronnement
Î. des Pins
Matthews Rock
Tropique du Capricorne
Î. Fidji
Déc. par Tasman en 1743.
et vues par Bligh en 1789.
l'Enfant perdu
Î. de Horn
Î. de Wallis
Pola
Oyolava
Maouna
Leone
Opoun
Îles des Navigateurs
Î. de Cocos
Î. des Traitres
Î. de Hope
Î. de Maurelle
Î. Amargura
Î. de Consolation
Laté
Î. Vavao
ou Mayorga
Kao
Toufoa
Anamoka
la Tortue
Î. Sauvage
ÎLES DES AMIS
Tongatabou
Eoaa
Î. des Pilstart
Î. de Vasquez
Î. Norfolk
Degrés de Latitude Méridionale
Degrés de Longitude à l'Est du Méridien de Paris.
160
165
170
175
180
185
190

Die Malaspina-Expedition und die staatliche Zensur

Der Triumph der Politik über die Wissenschaft

1789 – 94

In der zweiten Hälfte des 18. Jahrhunderts hatte Spanien unter der wohlwollenden Hegemonialherrschaft des wissenschaftlich interessierten Despoten Karl III. mehr Geld für Forschungsreisen aufgewendet als jedes andere europäische Land. Während Großbritannien und Frankreich gerade damit begannen die Weltkarte einzufärben, verwaltete Spanien bereits ein Territorium, das sich ununterbrochen von Kalifornien bis zum Kap Hoorn erstreckte – ein riesiges Naturlabor für biologische, topographische und ethnologische Studien, in dem ständig Forschungsreisende unterwegs waren. Aber nun blickte Spanien voller Neid auf die großen Unternehmungen von Cook, La Pérouse und anderen, die in die „Spanische See“ vordrangen – den weiten Pazifik, an dessen Rändern die Häfen und Städte des umfassenden spanischen Reichs lagen. 1788 entwickelte Alessandro Malaspina di Mulazzo, ein aus Italien stammender Offizier der spanischen Marine, den Plan einer Entdeckungsreise, deren Umfang den bisherigen britischen und französischen Unternehmungen in nichts nachstehen sollte. Zwar verwies man europaweit auf die unleugbaren wissenschaftlichen Absichten dieser Reise und gewann so die uneingeschränkte Unterstützung von Instrumentenherstellern und Kartenmachern konkurrierender Nationen, doch lag der hauptsächliche Zweck in einer Inspektion der überseeischen Gebiete – man wollte Informationen über die Geographie und Wirtschaft eines Reichs gewinnen, das mit den Jahren der Heimat immer ferner gerückt war, dessen Verteidigung mit Schwierigkeiten zu kämpfen und dessen Handel sowie Verwaltung einen fast schon autonomen Status erreicht hatte.

Im Juli 1789 stach Malaspina mit seinem Offizierskameraden José Bustamente und einer erlesenen Gesellschaft von Naturforschern, Ethnologen, Kartographen und Künstlern von Cádiz aus mit zwei eigens zu diesem Zweck gebauten Korvetten, der *Descubierta* und der *Atrevida*, in See. Die Reise sollte fünf Jahre dauern. Ihre Route führte sie um Kap Hoorn die Pazifikküste aufwärts, dann über den Pazifik zu den Philippinen und via Neuseeland, Australien und Südamerika zurück. Zahlreiche Abstecher wurden zu nominell abseits der Route liegenden Inseln gemacht und es wurde viel Zeit an strategischen Punkten der Küste verbracht. Große Abschnitte der Pazifikküste von Chile bis Alaska wurden gründlich vermessen. Die Ergebnisse wurden in 300 Tagebüchern, 450 Alben mit astronomischen Daten, 1500 hydrographischen Berichten und 183 Karten festgehalten.

Malaspina begann die Arbeit an einem Bericht, der die seiner Vorgänger in den Schatten stellen sollte. Aber die Politik mischte sich ein: Malaspinas Empfehlung, den Kolonien größere Autonomie zu gewähren, wurde von den reaktionären Ministern, die an die Stelle seiner einstigen Freunde in der Regierung getreten waren, als Ketzerei betrachtet und die Veröffentlichung der Expeditionsberichte verboten. Sie verschwanden mehr als 100 Jahre in den spanischen Archiven. Malaspina verbrachte acht Jahre im Gefängnis und die letzten, ereignislosen Tage seines Lebens in der italienischen Heimat.

Rechts Das Aquarell aus dem Jahre 1793 zeigt Eingeborene von Tonga. Sein Schöpfer, Felipa Bauzá y Cañas, war Marineoffzier, Künstler und Kartograph und begleitete Malaspina auf der Reise.

1791–95

George Vancouver fügt der Weltkarte 388 Ortsnamen hinzu

Ein Kartograph von höchster Genauigkeit

Als Cook 1772 von Deptford zu seiner zweiten Reise aufbrach, wurde er auf der *Resolution* von einem „etwa dreizehneinhalb Jahre alten" Mitschiffsmann begleitet, dem Sohn eines Zollbeamten aus King's Lynn. Dieser „ruhige und friedliche junge Mann" namens George Vancouver ahnte damals nicht, dass sein Name eines Tages eine der großen Inseln der Welt, Städte in Washington State und British Columbia, zwei Kaps, einige Buchten und einen kanadischen Berg bezeichnen würde. Für den jungen Seemann boten die drei Jahre auf der *Resolution* eine unvergleichliche Ausbildung, und als er 1779 seine zweite Reise mit Cook vollendet hatte, besaß er bereits viele der Fähigkeiten, die ihn zum würdigen Nachfolger seines Mentors machen sollten. Als das Nootka-Abkommen von 1790 Großbritanniens Ansprüche auf die Nordwestküste des Kontinents bestätigte, ergriff Vancouver die Gelegenheit, eine umfassende hydrographische Vermessung der stark strukturierten Region von Inseln und Meeresarmen vorzunehmen, die Cook auf seiner Karte noch als durchgehende Linie dargestellt hatte. Auf diese Weise vollbrachte er eine der größten Entdeckungsreisen des Jahrhunderts und kartographierte die Pazifikküste von Kalifornien bis Alaska mit einer Genauigkeit, die erst im Zeitalter der Satellitennavigation wieder erreicht werden sollte.

Als Vancouver im April 1791 mit der *Discovery* und der *Chatham* von Falmouth aufbrach, war das der Beginn einer der längsten kontinuierlichen Reisen, die je unternommen wurden. Innerhalb von fast fünf Jahren wurden schätzungsweise 88 000 Kilometer zurückgelegt. Von den 180 Mann Besatzung kamen bis auf fünf alle wieder heil zu Hause an. Vancouvers Route um das Kap der Guten Hoffnung gab ihm die Gelegenheit, einige der entlegeneren Südseeinseln genau zu verorten und die Südwestküste Australiens zu kartografieren. Danach segelte er direkt weiter nach Neuseeland und Tahiti und von dort nach Hawaii, das er zum Stützpunkt erkor, um während seiner Vermessungsfahrten dort zu überwintern. In den drei Sommern von 1792 bis 1794 legten Vancouvers Männer über 16 000 Kilometer in kleinen Booten zurück und vermaßen mehr als 2700 Kilometer Küstenlinie. Im Verlauf dieser Fahrten wurde Vancouver Island umrundet, der Columbia erforscht und das Labyrinth der Buchten und Meeresarme an der Küste von British Columbia kartographiert. Diese Leistung ist umso bedeutungsvoller, da Vancouver zunehmend erkrankte und starke Gefühlsschwankungen zeigte, die wohl auf eine Unterfunktion der Schilddrüse zurückgingen. Als er nach England zurückkehrte, hatte er noch zweieinhalb Jahre zu leben. Sein umfangreicher Expeditionsbericht war bis auf die letzten 100 Seiten vollendet.

Rechts Eine von Vancouvers zahlreichen Karten der nordwestamerikanischen Küste, deren Genauigkeit bis weit ins 20. Jh. hinein unübertroffen blieb.

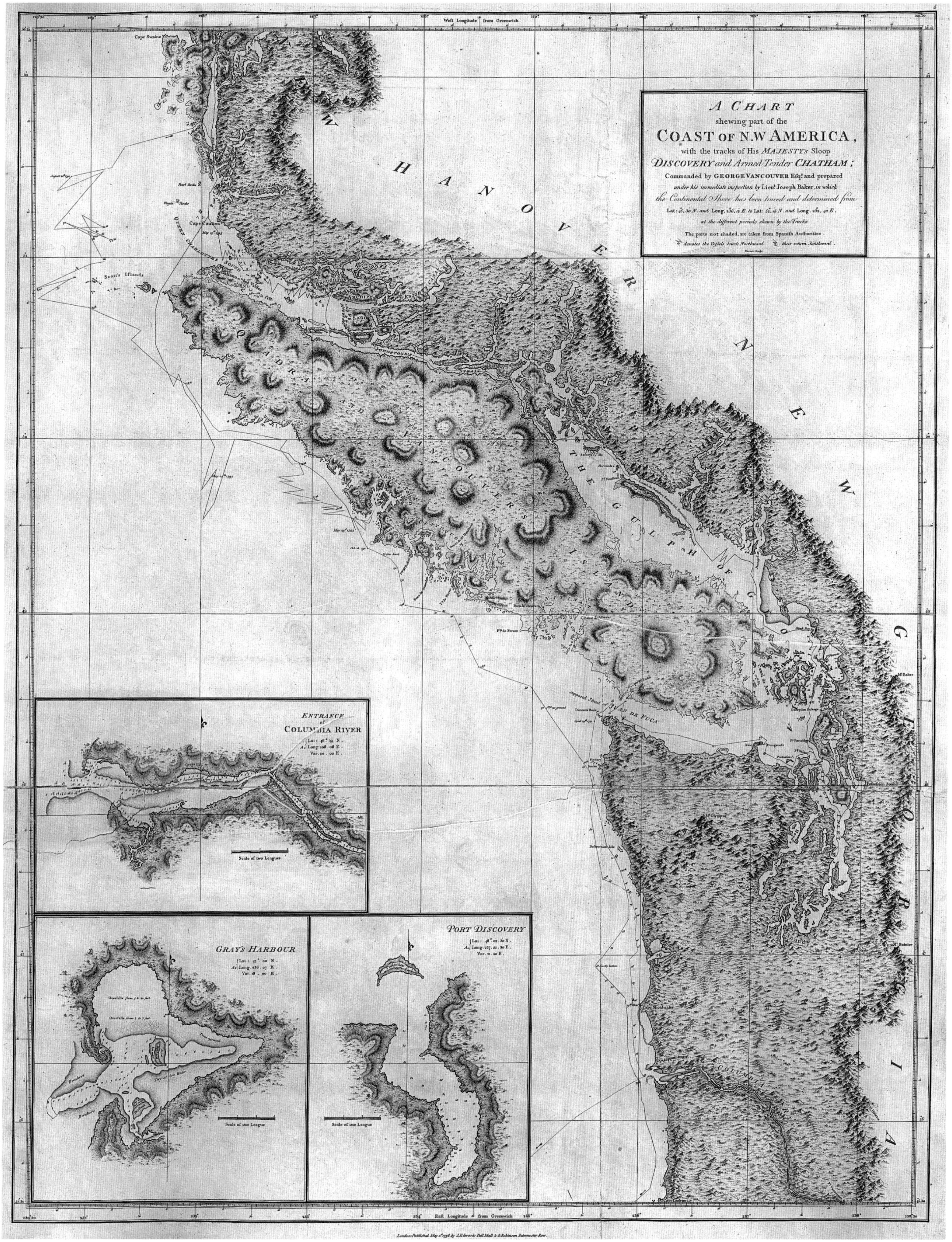

London: Published May 1st 1798, by J. Edwards Pall Mall & G. Robinson Paternoster Row.

Mungo Park entdeckt den Niger

„Er ist so breit wie die Themse bei Westminster und fließt gemächlich nach Osten"

1795 – 1806

Der Niger, dessen unsicher mäandernder Verlauf jahrhundertelang durch Karten von Nordafrika geisterte, war eines der ungelösten Rätsel der Geographie. Nur eine Handvoll apokrypher europäischer Abenteurer hatte ihn erblickt, und obwohl er Geographen und Wüstenfahrern seit frühester Zeit bekannt war, blieben Quelle und Mündung, ja selbst seine Richtung ungewiss. Ergoss er sich über den Senegal oder den Gambia in den Atlantik, oder floss er, wie viele mutmaßten, nach Osten, um zu einem Nebenfluss des Nils zu werden oder in einem großen, unentdeckten Wüstensee zu verschwinden? Lagen an seinen Ufern tatsächlich reihenweise bevölkerungs- und goldreiche Städte? Für den Entdecker war die Annäherung aus jeglicher Richtung mit großen Gefahren verbunden, und wer sich dorthin auf den Weg machte, wurde das Opfer von Fanatikern oder starb, was am häufigsten vorkam, noch bevor er die Küstenregion verlassen hatte, an einer tückischen Krankheit. Aber für die 1788 in London gegründete African Association waren solche Bagatellen keine Entschuldigung. Dass man über Afrika so wenig wusste, war für sie „die Schande des gegenwärtigen Zeitalters". Das Problem bestand darin, jemanden zu finden, der tapfer oder verzweifelt genug war, die Herausforderung anzunehmen.

Die African Association fand den idealen Kandidaten in Mungo Park, einem 22-jährigen, beschäftigungslosen schottischen Arzt, der gerade aus Sumatra zurückgekehrt war und ein neues Abenteuer suchte. Park fuhr auf der Suche nach dem Niger den Gambia hinab, doch jenseits der britischen Außenposten, die er im Dezember 1795 verließ, traf er auf alle nur erdenklichen Schwierigkeiten. Er hatte sich bereits Malaria zugezogen, doch nun begegnete er Stämmen, die noch nie einen Weißen gesehen hatten und für die er entweder nur eine Laune der Natur oder schlimmstenfalls ein Spion war. Nachdem er vier Monate in Gefangenschaft verbracht hatte, konnte er fliehen und erreichte, nur mit einem Pferd und einem Kompass ausgestattet, im Juli 1796 den Niger bei Segou, auf dem er 125 Kilometer zurücklegte, bevor er von Fieber entkräftet und in ständiger Furcht vor den „gnadenlosen Fanatikern" an den Ufern umkehrte. Längst hielt man ihn für verschollen, aber er erreichte ein Jahr später den Gambia, ging zurück nach Schottland und schrieb seine Erfahrungen nieder, die fast über Nacht zum Bestseller wurden. Da ihn das Leben als einfacher Landarzt in Peebles langweilte, wurde er 1805 erneut nach Afrika geschickt und war entschlossen, den Niger diesmal bis zur Mündung zu erkunden. Von dem umfangreichen Kontingent aus Soldaten und Seeleuten erreichten nur Park und drei Gefährten lebend den Niger, den sie bis auf 800 Kilometer vor der Mündung hinabfuhren. Sie kamen in den Stromschnellen von Boussa um, als sie versuchten, ans Ufer zu schwimmen.

Rechts Der Stich nach einer Zeichnung von Mungo Park zeigt eine Brücke über den Bafing im Senegal. Ungewöhnlicherweise ist auch der Entdecker selbst (unten rechts) abgebildet.

Oben Die Karte von Parks erster Expedition zum Niger, aus seinem Buch *Travels into the Interior of Africa*, 1798.

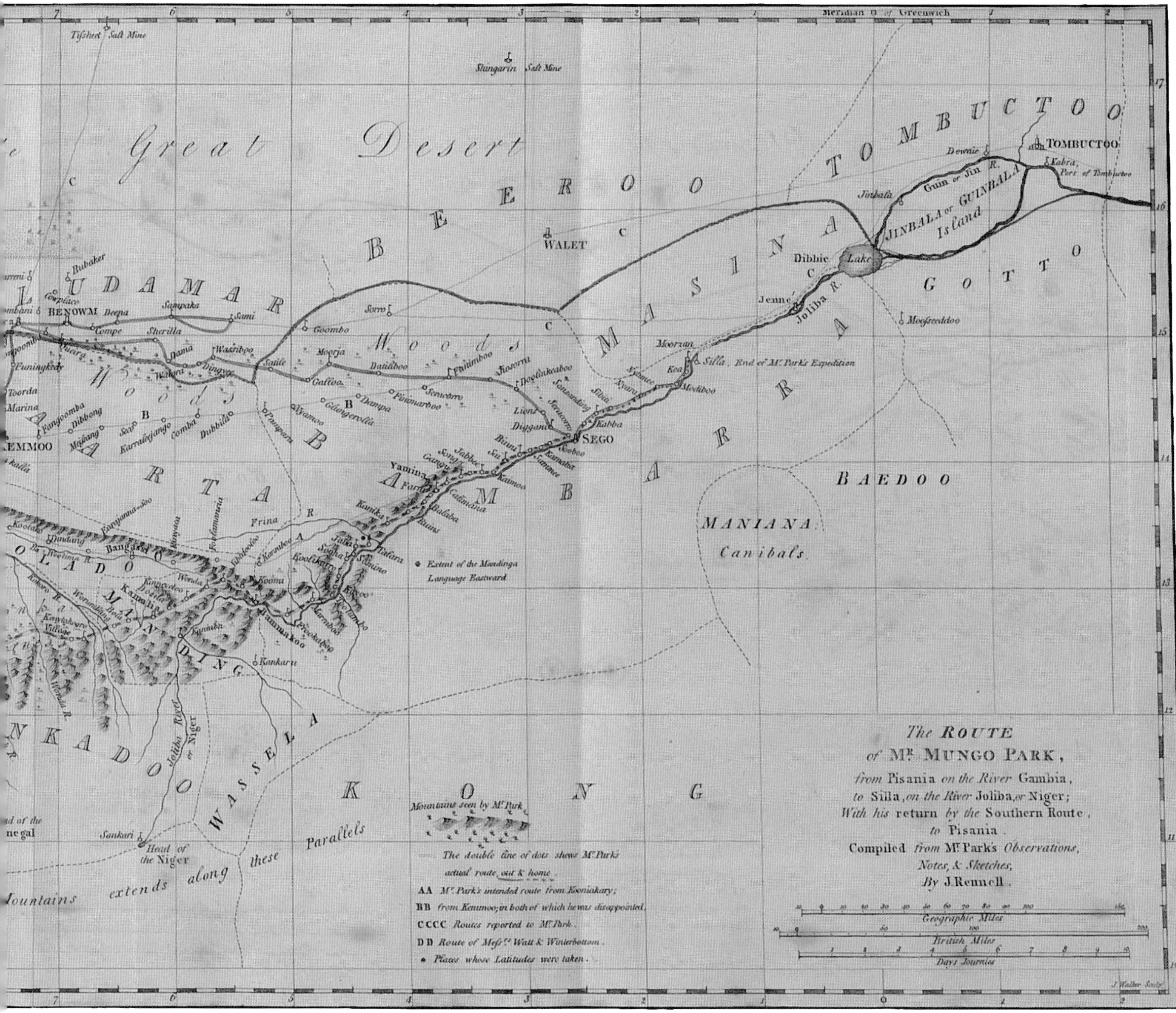
The ROUTE of Mr. MUNGO PARK, from Pisania on the River Gambia, to Silla, on the River Joliba, or Niger; With his return by the Southern Route, to Pisania. Compiled from Mr. Park's Observations, Notes, & Sketches, By J. Rennell.
Geographic Miles
British Miles
Days Journies
Mountains seen by Mr. Park
The double line of dots shews Mr. Park's actual route, out & home.
AA Mr. Park's intended route from Kooniakary;
BB from Kemmoo; in both of which he was disappointed.
CCCC Routes reported to Mr. Park.
DD Route of Mess.rs Watt & Winterbottom.
* Places whose Latitudes were taken.
Meridian 0 of Greenwich
Great Desert
TOMBUCTOO
BEEROO
MASINA
GOTTO
BAMBARRA
BAEDOO
MANIANA Canibals
KONG
WASSELA
MANDING
LUDAMAR
KAARTA
JINBALA or GUINBALA Island
TOMBUCTOO
Kabra, Port of Tombuctoo
Lake
Dibbie
Jenne
Joliba R.
Silla, End of Mr. Park's Expedition
SEGO
WALET
BENOWM
Tisheet Salt Mine
Shingarin Salt Mine
Head of the Niger
Joliba River or Niger
Mountains extends along these Parallels
Extent of the Mandinga Language Eastward
J. Walker Sculp.

Friedrich Hornemann gelangt fast bis zum Niger

Eine Reise quer durch die Sahara

1797 – 1801

Die African Association war 1788 von Joseph Banks und anderen Gleichgesinnten gegründet worden, um die Erforschung Afrikas voranzutreiben, wobei das vordringlichste Ziel darin bestand, den Lauf des Niger ausfindig zu machen, der noch immer ein Rätsel war. Am beliebtesten war die Annahme, der Niger sei ein Nebenfluss des Nils, doch als die Fahrten von James Bruce und von William George Browne, der 1793 Darfur erreicht hatte, dafür keine Bestätigung lieferten, wurde das Geheimnis noch undurchdringlicher, denn der Niger schien aus dem Nichts zu entspringen und wieder ins Nichts zu münden. Die African Association entschied sich daher, um sowohl die Quelle als auch die Mündung ausfindig zu machen, zu einem Zangenangriff, der zum einen von der Westküste und zum anderen von Norden her über die Wüste vorgetragen werden sollte. Kandidaten für diese gefährlichen Aufgaben waren nicht eben im Überfluss vorhanden. Immerhin hatte sich für den Weg von Westen her der junge schottische Abenteurer Mungo Park gefunden, doch gab es bis dato noch niemanden, der verrückt genug gewesen wäre, die gefährliche Route durch die Sahara zu wagen. Doch dann tauchte einer auf, der bereit war, die Herausforderung anzunehmen: der völlig unbekannte Friedrich Conrad Hornemann, ein junger deutscher Theologe, der sich schon seit längerem auf das Leben als Forschungsreisender in Afrika vorbereitet hatte.

Hornemann kam 1797 in Kairo an, doch verzögerte sich die Abreise aufgrund finanzieller Schwierigkeiten; zudem herrschte, ausgelöst durch Napoleons Invasion in Ägypten, eine fanatisch anti-europäische Stimmung. Aber dann wendete sich das Blatt. Hornemann lernte Napoleon kennen, der sein Vorhaben unterstützte, und im September 1798 schloss er sich, verkleidet als muslimischer Händler und begleitet von Joseph Frendenburg, einem zum Islam konvertierten Landsmann, einer Karawane an, die Richtung Murzuq (im heutigen südwestlichen Libyen) zog. Frendenburg starb unterwegs an der Malaria, aber Hornemann fand nach sieben Monaten Aufenthalt in Murzuq eine Karawane, die südwärts durch die Sahara nach dem westlich vom Tschad-See gelegenen Bornu wollte. Im April 1800 schickte er seine letzte Botschaft nach London, danach wurde von ihm nichts mehr gehört. Schließlich kamen 19 Jahre später zwei britische Entdecker in Murzuq an, um das Rätsel seines Verschwindens aufzuklären. Hornemann war tatsächlich der erste Europäer, der die Sahara durchquert hatte. Er erreichte die Region um den unteren Niger und wurde dort von den Einheimischen, die in ihm einen Heiler und Heiligen sahen, sehr geliebt. Jedoch starb er bereits kurz nach seiner Ankunft 1801 an der Ruhr.

Rechts Eine Karte von Hornemanns Route durch die Sahara, gezeichnet 1802 von James Rennell als Begleitmaterial für die Veröffentlichung seines *Tagebuchs*.

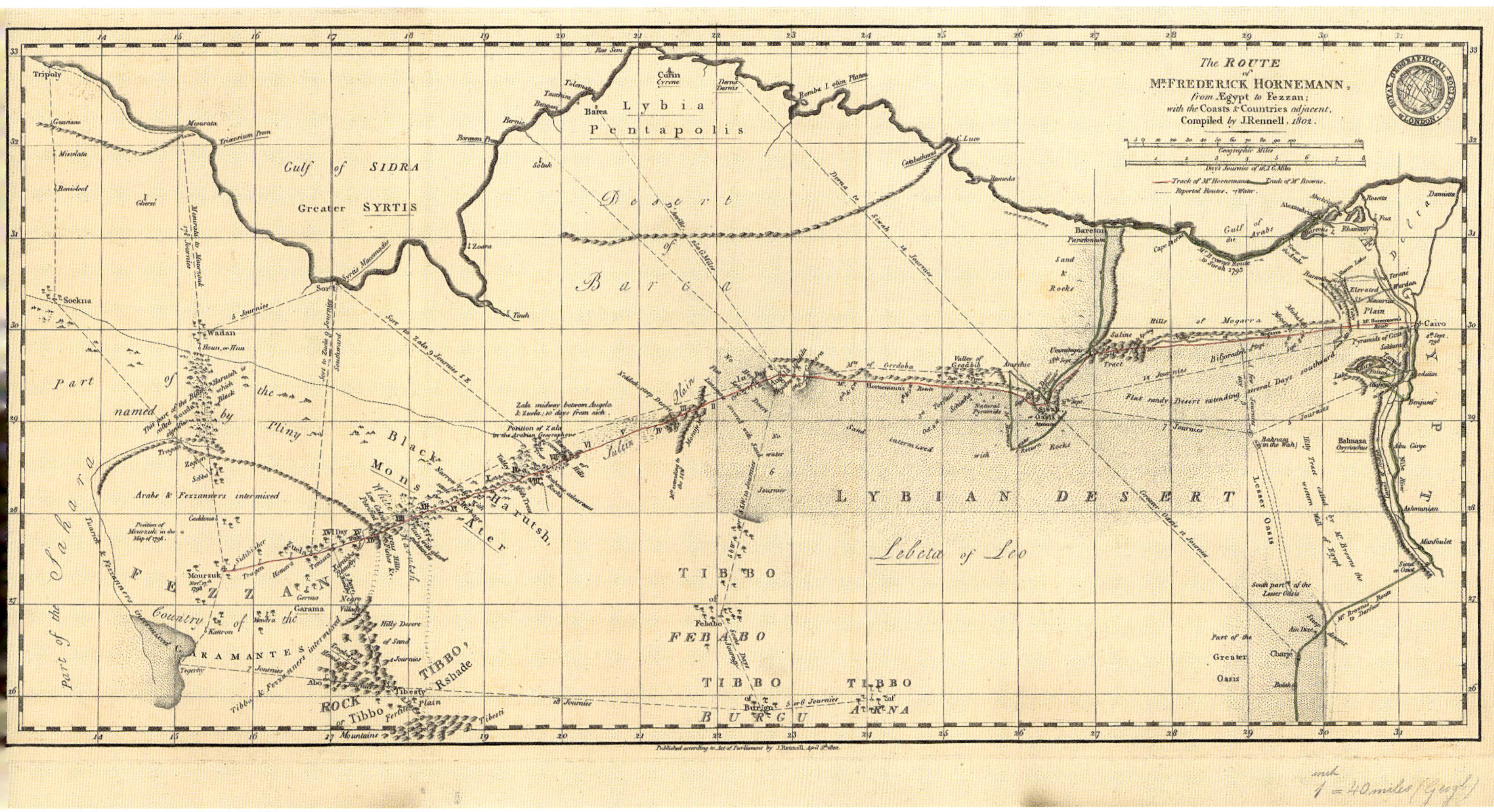
The ROUTE
of
Mr. FREDERICK HORNEMANN,
from Ægypt to Fezzan;
with the Coasts & Countries adjacent,
Compiled by J.Rennell, 1802.
ROYAL GEOGRAPHICAL SOCIETY OF LONDON
Geographic Miles
Days Journies of 16,3 G. Miles
Track of Mr. Hornemann
Track of Mr. Browne.
Reported Routes.
Water.
Tripoly
Gulf of SIDRA
Greater SYRTIS
Lybia
Pentapolis
Desert of Barca
Cyrene
Alexandria
Rosetta
Damietta
Cairo
Delta
Sockna
Wadan
Mourzuk
FEZZAN
Country of the GARAMANTES
Part of the Sahara
Black Harutsh
Mons Ater
LYBIAN DESERT
Lebeta of Leo
TIBBO
FEBABO
BURGU
Siwah
Lesser Oasis
Greater Oasis
Published according to Act of Parliament by J.Rennell, April 2d 1802.
1 inch = 40 miles (Geogl.)

Humboldt und Bonpland sichten die Vielfalt der Natur

Eine gewaltige Tour durch die Tropen Amerikas

1799–1802

ALEXANDER VON HUMBOLDT HATTE DEN TRAUM VOM REISEN IN FERNE LÄNDER zwanzig Jahre lang gehegt. Durch eigenes Studium war er sprachkundig geworden, kannte sich in den Naturwissenschaften, in Geologie und Topologie aus und war so mit Ende zwanzig bereits ein Mann von herausragender Intelligenz und Bildung. Doch wusste er nur wenig von Botanik. Jahrelang suchte er vergeblich nach einem Botaniker, der willens war, mit ihm die Dschungelregionen Südamerikas zu bereisen. 1798 lernte er schließlich in einem Pariser Hotel Aimé Bonpland kennen, einen frischgebackenen Chirurgen, der nicht nur die Botanik, sondern auch das Abenteuer liebte. Mit ihm als Begleiter brach Humboldt nach Spanien auf. In Madrid beeindruckten sie den Königshof mit ihren Kenntnissen und erhielten die Erlaubnis für eine Reise nach Südamerika. Im Gegenzug sollten sie Informationen über mineralische Vorkommen auf dem Kontinent liefern. Auf der Überfahrt entkamen sie einer englischen Blockade, überlebten schwere Stürme und eine an Bord wütende Epidemie und landeten im Juli 1799 in der venezolanischen Hafenstadt Cumana. Sie unternahmen einen Abstecher ins Hinterland, reisten dann in westlicher Richtung nach Caracas und von dort südwärts über die Savannen zum Orinoko, den sie bis zur brasilianischen Grenze aufwärts fuhren.

Die beiden Forscher waren auf der Suche nach dem Río Casiquiare, einem merkwürdigen, von dichten Wäldern umgebenen Fluss, der zwei verschiedene Flusssysteme miteinander verband: den Río Negro, einen Nebenfluss des Amazonas und den nach Norden fließenden Orinoko. Gerüchte um diese Wasserstraße hatte es schon lange gegeben, und einige Abenteurer wollten sogar schon darauf gesegelt sein, aber die Vorstellung von einem Strom, der beide Seiten einer Wasserscheide speiste und somit zugleich in entgegengesetzte Richtungen fließen müsste, war für viele Geographen unvorstellbar. Doch im Mai 1800 befuhren Humboldt und Bonpland den ganzen 300 Kilometer langen Río Casiquiare. Er sei, berichteten sie, „so breit wie der Rhein" und biete eine große Verkehrsmöglichkeit für den zukünftigen Handel. Anschließend kehrten sie zur Küste zurück, verschoben eine geplante Reise nach Mexiko und gingen stattdessen nach Kolumbien. Sie fuhren den Río Magdalena aufwärts und durchwanderten das Hochland der Anden nach Ecuador und Peru. Auf dieser Route bestiegen sie 1802 den Chimborasso, der damals als höchster Berg der Erde galt; ihrer Schätzung nach erreichten sie eine Höhe von 5900 Metern, womit sie einen neuen Höhenweltrekord aufstellten.

Bedeutsamer jedoch war die Expedition für die Wissenschaften. Denn Humboldts Entdeckungen und Beobachtungen füllten mehr als zwanzig Bände, und Bonpland konnte über 3000 neue Arten katalogisieren, womit die Zahl der bislang weltweit bekannten Arten verdoppelt wurde. Humboldts ohnehin schon umfangreiches Wissen gestaltete er mit seinen neu gewonnenen Erkenntnissen zu einem Gesamtbild aus, in dem er das Zusammenspiel von allem, was auf der Erde existierte, „vom Firmament bis zum geringsten Moos auf einem Stein", erfassen konnte. So erkannte er auch die subtile gegenseitige Abhängigkeit der Arten voneinander, eine Hierarchie, in der die höchsten Lebensformen durch die Auslöschung der niedersten bedroht sein können.

Rechts Alexander von Humboldt bei der Arbeit in den Wäldern Südamerikas.

1800–03

Flinders und Baudin erforschen die australischen Küsten

Wissenschaftliche Zusammenarbeit zwischen den Kapitänen verfeindeter Nationen

Um 1800 war Australien ungeachtet seiner zahlenmässig umfangreichen einheimischen Bevölkerung in europäischen Augen ein *terra nullius*, ein Niemandsland, von dem jede Nation Besitz ergreifen konnte, die an seinen unwirtlichen Küsten interessiert war. Großbritannien war mit seinen amerikanischen Kolonien auch ein Reservoir für seine beträchtlich angewachsene Zahl von Gefängnisinsassen losgeworden und hatte deshalb 1788 in Sydney Cove eine elende Enklave für die von der Gesellschaft Verstoßenen geschaffen. Anscheinend unüberwindbare Berge behinderten den Vorstoß ins Binnenland, aber bei Erkundungsfahrten war die Küste nach Süden hin vermessen und 1798 Van-Diemens-Land, Tasmanien, als Insel erkannt worden. James Cook hatte große Teile der Ostküste kartographiert, und der allgemeine Umriss der westlichen Hälfte des Kontinents war schon im 17. Jahrhundert durch zufällige Sichtungen holländischer Navigatoren bekannt geworden, aber die koloniale Besiedlung war ausgeblieben. Nun aber zeigte Frankreich, das im Indischen Ozean eine Vormachtsstellung erlangt hatte, großes Interesse an der westlichen und südwestlichen Küste, nachdem einige französische Expeditionen dort an Land gegangen waren.

Der Krieg zwischen Großbritannien und Frankreich war schon in sein achtes Jahr getreten, als zwei Expeditionen aufbrechen sollten, um die australischen Küsten zu erforschen. Die französische wurde von Nicolas Baudin, die englische von Matthew Flinders geleitet. Beide Kapitäne forderten für ihre Schiffe sicheres Geleit, um sie vor Übergriffen durch die Kriegsflotte des jeweils anderen Landes zu schützen. Zum Glück gab es hier wie dort aufgeklärte Männer, die einsahen, dass selbst tiefgreifende politische Zwistigkeiten den Fortschritt der Wissenschaft nicht behindern durften, und so stachen die beiden Expeditionen im Abstand von zehn Monaten in See: Baudin mit der *Géographe* und der *Naturaliste* im Oktober 1800, Flinders mit der *Investigator* im Juli 1801. Während die englische Admiralität in Kriegszeiten sparen wollte und Flinders deshalb nur zweitklassig ausrüstete und verproviantierte, erhielt Baudin, eifrig unterstützt von Napoleon höchstpersönlich, die besten wissenschaftlichen Materialien und *savants*, die Frankreich zur Verfügung standen. Die beiden Expeditionen kartographierten fast die gesamte Peripherie des Kontinents, wobei Baudin sich auf den Süden und Westen sowie die Insel Tasmanien konzentrierte, und Flinders sich den Südosten, Nordosten und den Golf von Carpentaria vornahm.

Ein außergewöhnlicher Zufall wollte es, dass die beiden Kapitäne in aller Freundschaft gerade dort zusammentrafen, wo der Murray ins Meer fließt, doch bemerkenswerterweise erkannte keiner den Fluss als einen solchen, und so blieb das wichtige Problem der Abflüsse aus dem Binnenland einstweilen ungelöst. Das Schicksal hatte die beiden Kapitäne zusammengeführt, und so ereilte es sie auch beide auf Mauritius. Baudin starb dort an einer Krankheit, von seinen Offizieren und Wissenschaftlern entfremdet und verachtet, während Flinders als Spion verhaftet wurde und sechs Jahre im Gefängnis verbringen musste, bevor er nach England zurückkehren konnte.

Rechts Eine anonyme Porträtminiatur von Flinders (1801), sowie einige Gegenstände aus seinem Besitz.

Oben Der Hafen von Sydney, wie Flinders ihn 1800 erblickte.

Lewis und Clark suchen einen Handelsweg zum Pazifik

Die erste amerikanische Überlandexpedition zur Pazifikküste

1803–06

Das weite Territorium um die Täler von Missouri und Mississippi, bekannt unter dem Namen Louisiana, war gegen Ende des 17. Jahrhunderts von den Franzosen besiedelt, 1763 den Spaniern überlassen und 1800 von Napoleon klammheimlich in Beschlag genommen worden, weil er es zum Zentrum eines zukünftigen Zuckerimperiums in der Karibik machen wollte. Doch als ihm nicht gelang, Haiti zurückzuerobern, war der Traum von einem französischen Imperium in Amerika geplatzt und Louisiana wurde, obwohl die Spanier es noch als ihren Besitz betrachteten, für 15 Millionen Dollar an die Vereinigten Staaten verkauft. Für Thomas Jefferson wiederum, der sich der Expansion nach Westen verschrieben hatte, ging nun ein Traum in Erfüllung: Da die Spanier an den südlichen Grenzen rumorten, die Briten im Norden saßen und die Franzosen den Nordwesten im Auge hatten, musste schnell gehandelt werden, um den Einfluss der Vereinigten Staaten auf den Neuerwerb zu konsolidieren. Schon nach ein paar Wochen hatte Jefferson 2500 Dollar für eine Expedition zur Erforschung des Missouri auftreiben können, um freundliche Beziehungen zu den einheimischen Nationen herzustellen und eine Handelsroute zum Pazifik ausfindig zu machen. Das Kommando übernahm Kapitän Meriwether Lewis, der seinerseits „Captain" William Clark als Partner mitnahm. Sie waren schon seit langem Freunde, und mit ihren schroff entgegengesetzten, aber einander ergänzenden Temperamenten bildeten sie ein ideales Paar.

Im Juli 1803 befand sich die Expedition auf dem Weg, gabelte dabei noch Freiwillige auf und überwinterte an der Mündung des Missouri. Im Mai 1804 ging es wieder voran, zunächst durch das Land der Sioux, dann zu den Mandans von Nord-Dakota, wo der nächste Winter verbracht wurde. Hier konnten Lewis und Clark die Dienste einer jungen Schoschonin namens Sacajewa in Anspruch nehmen, der Frau eines französischen Händlers, die sich in den Rockies auskannte und mehrere Sprachen beherrschte. Im Frühjahr 1805 fuhr die Expedition den Missouri aufwärts und überquerte im September auf einer sehr gewundenen Route die steilen Berge, die die Wasserscheide zum Columbia bildeten. Über den Snake-Fluss gelangten sie in den Columbia, der sie rasch zum Pazifik trug. In der ersten Novemberwoche hatten sie den Ozean erreicht. Nach drei ungemütlichen Monaten in einem behelfsmäßigen Fort an der Küste ging es auf die Heimreise, die hart und einigermaßen trostlos war. Sie mussten mühselig nach Nahrungsmitteln suchen oder sie von den Einheimischen entwenden und Pferde im Tauschhandel erwerben. Trotz zahlreicher Abstecher verschiedener Gruppen, die zur Erkundung ausgeschickt wurden, fand sich keine für den Handelsverkehr geeignete Route. Im Oktober 1806 waren alle wieder in St. Louis, doch musste die Expedition, wiewohl später als Meilenstein gefeiert, im Hinblick auf ihren eigentlichen Zweck, „den Außenhandel der Vereinigten Staaten zu erweitern", als heroischer Fehlschlag gelten.

Rechts Die beiden Holzschnitte von Patrick Gass, der die Expedition begleitete, gehören zu den Illustrationen, die er seinem persönlichen Bericht beifügte.

William Moorcrofts Reise zu den indischen Pferdemärkten

Vom Tierarzt zum Entdecker

1812–25

Der 1761 in Lancashire geborene William Moorcroft hatte ursprünglich nicht die Absicht, Entdecker zu werden. Der Ausbruch einer Viehpest weckte sein Interesse für die Veterinärkunde, die damals noch in den Anfängen steckte und kein großes Ansehen genoss. Nach Studien in Frankreich eröffnete er eine lukrative Tierarztpraxis in der Londoner Oxford Street, verlor sein Vermögen jedoch, als es ihm nicht gelang, seine patentierten, maschinell hergestellten Hufeisen zu vermarkten. Angesichts drohender Armut nahm er das Angebot der Ostindischen Kompanie an, ihre Farm für Pferdezucht bei Patna zu leiten und die Qualität der Kavalleriepferde zu verbessern. Nachdem aber alle seine Bemühungen fehlgeschlagen waren, entschloss er sich 1811, eine Reise zu den indischen Pferdemärkten zu unternehmen, in der Hoffnung, dort bessere Zuchthengste zu finden. So begann seine Karriere als Entdecker. Im Mai 1812 brach er mit seinem Partner, Hauptmann Hyder Jung Hearsey, 54 Trägern und etlichem Vieh in Richtung Tibet auf. Beide waren als wandernde Pilgerhändler in Hindutracht (Gosains) verkleidet. Sie überquerten den Himalaya auf dem Niti-Pass und erblickten als erste Engländer den heiligen Berg Kailas, der von Hindus und Buddhisten als Heimstatt der Götter und Nabel der Welt verehrt wird. Auf der Rückreise wurden sie verhaftet und erst nach großem diplomatischen Gerangel wieder auf freien Fuß gesetzt. Moorcroft musste sich erhebliche Vorwürfe anhören, weil er heimlich verbotenes Gebiet betreten hatte, und durfte die nächsten sieben Jahre keine solchen „wilden und romantischen Ausflüge" mehr unternehmen.

Am stärksten war Moorcroft an den turkmenischen Pferden aus den Steppen Zentralasiens interessiert, sodass er, als 1819 endlich die Erlaubnis kam, „die nordwestlichen Teile Asiens" zu bereisen, die Gelegenheit beim Schopf packte. Aber jetzt hatte die Handelsgesellschaft noch ein weiterreichendes Motiv. Man befürchtete das Vordringen der Russen, ein Präludium des „Großen Spiels" in Zentralasien, weshalb Moorcroft bei seiner Reise in ein geheimnisvolles und schwer zugängliches Gebiet wertvolle Erkenntnisse gewinnen könnte. Begleitet von einem erst kürzlich eingetroffenen 19-jährigen Anwalt namens George Trebeck und 300 Mann überquerte Moorcroft im März 1820 den Sutlej. Zwei Jahre lang erforschten sie das buddhistische Königreich Ladakh, zogen dann weiter nach Srinagar und über den Khyber-Pass nach Kabul. Fortwährend von Kriegsherren belästigt durchquerten sie den Hindukusch und die Steppen Turkestans, bis sie im Februar 1825 als erste Engländer – seit Anthony Jenkinson 250 Jahre zuvor – Buchara erreichten. Doch im Gegensatz zu ihm sollten beide nicht zurückkehren, sondern starben, vermutlich wegen ihrer Besitztümer vergiftet, im Norden Afghanistans.

Rechts Moorcroft und Hearsey (links), in einheimischer Tracht auf Yaks unterwegs zum Mansarowar-See, treffen zwei Tibeter auf Pferden mit einem Yak als Lasttier.

Das Rätsel der Wasserwege im Innern Australiens

Ströme, die nicht ins Meer zu fließen scheinen

1815 – 36

Die hohen Gipfel und unzugänglichen Täler der Blue Mountains, die nur fünfzig Kilometer landeinwärts von jenem Ort entfernt lagen, wo 1788 das erste Schiff mit Sträflingen angelegt hatte, blieben 25 Jahre lang für den Entdecker eine einschüchternde Herausforderung, und für eine Reihe von Gouverneuren ein unbezwingbares Hindernis bei der Suche nach Weideland, denn die Bevölkerung wuchs und wollte ernährt werden. Ein paar zaghafte Versuche, der Enklave von Sydney Cove zu entrinnen, hatte es schon gegeben – auch von Ausbrechern, die jedoch nicht so recht wussten, wohin man sie eigentlich verfrachtet hatte, und hinter den Bergen als Fluchtort China vermuteten. Erst 1813 drang Gregory Blaxland mit zwei Gefährten weit genug vor, um in der Ferne große Flächen von Weideland zu entdecken, genug, „um die Kolonie für die nächsten dreißig Jahre zu ernähren". Schon bald machten sich weitere Entdecker auf den Weg, fuhren die westlich der Berge entspringenden Flüsse hinab und drangen immer weiter in das Innere des Kontinents vor. 1815 entdeckte George Evans den Lachlan-Fluss, der 1817 – 18 von John Oxley erkundet wurde. Oxley folgte auch dem Macquarie auf einer Länge von etwa 300 Kilometern, bis er tapfer über die Great Dividing Range, die Australische Kordillere, zurückkletterte.

Zwar hatte Oxley mit den Liverpool Plains das fruchtbare Gebiet entdeckt, das die wachsende Kolonie benötigte, aber die von ihm neu entdeckten Flüsse zog es unerklärlicherweise nach Nordwesten. Flinders und Baudin hatten bei ihren Vermessungen der australischen Küste kein Mündungsdelta eines aus dem Binnenland kommenden Flusses gefunden, was zu dem Schluss führte, dass es im Herzen des Kontinents irgendwo einen großen See geben müsse, ein lockendes Arkadien, wo alle Ströme zusammentrafen.

Das Mysterium dieses Systems einsamer Wasserwege, die, vergleichbar dem Nil, auf unfassbare Weise durch endlose Wüsten und Prärien rollen, sollte die Entdecker mehr als 15 Jahre lang beschäftigen. 1829 folgte Charles Sturt dem Macquarie nach Norden und erreichte die Ufer des „stolzen Flusses", des Darling. Im nächsten Jahr wandte er sich auf dem Murrinbridge abwärts nach Süden bis zu dessen Vereinigung mit dem Murray und fand heraus, dass er unauffällig an der südaustralischen Küste ins Meer eintrat. Das letzte Puzzlestück fügte Thomas Livingstone Mitchell hinzu, der 1835 – 36 den Verlauf des Lachlan und des Darling verfolgte und das Geheimnis schließlich lüftete: Jeder größere Fluss traf mit dem Murray zusammen. Der Mythos vom großen See war dahin.

Rechts Sturt erreicht den Zusammenfluss von Darling und Murray und löst eines der größten Geheimnisse der Wasserwege im Innern Australiens.

Junction of Darling and Murray

Edward Parrys Vorstoß in den arktischen Archipel

Die Suche nach der Nordwest-Passage

1819 – 20

Die Nordwest-Passage, jene spekulative Seeroute, die entlang der arktischen Küsten Nordamerikas den Atlantik mit dem Pazifik verbinden sollte, ruhte 200 Jahre lang im Unterbewusstsein der Geographen. Als Handelsweg nach Kathay war sie 1616 abgeschrieben worden, und die Forschung hatte sie zugunsten leichter zu bewältigender Aufgaben in die Archive verwiesen. Doch war sie, wie abgelegen und unzugänglich auch immer, nie ganz in Vergessenheit geraten, und im 19. Jahrhundert flammte die Frage nach ihrer Existenz erneut auf. Nun wurde die Suche zu einer irrationalen Obsession, deren ursprüngliche Motive – die Furcht vor russischen Expansionsgelüsten, Arbeitsbeschaffungsmaßnahmen für die 1200 Marineoffiziere nach dem Ende der Napoleonischen Kriege oder einfach natürliche Neugier – im Nebel eines zwanghaften Tatendrangs verschwanden, der zahllose Männer und Schiffe in das Labyrinth der vereisten Wasserarme und Sackgassen der arktischen Inselwelt zog.

Es begann 1817, als John Barrow, der Sekretär der britischen Admiralität und hauptsächlicher Stratege der folgenden Unternehmungen, von dem angesehenen Entdecker William Scoresby hörte, dass in der Arktis außergewöhnliche milde klimatische Bedingungen herrschten. So wurden 1818 vier gut ausgerüstete Schiffe auf die Reise geschickt, zwei unter David Buchan und Sir John Franklin, die anderen beiden unter John Ross und Edward Parry. Sie sollten die Suche nach der Passage von zwei Seiten in Angriff nehmen: Buchan östlich und Ross westlich von Grönland. Buchan wurde der Weg vor der nordwestlichen Spitze von Svalbard durch das Eis versperrt, aber Ross konnte bis 76° nörlicher Breite vorstoßen, ehe die Umstände ihn zwangen, zur Ellesmere-Insel und von dort entlang der Küste der Baffin-Insel wieder südwärts zu segeln. Doch erklärte Ross zum Erstaunen von Parry (und aus nie ganz geklärten Gründen), dass der Lancaster-Sund, der einzige wirklich schiffbare Zugang zur Nordwest-Passage, den alle zukünftigen Expeditionen nutzen sollten, eine Sackgasse sei, an deren Ende sich Berge erhöben, die indes nur er sah.

1819 schickte die Admiralität, beeindruckt von Parrys überragenden wissenschaftlichen Fähigkeiten, ihn erneut zum Lancaster-Sund, um die Sache zu klären. Im August konnte er den Sund durchqueren und landete im noch breiteren Wellington-Kanal, von wo aus er den weit sich dehnenden Melville-Sund erblickte. Doch als der Übergang zur Passage fast schon in Reichweite war, schloss sich das Eis und zwang Parry samt seiner Mannschaft zur Überwinterung an der Küste der Melville-Insel. Bemerkenswerterweise konnten, mit einer Ausnahme, alle Expeditionsteilnehmer die lange Nordpolarnacht überleben, weil Parry ein aufmerksamer Leiter war, der sich insbesondere um eine angemessene Ernährung seiner Leute kümmerte. Leider blieb die in unmittelbarer Nähe gelegene Beaufort-Ssee auch bei Rückkehr des Sommers zugefroren, sodass Parry im August 1820 auf den krönenden Abschluss seiner Expedition verzichten musste und den Weg zurückfuhr, auf dem er gekommen war.

Rechts Parrys Männer schlagen einen Fluchtkanal in das arktische Eis.

Bellingshausen umschifft einen Kontinent aus Eis

Das Zarenreich betritt die Arena der Entdeckungsfahrten

1819 – 21

James Cook hatte überall auf der Welt Verehrer, doch nirgendwo so leidenschaftliche wie in Russland, dessen Flotte das britische Modell kopierte. Ebenso dachte man bereits 1786 über Reisen auf den Spuren Cooks nach. Zunächst waren die russischen Admiräle zwar mit Kriegen gegen die Türkei und Schweden beschäftigt, aber 1803 brach Iwan Fjodorowitsch Krusenstern, einer jener Verehrer von Cook, vom Flottenstützpunkt Kronstadt zu einer dreijährigen Weltumseglung auf, in deren Verlauf er direkten maritimen Kontakt mit den abgelegenen Kolonien in Alaska herstellte und versuchte, Handelsbeziehungen zu Japan und China ins Leben zu rufen. Dann kam ein weiterer Krieg dazwischen, doch als Frankreich durch die Niederlage Napoleons geschwächt war, sah Zar Alexander I. sein Reich als kommende Großmacht und wollte, wie schon seine Großmutter, Katharina II., Russlands Einfluss in der Welt durch friedliche Mittel erweitern. Eine ansehnliche Entdeckungsreise könnte Stützpunkte im Südpazifik erschließen und wäre darüber hinaus ein ausgezeichnetes Training für Offiziere und Mannschaften. So wurde im Mai 1819 Kapitän Faddej von Bellingshausen, ein Baltendeutscher aus Estland, nach St. Petersburg gerufen und mit dem Auftrag versehen, innerhalb von sechs Wochen eine Reise in die Südpolarregion vorzubereiten. Bellingshausen, gleichfalls ein Anhänger von Cook, hätte seinem Vorbild gerne nachgeeifert, doch war der Hof ungeduldig, und so blieb die wissenschaftliche Arbeit weitgehend den Offizieren überlassen.

Mit zwei Schiffen höchst unterschiedlicher Geschwindigkeit verließ Bellingshausen im Juli 1819 Kronstadt in Richtung Südatlantik. Dort kartographierte er die Südsandwich-Inseln und überquerte dann einige Male unterhalb von Südafrika den Südpolarkreis. Im Januar 1820 sichtete er die Küste eines – wie er es nannte – „Eis-Kontinents". Damit erblickte er zum ersten Mal einen kontinentalen Eisschelf, eine Formation, die der Geologie bis dahin unbekannt gewesen war. Aufgrund von Bellingshausens Beobachtungen wird häufig den Russen die Entdeckung der Antarktis zugeschrieben, doch obwohl er ihr mehrmals sehr nahe kam, sah er kein „Land" als solches, und deshalb gebührt der Ruhm wohl eher Edward Bransfield, einem Kapitän der Royal Navy, der im selben Monat tatsächlich aus einiger Entfernung den Landrücken der Antarktischen Halbinsel zu Gesicht bekam. Während der nächsten zwölf Monate gelang Bellingshausen die erste Umseglung der Antarktis in niedrigen Breitengraden, doch fand diese bemerkenswerte Leistung kaum Beachtung. Der seelisch instabile Zar hatte das Interesse verloren, und Bellingshausens Bericht über die Reise wurde erst zehn Jahre nach seiner Rückkehr veröffentlicht. Es sollte ein weiteres Jahrhundert dauern, bis Bellingshausen mit der englischen Publikation durch die Hakluyt Society endlich seinen Platz neben seinem geliebten Vorbild Cook einnehmen konnte.

Rechts Bellingshausen im Gespräch mit Pazifikinsulanern. Aus dem Atlasband von Bellingshausens *Dwukratnije isyskanija v Juschnom Ledowitom Okeane* (1831).

Clapperton und Lander lösen das Rätsel des Niger

Das Mysterium des starken braunen Gottes

1822 – 30

DER GEHEIMNISVOLLE VERLAUF DES NIGER HATTE DIE GEOGRAPHEN schon seit über dreißig Jahren beschäftigt. Mungo Park war in den Stromschnellen von Boussa gestorben, während Berichte arabischer Händler die Vorstellung nährten, der Fluss münde in den Tschad-See und schließlich sogar in den Nil. 1822 wurde Walter Oudney, ein Arzt aus Edinburgh, ausgesandt, um diplomatische Beziehungen zum Königreich Fulani herzustellen, dessen legendäres Handelszentrum Kano an Bedeutung Timbuktu gleichkommen sollte. Oudney wurde vom Marineleutnant Hugh Clapperton und dem Armeeoffizier Dixon Denham begleitet, zwei Männern, deren antagonistische Charaktere in bitteren Hass ausarten sollten. Um den Weg durch den krankheitsverseuchten Senegal zu vermeiden, folgten sie einer Route durch die Sahara, doch als keine größeren Flüsse entdeckt wurden, die in den Tschad-See mündeten, spaltete die Gruppe sich auf. Denham erforschte den Schari-Fluss, während die anderen nach Kano und der Hauptstadt von Fulani, Sokoto, marschierten. Oudney starb unterwegs, aber Clapperton wurde vom Herrscher des Königreichs, Mohammed Bello, höflich empfangen. Hilfsbereit zeichnete der König eine Karte in den Sand, die zeigte, dass der Niger südwärts floss und in den Atlantik mündete. Aber Bello merkte bald, dass er sein Reich damit ausländischen Eindringlingen zugänglich gemacht hatte und fabrizierte schnell eine zweite Karte, die den Niger nach Nordosten in Richtung Ägypten fließen ließ. Auch sonst unternahm er alles Mögliche, um Clapperton davon abzuhalten, den wahren Verlauf des Niger zu entdecken. Dem Schotten blieb keine andere Wahl, als zu Denham am Tschad-See zurückzukehren und danach den Heimweg durch die Sahara anzutreten.

Doch hatte sich Clapperton keineswegs von Bello täuschen lassen. Er war davon überzeugt, dass die erste Karte der Wahrheit entsprach, und so ging er im November 1825 an der nigerianischen Küste an Land, um erneut nach Sokoto zu gelangen und dann den Niger abwärts bis zum Atlantik zu segeln. Doch binnen weniger Monate waren die meisten Teilnehmer Opfer der Malaria geworden, und nur Clapperton und sein Diener Richard Lander erreichten schließlich Sokoto. Im Februar 1827 gab Bello ihnen nach langem Zögern die Erlaubnis, auf dem Niger zum Atlantik zurückzukehren. Der Erfolg war zum Greifen nahe, doch dann starb Clapperton im März ebenfalls an Malaria, und Lander musste die Reise allein antreten. Sein Plan, den Niger zu erkunden, scheiterte indes an den Feindseligkeiten einheimischer Stämme. Doch kehrte er mit offizieller Unterstützung seitens der Regierung 1830 in Begleitung seines Bruders John nach Nigeria zurück, und nun gelang es den beiden, den letzten noch unerkundeten Abschnitt des Flusses von Boussa bis zur Küste hinunterzufahren. Im November 1830 war die Aufgabe bewältigt und der Verlauf von Mali bis zum Atlantik bekannt.

Rechts Die Karte von Clapperton und Lander zeigt das Gebiet zwischen dem Tschadsee und dem Atlantik, weist aber im Verlauf des Niger eine beträchtliche Lücke auf.

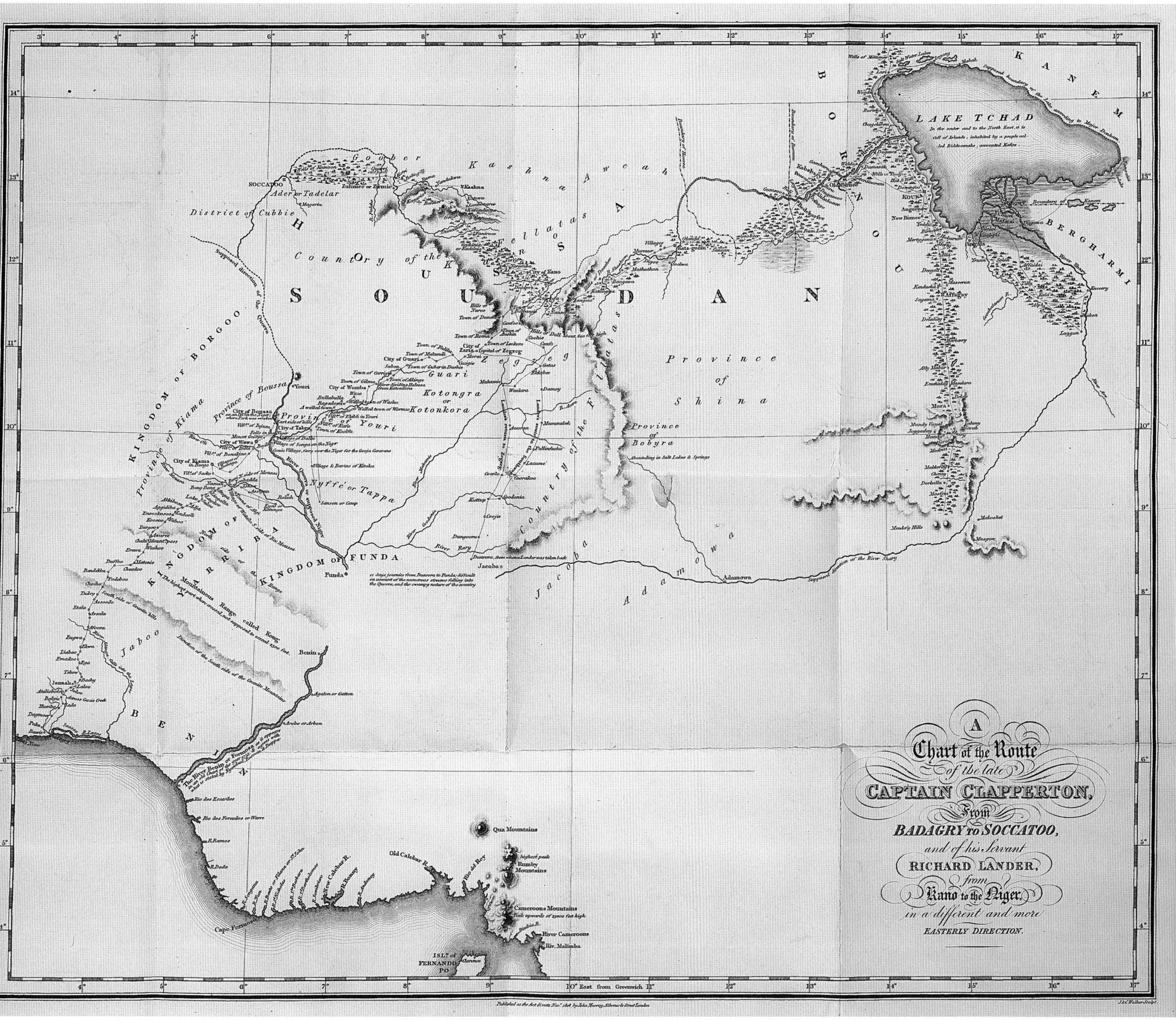
A
Chart of the Route
of the late
CAPTAIN CLAPPERTON,
from
BADAGRY to SOCCATOO,
and of his Servant
RICHARD LANDER,
from
Kano to the Niger,
in a different and more
EASTERLY DIRECTION.
SOUDAN
LAKE TCHAD
KANEM
BORNOU
BERGHARMI
KINGDOM OF BORGOO
KINGDOM OF FUNDA
BENIN
SOCCATOO
10° East from Greenwich 11°

Von der Venus zur Antarktis

Dumont d'Urville vervollständigt die Karte vom Pazifik

1826–40

UNTER DEN BERÜHMTEN FRANZÖSISCHEN KAPITÄNEN, DIE IM 18. UND 19. JAHRHUNDERT in offiziellem Auftrag die Ozeane der Welt durchpflügten, um der Wissenschaft zu dienen, ragt Jules Sébastien César Dumont d'Urville besonders hervor. Er entstammte einer Adelsfamilie, die während der Revolution gezwungen war, Zuflucht in der Normandie zu suchen, und wurde bereits mit sechs Jahren zum Waisen. Mit 17 trat er in die Marine ein, musste aber die ersten Jahre an Land verbringen, weil britische Schiffe die französischen Häfen blockierten. Immerhin verschaffte das dem lernbegierigen jungen Mann, der mit den Unternehmungen seiner Vorläufer schon gut vertraut war, die Gelegenheit, seine Leidenschaft für die Naturwissenschaften, die Botanik und die Sprachen zu entdecken, von denen er bald acht und später noch viele weitere beherrschte. Nach dem Krieg beteiligte er sich an einer hydrographischen Forschungsfahrt in die Ägäis, bei der er dazu beitrug, die später als „Venus von Milo" bekannte Statue in französischen Besitz zu bringen. Von 1822 bis 1825 führte ihn eine weitgehend von ihm angeregte Reise zum ersten Mal zu weiter entfernten Küsten, als er mit Louis Isidore Duperrey auf der *Coquille* nach Australasien und den Pazifikinseln gelangte.

Gleich nach seiner Rückkehr verfolgte Dumont d'Urville mit großem Nachdruck den Plan für eine Reise unter seinem Kommando. Sie sollte ihn auf der nunmehr in *Astrolabe* umgetauften *Coquille* im Verlauf einer dreijährigen Kreuzfahrt nach Neuseeland und die Inseln des südwestlichen Pazifiks bringen. Die Expedition kehrte mit einem reichen Schatz an biologischen und geologischen Entdeckungen zurück, und der offizielle Bericht umfasste 13 Bände sowie fünf umfangreiche Atlanten mit Bildtafeln und Karten. Aber Dumont d'Urville, ein stolzer und eigensinniger Mann, der sich allzu leicht Feinde machte, fand bei seinen Vorgesetzten keine Anerkennung für diese Arbeit und musste sieben Jahre lang Schreibtischtätigkeiten verrichten. Als er jedoch 1837 eine zweite Entdeckungsreise vorschlug, fand er in König Louis-Philippe I. einen Monarchen, der lebhaft daran interessiert war, Frankreich am Wettkampf um den neu entdeckten Kontinent am Südpol zu beteiligen. Im September machte sich d'Urville mit der *Astrolabe* und der *Zélée* auf den Weg in den Süden. Er verbrachte den Sommer in den Gewässern der Antarktis und durchwanderte danach ein Jahr lang den Pazifik. Im Januar 1840 ging es erneut nach Süden, wo er das entlegene antarktische Festland entdeckte, das er zu Ehren seiner Frau „Terre Adélie" nannte. Ende des Jahres kehrte er nach Toulon zurück, doch sollte er die Früchte seiner Bemühungen nicht vollständig ernten und auch die 23 Bände voller Berichte nicht bis zum Ende betreuen können. Er starb mitsamt seiner Familie bei einem furchtbaren Zugunglück.

Rechts Dumont d'Urvilles Mannschaft bei dem Versuch, eine Passage durch das Eis der Antarktis zu brechen.

FitzRoy, Darwin und die Reise mit der Beagle

Eine Expedition, die eine wissenschaftliche Revolution in Gang setzte

1831–36

ERINNERT MAN SICH AN EINE EXPEDITION, DIE ALLEIN DURCH DEN NAMEN DES SCHIFFS im Gedächtnis geblieben ist, dürfte man mit Sicherheit an die Reise der *Beagle* denken. Doch dabei wird häufig weniger ihres Kapitäns Robert FitzRoy gedacht, der im zarten Alter von 22 den Auftrag erhielt, im Rahmen einer wichtigen Vermessungsfahrt die Erde zu umrunden, als ihres berühmtesten Teilnehmers, eines jungen, abenteuerlustigen Naturforschers namens Charles Darwin. FitzRoy hatte die *Beagle* bei einer früheren Vermessungsfahrt in den Gewässern vor Patagonien übernommen, als der bisherige Kommandant sich in einem Anfall von Schwermut das Leben nahm. 1831 wurde FitzRoy die *Beagle* erneut anvertraut, um die Aufgaben an der südamerikanischen Küste zu vollenden und danach präzise chronometrische Messungen an strategischen Punkten rund um die Welt vorzunehmen. Darwin lag die meiste Zeit auf dem Wasser seekrank in seiner Kabine und war sehr erleichtert, als er herausfand, dass die *Beagle* zwei Drittel der Reisezeit vor Anker liegend verbringen würde, sodass er längere Exkursionen an Land machen konnte. Während FitzRoy sich auf seine Vermessungsarbeit konzentrierte, unternahm Darwin umfassende Streifzüge in das Binnenland. Er durchquerte die argentinische Pampa und erlebte die Trostlosigkeit der chilenischen Wüsten. Aber erst auf den Galápagos-Inseln, wo die *Beagle* im September 1835 vor Anker ging, kam er zu jenen Beobachtungen, die ihn zu seiner Theorie der natürlichen Auslese, dem Vorläufer der Evolutionstheorie führten. Von den Galápagos-Inseln ging die Reise dann zügig weiter nach Tahiti, Neuseeland, Australien und Brasilien, und Ende 1836 war man zurück in England.

Wie Darwin im Vorwort zu seinem Bericht über die Reise mit der *Beagle* anerkennt, schuldete er FitzRoy und seiner „unbeirrbaren Liebenswürdigkeit" allergrößten Dank. Andere Kapitäne wären auf die Wünsche des jungen Forschers vielleicht nicht so bereitwillig eingegangen, und möglicherweise hätte er die Evolutionstheorie bei einer Reise mit irgendeinem anderen Schiff gar nicht entwickelt. FitzRoy wurde später Gouverneur von Neuseeland und ein Pionier der Wettervorhersage. Er errichtete Wetterstationen, die ihre Informationen nach London telegrafierten und es so der *Times* ermöglichten, die ersten täglichen Vorhersagen zu drucken, wie man sie heute in jeder Tageszeitung findet. Aber er kam nie darüber hinweg, dass er Darwin, dessen Ansicht er völlig inakzeptabel fand, so sehr geholfen hatte, und 1865 nahm er sich das Leben, indem er seine Kehle durchschnitt. Eine Untersuchung kam zu dem Ergebnis, sein Tod sei die Folge von Überarbeitung und seelischer Labilität, doch wahrscheinlich hatte er sein religiöses Gewissen nicht mehr beruhigen können.

Rechts Die HMS *Beagle* im Beagle-Kanal vor Feuerland.

Die unendliche Reise der Wilkes-Expedition

Charles Wilkes wagt mehr als seine Männer ertragen können

1838–42

Der Eintritt der Vereinigten Staaten in die Arena maritimer Entdeckungsfahrten begann mit einer Reise, die durch übergroßen Ehrgeiz, inkompetente Führung und fehlerhafte Beobachtungen geprägt war. Die Herausforderung bestand darin, die antarktischen Gewässer weit im Süden zu erforschen, wo Wal- und Robbenfänger aus Neu-England, die zunehmend aus ihren traditionellen Jagdgründen verdrängt wurden, häufig an nicht kartographisch erfassten Inseln und auf unter Wasser liegenden Riffen Schiffbruch erlitten. Doch das Unternehmen mit dem stolzen Titel „United States Exploring Expedition“ sollte mit den vom Kongress bewilligten 300 000 Dollar eine ausgewachsene Forschungsexpedition werden, die alles von anderen Nationen bislang Erreichte in den Schatten zu stellen gewillt war. Unglücklicherweise war ihr Leiter, Charles Wilkes, ein äußerst strenger und strafender Mann, dem die Weisheit und Reife seiner ausländischen Kollegen fehlten. Er strapazierte seine Leute derart, dass sie sich im dritten Jahr der Reise angesichts der ihnen aufgezwungenen Entbehrungen manchmal lieber den Tod wünschten.

Der Konvoi aus sechs Schiffen, der im August 1838 in See stach, war zu schwerfällig, um im stürmischen Südozean unter Kontrolle gehalten werden zu können. Ständig mussten die Schiffe neu gruppiert werden, weil sie durch Beschädigungen oder unvorhergesehene Zwischenfälle kaum die Chance hatten, den vereinbarten Treffpunkt zu erreichen. Nach einer Reihe von fruchtlosen Abstechern südlich von Kap Hoorn, wo die Arbeit durch wilde Stürme und dichten Nebel behindert wurde, arbeitete Wilkes sich im Pazifik von einer Insel zur anderen bis nach Tahiti und Hawaii vor. Nachdem erneut ein Umgruppieren gescheitert war, weil die Insel, die als Treffpunkt dienen sollte, gar nicht existierte, stieß Wilkes im Dezember 1839 von Sydney aus nach Süden in undurchdringliches Eis vor. In westlicher Richtung segelnd skizzierte er etwas, das er für ein weit entferntes Gebirge hielt und behauptete, den ersten Blick auf den antarktischen Kontinent geworfen zu haben. Allerdings sahen spätere Expeditionen, die seinem Kurs folgten, nichts dergleichen. Als Charles Wilkes auf eine ausgedehnte Eiszunge stieß, wandte er sich nach Norden und verbrachte ein Jahr im Pazifik.

Im Jahr 1841 führte er eine umfassende Vermessung der amerikanischen Nordwestküste durch, während im Binnenland Vermessungen von Oregon bis Kalifornien vorgenommen wurden. Nach einer Abwesenheit von 46 Monaten kehrte Wilkes im Juni 1842 über den Pazifik und den Indischen Ozean nach New York zurück. Die Reise fand wenig öffentlichen Beifall. Wilkes wurde vor ein Kriegsgericht gestellt, weil er ein Schiff verloren und die Matrosen allzu exzessiv bestraft hatte. Dennoch bildeten die wissenschaftlichen Errungenschaften der Reise, bei der sich zum ersten Mal in der amerikanischen Geschichte die Talente ziviler und militärischer Personen miteinander verbanden, einen Meilenstein in der Entwicklung US-amerikanischer Entdeckungsfahrten.

Rechts Wilkes Expedition war zwar in erster Linie eine maritime Unternehmung, doch wurden auch Forschungsreisen an Land unternommen, die in Gebiete am Rand der Pazifikküste führten. Allerdings ist Wilkes Karte vom Südwesten sehr viel ungenauer als die Karten seiner spanischen Vorläufer. **Folgende Seiten** Wilkes' Schiff, die *Vincennes*, vor Anker im Südpolareis.

MAP
OF
UPPER CALIFORNIA
BY THE
U. S. Ex. Ex.
AND
BEST AUTHORITIES
1841.
GREAT SANDY PLAIN
CALIFORNIA RANGE
COLORADO RANGE
Boundary of Oregon
Southern Boundary
Smith's Track
Salt Plain
Bay of Trinidad
C. Mendocino
Port Bodega
Monterey Bay
S. Luis Obispo
S. Barbara
S. Gabriel
Mt. St. Joseph
Mt. Bernardino
L. Chintache
L. Tule
R. Colorado
R. Gila
S. Bartolome
Concepcion
L. Trinité
Algodones L.
Santa Catalina
S. Clemente
Coronados I.

Die Suche nach den Magnetpolen

James Ross an den weißen Klippen der Antarktis

1839–43

Der Kompass war als Navigationsinstrument in Europa im 13. Jahrhundert in Gebrauch gekommen, doch sollten frühe Ozeanfahrer schon bald entdecken, dass er vor allem im Nordatlantik für die Kursbestimmung nur begrenzte Dienste leistete. Statt zum wahren Norden wies die Nadel immer in etwas andere Richtung, die sogenannte „Abweichung", deren Punkt irgendwo weitab in der unbekannten Wildnis der amerikanischen Arktis lag. Um 1600 hatte William Gilbert die These vorgetragen, dass das Magnetfeld der Erde von einem unterirdischen magnetischen Pol an der Erdachse erzeugt werde, und zwischen 1698 und 1700 hatte der berühmte Forscher und Experimentator Edmond Halley zwei Reisen – die ersten ihrer Art mit einem englischen Kriegsschiff – unternommen, um die Abweichung der Kompassnadel an verschiedenen Punkten im Atlantik zu messen. Aber erst im 19. Jahrhundert waren die Strategien zur Erforschung der Arktis so weit gediehen, dass man es wagen konnte, die Suche nach dem magnetischen Nordpol – die Position, an der die Nadel vertikal auf das Erdzentrum weist – direkt anzugehen. 1831 lokalisierte James Clark Ross, mit fünf Reisen ein Veteran der Arktisforschung, den Pol auf der Boothia-Halbinsel, einem einsamen Vorgebirge an der kanadischen Nordküste.

Als Reisen in die südliche Hemisphäre immer regelmäßiger unternommen wurden, kam der Gedanke auf, auch den noch entlegeneren magnetischen Südpol, der irgendwo innerhalb des Südpolarkreises liegen musste, ausfindig zu machen. Dafür war James Ross bestens geeignet, und so wurde er 1839 mit zwei besonders verstärkten und ausgerüsteten Schiffen namens *Erebus* und *Terror* auf eine vom Parlament finanzierte und von den großen wissenschaftlichen Institutionen geförderte Reise geschickt. Ross wollte nicht wie seine Vorgänger aufs Geratewohl an den Küsten der Antarktis entlangfahren, sondern den Magnetpol direkt ansteuern, wobei er hoffte, dass dieser sich unterhalb schiffbarer Gewässer befände. Aber im Januar 1841 stieß er, noch gut 600 Kilometer vom Pol entfernt, auf eine steil aufragende Eisklippe, die bis zu sechzig Meter hoch und so undurchdringlich war wie die Klippen von Dover. Er hatte den später nach ihm benannten Eisschelf entdeckt, der für eine Generation zukünftiger Entdecker das Eingangstor zum Südpol sein würde. Zu seiner Linken lagen die Berge des Victoria-Lands, und im Süden erhob sich – ein noch ungewöhnlicherer Anblick – ein aktiver Vulkan. Im folgenden Jahr kehrte Ross in die Antarktis zurück, doch seiner Fahrt durch das Weddellmeer setzten Orkane und Schneestürme ein Ende. Immerhin kam er bis 78°10' südlicher Breite, ein Rekord, der sechzig Jahre Bestand haben sollte. Die Antarktis aber blieb für ein halbes Jahrhundert unberührt und fast vergessen.

Rechts Das Porträt von James Clark Ross hängt im National Maritime Museum von Greenwich.

Edward Eyre macht sich daran, das Unmögliche zu erreichen

Entlang der wasserlosen Küste Südaustraliens

1841

EDWARD JOHN EYRE, DER IN JEDER HINSICHT UNTERNEHMUNGSLUSTIGE SOHN eines Vikars aus Yorkshire, war im Alter von 18 Jahren nach Australien ausgewandert und begann 1833 mit der Schafzucht auf den Molonglo Plains, nahe dem heutigen Canberra. Doch schon bald hatte er erkannt, dass er größere Gewinne erzielen konnte, indem er Viehherden zu den aufblühenden Kolonien in Victoria und Südaustralien trieb. Seine Suche nach geeigneten Routen führte ihn in wasserlose Wüsten, doch binnen fünf Jahren hatte er eine Möglichkeit gefunden und trieb Schaf- und Viehherden vom Molonglo-Fluss nach Melbourne und 1838 – 39 die erste Herde auf direktem Weg vom Molonglo nach Adelaide.

Damit hatte er seine Entdeckerlust ebenso befriedigt wie einen Gewinn von 6000 Pfund realisiert, was damals ein kleines Vermögen war. Eyres hartnäckige Suche nach einer Route von Adelaide nach Port Lincoln auf der anderen Seite des Spencer-Golfs führte zur Entdeckung eines riesigen Salzmeers, des Torrens-Sees, doch die größte Herausforderung nahm er 1840 an, als es darum ging, einen Herdenweg von Adelaide nach Westaustralien ausfindig zu machen. Eyre erklärte, der Weg entlang der Küste sei „völlig unpassierbar" und schlug stattdessen vor, eine Route durch das Landesinnere zu suchen. Doch gingen drei qualvolle Monate durch die Umrundung des Torrens-Sees verloren, dessen sanft schimmernde Kruste sich unendlich zum Norden hin zu erstrecken schien.

Im Februar 1841 wollte Eyre beweisen, dass der Weg entlang der Küste nach Westaustralien ungangbar sei. Man erklärte ihn für verrückt und riet ihm dringend von seinem Vorhaben ab, aber Eyre verließ die Außenposten weißer Besiedlung mit nur einem englischen Gefährten, John Baxter, und drei Aborigines. Während das Salzmeer, ihrem Durst spottend, zu ihrer Linken sich dehnte, legten sie bei Temperaturen von 45° C 150 Kilometer zurück, bevor sie das erste Trinkwasser fanden. Dazu mussten sie allerdings zwei Meter tief in den Dünen graben. Um den Morgentee bereiten zu können, sammelte Eyre von den mageren Büschen und Gräsern Tau mit einem Schwamm. Nach einem Monat kam es zu einem tragischen Zwischenfall, als zwei der Aborigines Baxter töteten und sich mit überlebenswichtigen Nahrungsrationen davonmachten. Nun musste Eyre allein mit dem getreuen Aborigine Wylie weiterziehen. Nach vier Monaten entlang der unwirtlichen Küste hatten sie 1100 Kilometer zurückgelegt und nur viermal Trinkwasser gefunden. Gerettet wurden sie, als sie zufällig auf einen französischen Walfänger stießen, der in einer einsamen Bucht vor Anker lag. Zwei Wochen später waren sie wieder zu Kräften gekommen und nahmen die Wanderung erneut auf. Sie fanden nur eine einzige Oase, doch konnten sie ihren Durst löschen, als es zu regnen begann. Am 7. Juli 1841 kamen sie völlig erschöpft in Albany an und waren damit die ersten, die Westaustralien von Osten auf dem Landweg erreicht hatten.

Rechts Edward Eyres Route entlang der unwirtlichen und wasserlosen Küste Südaustraliens.

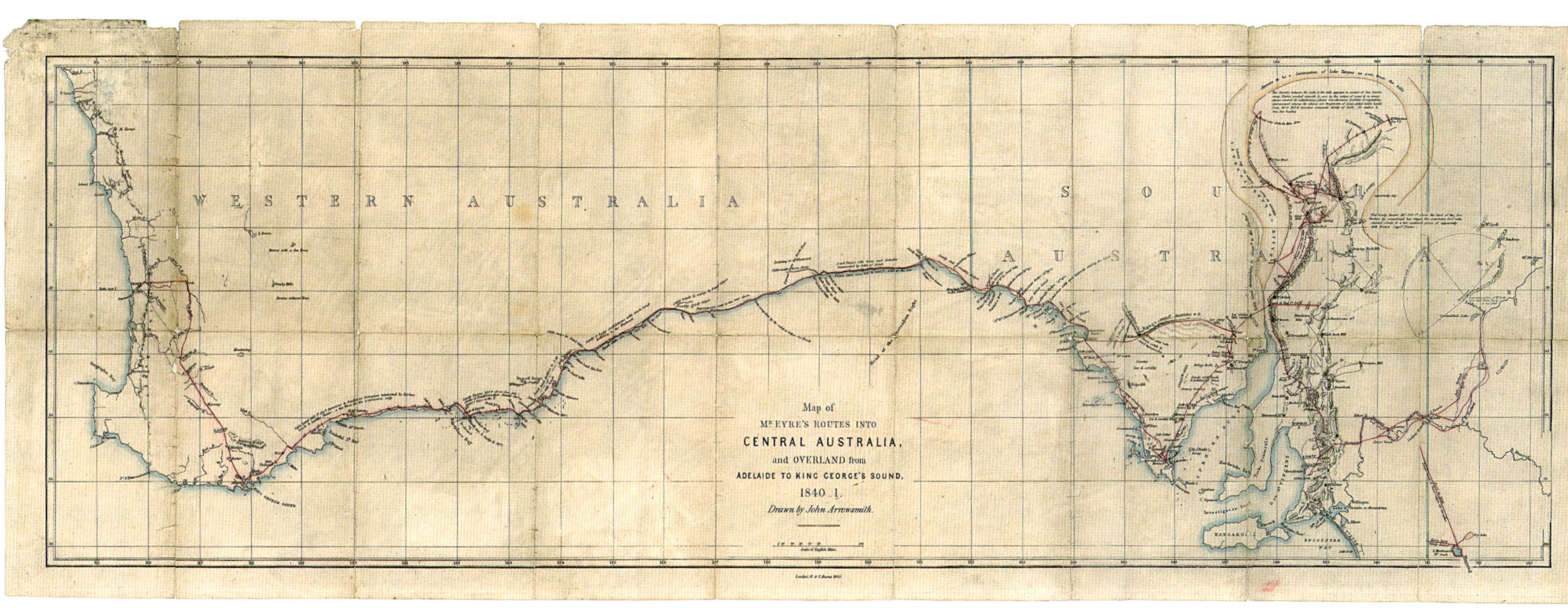
WESTERN AUSTRALIA
SOUTH AUSTRALIA
Map of
Mr. EYRE'S ROUTES INTO
CENTRAL AUSTRALIA,
and OVERLAND from
ADELAIDE TO KING GEORGE'S SOUND,
1840-1.
Drawn by John Arrowsmith.

John Frémont weist der Expansion nach Westen den Weg

Die Vereinigten Staaten entdecken den Reichtum ihrer entlegenen Provinzen

1842–53

Noch bevor Lewis und Clark von ihrer Reise quer durch den Kontinent zum Pazifik zurückgekehrt waren, hatte Präsident Thomas Jefferson bereits ein Programm ausgearbeitet, um die Geheimnisse des Westens jenseits des Mississippi zu entschlüsseln. Expeditionen wurden ausgesandt, um die Flüsse der Great Plains zu erkunden, während Zebulon Pike die Quellen des Mississippi, des Arkansas und des Red River erforschte. Nachdem Jefferson in den Ruhestand gegangen war, wurde die Expeditionstätigkeit von Stephen Harriman Long weitergetrieben. Er legte die verwaltungstechnischen und wissenschaftlichen Grundlagen für zukünftige Entdecker und bereiste selbst in fünf Expeditionen zwischen 1816 und 1823 das Mississippibecken, wobei er insgesamt 40 000 Kilometer zurücklegte. 1826–27 umrundete der amerikanische Pelzhändler Jedediah Smith das Große Becken von Nevada, und 1832–34 kundschaftete Benjamin Bonneville eine direkte Route nach Oregon aus, die über den Platte-Fluss, Wyoming und Idaho verlief. 1833–34 untersuchte Joseph Walker die Route entlang des Humboldt-Flusses vom Großen Salzsee bis nach Südkalifornien. Doch keiner der Pioniere des amerikanischen Westens beschäftigte die Phantasie mehr als der forsche junge Ingenieur John Charles Frémont, der dem topographischen Korps der US-Armee angehörte. Unterstützt durch den Senator Thomas Hart Benton, einen leidenschaftlichen Befürworter der Expansion, dessen Tochter Frémont heimlich heiratete, sollte er im Verlauf von fünf Expeditionen zwischen 1842 und 1853 mehr vom Westen sehen als alle anderen Entdecker seiner Zeit.

Für viele war Frémont der archetypische amerikanische Held mit rastlosem Geist und ungezügeltem Temperament, während andere ihn für einen bloßen Abenteurer und Opportunisten hielten, der bereits erkundete Routen bereiste, um mit seinen Entdeckungen die Vorläufer in den Schatten zu stellen. Doch war es Frémont, der mehr als jeder andere die natürlichen Ressourcen des Westens zu würdigen wusste – das landwirtschaftliche Potenzial von Gebieten, die vielfach für bloße Wüste gehalten worden waren, die geologische Vielfalt der Rocky Mountains und die Bodenschätze der sonnenverbrannten Landschaften Nevadas. 1842 folgte er dem Platte nach Wyoming, und während der folgenden zwei Jahre bereiste er den Westen von Oregon nach Kalifornien und nahm von dort eine Route ostwärts durch Nevada, Utah und Colorado. 1845 überquerte er die Rockies von Colorado nach Utah und suchte dann die geeignetsten Wege durch die Sierra Nevada nach Kalifornien. 1848 und 1853 prüfte er neue Passagen über die Rockies, u. a. für eine geplante Eisenbahnstrecke. Frémont war ein begabter Mathematiker und Topograph mit soliden naturwissenschaftlichen Kenntnissen. Mit seiner ausführlichen Erkundung der besten Routen nach Westen, seiner Errichtung von Forts und Stationen trug er entscheidend dazu bei, die zukünftigen Siedlerströme nach Oregon und Kalifornien in die richtigen Bahnen zu lenken.

Rechts Auf dem Weg südwärts nach Oregon und Westnevada entdeckt Frémont mit seinen Leuten im Januar 1844 den Pyramiden-See.

Der vielgeschmähte Ludwig Leichhardt

Ein Volksheld der Entdeckungsgeschichte Australiens

1844–45

Von all den grossen Erforschern Australiens hat keiner die Öffentlichkeit so beschäftigt wie Ludwig Leichhardt. Schon zu seinen Lebzeiten erregte er große Aufmerksamkeit, und das ist auch in den 160 Jahren nach seinem spurlosen Verschwinden im Outback so geblieben. Für seine Verehrer war er der Urtypus des eigenwilligen, unabhängigen Abenteurers, dessen Errungenschaften die seiner großzügig alimentierten und von der Regierung unterstützten Pendants weit übertrafen. Seine Kritiker aber neideten diesem preußischen Emporkömmling die Erfolge, und selbstsüchtige Publizisten stimmten noch Jahrzehnte nach seinem Tod in den Chor der Schmähredner ein. Doch so oder so erlangte Leichhardt den nur Ned Kelly vergleichbaren Status eines Volkshelden. Leichhardt, ein gelehrter Nonkonformist, der Erkenntnis nicht um der Karriere, sondern um ihrer selbst willen suchte, kam 1842 nach Australien. Sein einziges Ziel war es, die Wissenschaften in einem wenig bekannten Teil der Welt zu fördern. Nach einigen einsamen Wanderungen zwischen Sydney und Brisbane richtete sich seine Aufmerksamkeit auf eine Expedition, die unter Leitung des erfahrenen Entdeckers Thomas Mitchell einen Landweg nach Port Essington, einem kolonialen Außenposten an der Spitze des heutigen Northern Territory, ausfindig machen sollte. Aber als das Vorhaben an bürokratischen Hürden scheiterte, entschloss sich der enttäuschte Leichhardt, die Reise aus eigener Kraft zu wagen.

In Brisbane, wo Geschäftsleute und Farmer sich nach einem leichteren Zugang zu den australischen Weiten geradezu sehnten, fand Leichhardt ohne Schwierigkeiten materielle Unterstützung. So kam es, dass die Flüsse und Bergzüge entlang seiner Route den Namen seines Gemüse- und Eisenhändlers, seiner wenig bekannten Gefährten, hilfsbereiter Farmer und sogar von Landbesetzern und ehemaligen Sträflingen tragen – letztlich von all denen, die ihm auf ihre Art geholfen haben. Leichhardts Verachtung für Beamte und Mitglieder der Regierungselite, mit deren Namen die Routen von Entdeckern gewöhnlicherweise gepflastert sind, fand positiven Widerhall in der Presse, aber natürlich nicht in offiziellen Kreisen. Mit zehn Männern, 17 Pferden und reichlich Proviant verließ Leichhardt im September 1844 die Darling Downs und hielt sich generell in nordwestlicher Richtung. Im Juni 1845 erreichte er den Golf von Carpentaria und überquerte dann parallel zur Küste zahlreiche Flüsse voller Krokodile, durchmaß geradenwegs das unerforschte Arnhem-Land und kam im Dezember in Port Essington an. Bei seiner Rückkehr nach Sydney wurde Leichhardt großzügig entlohnt und wie ein Held willkommen geheißen, nachdem man ihn schon für tot gehalten hatte. Leider sollte Leichhardt dergleichen kein zweites Mal erleben. Im März 1848 brach er mit sechs Begleitern vom Condamine-Fluss auf, um eine Landroute zur Kolonie Swan River in Westaustralien ausfindig zu machen. Doch unterwegs verschwanden er und seine Gefährten spurlos. Bis heute ist ihr Schicksal nicht geklärt.

Rechts Am Ende seiner außergewöhnlichen Reise durch Nordaustralien erreicht Leichhardt Port Essington, einen kolonialen Außenposten an der Küste von Arnhemland.

Die Feuerprobe: Sturts Expedition nach Zentralaustralien

„Ein Ziel, für das man sein Leben opfern kann"

1844–46

Als der altgediente Entdecker Charles Sturt in seinem fünfzigsten Lebensjahr stand, war er (jedenfalls für die damalige Zeit) schon etwas zu alt für die extremen Bedingungen im australischen Outback. 14 Jahre zuvor war er zum ersten Mal den Murray bis zur Mündung hinabgefahren und hatte dann auf einer unglaublich qualvollen Reise die Tour den Murray aufwärts bewältigt. Ständig mussten er und seine Leute gegen die Strömung rudern, wobei ein Mann den Verstand verlor, andere an den Riemen einschliefen und Sturt selbst parziell erblindete, woran er noch weitere vier Jahre zu leiden hatte. Danach führte er als hochrangiger Beamter in Südaustralien ein ruhiges Familienleben, doch sein Verlangen, tiefer in das rote Herz des Kontinents vorzudringen, war ebenso wenig geschwunden wie seine Überzeugung, dass dort ein großer Binnensee zu finden sei. 1844 nun fasste er plötzlich die Absicht, unter seine Karriere einen krönenden Schlusspunkt zu setzen, „indem ich die Geheimnisse des Landesinneren aufdecke und das Wahrzeichen meines Landes im Herzen jener mysteriösen Region aufpflanze". Im Juni verließ seine 15 Mann umfassende Expedition Adelaide.

Um die Barriere der von Edward Eyre erkundeten großen Salzseen zu umgehen, fuhr Sturt mit seinen Leuten den Murray und den Darling stromaufwärts und schlug dann jenseits der Silberminen von Broken Hill den Weg nach Nordwesten ein. Der Sommer war einer der heißesten seit langem, und sie mussten tote Frösche aus den Wasserlöchern klauben, um an die letzten Tropfen heranzukommen. Erst bei Milparinka, 300 Kilometer nördlich des Darling, fanden sie eine intakte Wasserstelle, doch die brütende Hitze zwang sie zu einem sechsmonatigen Aufenthalt in einem unterirdischen Raum. Die Tinte floss ihnen aus der Feder, noch bevor sie das Papier erreicht hatte, Verpackungen explodierten und schleuderten die metallenen Schraubverschlüsse fort, die Haare hörten auf zu wachsen, und ein Teilnehmer erkrankte an Skorbut, verfärbte sich schwarz und starb. Im Juli 1845 fiel etwas Regen, sodass Sturt im August eilig aufbrach, dem Zentrum des Kontinents entgegen. Er zog durch die nordöstliche Ecke von Südaustralien und gelangte im September an den Rand der unpassierbaren Simpson-Wüste, die zu betreten den sicheren Tod bedeutet hätte. Ein zweiter Versuch weiter östlich hätte der Expedition fast das gleiche Schicksal in der Steinigen Wüste beschert. Die Rückreise war keineswegs leichter. Bei 53° C im Schatten barst das Thermometer, Vorräte und Wasser wurden knapp. Geschwärzt von der Sonne, vom Skorbut geplagt und fast völlig erblindet musste Sturt in einem Pferdewagen nach Adelaide gebracht werden.

Rechts Das Gemälde von Samuel Thomas Gill zeigt die Abreise von Sturts Expedition aus Adelaide 1844.

W.H.GEORGE.

Die Reise von Huc und Gabet nach Tibet

Die Erkundung des Vikariats der tatarischen Mongolei

1844–46

Zu Beginn des 19. Jahrhunderts waren die christlichen Missionen in China im Niedergang begriffen. Nachdem die letzten Jesuiten die Flucht ergriffen oder das Martyrium erlitten hatten, kamen die Priester der Congregatio Missionis, auch Lazaristen oder Vinzentiner genannt, um ihren Platz einzunehmen. Doch auch sie wurden verfolgt und waren schließlich gezwungen, mit ihren Schäfchen in einem 200 Kilometer nordwestlich von Peking jenseits der Großen Mauer gelegenen Dorf namens Si-Wang (Xiwanzi) Zuflucht zu suchen. Als der Heilige Stuhl erkannte, dass dieses abgelegene Gebiet außerhalb jeder bis dahin festgelegten Provinz der Katholischen Kirche lag, gründete er 1842 das Vikariat der tatarischen Mongolei, ein weites, recht nebulöses Gebiet, das den größeren Teil von Zentralasien zu umfassen schien. Es war weitgehend unerforscht, über seine Bevölkerung war kaum etwas bekannt, und es war in seinen geographischen Grenzen nicht festgelegt. Als nun der erste apostolische Vikar in Si-Wang eintraf, wollte er zunächst den Charakter und das Ausmaß seines neuen Herrschaftsgebiets kennenlernen. Die Aufgabe übertrug er dem 33 Jahre alten französischen Lazaristenpriester Évariste Régis Huc und seinem älteren Gefährten Joseph Gabet.

Huc und Gabet verließen Si-Wang im August 1844. Um unerkannt zu bleiben hatten sie ihre Köpfe geschoren und trugen die gelben Gewänder tibetanischer Lamas. Nachdem sie zweimal den angeschwollenen Gelben Fluss (Huang He) überquert und die glühende Hitze der Ordos-Wüste überstanden hatten, erreichten sie das riesige Lamakloster Kunbum unweit von Xining. Hier verbrachten sie acht Monate, in denen sie sich mit der tibetanischen Sprache und Religion vertraut machten, bevor sie sich einer Gesandtschaft anschlossen, die von Peking auf dem Rückweg nach Lhasa war. Sie mischten sich unter Gefolgschaften von 2000 Menschen, kamen am mystischen Koko-Nor-See (Qinghai Hu) vorbei, durchquerten das Gebirge Bayan Har und konnten im Januar 1846 ungehindert ihren Einzug in Lhasa halten. Sie wurden vom Dalai Lama freundlich begrüßt, doch hielt der chinesische Botschaftsbeauftragte die beiden für ein untragbares Sicherheitsrisiko. Zwar hatte sich China auf Druck westlicher Nationen erst vor kurzem vertraglich verpflichtet, das Land westlichen Missionaren wieder zu öffnen, doch da der chinesische Beamte davon nichts wusste, schickte er Huc und Gabet mit einer bewaffneten Eskorte über Chengdu nach Kanton (Guangzhou). Dort blieb Huc drei Jahre, bevor er nach Frankreich zurückkehrte und seinen politisch einflussreichen Bericht *Souvenirs d'un voyage* verfasste, der zunächst für reine Erfindung gehalten, aber schon bald in zahlreiche Sprachen übersetzt wurde. Gabet warb in Frankreich für die Sache der Lazaristen in Tibet und ging dann nach Brasilien, wo er 1853 an Gelbfieber starb.

Rechts Eine Karte aus Évariste Hucs *Souvenirs d'un voyage* (1850).

Longitude comptée du Méridien de Paris.
Carte
DE LA CHINE
ET DES
Etats-Tributaires
par A. H. Dufour.
1840.
Tropique du Cancer
Grand Désert
MER DU JAPON
MER DE CHINE
GOLFE DE BENGALE
Carles, Impr. lith. 12, rue J.J. Rousseau, à Paris.

Das Geheimnis von John Franklins letzter Expedition

Die obsessive Suche nach einem verschollenen viktorianischen Helden

1845–47

Als Sir John Franklin 1846 mit der gesamten Mannschaft seiner beiden Schiffe spurlos verschwand, war er bereits als Forschungsreisender ein Gigant, dessen Name nicht zuletzt durch viele Fahrten in die Arktis weithin bekannt war. Sein seemännisches Können hatte er bei Matthew Flinders in Australien erworben, und 1818 war er mit David Buchan zum Nordpol unterwegs gewesen. 1819–21 hatte er eine große Landexpedition geleitet, die den Verlauf der Nordküste Nordamerikas vom Coppermine-Fluss bis zur Bathurst-Insel erkundete. Von 1825–1827 war Franklin im Rahmen einer umfangreichen, drei Meeresexpeditionen umfassenden Erforschung des kanadischen Archipels zum zweiten Mal über Land zur arktischen Küste vorgedrungen, indem er den Mackenzie bis zur Mündung hinunterfuhr und dann westwärts bis über die Grenze Alaskas hinausgelangte. 1829 wurde er geadelt und war danach sechs Jahre lang Gouverneur von Tasmanien und bei der Bevölkerung sehr beliebt. Mit großem Nachdruck unterstützte er Expeditionen in die Antarktis. 1843 wurde er nach England zurückbeordert und erfuhr dort, dass der achtzigjährige John Barrow, der den Anstoß für die Suche nach der Nordwest-Passage gegeben hatte, sich verzweifelt um eine Expedition bemühte, die der Sache endlich auf den Grund gehen sollte. Nachdem mehrere Kandidaten abgelehnt hatten oder für ungeeignet befunden worden waren, erklärte sich Franklin trotz seiner 59 Jahre und mangelnder körperlicher Fitness nur allzu gern bereit, noch einmal die Jagdgebiete seiner Jugendzeit aufzusuchen.

Franklin konnte über zwei gut ausgerüstete Schiffe, die *Erebus* und die *Terror*, verfügen und verließ mit einer optimistischen und erfahrenen Mannschaft im Mai 1845 die Themse. Ende Juli wurden die Schiffe gesichtet, als sie in den Lancaster-Sund, das Tor zur Nordwest-Passage, einfuhren. Danach tauchten sie nicht wieder auf. Das gab in den ersten beiden Jahren noch keinen Anlass zu Besorgnis, doch 1847 fragte man mit Angst und Bestürzung nach dem Schicksal einer so beliebten Stütze der Gesellschaft. Auch Franklins Familie und Freunde waren mittlerweile in großer Sorge, und so schwärmten während der folgenden drei Jahre Suchexpeditionen in alle Richtungen aus, ohne etwas zu finden. Doch man gab nicht auf, und in den nächsten Jahrzehnten folgten nicht weniger als 36 Schiffe und Landexpeditionen dem Ruf, „Franklin zu finden", wobei es allmählich gelang, die letzten Tage des Entdeckers und seiner Mannschaft zu rekonstruieren. Vor der Festlandküste waren die Schiffe ins Packeis geraten, woraufhin die Mannschaft den heldenhaften Versuch unternommen hatte, auf dem Landweg zum nächstgelegenen europäischen Außenposten zu gelangen. Woran sie starben, blieb jedoch ein Rätsel, bis neuere Forschungen ergaben, dass nicht Kälte oder Hunger die Ursache waren, sondern eine Bleivergiftung, die sie sich vielleicht über die Verlötung der Konservendosen oder, was wahrscheinlicher ist, durch die Bleirohre der eigens für die Schiffe angefertigten Wasserleitungen zugezogen hatten.

Rechts Francis McClintocks Expedition entdeckt im Mai 1859 ein Boot und die Skelettreste zweier Mitglieder der Franklin-Expedition bei Kap Crozier auf der King-Williams-Insel.

HARPER'S WEEKLY.

DISCOVERY OF THE FRANKLIN EXPEDITION BOAT ON KING WILLIAM'S LAND BY LIEUTENANT HOBSON.—[SEE PAGE 690.]

Thomas Brunners heroischer Zug ins westliche Regenland

Neuseelands Südinsel bietet eine beeindruckende Herausforderung

1846–48

Neuseeland war 1642 von Tasman gesichtet, von Cook in den 1770er-Jahren und ab den 1790ern von Walfängern und Flachshändlern häufig besucht, aber nicht dauerhaft besiedelt worden. Erst 1814 kam Samuel Marsden dorthin, um in der Bucht der Inseln das Evangelium zu predigen. Andere Missionare folgten bald und waren dreißig Jahre später bis in die entferntesten Winkel der Nordinsel vorgedrungen. 1839 erreichte das erste größere Kontingent britischer Siedler die Gegend um Wellington; Edward Wakefield und seine New Zealand Company hatten ihnen ein besseres Leben in einem jungfräulichen Land versprochen. Aber häufig genug standen sie nach der Ankunft mit ihrer Habe an Stränden, die von undurchdringlichem Buschwerk und Sümpfen umgeben waren, weshalb die Company schon bald die Cook-Straße überquerte und 1841 auf der Südinsel die Siedlung Nelson gründete. Doch hatte dieser Ort in einer düsteren, regenverhangenen Gegend kein Hinterland, das eine wachsende Bevölkerung ernähren konnte und war eher ein zweites Sydney, dessen Bewohner versuchten, jenseits der Hochländer um Nelson fruchtbare Weidegebiete zu entdecken.

Verglichen mit der Nordinsel bot die Südinsel mit ihrer tolkienhaften Landschaft eine ungleich größere Herausforderung, derer sich eine Generation großartiger Entdecker annehmen sollte. 1846 brach Thomas Brunner von Nelson auf, um ein ausgedehntes Grasland zu entdecken, das „sich grenzenlos erstreckte", wie die Maoris ihm versichert hatten. Brunner und sein Maori-Führer Ekuhu marschierten zunächst südwärts zum Rotoroa-See und fuhren dann auf dem in einer dicht bewaldeten Schlucht strömenden Buller-Fluss zur Küste. Sintflutartiger Regen verdarb ihren Proviant, sodass sie gezwungen waren, Brunners Lieblingshund Rover zu schlachten und sich von Farnwurzeln zu ernähren, die dem Entdecker starke, krampfartige Schmerzen bereiteten. Sie folgten nun der regenreichen Küste südwärts, kamen an dem Ort vorbei, wo später die Kohlenmetropole Greymouth liegen sollte und beendeten die Expedition am Titi-tira Head im Schatten des Mount Cook, wo Brunner, der bereits barfuß laufen musste, sich den Fuß an einem Felsen verstauchte. Nicht viel schöner war auch die Rückreise. Sie fuhren den Grey aufwärts, Brunner in nasser Kleidung, fast blind und mit gelähmter linker Körperhälfte. Dann setzte der Winter ein, und sie waren gezwungen, Zuflucht in einer Höhle zu suchen. Überdies wurden Brunners Notizen und Zeichnungen, die Arbeit eines ganzen Jahres, vernichtet, als sie ins Feuer fielen. Doch hatte Brunner auf seiner „Großen Reise" die zwei hauptsächlichen Flüsse der Südinsel kartographiert, den Zugang zum fruchtbaren Buller-Tal eröffnet und zum ersten Mal die weitgehend unbekannte Westküste erforscht.

Rechts Die Karte der „Mittelinsel" (der heutigen Südinsel) Neuseelands wurde 1851 gedruckt, um Brunners Pionierfahrt ins westliche Regenland zu illustrieren.

John Arrowsmith.

Pubd. for the Journal of the Royal Geographical Society by John Murray Albemarle St. London 1851.

73

Andersson und Galton durchqueren die Kalahari

Die andere afrikanische Wüste

1850–54

WÄHREND DIE SAHARA REISENDE ANZOG, DIE ZIELE VOR AUGEN HATTEN die Erkundung des Niger, die Anbahnung von Beziehungen mit den blühenden Handelszentren südlich der Sahara oder die Ausrottung des Sklavenhandels, war eine andere große afrikanische Wüste weit unten im Süden für Männer interessant, die wenig mehr zu gewinnen hatten als den Ruhm. Sie wollten eine der gefährlichsten Wildnisse der Welt erforschen.

Im Jahr 1850 erreichte Francis Galton, ein junger Mann aus guter Familie, der sich später als Meteorologe einen Namen machen sollte, die Walvis-Bucht an der namibischen Küste. Sein kühner Plan war, die Kalahari-Wüste zu durchqueren, um zum Ngami-See zu kommen, einem riesigen, tierreichen Wasserreservoir, das David Livingstone zufolge im Norden des heutigen Botswana liegen sollte. Zu seinem Begleiter wählte er den gleichgesinnten schwedischen Naturforscher Carl Johan Andersson, den er zufällig in London getroffen hatte. Die Expedition machte beträchtliche Entdeckungen in Zentral- und Nordnamibia, wobei ihr Galtons Überredungskünste zuhilfe kamen, mit denen er von den Hottentotten sicheres Geleit erlangte, wohl auch, weil er ihren Häuptling mit seiner Kostümierung – rotes Jagdwams mit Stulpenstiefeln – beeindruckte. Doch nach 15 Monaten hielten die Entdecker an der heutigen Grenze von Botswana, etwa 500 Kilometer von ihrem Ziel entfernt, inne. Galton kehrte nach England zurück, um einen Bericht über die Expedition zu schreiben und verfasste zudem ein höchst erfolgreiches Buch mit dem Titel *The Art of Travel* – ein hübsches Kompendium einfallsreicher Tricks und Kniffe für zukünftige Entdecker und ein Vorläufer der heutigen Ratgeber für das Überleben in der Wildnis.

Während Galton in der Heimat schnell zur Berühmtheit wurde, blieb Andersson in Namibia, um die Suche nach dem Ngami-See auf eigene Faust fortzusetzen. 1853 verließ er die deutschen Missionen, die in den stärker bevölkerten Gebieten verstreut lagen, und durchquerte die Wüste in östlicher Richtung. Er überschritt den Punkt, an dem er damals mit Galton umgekehrt war und erreichte das südwestliche Ufer des Sees. Der Versuch, auf einer weiter nördlich gelegenen Route zurückzukehren, um die Verbindung zwischen dem Ngami-See und den Flüssen Südangolas zu untersuchen, scheiterte jedoch an lokalen Schwierigkeiten. Andersson kehrte in die bewohnten Gebiete zurück und widmete sich erfolgreich dem Handel, war dann für einige Zeit Direktor einer Minengesellschaft, verdiente viel Geld und verlor es wieder. Später erkundete er, obwohl er durch eine Beinverletzung behindert und von schmerzstillenden Opiaten abhängig war, weite Gebiete Nordnamibias und betrieb Forschungen für sein (posthum veröffentlichtes) Buch *Birds of Damara Land*. Er starb bereits mit vierzig Jahren bei einer Expedition zum Kunene-Fluss an der Ruhr.

Rechts Galtons Teleskop, das er bei seiner Entdeckungsreise ins Damaraland 1850 benutzte, sowie seine Karte des Damaralands mit den Ergebnissen der Expedition mit Andersson.

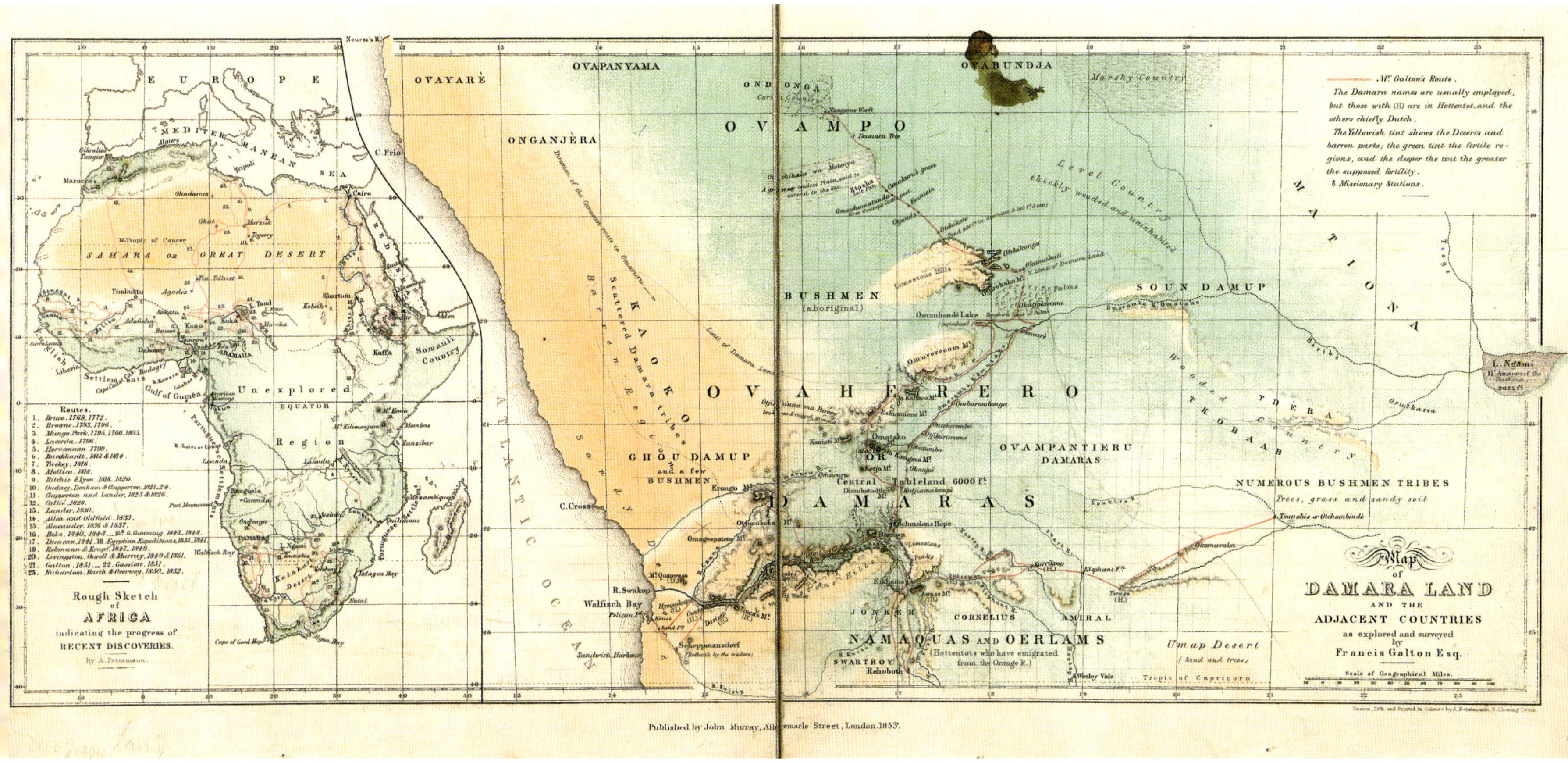
Rough Sketch of AFRICA indicating the progress of RECENT DISCOVERIES.
By A. Petermann.
EUROPE
MEDITERRANEAN SEA
SAHARA OR GREAT DESERT
Unexplored Region
EQUATOR
Somauli Country
Gulf of Guinea
Routes.
OVAYARÈ
OVAPANYAMA
OVADUNDJA
OVAMPO
ONGANJÈRA
KAOKO
BUSHMEN (aboriginal)
OVAHERERO OR DAMARAS
GHOU DAMUP and a few BUSHMEN
Central Tableland 6000 Ft.
OVAMPANTIERU DAMARAS
SOUN DAMUP
NUMEROUS BUSHMEN TRIBES
Trees, grass and sandy soil
NAMAQUAS AND OERLAMS
(Hottentots who have emigrated from the Orange R.)
CORNELIUS
AMIRAL
JONKER
SWARTBOY
Umap Desert
(sand and trees)
Level Country thickly wooded and uninhabited
Marshy Country
Walfisch Bay
C. Cross
C. Frio
L. Ngami
ATLANTIC OCEAN
Tropic of Capricorn
Mr. Galton's Route.
The Damara names are usually employed, but those with (H) are in Hottentot, and the others chiefly Dutch.
The Yellowish tint shows the Deserts and barren parts; the green tint the fertile regions, and the deeper the tint the greater the supposed fertility.
Missionary Stations.
Map of DAMARA LAND AND THE ADJACENT COUNTRIES as explored and surveyed by Francis Galton Esq.
Scale of Geographical Miles.
Published by John Murray, Albemarle Street, London 1853.

Heinrich Barth durchwandert Schwarzafrika

Der Patriarch der wissenschaftlichen Forschungsreisen ins Innere Afrikas

1850–55

Die Durchquerung der Sahara war im 19. Jahrhundert ein riskantes Unternehmen. Von denen, die tollkühn genug waren, die Herausforderung anzunehmen, starben achtzig Prozent an Krankheiten, wurden von fanatischen Tuareg, die ihr Handelsmonopol schützen wollten, massakriert, oder von lokalen Despoten umgebracht, wenn sie ein bisschen zu viel Interesse am transsaharischen Sklavenhandel zeigten. Eben dieser brachte den englischen Entdecker James Richardson in die Wüste. 1845 war er, ohne sein Christentum zu verleugnen, zur Oase Ghat vorgedrungen, mit einer Sklavenkarawane zurückgekehrt, und hatte mit seinem Bericht über die Schrecken dieses Handels die Gegner der Sklaverei in England stark beeindruckt. 1850 wurde er erneut auf die Reise geschickt, um eine noch gründlichere Untersuchung vorzunehmen. Begleitet wurde er von dem 29 Jahre alten Gelehrten Heinrich Barth und dem Geologen Adolf Overweg, die beide aus Deutschland stammten. Von Tripolis brachen sie in Richtung Süden auf, wobei sie fortwährend von feindseligen Stämmen schikaniert wurden. Jenseits des alten Handelszentrums Agadès, dessen Glanz längst verblichen war, trennten sie sich. Richardson wollte zum Tschad-See, Barth nach Kano, und Overweg den Tschad auf einem zerlegbaren Holzboot erkunden, das sie durch die Wüste mit sich geführt hatten. Aber Ende September 1852 waren Richardson und Overweg an Fieber gestorben, sodass Barth nun allein über das weitere Vorgehen entscheiden musste.

Barth wandte sich nach Westen und erreichte Timbuktu, das er weniger ärmlich vorfand als Caillié 25 Jahre zuvor. Danach ging er zurück zum Tschad-See. Die Rundreise hatte zwei Jahre lang gedauert, und als er an den See gelangte, traf er dort zu seinem Erstaunen einen anderen deutschen Entdecker, den Botaniker Eduard Vogel. Vogel war mit einem kleinen Team von den Briten ausgesandt worden, um Barth ausfindig zu machen, darüber hinaus Pflanzenproben zu sammeln und die von Stammesfehden geplagten Regionen zwischen dem Niger und dem Oberlauf des Nils zu erforschen, wozu einiger Optimismus gehörte. Die beiden Deutschen trennten sich im Januar 1855; Barth kehrte in sommerlicher Hitze durch die Wüste nach Tripolis zurück und kam nach fünfjähriger Abwesenheit wieder in London an, während Vogel, auf all seinen Wegen von kriegslüsternen Stämmen umgeben, spurlos verschwand. Verschiedene Expeditionen mühten sich, sein Schicksal zu erkunden und seine Aufzeichnungen aufzutreiben, doch erst 1873 fand Gustav Nachtigal, als er das 700 Kilometer östlich vom Tschad-See gelegene Ouaddai erreichte, heraus, dass Vogel im Februar 1856 auf Befehl des lokalen Sultans umgebracht worden war.

Rechts Der Stich von Eberhard Emminger zeigt die Ankunft von Barths Karawane in Timbuktu im September 1853.

1853–73

Livingstone sucht nach Wegen ins Herz des dunklen Kontinents

Missionar oder Wegbereiter des britischen Kolonialismus in Afrika?

Die viktorianische Gesellschaft verehrte ihre Missionare. Während der gewöhnliche geographische Forscher Glück hatte, wenn er nach Jahren mühseliger Arbeit einen knappen Nachruf in der *Times* bekam, kannten all jene, die den Heiden das Evangelium brachten, keine Knappheit an Biographien, die ihnen in großen Lobeshymnen einen Platz im Himmel zusicherten. Über William Carey, den Pionier der Baptistenmission in Indien, gibt es an die siebzig Lebensbeschreibungen, doch ist das noch gar nichts angesichts der Heldenverehrung, die dem schottischen Entdecker-Missionar David Livingstone zuteil wurde, über den die British Library die überwältigende Zahl von 170 Biographien verzeichnet, von denen viele schon zu seinen Lebzeiten erschienen sind. Während man jedoch die Ernsthaftigkeit seiner Absichten ebenso wenig bezweifeln kann wie die in späteren Jahren angesichts von Krankheit und Unglück gezeigte unbeirrbare Beharrlichkeit, darf man seine Leistungen als Missionar, Geograph und Entdecker durchaus kritisch betrachten.

Livingstone blieb nie lange genug an einem Ort, um Massenbekehrungen vorzunehmen; diese mühselige Tätigkeit überließ er gerne denen, deren Stationen er auf seinen Wanderungen besuchte. Und da er nicht die Ausbildung eines gelernten Vermessers besaß, werfen seine Kartenskizzen oft mehr Fragen auf, als sie beantworten. Zudem war er nicht der einzige Forscher, der Zentralafrika bereiste; vor ihm waren schon die Portugiesen dagewesen und auch der ungarische Entdecker László Magyar hatte die Gebiete besucht. Aber Livingstone neidete den Portugiesen ihre Leistungen, und er besaß nicht einmal die Höflichkeit, Magyar, seinen bescheidenen Verehrer, auch nur zu einem Gespräch zu empfangen. Doch erbrachte Livingstones große Durchquerung des Kontinents, die ihn zwischen 1853 und 1856 vom oberen Sambesi bis zur angolanischen Küste und von dort zurück nach Mosambik führte, die erste öffentlich zugängliche Dokumentation über die Wasserscheide zwischen dem Sambesi und den Flüssen Angolas, obwohl Livingstone den mächtigen, noch unerforschten Kongo übersah.

Livingstones vorrangiges Ziel war es, einen schiffbaren Wasserweg zu finden, der das Innere Afrikas für den Handel und die missionarische Tätigkeit erschließen würde, damit das Evangelium verkündet und der fluchwürdige Sklavenhandel ausgerottet werden konnte. Dieses Ziel wurde nie erreicht. Die Sambesi-Expedition, ein farcenhaftes und kostspieliges Abenteuer, das sechs Jahre dauerte, sollte im heutigen Malawi ein missionarisches Arkadien errichten, brach aber 1864 zusammen, ohne dass es Bekehrungen oder neue Entdeckungen gegeben hätte. Stattdessen gab es Chaos und Todesfälle, darunter den von Livingstones duldsamer Frau Mary. Livingstones zweites Ziel, die obsessive Suche nach der Quelle des Nils, die ihn die letzten zehn Jahre seines Lebens beschäftigen sollte, führte ihn in die falsche Richtung zu den endlosen Riffen und schlammigen Untiefen des Bangweulu-Sees, von dem er nicht mehr lebend zurückkehrte.

Rechts Die von Livingstone im November 1855 entdeckten Viktoria-Fälle.

Augustus Gregorys Expedition nach Nordaustralien

Ein Opfer seines eigenen Erfolgs

1855 – 56

WÄHREND DIE GESCHICHTE DER ENTDECKUNGSREISEN HÄUFIG VON HELDENHAFTEN Abenteurern im Kampf gegen das Schicksal handelt oder in spannender Manier vom Überleben unter ungünstigsten Bedingungen zu berichten weiß, waren gerade einige der geographisch fruchtbarsten Expeditionen relativ langweilige, prosaische Angelegenheiten, die von der Öffentlichkeit kaum wahrgenommen wurden. Sie waren gewissermaßen Opfer ihres eigenen Erfolgs: Nichts ging wirklich schief, niemand starb unter alptraumhaften Umständen, und die Teilnehmer tauchten bescheiden in die Vergessenheit zurück, aus der sie gekommen waren. Paradoxerweise war die relative Unauffälligkeit solcher Expeditionen oftmals ein Zeichen für Erfahrungsreichtum und sorgfältige Planung oder resultierte daraus, dass der Leiter das Rampenlicht scheute, nicht auf Lorbeeren bedacht war und in seinem Bericht all die Nöte und Schwierigkeiten, die mit einem solchen Unternehmen unvermeidlicherweise verbunden sind, unerwähnt ließ. Dafür ist Augustus Charles Gregorys Expedition nach Nordaustralien ein Beispiel erster Güte.

Gregory, der aus Nottinghamshire stammende Sohn eines Armeeoffiziers, war nach Westaustralien gekommen, als man seinem Vater dort statt einer Pension Land zugewiesen hatte. Methodisch, einfallsreich und mit den Überlebenstechniken in der Wildnis bestens vertraut, hatte er sich im Vermessungsamt nach oben gearbeitet und bereits einige Expeditionen ins Landesinnere durchgeführt. 1855 wurde er auf Geheiß des Kolonialministers beauftragt, die erste offizielle Landexpedition durch den Norden des Kontinents zu leiten, um zu erforschen, welche Flüsse sich als schiffbare Wasserwege ins Binnenland eignen könnten. Zielpunkt sollte das nicht weniger als 8000 Kilometer entfernte Brisbane sein. Die mit größter Sorgfalt vorbereitete Expedition, an der auch der Wissenschaftler Ferdinand von Mueller und der Künstler Thomas Baines teilnahmen, landete zunächst an der Mündung des Victoria-Flusses, etwa 300 Kilometer vom heutigen Darwin entfernt. Doch der Victoria-Fluss, dem man am ehesten eine Rolle als Verkehrsader ins Innere zugetraut hatte, versickerte einfach im Sand, während die weiter südlich verlaufenden Flussarme, die, weil es geregnet hatte, noch Wasser führten, jenseits des Gregory-Sees in einer „undurchdringlichen Wüste“ verschwanden. Im Juli 1856 brach Gregory mit sechs Begleitern vom Victoria in direkt östlicher Richtung zum Golf von Carpentaria auf. Ihre seltsamste Entdeckung, ein immer noch ungelüftetes Geheimnis, waren die Überreste eines Lagers, das 250 Kilometer von der nächstgelegenen Küste entfernt lag und etwa sieben Jahre zuvor noch bewohnt gewesen sein musste. Gregory und seine Leute hielten sich parallel zur Golfküste und überquerten dann in südöstlicher Richtung die Flüsse Burdekin, Fitzroy und Burnett. Ende November erreichten sie den Pazifik bei Gladstone. Gregory wurde von der Royal Geographical Society geehrt, begehrte aber sonst keinen Ruhm, und sein für ihn typisch nüchterner Bericht weckte nicht die öffentliche Bewunderung, die sein Unternehmen verdient gehabt hätte.

Rechts Das Gemälde des Künstlers Thomas Baines beruht auf Skizzen, die er als Begleiter von Gregorys Expedition durch Nordaustralien anfertigte.

Burton, Speke und die Quelle des Weißen Nil

Eine erbitterte Feindschaft, die tragisch endete

1857 – 63

Als um die Mitte des 19. Jahrhunderts die Rätsel des Niger und des Blauen Nil gelöst waren, wandte sich die wissenschaftliche Neugier einem weiteren großen Strom Afrikas zu: dem Weißen Nil. Europäische Missionare und Händler waren ihn bis zur Grenze von Uganda hinaufgefahren, aber jenseits davon war sein Verlauf unbekannt. Entsprang er in den schneebedeckten Bergen, deren Gipfel so seltsam nahe des Äquators aufblitzten? Oder befand sich seine Quelle in einem der großen Seen, die, Berichten arabischer Händler zufolge, tief im Landesinneren lagen? Im Juni 1857 brach der gefeierte Entdecker Richard Francis Burton zusammen mit John Hanning Speke, wie er Armeeoffizier, von Sansibar auf, um im Binnenland das „Meer von Ujiji", den heutigen Tanganjika-See, ausfindig zu machen. Nach einer achtmonatigen Reise, bei der sie immer wieder heftig aneinandergerieten und auch sonst mit allen möglichen Schwierigkeiten zu kämpfen hatten, gelangten sie an das Ufer des Sees, an dessen Nordspitze ein großer Fluss austrat, bei dem es sich um den Nil handeln konnte. Jedoch machte Speke auf dem Rückweg einen Abstecher nach Norden, wo er einen weiteren, noch größeren See namens Ukerewe entdeckte, der später Victoria-See genannt wurde. Auch er konnte als Mitbewerber um die Nilquelle gelten. Die Entdeckung war dem ohnehin angespannten Verhältnis zwischen Burton und Speke nicht förderlich, und als Burton nach London zurückkehrte, war Speke bereits ein Nationalheld, obwohl sein Anspruch, die Nilquelle entdeckt zu haben, keineswegs bestätigt war.

Um die mittlerweile giftig gewordene Kontroverse beizulegen und Gewissheit darüber zu erlangen, welcher (wenn überhaupt einer) der beiden Seen die Quelle war, wurde Speke 1860 erneut nach Afrika geschickt, diesmal in Begleitung des ruhigen Schotten James Augustus Grant. Über das Westufer des Victoria-Sees hinaus gelangten sie nach Buganda und am 28. Juli 1862 stand Peke an dem Ort, wo der Nil den See verlässt. Sie folgten ihm nach Norden, ließen aber unklugerweise wichtige Abschnitte unbesichtigt. Im Februar 1863 erreichten Speke und Grant den Südsudan, von wo aus der Verlauf des Flusses allgemein bekannt war. In der Überzeugung, das Rätsel gelöst zu haben, kehrten sie nach London zurück, doch weigerte sich Burton weiterhin, nachzugeben. Vielleicht war, so argumentierte er, der See, den Speke von Buganda aus erreicht hatte, ein anderer als der zuvor von ihm entdeckte; vielleicht auch war Spekes Fluss nur ein einfacher Nebenfluss. Die Rivalität endete tragisch. Am Vorabend einer geplanten öffentlichen Konfrontation mit Burton brachte sich der publikumsscheue Speke bei der Rebhuhnjagd eine tödliche Schusswunde bei. Obwohl es sich dabei wahrscheinlich um einen Unfall handelte, gingen Burton und seine Mitstreiter von einem Selbstmord aus.

Rechts James Watney Wilsons symbolträchtiges Porträt von Speke an der Nilquelle. Im Hintergrund liegt der Victoria-See.

Die verhängnisvolle Expedition von Burke und Wills

Ein viel gefeierter Katalog von Katastrophen

1860–61

DAS UNTERNEHMEN MIT DEM GROSSSPRECHERISCHEN TITEL „Victorian Exploring Expedition", das die erste Durchquerung Australiens von Süden nach Norden bewältigen sollte, war eine chaotische Expedition. Vielleicht wollte sich die neu gegründete Royal Society of Victoria Prestige verschaffen, vielleicht wollte die goldreiche Heimatkolonie der Gesellschaft ihr Erscheinen auf der Bühne des britischen Imperiums mit Entdeckungstaten untermauern, doch jenseits dessen waren die Ziele der Expedition eher nebulös, ihre Organisation chaotisch, ihr Beitrag zum geographischen Wissen minimal und ihr Ende betrüblich, denn acht Teilnehmer fanden durch Inkompetenz, Ungeduld und schlechte Führung den Tod. Dennoch wurden die Hauptbeteiligten zu Ikonen des Outbacks, wenn auch nicht aufgrund ihrer Leistungen, sondern wegen ihres fehlgeleiteten Heldentums und ihres frühen Tods in den sonnenverbrannten Wüsten des tiefen Binnenlands. Um die Expedition zu finanzieren, mussten 12 000 Pfund an öffentlichen und privaten Geldern aufgebracht werden – für die damalige Zeit schon eine Rekordsumme, die jedoch noch um 500 Prozent überschritten wurde. Entscheidend für das Scheitern der Expedition war die Wahl ihres Leiters. Statt sich der Dienste eines erfahrenen Veteranen wie Augustus Gregory zu bedienen, dessen administrative Fähigkeit und Umsicht das Unternehmen zu sicherem Erfolg hätten führen können, ließ sich das naive und vorwiegend aus Schreibtischforschern bestehende Komitee der Royal Society von einem unqualifizierten, impulsiven Iren mit eindrucksvollem Bart betören: Robert O'Hara Burke.

Mit Kamelen aus Karatschi quälte sich die überladene Expedition im August 1860 aus Melbourne heraus, doch als sie den Darling erreichte, gab es bereits Streit in der Führungscrew. Nachdem der Vermesser William Wills zum stellvertretenden Leiter ernannt worden war, weil sein Vorgänger sich mit Burke überworfen hatte, drängte dieser auf Eile, um rasch den Cooper Creek zu erreichen. Die Expedition teilte sich dort in einen Vortrupp und eine langsamere Nachhut. Burke ging davon aus, dass der Proviant für ihn selbst, Wills, Charles Gray und den Kameltreiber John King ausreichen würde, um auf schnellstem Weg zum Golf von Carpentaria vorzustoßen und von dort wieder zum Basislager zurückzukommen. Nach zwei Monaten waren die Mangrovensümpfe am Golf erreicht. Als sie in bereits schlechter körperlicher Verfassung am Cooper Creek ankamen, fanden sie ihn verlassen vor. Die Nachhut war acht Stunden zuvor abgerückt. Gray starb am Creek und Burke schlug nun, statt der Nachhut zum Darling hinterherzueilen, unerklärlicherweise den Weg in südwestlicher Richtung ein, um zu einem weiter entfernten Außenposten der Polizei in Südaustralien zu gelangen. Die drei Männer verirrten sich und erkrankten, vermutlich an einer Vergiftung durch falsch zubereitete Sporen des Nardoo-Farns. Ende Juni 1861 starben auch Burke und Wills. Nur King überlebte, weil er von mitleidigen Aborigines gepflegt wurde, bis eine Suchexpedition ihn elf Wochen später fand.

Rechts Der Stich von Nicholas Chevalier zeigt Burke, Wills und King auf ihrem mühseligen Rückweg vom Golf von Carpentaria.

John Stuart durchquert Australien

Der hartnäckigste aller Entdecker

1860 – 62

KEIN KONTINENT, MIT AUSNAHME VIELLEICHT DER ANTARKTIS, bot größere Herausforderungen als Australien. Im Gegensatz zu Afrika oder Amerika besaß es kein Netzwerk schiffbarer Flüsse, die den Entdecker voranbringen konnten, und anders als Asien, Arabien oder die Sahara verfügte es auch nicht über Handelsrouten. Es gab keine Oasen oder andere Orte, an denen der Reisende verweilen und sich ausruhen konnte, ehe er den Weg fortsetzte. Noch schlimmer waren die unvorhersehbaren klimatischen Veränderungen. Während die eine Expedition mit Berichten über reiche Weideländer, sprudelnde Quellen und murmelnde Bäche zurückkehrte, fand die nächste im Jahr darauf am selben Ort nur unfruchtbare Ödnis vor.

John McDouall Stuart war mit den Unwägbarkeiten der australischen Landschaften bestens vertraut. Der schmale kleine schottische Emigrant, der als völlig Unbekannter nach Adelaide kam, als der Ort noch eher einem Zeltlager glich, sollte der berühmteste, sicher aber der hartnäckigste aller Entdecker in einem Land werden, dessen Geschichte zum großen Teil eine von Entdeckungen war. 1844 – 46 begleitete er Sturt an den Rand der Simpson-Wüste, und 1858 – 60 unternahm er drei wegbereitende Streifzüge in das wasserlose Binnenland von Südaustralien, wobei er die Opalfelder von Coober Pedy durchquerte, ohne von ihrer Existenz zu wissen, und die Ränder der Großen Victoria-Wüste streifte. Für Stuart war Geschwindigkeit der Schlüssel zum Erfolg, und im Gegensatz zu seinen Zeitgenossen, die sich mit überladenen Pferdewagen und langsamen Packzügen dahinquälten, nahm er nur das mit, was auf den Rücken eines Pferdes geschnallt werden konnte. Dennoch waren seine Expeditionen meisterhaft vorbereitet und durchgeführt, und bei all seinen Unternehmungen verlor er nicht einen einzigen Teilnehmer.

Auf jeder seiner sechs Expeditionen stieß Stuart ein bisschen weiter nach Norden vor. 1860 überquerte er die MacDonnell-Kette, durchmaß das Zentrum des Kontinents und erreichte Tennant Creek. Dann aber erzwangen Skorbut, Wassermangel und ungewöhnlich feindselige Aborigines seinen Rückzug. 1861 unternahm er den nächsten Anlauf zu einer Durchquerung, diesmal mit bewaffneten Männern. Er kam bis nach Newcastle Waters, doch wurde bei dem verzweifelten Wagnis, die Küste über den Victoria-Fluss zu erreichen, der Proviant knapp. Im April 1862 war er erneut bei Newcastle Waters, und nach fünf vergeblichen Versuchen, einen Weg zum Victoria zu finden, wandte er sich direkt nach Norden. An Skorbut erkrankt und nahezu blind stieß er auf den Mary-Fluss und brach sich schließlich seine Bahn durch dichtes Buschwerk zu einem Strand unweit der heutigen Stadt Darwin. Damit hatte er als erster den Kontinent durch dessen innerstes Wüstengebiet überquert.

Rechts Stuart, gezeichnet von Stephen King, einem der Teilnehmer an den Expeditionen durch die Mitte Australiens.

42.
John Mc Douall Stuart
The great South Australian Explorer
SK
Rough sketch of Stuart by Stephen King – may be of use to the Caledonian Society in designing the proposed statue
SK

Samuel und Florence Baker finden eine alternative Nilquelle

Die erste Expedition mit einer europäischen Frau

1862 – 65

Als John Speke und James Grant unter der Schirmherrschaft der Royal Geographical Society 1861 auf der Suche nach der Quelle des Weißen Nil Ostafrika durchquerten, war ein anderer Mann, der sich ebenfalls als Entdecker einen Namen machen wollte, auf eigene Faust auf dem Nil unterwegs. Samuel White Baker war ein finanziell unabhängiger, weitgereister Abenteurer und Großwildjäger, der auf Ceylon eine landwirtschaftliche Siedlung gegründet und auf dem Balkan den Bau von Eisenbahnlinien beaufsichtigt hatte. Begleitet wurde er von seiner Frau, einer Schönheit aus Siebenbürgen, die er auf einem bulgarischen Sklavenmarkt dem lokalen Pascha vor der Nase weggekauft und ihr so ein Leben im Harem erspart hatte. Sie hatte sich den Vornamen Florence zugelegt und blieb immer an der Seite ihres Mannes. Ihre Schönheit, ihr Charme und ihre Eleganz machten sie in England auch für die obersten Schichten der viktorianischen Gesellschaft akzeptabel. Im Sudan befuhr das Paar die Flüsse, die von den Hochebenen Äthiopiens herabströmten. Sie machten wichtige Entdeckungen, doch durch die Verzögerung verloren sie ihr eigentliches Ziel aus den Augen. Im Februar 1862 begegneten sie im Südsudan Speke und Grant, die gerade vom Victoria-See und der Nilquelle zurückkamen.

Baker war natürlich enttäuscht und glaubte schon, für ihn werde „kein einziges Blatt vom Lorbeer“ übrigbleiben, fasste aber neuen Mut, als er vernahm, dass Speke einen wichtigen Abschnitt des Nil ausgelassen hatte. Als dieser ihm auf einer Karte den vermuteten Umriss eines großen unbekannten Sees zeigte, wollten die Bakers ihn finden, und so machten sie sich auf gen Süden. Sie ritten auf Ochsen, mussten sich von Gräsern ernähren, litten unter der Malaria, erlebten, wie ihre Boote von Flusspferden umgeworfen wurden und wanderten so neun Monate lang ziellos zwischen den Dörfern der Einheimischen umher. Aber Florence hielt allen Prüfungen tapfer stand, trug Männerkleidung, wenn ihre Röcke vom Regen durchnässt waren und ließ sich auf einer Bahre ziehen, wenn sie vom Fieber zu geschwächt war, um sich auf den Beinen zu halten. Im März 1864 erreichten die beiden Abenteurer nach einem unnötigen Umweg endlich das Südufer des Luta N'zige, den der patriotisch gesinnte Samuel „Albertsee“ taufte – nach dem Gemahl der englischen Königin Victoria. Da die Berge jenseits des Sees in Nebel gehüllt waren, überschätzte er die Größe des Gewässers beträchtlich und erklärte: „Hier war das große Nilbecken, das jeden Tropfen Wassers empfing.“ Die nicht weniger mühselige Rückreise brachte sie bis zu den Murchison-Fällen, und erst im März 1865 waren sie wieder im Sudan, wo man sie schon für tot gehalten hatte.

Rechts Giraffen; ein Aquarell von Florence Baker.

Frauen in einer Männerwelt

Über Entdeckerinnen und Erforscherinnen

Die grundlegendsten Motive für die Erkundung ferner Länder waren die Bildung eines Imperiums, die Entwicklung von Handelsbeziehungen, die Suche nach Reichtümern, religiöse Missionierung, die Förderung wissenschaftlichen Fortschritts und die Vermessung der Inseln und Kontinente der Erde. Lange blieb diese oft sehr abenteuerliche Welt allein den Männern vorbehalten. Weibliche Entdecker hingegen waren vor dem 19. Jahrhundert kaum vorstellbar und vor dem 20. Jahrhundert höchst selten. Expeditionen kosteten viel Geld, vor allem, wenn man dafür eine Flotte, Mannschaften und große Mengen an Proviant und Ausrüstung benötigte. Schon unter den Männern gab es kaum jemanden, der ein solches Unternehmen aus eigener Tasche zu finanzieren imstande war, und eine unabhängige Frau, die über ein derartiges Vermögen hätte verfügen können, bildete die absolute Ausnahme. Zudem hätte es ihr eigenes Vermögen und sie selbst von den Fesseln der Ehe frei sein müssen, denn ein um sie besorgter Gatte würde niemals zugelassen haben, dass sie sich der Gefahr aussetzte, in einen Harem verschleppt oder am Amazonas bei lebendigem Leib verzehrt zu werden.

Um ihrer Leidenschaft, die abgelegeneren Winkel des Erdballs zu bereisen, nachgeben zu können, hätte sie also unverheiratet, freien Geistes, abenteuerlustig und vermögend sein müssen. Eine solche Kombination, die zudem allen Klischees von Weiblichkeit widersprach, kam nur äußerst selten vor, und eben deshalb war auch die Entdeckerin ein seltenes Phänomen.

Eine mögliche Alternative hätte darin bestanden, sich um finanzielle und materielle Unterstützung durch Regierungen, religiöse Körperschaften oder wissenschaftliche Institutionen zu bemühen oder reichen Sponsoren Gewinne in Aussicht zu stellen. Doch hätten die Geldgeber auch bestimmen wollen, wer die Expedition leiten sollte, und ihre Kandidaten unweigerlich dort gesucht, wo Fähigkeiten bereits unter Beweis gestellt worden waren: Fremde Reiche wurden mit Waffengewalt von Generälen und Admirälen erobert, aber im Militär gab es keine Frauen. Die Suche nach goldenen Städten und verborgenen Schätzen war vor allem eine prekäre Angelegenheit quasi-militärischer Art, die eher dem schlachtengestählten Söldner lag. Handelsgesellschaften wurden von Männern geführt, die erfahrene Seeleute oder abgehärtete Abenteurer in die Ferne schickten. Vermessungsexpeditionen rekrutierten ihre Mitglieder aus den militärischen Institutionen, wo es bereits ein Reservoir an talentierten, ausschließlich männlichen Geodäten und Hydrographen gab.

Die noblen wissenschaftlichen und geographischen Gesellschaften, die zumeist ohnehin keine weiblichen Mitglieder duldeten, schickten am liebsten akademisch ausgebildete Ärzte und Wissenschaftler auf die Reise, und das zu einer Zeit, da die wenigsten Universitäten Frauen zum Studium zuließen. Und die Missionarsgesellschaften, der einzige Bereich, in dem Frauen eine größere Rolle spielen konnten, bevorzugten ebenfalls Männer an der Front, während die Frauen in der relativen Abgeschlossenheit von Konventen und Missionsstationen blieben, deren Umgebung von Männern bereits einigermaßen sicher gemacht worden war. Die Arbeitsmöglichkeiten für Entdeckerinnen waren also praktisch gleich Null, und es ist nahezu unmöglich, vor dem späten 19. Jahrhundert eine unabhängige Frau zu finden, die von Europäern nie zuvor betretene Gebiete erkundete oder nicht einfach nur die Begleiterin ihres Gatten war.

Die frühe Kolonialliteratur steckt voller schreckenerregender Geschichten von Frauen wie Mary Ingles und Mary Rowlandson, die von Indianern aus einsamen Siedlungen verschleppt wurden und furchtbare Qualen erdulden mussten. Und wir hören von Frauen in Männerkleidung wie der Piratin Anne Bonny und der baskischen transsexuellen Abenteurerin Catalina de Erauso, die auf alle äußeren Zeichen von Weiblichkeit verzichtete, um in einer Männerwelt überleben zu können. Lady Mary Wortley Montagu, die Frau des britischen Botschafters im Osmanischen Reich, beschrieb ausführlich ihre Reisen im Nahen Osten 1717 – 18 und wird von vielen als erste echte Reiseschriftstellerin betrachtet. Die Ursulinerinnen Marie Tranche-Pain und Marie Hachard berichteten von ihren missionarischen Wanderungen, die sie 1727 im Mississippi-Delta unternommen hatten. Und 1794 beschrieb Anna Maria Falconbridge ihre Erfahrungen in Sierra Leone, um das Elend der Frauen anzuprangern, die aus dem Londoner East End entführt wurden und in den Kolonien als Prostituierte arbeiten mussten. Zu Beginn des 19. Jahrhunderts wurden viele Tagebücher von Frauen veröffentlicht, die ihre Männer in die Kolonien begleitet hatten, doch erschienen viele anonym oder unter einem *nom de plume*, der das wahre Geschlecht der Autorin verbarg. Eliza Fay schrieb Briefe aus Kalkutta, Anne Barnard führte Tagebuch über ihre Reisen in Südafrika um 1800, Jen Shaw publizierte einen Bericht über ihre zwischen 1774 und 1776 unternommene Reise nach Carolina und zu den Westindischen Inseln, und Mary Randalls Beschreibung ihrer Reisen in der Karibik erschien 1792 in Buchform. Fanny Parks bemerkenswertes zweibändiges Werk *Wanderings of a Pilgrim* über ihre 24 Jahre in Indien gab den Namen der Autorin nur in arabischen Schriftzeichen wieder. Weiter wurde die Anonymität dadurch abgesichert, dass Parks die Namen von Freunden nur mit Initialen bezeichnete und von ihrem Mann stets als „Monsieur mon mari" sprach.

Die Erzählungen reisender Frauen waren im Vergleich zu den außergewöhnlichen Geschichten von Heldentum und Überlebenskunst, die ihre männlichen Pendants zu Papier brachten, eher zurückhaltend, doch einigen unternehmungslustigen Abenteurerinnen gelang es schon relativ früh, höchst bemerkenswerte Reisen zu machen. Zwischen 1699 und 1701 befuhr die deutsche Naturforscherin und Malerin Maria Sibylla Merian, die häufig als die erste wirklich unabhängige Entdeckerin gilt, die fieberverseuchten Flüsse Holländisch-Guyanas auf der Suche nach Schmetterlingen. Und von 1766 bis 1769 reiste die französische Naturforscherin Jeanne Barré als Mann verkleidet mit Bougainville um die Erde und war so die erste Erdumseglerin. 1769 bewältigte Isabela Godin des Odonais, die peruanische Ehefrau eines Teilnehmers an der Expedition von La Condamine, eine alptraumhafte Fahrt den Amazonas hinab, um ihren Mann wiederzusehen, der zwanzig Jahren zuvor in Guyana gestrandet war. Mary Ann Parker begleitete 1791 auf dem Kriegsschiff *Gorgon* ihren Mann um die Welt und schrieb als erste Frau einen Bericht über eine Weltumsegelung. 1824 beschrieb Maria Graham ihre Erfahrungen an Bord der Fregatte *Doris*, deren Kapitän ihr Ehemann war. Das Schiff war auf Patrouillenfahrt an der südamerikanischen Küste.

Obwohl es noch einige Jahrzehnte dauern sollte, bis Frauen in größerer Zahl auf eigene Faust reisen konnten, begann das Zeitalter der auf sich gestellten Globetrotterin 1846–48, als die Österreicherin Ida Pfeiffer ihr geerbtes kleines Vermögen dazu nutzte, eine abenteuerliche Reise rund um die Welt zu machen – wobei sie beträchtliche Strecken auf Landwegen durch Indien und den Nahen Osten zurücklegte. Ihr Buch *Eine Frau fährt um die Welt* wurde sofort ein Erfolg und brachte ihr Angebote von Eisenbahn- und Schifffahrtsgesellschaften zur kostenlosen Beförderung ein, was sie 1851–54 nutzte, um eine weitere Rundreise, diesmal in anderer Richtung, zu unternehmen, wobei sie die Ostindischen Inseln erkundete, die Quelle des Amazonas besuchte und den Mississippi hinauffuhr. Nach ihr kam Isabella Bird, die die gesamte zweite Hälfte des 19. Jahrhunderts fast fortwährend auf Reisen war. Zunehmend machten Frauen große Touren durchs Heilige Land und zu den ägyptischen Pyramiden, während andere, wie etwa Amelia Edwards, den Nil weit hinauffuhren und die archäologische Forschung um weitere Erkenntnisse bereicherten. 1863 hielt sich die Holländerin Alexine Tinne, eine der ersten Reisenden, die die gebahnten Wege verließ und so als wahre Entdeckerin gelten kann, im südwestlichen Sudan auf, wo sie ihre Mutter und ihr Dienstmädchen durch Krankheit verlor. 1868 machte sie sich von Libyen auf den Weg durch die Sahara, wo sie von fanatischen Tuareg ermordet wurde. Etwa zur gleichen Zeit begleitete die schöne und elegante Florence Baker ihren Mann auf einer nervenzermürbenden Fahrt zur Quelle des Nil.

Zu Beginn der 1890er-Jahre spottete die Satirezeitschrift *Punch* zwar noch, eine „Dame als Entdecker" sei „ein bisschen zu seraphisch", denn „Frauen waren, sind und werden niemals geographisch", doch genossen die Damen mittlerweile größere Akzeptanz, ja, bisweilen eine ihren männlichen Kollegen fast vergleichbare Anerkennung. Das war vor allem das Ergebnis der öffentlichen Aufmerksamkeit, die eine kleine Zahl fast wie Heilige verehrter Missionarinnen erregte. Ihre mühevolle Arbeit im afrikanischen Dschungel oder in den stürmischen Steppen Zentralasiens, wo sie die Wilden zähmten und die Barbaren zivilisierten, wurde allen christlichen Damen, die mutig genug wären, ihrem Beispiel zu folgen, als leuchtendes Vorbild ans Herz gelegt. Mary Kingsley predigte den Fang-Kriegern in Äquatorialafrika das Evangelium, Kate Marsden durchquerte mit dem Schlitten und zu Pferd die sibirische Wildnis, um verstoßenen Leprakranken zu helfen, und die großartige Annie Royle Taylor kämpfte sich durch Eisstürme und angeschwollene Flüsse über das tibetische Hochland, musste aber, nur drei Tagesreisen von Lhasa entfernt, wieder umkehren. Als sie versuchte, aus lokalen Zutaten einen englischen Weihnachtspudding herzustellen, stellte sie zu ihrer Betrübnis fest, dass das Wasser in dieser Höhe bei einer zu niedrigen Temperatur zu kochen begann, um den Pudding in der Mitte aufzutauen.

Im 20. Jahrhundert hatten Reisende wie Freya Stark oder Alexandra David-Néel bereits den Status von Berühmtheiten und konnten gut vom Verkauf ihrer Bücher leben. Aber für echte Entdeckerinnen war die Zeit vorbei. Sie folgten im Wesentlichen den Spuren ihrer männlichen Vorgänger, und die von ihnen eingeschlagenen Routen waren auf den Karten schon sehr detailliert dargestellt. Es gab allerdings auch einige bemerkenswerte Ausnahmen wie Mina Benson Hubbard, die das unbekannte Labrador erkundete, oder Emilia Snethlage, die die Wälder Amazoniens durchwanderte, aber mittlerweile waren die lockenden weißen Flecken auf der Landkarte, die wenige Jahre zuvor noch weite Gebiete bedeckt hatten, verschwunden. Als ob alles sich verschworen hätte, die Geschichte der geographischen Entdeckungen im Wesentlichen ohne die Erwähnung einer einzigen Frau ablaufen zu lassen, boten die wenigen noch verbliebenen unerforschten Regionen wenig Hoffnung. Sie waren abgelegen und ihr raues Klima für die weibliche Konstitution wenig geeignet. Die Expeditionen, die schließlich dorthin aufbrachen, bestanden ausschließlich aus Männern. 1935 setzte Caroline Mikkelsen, die Frau eines norwegischen Walfängerkapitäns, kurz ihren Fuß auf antarktisches Eis, und 1947 verbrachten zwei Frauen den Winter auf dem Kontinent. Aber erst Ende der 60er-Jahre, als die Emanzipationsbewegung neue Maßstäbe setzte, begannen einige Nationen, das Embargo gegen Frauen in der Antarktis aufzuheben. Dass diese Vorsicht ohnehin unbegründet gewesen war, zeigte Anne Bancroft, die 1986 mit einem Hundeschlitten den Nordpol erreichte und sechs Jahre später eine nur aus Frauen bestehende Ski-Expedition zum Südpol leitete. Damit hatte sie den Mythos der schwachen weiblichen Konstitution zerstört und der männlichen Vorherrschaft ein Ende gesetzt.

Links Isabella Bird (hinter dem Mast und Porträtfoto oben) isst mit ihrer Bootsmannschaft zu Mittag.

Heimliche Erkundungen von Pandits jenseits des Himalaya

Verdeckte Operationen auf dem Dach der Welt

1863–84

Der Survey of India, die grosse Trigonometrische Vermessung, war ein enormes Unterfangen, in dessen Verlauf während der ersten Hälfte des 19. Jahrhunderts Ingenieure der britischen Ostindien-Kompanie den gesamten indischen Subkontinent bereisten und ihn mit einer Genauigkeit vermaßen, die alles bisher Dagewesene übertraf. 1854 hatten die Vermesser die Ausläufer von Kaschmir erreicht und drangen während der nächsten zehn Jahre unter der Leitung von Thomas George Montgomerie immer weiter in die bergigen Grenzregionen vor, bewältigten unglaubliche Höhen und klimatische Bedingungen, um auch die noch höher gelegenen, unzugänglichen Bergketten am Horizont zumindest in Augenschein nehmen zu können. Die Vermessung musste an den Grenzen des britischen Imperiums innehalten, doch wollte Montgomerie unbedingt auch von jenen Gebieten Kenntnis erlangen, die außerhalb seiner Reichweite lagen und die von seinen Untergebenen nicht betreten werden durften: das tibetische Hochland und die Handelsrouten nach Turkestan.

Als Montgomerie bemerkte, dass die Inder ungehindert die Pässe des Himalaya und des Karakoram überqueren konnten, kam ihm eine Idee: Besonders ausgebildete indische Vermesser, deren Geräte verborgen oder als gewöhnliche Gegenstände getarnt waren, könnten die Reise unternehmen, ohne aufzufallen. Diese Männer waren als „Pandits" bekannt, eine Bezeichnung für einheimische Sachverständige, und als erster machte sich 1863 Mohamed-i-Hameed auf den Weg, um die Route nach Jarkand (Shache), einem bedeutenden Handelszentrum an der Seidenstraße, zu vermessen. Den Sextanten hatte er in einem Geheimfach verborgen und im Knauf seines Wanderstabs einen Kompass. Die Höhe bestimmte er anhand der Temperatur, bei der Wasser in einer kleinen Kupferschale zu kochen begann. Auf diese Weise konnte Hameed die Position und Höhenlage von Jarkand vergleichsweise exakt bestimmen. Die Entfernungen schätzte er, indem er monoton seine Schritte zählte, was bei entsprechendem Training eine bemerkenswerte Genauigkeit ermöglichte. Zudem kehrte er mit wertvollen politischen Informationen zurück. Angesichts dieses Erfolgs wurden weitere zwölf oder mehr Pandits ausgebildet, deren Identität sich hinter Decknamen verbarg, die oft nicht einmal nach dem Tod preisgegeben wurden. 1866 bestimmte Nain Singh, ein Schulmeister aus Kumaun, die Position von Lhasa bis auf drei Kilometer und die Höhe bis auf dreißig Meter genau. In den folgenden Jahren vermaß er die tibetischen Goldfelder und das obere Tal des Tsangpo. 1878–82 wanderte Kishen Sing von Darjeeling bis zu den Ausläufern der Wüste Gobi und kehrte über die Grenzregionen Chinas zurück.

Rechts Rai Bahadur Kishen Sing Milamwal, einer der indischen Vermesser, die Montgomerie für Geheimoperationen jenseits der Grenzen von Britisch-Indien einsetzte.

Lagrée und Garnier fahren den Mekong aufwärts

Die letzte der großen Flussexpeditionen

1866–68

INDOCHINA, DAS HEUTIGE VIETNAM, WAR SCHON LÄNGER ein bei französischen Missionaren beliebtes Rekrutierungsgebiet gewesen und besaß in den 1830er-Jahren eine recht umfangreiche christliche Bevölkerung. So war es, als die vietnamesische Monarchie gegen die missionarischen Aktivitäten vorging, absehbar, dass die Franzosen darauf reagieren würden. 1858 erstürmten sie Da Nang und im folgenden Jahr Saigon. 1862 waren alle drei Provinzen Cochinchinas (des vietnamesischen Südens) unter französischer Verwaltung, und damit hatte Frankreich in Südostasien Fuß gefasst und für den Schutz der Christen gesorgt – doch darüber hinaus war der Nutzen dieser Aktionen eher zweifelhaft. Optimistischer wurde man erst, als Francis Garnier, ein junger, aber scharfsichtiger Marineoffizier, geltend machte, dass die wirtschaftlichen Vorteile des neugewonnenen Territoriums nicht in der Kolonie selbst lägen, sondern im mächtigen Mekong, der das Gebiet durchfloss. Verlauf und Schiffbarkeit des Mekong waren noch nicht erkundet worden, doch nahm man an, dass er in Jünnan entspringe, einer an Bodenschätzen und Edelsteinen reichen chinesischen Provinz. So stimmte die französische Regierung 1865 einer Expedition zu, doch musste Garnier seiner Jugend wegen das Oberkommando Ernest Doudart de Lagrée überlassen, einem älteren, gesundheitlich bereits angeschlagenen Mann. Allerdings sollte Garnier während der Reise viele Entscheidungen selbst treffen, sodass sein Name mit der Expedition sehr viel stärker verbunden ist als der des älteren Lagrée.

Diese Expedition ist einmal als „die glücklichste und vollkommenste des 19. Jahrhunderts" bezeichnet worden, was vielleicht auch mit den an Bord genommenen 700 Litern Wein und 300 Litern Cognac zusammenhing. Garnier und Lagrée verließen Saigon auf zwei Kanonenbooten im Juni 1866. Weiter flussaufwärts wurde alles in Kanus umgeladen, damit die berüchtigten Stromschnellen von Sambor und die Wasserfälle von Khone umgangen werden konnten, die den erhofften leichten Zugang nach China unmöglich machten. Landexkursionen führten nach Westen zu den Ruinen von Angkor Wat und den Shan-Staaten, und trotz fortwährender Reibereien wegen der Pässe und häufiger Fieberanfälle hatten Garnier und Lagrée im September 1867 den Mekong bis fast zur chinesischen Grenze bewältigt. Auf dem Landweg untersuchten sie die oberen Ausläufer des Roten Flusses und drangen auf Garniers Betreiben nordwärts bis nach Huize vor. Hier starb Lagrée, durch Ruhr und Malaria geschwächt. Das Kommando ging nun an Garnier über, der gerade von einem 250 Kilometer langen Marsch nach Westen zurückgekehrt war. Er hatte den oberen Mekong erreichen wollen, war aber bei Dali von muslimischen Rebellen aufgehalten worden. Immerhin hatte er den Jangtse weiter von der Küste entfernt erblickt als jeder andere Europäer seit Marco Polo. Von Jibin aus fuhr die Expedition mit Dschunken den Jangtse abwärts bis Schanghai, und im Juni 1868 kam sie, nach etwas mehr als zweijähriger Abwesenheit, wieder in Saigon an.

Rechts Ein Abschnitt des Mekong in Kambodscha; eine der vielen detaillierten Karten, die während der Expedition von Lagrée und Garnier gezeichnet wurden.

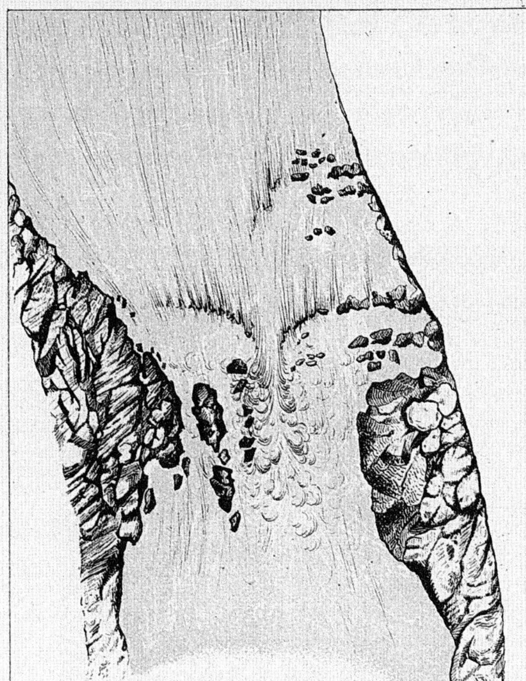

Keng Yapeut
(Voy. la Carte N° III)

CARTE DU COURS DU CAMBODGE
entre Pak Moun et Ban Naveng
dressée par
L. DELAPORTE, LIEUTENANT DE VAISSEAU.

N° I.

Les sondes sont en mètres, celles qui sont soulignées indiquent que l'on n'a pas trouvé fond à cette profondeur.
Keng signifie rapide en Laotien.
⟶ Ligne de plus grand courant et de plus grand fond.
D ou Don signifie île.

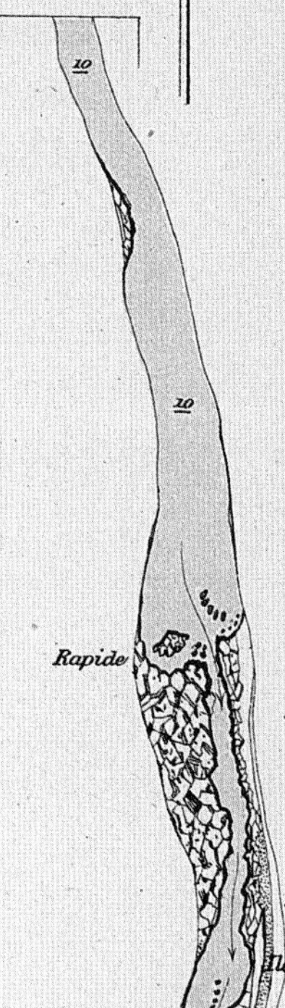

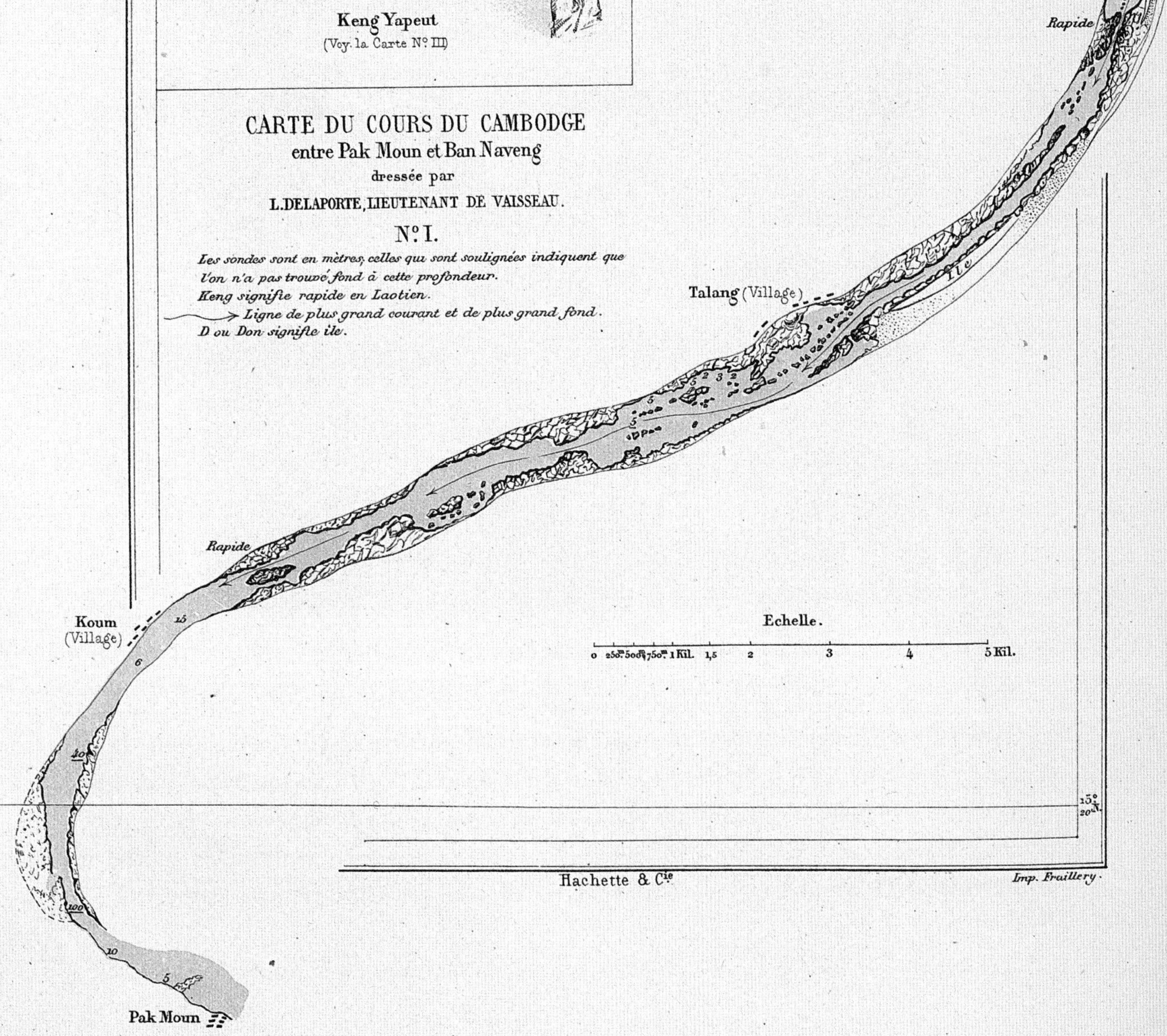

Hachette & Cie

Imp. Fraillery.

1867–79

John Wesley Powell trotzt den Schrecken des Colorado

Durch die Wildwasserschluchten des rot gefärbten Flusses

Um die Mitte des 19. Jahrhunderts strömten Zuwanderer in großer Zahl über den amerikanischen Westen nach Oregon, Utah und zu den Goldfeldern Kaliforniens. Aber die meist zu Pferd oder im Ochsenwagen unternommene Reise war so beschwerlich und von Gefahren begleitet, dass der Kongress 1853 drei umfangreiche Expeditionen entsandte, die mögliche Routen für eine transkontinentale Eisenbahnstrecke ausfindig machen sollten. Die Ergebnisse füllten 17 umfangreiche Bände, doch dann brach der Bürgerkrieg aus, und alle regierungsfinanzierten Erkundungsreisen mussten erst einmal auf Eis gelegt werden. Obwohl man über die Topographie der westlichen Territorien einigermaßen im Bilde war, fehlte es insbesondere jenseits der von den Wagentrecks tief zerfurchten Wege an Kenntnissen im Detail. So machte sich 1867 die erste der vier von der Regierung initiierten Expeditionen, die als „Große Vermessungen" bekannt wurden, mit einem Gefolge von Topographen, Geologen und Biologen auf den Weg nach Westen. Unter der Leitung von Ferdinand Vandiveer Hayden erkundeten verschiedene Teams zwölf Jahre lang das Land von Nebraska bis Idaho und nach Süden bis Colorado, während Clarence King sechs Jahre lang einen schmalen Streifen erforschte, der Wyoming mit der kalifornischen Grenze verband. Im Südwesten verbrachte George Wheeler ebenfalls sechs Jahre damit, die ganze Gegend zwischen Nordkalifornien und New Mexico zu kartographieren.

Abgesehen von gelegentlichen Streitigkeiten über territoriale Zuweisungen verliefen diese Vermessungsarbeiten ruhig und ohne große öffentliche Aufmerksamkeit. Eine Ausnahme bildete die vierte der Großen Vermessungen, deren Leiter, John Wesley Powell, zum Nationalhelden werden sollte. Powell, der die wenig beneidenswerte Aufgabe erhalten hatte, den Colorado zu kartographieren, war ein begabter, akademisch ausgebildeter Naturforscher, der im Bürgerkrieg einen Arm verloren hatte. Nach ausgedehnten Forschungsreisen in den Rocky Mountains entschloss er sich, mit einer bunt zusammengewürfelten Gruppe von Jägern aus den Bergen den Grünen Fluss in Wyoming abwärts zu fahren. Trotz mancher Auseinandersetzungen mit den eigensinnigen Außenseitern, die er angeheuert hatte, steuerte Powell die Expedition durch die Wildwasserschluchten des Grünen Flusses und des Colorado. Die Fahrt dauerte neunzig Tage, und er verlor dabei eines seiner Boote und den größten Teil seiner Vorräte. Nachdem er den Grand Canyon bewältigt hatte, stieß er mit seinen Leuten auf Stromschnellen, die ihre schlimmsten Erwartungen noch übertrafen, woraufhin drei Männer das Ufer aufsuchten, dort jedoch von Indianern umgebracht wurden. Die Gruppe löste sich an der Grenze von Nevada auf. Weitere Expeditionen sollten folgen. Er fuhr den Fluss ein zweites Mal hinab und konnte nun besser organisiert und mit größerer Ruhe den Colorado und seine Nebenflüsse genau vermessen.

Rechts Die Fotografie von 1875 zeigt John Wesley Powell (ganz links) in der traditionellen Kleidung der *frontiersmen* mit einem Forscherteam.

Gustav Nachtigal umwandert die östliche Sahara

Ein kluger Mann bringt dem Sultan Geschenke mit

1869 – 74

Wie so viele deutsche Afrikaforscher spielt auch Gustav Nachtigal in der angelsächsischen Literatur keine große Rolle, obwohl er eine der bemerkenswertesten Reisen des 19. Jahrhunderts unternahm. Er war Militärarzt und kam nach Afrika, um seine Tuberkulose auszuheilen, verbrachte aber zunächst drei Jahre in Tunis, wo er half, die dort grassierende Typhus- und Choleraepidemie zu bekämpfen. Seinen lang gehegten Wunsch, auf Entdeckungsfahrt zu gehen, konnte er 1868 endlich verwirklichen, als er in Tripolis seinen Mentor, den Saharaforscher Friedrich Rohlfs traf. Dieser war vom preußischen König Wilhelm I. beauftragt worden, dem Sultan von Bornu Geschenke zu überbringen, hatte aber eigentlich andere Ziele und war daher hocherfreut, als Nachtigal sich bereit erklärte, die Aufgabe zu übernehmen. Der Arzt verließ Tripolis im Januar 1869, begleitet nur von einem italienischen Koch und acht Kamelen, die unter einer seltsamen Kollektion von Geschenken fast zusammenbrachen: lebensgroße Porträts des Königs, seiner Gemahlin Augusta und des Kronprinzen Friedrich, ein mit rotem Samt bezogener Thron und sogar ein Harmonium. Der Weg führte durch die Sahara, wobei manche Geschenke unterwegs von einheimischen Stämmen geraubt wurden, doch Harmonium und Porträt erreichten, wenngleich leicht beschädigt, ihren Bestimmungsort.

Trotz aller Schwierigkeiten war die Reise der Mühe wert. Der Sultan war von den Geschenken sehr angetan und zeigte sich dankbar. Drei Jahre lang genoss Nachtigal seine Gastfreundschaft und konnte ungehindert umherreisen. 1871 führte ihn eine Erkundung nordöstlich des Tschad-Sees 600 Kilometer ins Landesinnere, und im folgenden Jahr erforschte er in südöstlicher Richtung den Chari-Fluss. Als 1873 sein Aufenthalt beim Sultan beendet war, entschied er sich für eine Route nach Osten, mitten durch von Stammesfehden zerrissene Regionen und das notorisch gefährliche Königreich Ouaddai, das zwischen Bornu und dem Nil lag. Unterwegs löste er das Rätsel von Eduard Vogels Tod, der 17 Jahre zuvor verschollen war, und machte einen langen Abstecher nach Süden, fast bis in die heutige Zentralafrikanische Republik. Schließlich erreichte er im August 1874 etwas südlich von Khartum den Nil und war damit der erste Europäer, dem es gelungen war, die südliche Sahara von Westen nach Osten zu durchqueren. Nachtigal, ein Mann der Aufklärung, „diskret, bescheiden und ehrlich“, der jeden Afrikaner, gleich welchen Ranges, als ihm gleichwertig erachtete, lehnte den Sklavenhandel entschieden ab und sah wie seine britischen Kollegen in der Kolonialisierung das einzige Mittel, ihm Einhalt zu gebieten. Zehn Jahre später spielte er eine entscheidende Rolle im Kampf Deutschlands um seinen kolonialen Anteil an Afrika bei der Annektierung von Togo und Kamerun, und er pflanzte die deutsche Fahne an der Küste von Namibia auf.

Rechts Nachtigal überreicht das Porträt König Wilhelms, das die beschwerliche Reise durch die Sahara unbeschadet überstanden hat, dem Sultan von Bornu.

Ueberreichung der Geschenke König Wilhelm's an Scheïch 'Omar von Bornû. (S. 594.)

Nikolai Prschewalski entschleiert die Geographie Zentralasiens

Der Wettlauf nach Lhasa bringt Erkenntnisse mit sich

1870 – 87

DAS HEILIGE LHASA, GESCHÜTZT DURCH HOHE GIPFEL, unzugängliche Täler und öde Wüsten, war immer schon schwierig zu erreichen gewesen, doch schien es in den 60er-Jahren des 19. Jahrhunderts in noch weitere Ferne gerückt. In Indien dehnte sich das britische Imperium langsam, aber sicher nach Norden aus, und die Russen schluckten die Khanate von Turkestan, während China von alters her Anspruch auf alles erhob, was an seinen westlichen Grenzen lag. Tibet fühlte sich aus allen Himmelsrichtungen bedroht und wies jeden Fremdling, der sich seiner Hauptstadt näherte, höflich aber bestimmt, kurz vor dem Ziel zurück. Wohl kaum einer versuchte mit größerer Hartnäckigkeit Lhasa zu erreichen als der Geograph, Historiker und Naturforscher Nikolai Michailowitsch Prschewalski, Russlands größte Entdeckerpersönlichkeit. 1867 war er nach Irkutsk geschickt worden und hatte bereits weite Gebiete Ostsibiriens erkundet, als es ihm gelang, die Unterstützung der Geographischen Gesellschaft in Russland für eine Expedition nach Tibet in Zentralasien zu gewinnen.

Im November 1870 durchquerte Prschewalski die Wüste Gobi nach Peking und machte sich dann in westlicher Richtung auf die Suche nach dem mythischen See Koko Nor (Qinghai Hu), wo die Pilger auf ihrer Reise nach Lhasa rasteten. Aber das Unternehmen schlug fehl, und Prschewalski startete 1872 einen neuen Versuch. Diesmal kam er zum Koko Nor und stieg zum unwirtlichen Hochland hinauf, wo die Quellen der Flüsse des Orients liegen. Aber 800 Kilometer vor Lhasa gingen ihm Geld und Vorräte aus, und er musste über Sibirien zurückkehren. 1876 wählte er eine andere Route, die ihn durch das Becken des Dsungaria und die Wüste Taklamakan führte, wo er anhand der Sandverwehungen und der nur zu bestimmten Jahreszeiten über Wasser verfügenden Seen den Lop Nor lokalisierte, der seit den Zeiten Marco Polos nicht mehr entdeckt worden war. Mitten im Winter erreichte er die Ausläufer Tibets, sodass er erneut zur Umkehr gezwungen war. Ein dritter, 1879 vom Altai aus unternommener Vorstoß brachte ihn weiter, doch nun befürchteten die Tibeter, dass Prschewalski die Spitze eines russischen Vormarsches bildete, dessen Ziel es sei, den Dalai Lama gefangenzunehmen. Wieder musste er, diesmal nur 270 Kilometer vor Lhasa, den Rückweg antreten. Eine vierte Expedition fand 1883 statt. Sie folgte im Wesentlichen dem Weg der ersten Expedition, war aber professioneller organisiert. Prschewalski erforschte die Quellen des Huang He und des Jangtse und kartographierte weite Gebiete der Wüste Taklamakan, aber die misstrauischen Tibeter gewährten ihm keinen Zutritt. Sein fünfter Versuch, 1887 von Tien Shan aus unternommen, war auch sein letzter. Prschewalski starb unweit des Sees Issyl Kul an Typhus und wurde in seiner Reisekleidung und mit seinem Lieblingsgewehr begraben.

Rechts Prschewalskis Karte der Mongolei, Chinas und Tibets zeigt die Routen, die er 1870 und 1873 bei zwei seiner vergeblichen Versuche, Lhasa zu erreichen, einschlug.

Petermann's Geographische Mittheilungen
Jahrgang 1876, Tafel 1.
PRZEWALSKI'S REISEN
VON PEKING NACH TIBET &c. 1870–1873,
NEBST ÜBERSICHT DER
NEUEREN REISEN IN DER MONGOLEI.
Von A. Petermann.
Östl. Länge v. Greenwich
CHALCHA MONGOLEN
MONGOLEI
SANDMEER (der Chinesen)
GOBI (SCHAMO)
WÜSTE GOBI
UROTEN
ALASCHAN
(Bewohnt von den OLÜTEN)
ORDOS
PE-TSCHI-LI
SCHAN-SI
SCHEN-SI
SCHAN-TUNG
HONAN
EIGENTLICHES CHINA
TIBET
TSCHAIDAM
CHARA-TANGUTEN
Kuku-nor
GOTHA: JUSTUS PERTHES
1876.

Patagonien offenbart seine Geheimnisse

Eine abweisende, menschenfeindliche Wildnis

1870 – 1900

Trotz der beträchtlichen Anzahl von Seeleuten, die seit Jahrhunderten die Küsten Patagoniens angesteuert hatten, um Rast zu machen und die Schiffe zu überholen, war das Land mit seinen unablässig wehenden Winden, die die Siedler in den Wahnsinn treiben konnten, ein Niemandsland geblieben. Sein Inneres war Gerüchten zufolge von Riesen und feindseligen Stämmen bewohnt und barg keine Mineralien oder sonstigen Naturschätze, weshalb es weder dem Entdecker noch dem Kolonisten viel zu bieten vermochte. 1865 hatten zugewanderte Waliser am Río Chubut eine landwirtschaftliche Gemeinschaft gegründet, und Argentinien hatte durch eine Reihe von brutalen Feldzügen gegen die Indianer den Norden unter seine Herrschaft gebracht. Doch erst in den 80er-Jahren gab es im Süden eine formelle Verwaltung, und schließlich drangen auch die Entdecker in diese letzte große Wildnis vor, um ihre klaren Bergseen, ihre so täuschend einander ähnelnden Flüsse und ihren ethnologischen und anthropologischen Reichtum zu ergründen. In den Jahren 1869 – 70 unternahm der Engländer George Chaworth Musters in Begleitung von Tehuelche-Indianern eine Reise tief ins Innere Patagoniens. Aber die wahren Pioniere waren zwei Argentinier: der Ethnologe Francisco Moreno und sein Gefährte, der Marineoffizier Carlos Moyano.

Moreno begann mit seinen Erkundungen 1873 – 76. Er erforschte den Río Negro im Norden, den Río Santa Cruz im tiefen Süden und die Gegend um den See Nahuel Huapí, wo der Fund vieler Kunst- und Gebrauchsgegenstände die Aufmerksamkeit der Europäer zum ersten Mal auf die einheimischen Stämme Patagoniens lenkte. 1878 tat Moreno sich mit Moyano zusammen, um das pittoreske Seengebiet Südpatagoniens zu erkunden, wobei sie den Lago Argentino kartographierten und den Lago Viedma entdeckten. Während Moreno danach zum Río Negro zurückkehrte, machte sich Moyano daran, einen Pass über die Anden zu suchen. Dabei kam er am Lago San Martion vorbei, fuhr den Río Deseado von der Atlantikküste aufwärts und erforschte den letzten der großen Seen dieser Region, den Lago Buenos Aires. In den folgenden vier Jahren füllte Moyano weitere weiße Flecken auf der Landkarte und versuchte, allerdings erfolglos, im Süden den dichten Urwald zu durchqueren, der Argentinien bis dato daran gehindert hatte, einen Hafen an der Pazifikküste zu erbauen. Die Heirat mit einer Engländerin von den Falkland-Inseln setzte seinem Abenteurerleben ein Ende, und 1887 machte ihm das Klima so zu schaffen, dass er sich als Beamter in Buenos Aires niederließ. Moreno jedoch blieb rastlos und erforschte sämtliche Gebiete zwischen der Magellan-Straße und der Atacama-Wüste. 1913 ging er in den Ruhestand und starb, wiewohl von der Welt für seine Leistungen geehrt, sechs Jahre später in Armut.

Rechts Die Karte Zentralpatagoniens von 1901 zeigt die Ergebnisse einer Expedition, die das gebirgige Grenzland zwischen Chile und Argentinien vermaß.

CROQUIS
de una Parte de
PATAGONIA
segun datos recojidos durante el viage 1876-1877
POR
FRANCISCO P. MORENO.
Camino recorrido por el Autor
Paraderos Indios
OCÉANO ATLÁNTICO
TERRITORIO INESPLORADO
ISLA WELLINGTON
Patagonia Occidental
Canales de
Cordillera de los Andes
Volcan Fitz Roy
Mte Stokes
LAGO SAN MARTIN
LAGO VIEDMA
LAGO ARGENTINO
PAIS MONTAÑOSO
MONTAÑAS
Mesetas Terciarias con Basalto
Mesetas Terciarias
Mesetas Terciarias cubiertas en parte por Basalto
Rio Chico
Rio Shehuen
Rio Santa Cruz
TERRENOS ÁRIDOS
Colinas de Leon
Mte Leon
Mte Entrance
Chickerook-aiken
800 á 1000 PIÉS DE ALTURA
MESETAS TERCIARIAS DE
Los 3 cerrillos
de Mte Observacion
Cabo redondo
Punta Norte
COY INLET
Cerro Inclinado
Castle Hill
Mte Moyano
Beagle Bluff
Weddel Bluff
Isla de Leones
74°
73°
72°
71°
70°
69°
68°
51°
Litogr. de Albo Larsch, Florida 164, Buenos Aires.

1871–1876

Henry Morton Stanley in Afrika

Die Massenpresse macht aus Reportern Helden

Lange Zeit blieben Forschungs- und Entdeckungsreisen von den Zeitungen unbeachtet. Bestenfalls gab es ein paar Spalten irgendwo im Innenteil, wenn die Sache nicht gleich den Fachzeitschriften überlassen wurde. Das änderte sich mit dem Aufkommen der Massenpresse grundlegend. James Gordon Bennetts *New York Herald* und Alfred Harmsworths *Daily Mail* zielten auf ein breiteres Publikum, auf Leute, die zuvor auch aus Geldmangel nie daran gedacht hätten, sich eine Tageszeitung zu kaufen. Berichte über Abenteuer verkauften sich gut, und die von Erfolg gekrönte, von einer Zeitung gesponsorte Suche nach einem vermissten Entdecker konnte einen finanziell angeschlagenen Verleger über Nacht zum Millionär machen. Henry Morton Stanley hatte für den *New York Herald* bereits Reportagen über den britischen Äthiopienfeldzug geschrieben und dabei Telegrafisten bestochen, damit sein Bericht vor denen der Konkurrenz durchgegeben wurde. Doch 1868 fand er die Herausforderung, die ihm unsterblichen Ruhm bescheren sollte: Es ging darum, Livingstone zu finden. Der Forscher und Missionar David Livingstone war zwei Jahre zuvor im Innern Afrikas spurlos verschollen. Aber Bennett wollte aus der Geschichte das Bestmögliche herausholen und schob Stanleys Expedition um mehr als ein Jahr hinaus, in der Hoffnung, dass die Spekulationen über Livingstones Schicksal dann auf dem Höhepunkt angelangt wären. Tatsächlich traf Stanley erst 1871 in Sansibar ein, zu einer Zeit also, als verlässlichen Informationen zufolge Livingstone lebend und wohlauf am Tanganjika-See weilte, sodass der Erfolg von Stanleys Mission gesichert war.

Im November 1871 kam es in Ujiji zur Begegnung der beiden Männer, und der Reporter wurde zum Star. Doch erst seine nächste Expedition brachte ihm die Anerkennung als Entdecker. 1874 war Stanley zu der Überzeugung gelangt, Livingstones unvollendet gebliebenes Werk fortsetzen und die Wasserscheide ausfindig machen zu müssen, die den Nil von den zum Atlantik verlaufenden Flüssen trennt. Als Bennett nicht bereit war, eine Expedition zu finanzieren, die weniger glänzende Ergebnisse versprach als die Suche nach Livingstone, wandte Stanley sich an Edwin Arnolds *Daily Telegraph*, der ihm 6000 Pfund versprach, falls Bennett bereit sein sollte, eine ebenso große Summe zu zahlen. Bennett, in die Ecke gedrängt, stimmte nach einigem Zögern schließlich zu. Das Ergebnis war eine der geographisch bedeutsamsten Expeditionen des Jahrhunderts. Stanley erforschte den Victoria-See und den Tanganjika-See und erreichte im Oktober 1876 den Oberlauf des Kongo. Er fuhr den Kongo abwärts und erreichte knapp ein Jahr später die Atlantikküste. Damit hatte er gezeigt, dass der Kongo eine der Hauptwasserstraßen war, die in das Innere Afrikas führten.

Rechts Henry Morton Stanley mit Kalulu, dem Jungen, den er als Diener und Flintenträger adoptiert hatte und nach dem er die Kalulu-Fälle des Kongo benannte.

Die Challenger und die Grundlagen der modernen Ozeanographie

Mit dem Senkblei in die Meerestiefen

1872–76

IM DEZEMBER 1872 BRACH DIE HMS CHALLENGER, EINE 2306-TONNEN-KORVETTE, von Portsmouth zu einer Reise auf, die bis heute die längste kontinuierlich durchgeführte Forschungsfahrt bleiben sollte. Alle 18 Kanonen bis auf zwei waren entfernt worden, um Platz für die wissenschaftliche Ausrüstung zu schaffen: Tausende von Glasbehältern für Tier- und Pflanzenarten, Chemikalien zur Konservierung und Analyse, Thermometer und Mikroskope, und nicht weniger als 290 Kilometer bester italienischer Hanfseile für Tiefenlotungen und das Fischen mit Schleppnetzen. Ihr Kapitän war der populäre und erfahrene schottische Marineoffizier George Strong Nares, während das sechsköpfige Forschungsteam von Charles Wyville Thomson, einem Professor aus Edinburgh, geleitet wurde. Thomson hatte die Idee zu dieser Reise entwickelt und die Royal Society wie auch Gladstones Regierung dazu bewegen können, Gelder für eine Forschungsexpedition von außergewöhnlich langer Dauer bereitzustellen. Während die Fahrt zumeist unter Segel stattfinden sollte, besaß die Korvette eine Dampfmaschine, um sie bei wichtigen Messungen stationär halten zu können. Extreme Tiefen wurden durch die Bestimmung der Abstiegsgeschwindigkeit einer Bleikugel gemessen – eine bemerkenswert genaue Technik, die der englische Physiker Robert Hooke bereits zwei Jahrhunderte zuvor entwickelt hatte.

Im ersten Jahr überquerte die *Challenger* viermal den Atlantik, durchmaß 1874 die Südsee bis fast zur Antarktis, um sich dann nordwärts nach Australien, Neuseeland und über die Ostindischen Inseln nach Hongkong zu wenden. Hier wurde Nares, sehr zum Missfallen der Mannschaft, zurückbeordert, um eine Polarexpedition zu befehligen, aber die *Challenger* setzte ihre Reise auch unter dem neuen Kapitän, Frank Tourle Thomson, unbeirrt fort. Über Hawaii, Chile und den Atlantik kehrte sie im Mai 1876 nach einer Reise von 110 000 Kilometern nach Portsmouth zurück. Im Marianengraben südwestlich von Guam erbrachte die Tiefenmessung den Rekord von 8162 Metern, und während unterhalb von 200 Metern Tiefe kein pflanzliches Leben mehr entdeckte wurde, ergab das Fischen mit Schleppnetzen, dass entgegen der bisherigen Überzeugung noch in den tiefsten Tiefen Lebewesen zu finden waren. Kleine Inselgruppen hatte man genauestens kartographiert, an 362 Punkten die Temperatur im tiefen Wasser gemessen und am Ende der Reise 360 Millionen Quadratkilometer Ozeanboden, der häufig übersät war mit Mangan- und Eisenknollen, kartiert. Von den seltsamen Kreaturen, die man aus der Tiefe gefischt hatte, waren 4717 Arten, darunter einige mit Licht emittierenden Organen, noch nie zuvor erblickt worden. Die Berichte der Expedition umfassten fünfzig Bände mit insgesamt 29 500 Seiten – Stimulans für eine neue Generation von Wissenschaftlern und der Beginn des Zeitalters der modernen Ozeanographie, die noch heute für immer neue Erkenntnisse sorgt.

Rechts Die erste Seite des Tagebuchs von Pelham Aldrich, der als Erster Leutnant an der Reise der *Challenger* teilnahm.

1872

Dec. 21st 11.30 am. Cast off from the Jetty in Portsmouth Harbor, and with steam commenced our voyage of Scientific exploration and Circumnavigation. For a wonder the sun shone out just as we started and remained out as we discharged our Pilot and a few friends to the Tug which had accompanied us out as far as Spithead. These good people did their best to enliven our departure – and we were greeted with three cheers as they shoved off – and immediately afterwards we proceeded for the Needles. The lively propensities of the ships were soon to be developed, for even before we reached the Needles – signs of motion were observable, and made me anxious to get everything secured as quickly as possible – precautions which were soon to be found necessary – as a falling Barometer and awkward looking sunset gave very indication of a gale from the SW. In the first watch it became thick – and plenty of drizzle – at 2.30 am. we got a glimpse

Dec. 22nd of the Start Light abeam – and lost sight of him 2 hours afterwards.

The 22nd opened with a fine bright sunshine – the wind having hauled gradually from West round to the Southward a moderate breeze to which we made all Plain sail Except Royals and F. Jib. steering course to W.S. to ~~keep~~ get good Westing in case of falling in with the expected SW. gale – At Midnight the wind and sea began to increase – and necessitated a gradual shortening of sail until 4 am. found us under Topsails on the Cap and Courses – There was a nasty confused sea – and the Ship was uncommonly uneasy rolling 22° to Starboard and 16° to Port, with a few hints that she could and would ultimately do more – The Barometer still fell steadily and the ship was kept rap full on the Port Tack to make Westing in

Dec. 23rd case of a shift to the NW. – A lively day promised – under close reefed Topsails and Gaff sails with heads hauled in – a fresh Gale from the SSW.

the ship rolling 35° to leeward – During the day the Bar. fell and the wind rose. Wore in the hope

Dec. 24th of getting wind from NW – but "Boreas wouldn't" The wind never getting farther round than from SSW. SW. to WSW. a heavy sea running and ship knocking about a great deal – The first night in a gale of wind always produces a few mishaps fortunately ours were confined to those at which one could well afford to laugh – nothing more serious happening than the "gutting" of one or two cabins and the tendency to fly, of a patent ~~wire~~ wire sounding reel – which found its way down into the Cockpit very close to the Paymaster's head.

Peter Warburton trotzt der Großen Sandwüste

Eine Expedition ins Innere Australiens

1873–74

Der schmale Landstreifen quer durch das Herz Australiens, über den seit 1871 die Telegrafenlinie verlief, die Adelaide in Südaustralien mit Darwin im heutigen Northern Territory verband, war durch diese Maßnahme umfassend vermessen worden. Ostwärts hatten jenseits der berüchtigten Simpson-Wüste Burke und Wills die Topographie des Kontinents in ihren grundlegenden Zügen bestimmt, und Augustus Gregory war es 1857 gelungen, weite Gebiete zwischen Brisbane und Adelaide zu erforschen. Westlich der Telegrafenlinie jedoch, von Alice Springs bis zu den ländlichen Siedlungen der Westküste, war die Landkarte noch ein einziger weißer Flecken. Zwischen 1857 und 1861 hatte Frank Gregory, Augustus' jüngerer Bruder, einige ergebnislose Streifzüge in das Innere von Westaustralien unternommen, die jedesmal an undurchdringlichen Wüsten endeten, und 1869 war der Vermessungsbeamte John Forrest von Perth aus etwa 650 Kilometern ostwärts bis an den Rand der Großen Victoria-Wüste vorgedrungen, die ihn zur Umkehr zwang.

Peter Egerton Warburton, ein ehemaliger Armeehauptmann, der als Polizeikommissar nach Südaustralien ausgewandert war, entwickelte seine Leidenschaft für Entdeckungsreisen erst im relativ fortgeschrittenen Alter von 44 Jahren. 1872, im sechzigsten Lebensjahr, nahm er einen Auftrag an, der selbst einen abgehärteten Abenteurer in der Blüte seiner Jahre hätte erblassen lassen: Er sollte eine Expedition von der Telegrafenlinie nach Westen führen und dabei, wenn möglich, den Indischen Ozean erreichen. Als er sich im April 1873 mit seiner hübsch in Reih und Glied dahintrabenden Kamelkarawane von Alice Springs auf den Weg machte, erweckte der Treck eher den Eindruck einer friedlichen Szene aus der Sahara. Aber die Reise wurde zu einer der schlimmsten Prüfungen in der Geschichte der Entdeckungen. Die Expedition musste ausgerechnet in einem Jahr großer Trockenheit eine bereits völlig ausgedörrte Landschaft durchqueren. Um voranzukommen, war es zwingend notwendig, nach Wasserstellen zu suchen, die bisweilen 150 Kilometer entfernt und dazu noch tief im Sand verborgen lagen. Die Kamele, Warburtons Schlüssel zum Erfolg, wurden von einer mysteriösen Krankheit befallen, an der einige starben, und als die Karawane die sich unendlich dehnenden Dünen der Großen Sandwüste erreicht hatte, wollte Warburton fast verzweifeln, denn weit und breit war kein Wasser in Sicht. Doch umzukehren hätte den sicheren Tod bedeutet, und so schickte er eine Vorhut aus, die zum weit entfernten Oakover-Fluss gelangen sollte. Die heldenhafte Leistung dieser Vorhut, der es unter unsäglichen Leiden gelang, die Expedition mit Wasser zu versorgen, wurde schon damals zur Legende. An sein Kamel geschnallt, auf einem Auge blind und nach drei Monaten in den wasserlosen Dünen dem Tode nahe, erreichte Warburton im Januar 1874 die Küste.

Rechts Eine Szene wie aus der Sahara: Warburtons Karawane macht sich auf den Weg durch das westliche Binnenland Australiens.

Peter Warburton trotzt der Großen Sandwüste

Camerons Pioniertat: die Durchquerung Afrikas

„Der Union Jack soll immerwährend über Zentralafrika wehen“

1873–75

LEUTNANT VERNEY LOVETT CAMERON WAR MIT 13 JAHREN IN DIE MARINE EINGETRETEN und hatte auf den Westindischen Inseln, im Amerikanischen Bürgerkrieg, auf dem Äthiopienfeldzug und in Westafrika gedient, wo er dazu beitrug, den von ihm verabscheuten Sklavenhandel zu bekämpfen. Jetzt war er 26 und versah höchst prosaischen Dienst an der Themsemündung. Aber es drängte ihn in die Ferne, und er wurde immer wieder bei der Royal Geographical Society vorstellig, um zu fragen, wann es endlich etwas für ihn zu tun gäbe. Nach zwei Jahren endlich, 1872, bot sich eine Gelegenheit, die Cameron seinen Platz in den Geschichtsbüchern sichern sollte. Als man in England erfuhr, dass David Livingstone lebend und bei guter Gesundheit aufgefunden wurde und bereit sei, weitere Entdeckungsreisen in Zentralafrika zu unternehmen, erhielt Cameron den Auftrag, den Forscher aufzusuchen und ihn bei seinem nächsten Abenteuer in jeglicher Hinsicht zu unterstützen. Mit drei Begleitern machte Cameron sich im April 1873 von Sansibar auf den Weg, aber als Tabora erreicht wurde, war einer bereits gestorben, Cameron für Wochen erblindet, ein weiterer zu krank, um die Reise fortsetzen zu können, und der dritte erschoss sich während eines Fieberanfalls. Und das war noch nicht alles: Livingstone, zu dessen Unterstützung sie so weit gereist waren, war gestorben, und seine sterblichen Überreste samt Nachlass befanden sich auf dem Weg zur Küste.

Damit war das Ziel der Expedition hinfällig geworden, aber Cameron wollte nun Livingstones Werk fortsetzen und Entdeckungen machen, die seiner Ansicht nach den afrikanischen Handel unter britischer Flagge vorantreiben könnten. Noch gab es eine Kiste mit Materialien in Livingstones Lager in Ujiji, anhand derer Cameron seine weitere Reise plante. Er erforschte zunächst gründlich den Tanganjika-See und schloss sich dann einer arabischen Karawane an, die nach Nyangwe, einem florierenden Zwischenhafen am oberen Kongo, zog. Arabische Händler rieten ihm davon ab, den Fluss hinabzufahren, wollten damit allerdings nur verhindern, dass er Gebiete bereiste, die unter ihrer Kontrolle standen. So musste er nach Süden ausweichen und gelangte mit einer Gruppe von Sklavenhändlern in die Ödnisse von Urua und von dort zu den überfluteten Ebenen der Wasserscheide des Kongo und des Sambesi. Vom Hunger gezwungen, seine letzte Habe gegen verdorbenes Fleisch einzutauschen, erreichte er Angola, wo er die ihm verhassten Reisegefährten endlich loswurde. In strömendem Regen, von Skorbut geplagt, brachte ihn ein Gewaltmarsch an die Atlantikküste. Mit wehendem Union Jack marschierte Cameron im November 1875 in Benguela ein – der erste Europäer, der Afrika von Westen nach Osten durchquert hatte.

Rechts Cameron und seine Träger überqueren den Lulindi zwischen dem Tanganjikasee und dem Kongo.

John Forrest durchquert das Kernland Westaustraliens

Herausgefordert von einem „großen einsamen Land"

1874

Die 70er-Jahre des 19. Jahrhunderts waren die epische Zeit in der Entdeckung des australischen Westens. Nicht weniger als fünf große Expeditionen gingen daran, die weiten, weglosen Wüsten zwischen der Telegrafenlinie Adelaide-Darwin und den Siedlungsenklaven im Westen zu durchqueren. 1872 drang Ernest Giles etwa 400 Kilometer weit vor, bis ihn Wassermangel zur Umkehr zwang. Im folgenden Jahr versuchte er es erneut, diesmal auf einer südlicheren Route durch die kahlen Gebirgszüge um Uluru, den heute bei Touristen beliebten Ayers Rock. Seine Reise brachte ihn in die wasserlose Gibson-Wüste, die er nach einem Gefährten benannte, der vorausgeschickt wurde und nie zurückkehrte. Unterwegs kreuzte er die Spuren der Expedition von William Christie Gosse, der angesichts einer endlosen Weite, die nur aus Sanddünen und Spinifexgras bestand, nach 200 Kilometern jenseits der Grenze von Westaustralien umdrehte. 1873 stieß Peter Warburton auf einer nördlichen Route zum Indischen Ozean vor, nachdem er in der Großen Sandwüste fast den Tod gefunden hätte.

1872 machte John Forrest, ein beherzter, in Westaustralien geborener Vermesser mit beträchtlicher Erfahrung und Führungsqualitäten, den Vorschlag, von Geraldton an der Westküste zu starten und dann nach Osten zu gehen, um irgendwo in Südaustralien auf die Telegrafenlinie zu stoßen. Sein ehrgeiziger Plan wurde um zwei Jahre verschoben, um nicht den Eindruck zu erwecken, man wolle mit den von Osten kommenden Expeditionen konkurrieren, aber nach den Fehlschlägen von Giles und Gosse erhielt Forrest die Genehmigung für die erste direkte Durchquerung von Westaustralien. Die Expedition, zu der auch der Spurenleser Tommy Windlich gehörte, ein Aborigine, der schon an mehreren erfolgreichen Unternehmungen ähnlicher Art teilgenommen hatte, verließ Geraldton im April 1874 mit 18 Packpferden und Vorräten für acht Monate. Die Teilnehmer folgten dem Murchison-Fluss bis zur Quelle und durchquerten dann in östlicher Richtung das Hügelgebiet zwischen der Gibson-Wüste und der Großen Victoria-Wüste, wobei Suchtrupps regelmäßig ausschwärmten, um die nächstgelegenen Wasserquellen ausfindig zu machen. Im August erkannte Forrest, dass sie nun den Punkt erreicht hatten, von dem aus es kein Zurück mehr gab. Die bis dato vom kürzlich gefallenen Regen noch gefüllten Wasserlöcher würden bald ausgetrocknet sein, und sie mussten nun alles daransetzen, die Telegrafenlinie zu erreichen. Aber Forrests Begeisterung und Selbstvertrauen, seine Popularität und sein Geschick, an höchst verborgenen Stellen Wasser zu finden, brachten ihm den Erfolg, der anderen versagt geblieben war. In der Nähe von Oodnadatta stießen sie auf die Telegrafenlinie, und im November wurde der Expedition in Adelaide ein triumphaler Empfang bereitet.

Rechts Hier wird gejubelt. Forrest und seine Expedition sind am Ziel ihres großartigen Trecks durch die Wüsten Westaustraliens angelangt.

J. Macfarlane

Brazza macht Französisch-Äquatorialafrika zugänglich

Die Erkundung des Ogowe

1875 – 98

Um 1860 hatte die Suche nach einem schiffbaren Wasserweg ins Innere Afrikas zur Erforschung des Niger, des Nil und des Sambesi geführt, doch an der westlichen Äquatorialküste war man noch nicht viel weiter gekommen. Der Kongo, der mit seinen Stromschnellen und Wasserfällen in den Atlantik mündete, schien nicht besonders empfehlenswert zu sein, und zudem war sein Verlauf oberhalb vom 400 Kilometer von der Mündung gelegenen Stanley Pool praktisch unbekannt. Die Flüsse Angolas wurden schon bald jenseits der Küstenebene zu dünnen Rinnsalen und südlich davon erstreckte sich nur Wüste. Die Aufmerksamkeit richtete sich daher auf die dem Äquator am nächsten gelegene Region, wo 1874 der französische Naturforscher Antoine-Alfred Marche den Ogowe-Fluss (Ogooué) aufwärts gefahren war. Stammeskonflikte erzwangen nach 200 Kilometern seinen Rückzug, aber in Frankreich nahm ein Mann, Pierre Savorgnan de Brazza, Marches Bericht mit großem Interesse zur Kenntnis. Brazza, ein Adliger italienischer Herkunft, hatte in der französischen Marine gedient und viel Zeit damit verbracht, Landkarten von Afrika zu studieren und in seiner Phantasie die weißen Flecken auszufüllen. Nun glaubte er, im Ogowe den langgesuchten Fluss des Westens gefunden zu haben und brachte ihn hoffnungsvoll mit Livingstones Lualaba, dem mehr als 2000 Kilometer entfernten Quellfluss des Kongo, in Verbindung.

Brazzas erste Erkundung des Ogowe, die zum Teil durch das Kolonialministerium, zum Teil aus eigener Tasche finanziert wurde, erwies sich als bittere Enttäuschung. Drei Jahre lang, von 1875 bis 1878, kämpfte er sich mit seiner Mannschaft, geplagt von Ruhr, Fieber und Geschwüren an den Beinen sowie fortwährend von feindseligen Stämmen angegriffen, durch malariaverseuchte Sümpfe den Ogowe aufwärts, um dann feststellen zu müssen, dass sich der Fluss 350 Kilometer von der Küste entfernt verflüchtigte. Noch enttäuschender war die Nachricht, dass Henry Morton Stanley den Kongo flussabwärts gefahren war und damit seine Bedeutung als großen Wasserweg ins Innere bestätigt hatte. Dennoch war Brazza entschlossen, die kolonialen Interessen Frankreichs auf sein verheißenes Land zu richten, und sei es nur, um Stanley, der sich mittlerweile König Leopolds Kreuzzug zur Errichtung eines belgischen Imperiums im Inneren Afrikas angeschlossen hatte, zuvorzukommen. Obwohl die französische Regierung Brazza, einem relativ unbekannten italienischen Emporkömmling, zunächst misstraute, schickte sie ihn schließlich nach Afrika zurück mit dem Auftrag, dauerhafte Stationen einzurichten und Stanleys Vormarsch gen Norden auszubremsen. Zwanzig Jahre lang war Brazza nun damit beschäftigt, Äquatorialafrika unter französische Kolonialherrschaft zu bringen. Er ließ Schulen und Krankenhäuser bauen, schuf Ausbildungsprogramme für die Afrikaner und sorgte für eine vergleichsweise humane Regierung, die in deutlichem Kontrast zu Leopolds blutrünstigem Regime am Kongo stand.

Rechts Porträtfoto von Pierre Savorgnan de Brazza.

Au Colonel Bonnier
témoignage de reconnaissance
Comte Pierre Savorgnan de Brazza
1905

Charles Doughty und seine Reisen in die arabischen Wüsten

Eine Geschichte, bedeutsam durch die Art, in der sie erzählt wurde

1876 – 78

Charles Montagu Doughty war nicht nur rothaarig und vollbärtig, sondern auch ein zurückgezogen lebender Gelehrter, der auf seltsamen Wegen dazu kam, Entdeckungsreisender zu werden. Weil er stotterte, hatte die Marine ihn abgewiesen, woraufhin er an der Universität Cambridge Geologie und Archäologie lehrte und sich dann fünf Jahre lang dem intensiven Studium der frühen englischen Literatur widmete. Seine Verehrung für Chaucer und Spenser brachte ihn dazu, den in seinen Augen schrecklichen Verfall der englischen Sprache seiner Zeit zu beklagen und führte ihn zu dem Entschluss, mittelalterliche Sprachformen auf poetische Weise neu zu beleben. So begann er zu reisen, um eine Geschichte zu finden, die er in dem von ihm bevorzugten Stil erzählen konnte. Vier Jahre lang durchwanderte er Europa, kam dann nach Ägypten, überquerte die Halbinsel Sinai auf einem Kamel und besuchte die Ruinen von Petra. Dort vernahm er Gerüchte über eine andere Felsenstadt namens Mada'in Salih, die weit im Süden liegen und noch wunderbarer sein sollte als Petra. Er wollte sie mit eigenen Augen sehen und bereitete sich ein Jahr lang auf die Reise vor.

In Damaskus verkleidete er sich als syrischer Arzt, verbarg Vermessungsinstrumente und Notizbücher sorgfältig in seiner Habe und schloss sich im November 1876 einer 6000-köpfigen Pilgerkarawane an, die auf dem Hadsch nach Mekka war. Eigentlich wollte er in Mada'in Salih bleiben und Inschriften kopieren, bis die Karawane zurückkehrte, doch freundete er sich nach einigen Monaten mit Beduinen an, die ihm sogar, wenn er sich ihrem Stamm anschlösse, eine Frau anboten. Doughty zog in ihrer Gesellschaft, aber auch allein und manches Mal mit Führern, die ihn der Wüste überließen, kreuz und quer durch Arabien. Er besuchte Tayma, Ha'il, Buraydah, Unayzah und Taif, wo zuvor kaum je ein europäischer Ungläubiger gesehen worden war. Da er sein Christentum nicht verleugnete und den Islam ganz offen als „die gefährlichste geheime Verschwörung der Welt“ bezeichnete, wurde er häufig angegriffen, von manchen jedoch als wandernder Weiser verehrt, geliebt und respektiert und lebte in der Erinnerung späterer Generationen weiter. 1878 kehrte Doughty nach England zurück und verbrachte zehn Jahre mit der Niederschrift seiner *Travels in Arabia Deserta*. Vier Verleger lehnten das Manuskript ab, weil es vom Leser zuviel verlangte – gute Kenntnis in chaucerianischem Englisch und die Beherrschung zumindest einer semitischen Sprache –, doch weigerte Doughty sich standhaft, auch nur ein einziges Wort zu ändern. Seiner Ansicht nach war die Sache selbst weniger bedeutsam als der Stil, in dem sie ihren Ausdruck fand. Schließlich erschien das Buch in der Cambridge University Press und wurde einer der größten Klassiker der Reiseliteratur, obwohl wahrscheinlich nur wenige Leser sich rühmen können, jedes Wort dieser eigenwilligen Prosa bewältigt zu haben.

Rechts Zwei der vielen Zeichnungen, die Doughty anfertigte, um seine *Travels in Arabia Deserta* zu illustrieren.

Plate V. to face p. 402.

JEBEL ʿANÂZ, seen over the lava plain of the Ḥarra (altitude nearly 6000 feet) from the Northward and distant 11 miles: in the foreground part of an antique circle of heaped stones.

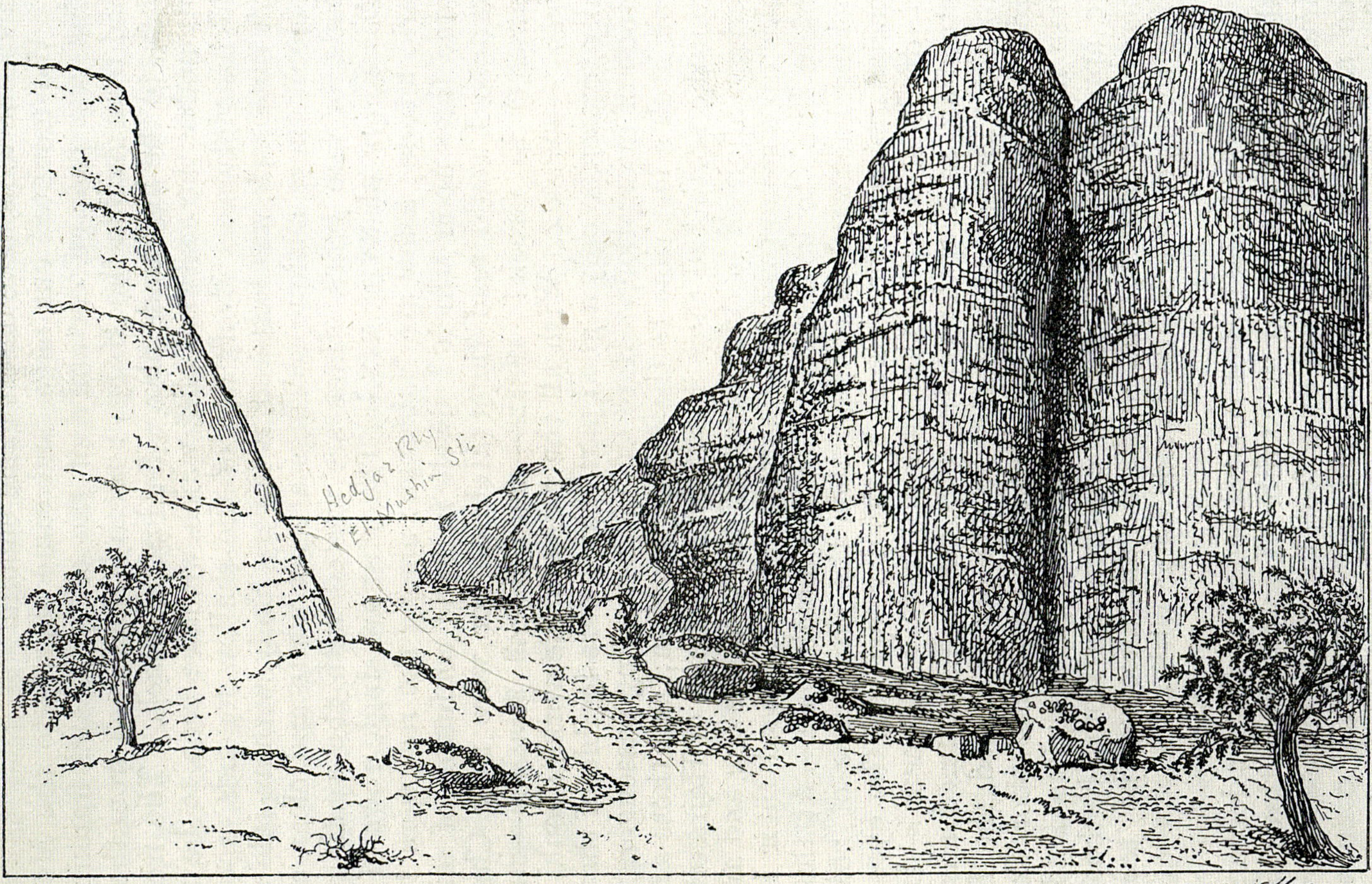

MUBRAK EN NÂḲA (EL-MEZḤAM). Looking North.

Adolf Nordenskiöld umschifft Asien

Der Traum von der Nordost-Passage wird Wirklichkeit

1878–80

Das 18. Jahrhundert hatte eine Periode fieberhafter Entdeckungsreisen durch die Weiten Sibiriens erlebt. Fünf Jahrzehnte lang waren Expeditionen damit beschäftigt gewesen, alle großen Flüsse und zahllose Nebenflüsse zu kartographieren, und der größere Teil der arktischen Küste wurde mit solcher Präzision vermessen, dass ihre Kontur um 1800 bereits den Angaben der besten modernen Landkarten bemerkenswert ähnlich sah. Doch hatte es, dem äußeren Anschein zum Trotz, noch keine kontinuierliche Reise entlang der Küste von der Barentssee bis zur Bering-Straße gegeben. Russische Offiziere, deren Namen heute vergessen sind, führten die Vermessungen unsystematisch durch, indem sie sich aus westlicher Richtung näherten oder den großen Flüssen bis zur Mündung folgten, um dann mit dem Schiff oder dem Schlitten die Küste nach rechts oder links abzufahren. 1742 gelangte Semen Tscheljuskin mit dem Hundeschlitten über das zugefrorene Meer bis zum nördlichsten Punkt Asiens, dem Kap, das heute seinen Namen trägt. Aber erst 1823 kartographierte Ferdinand von Wrangel die Tschuktschen-See und widerlegte so den Mythos einer Landbrücke nach Amerika.

Im Juni 1878 verließ Adolf Erik Nordenskiöld die schwedische Hafenstadt Karlskrona auf dem 300-Tonnen-Dampfschiff *Vega*, einem Walfangschiff mit der Betakelung einer Barke. Die Reise sollte ihn nach einem Jahr von der Bering-Straße in den Pazifik bringen. Nordenskiöld, in Finnland geboren und schwedischer Abstammung, war einer der größten Entdecker Skandinaviens. 14 Jahre in der Arktis hatten ihn schließlich nach Svalbard und Grönland gebracht, und er war dem Nordpol so nahe gekommen wie noch keiner vor ihm. Sorgfältige Planung und zwei Erkundungsreisen zum Jenisej sollten die Durchführbarkeit des Vorhabens gewährleisten und Unwägbarkeiten so weit wie möglich im Voraus ausschließen. Die Mannschaft bestand aus erfahrenen Matrosen und Walrossjägern, ergänzt durch ein Team von Wissenschaftlern und Hydrographen. Die ersten drei Monate verlief die Reise relativ ereignislos, und Kap Tscheljuskin konnte ohne Schwierigkeiten umrundet werden. Nordenskiöld glaubte schon, die Reise vor Wintereinbruch erfolgreich beenden zu können, doch 200 Kilometer vor der Bering-Straße machte eine schmale, aber undurchdringliche Eisbarriere den Plan zunichte. Kurz vor dem Ziel lag die *Vega* für 264 Tage im Eis fest. Zwar hatte man genügend Proviant dabei und konnte auch durch die Hilfe der Tschuktschen den Winter überstehen, aber erst im Juli 1879 war der Durchbruch zum Pazifik geschafft. Über Japan und den Suez-Kanal gelangte die *Vega* im April 1880 nach Stockholm. Nordenskiölds Expedition hatte als erste den eurasischen Kontinent umschifft.

Rechts Adolf Nordenskiöld, porträtiert vom schwedischen Maler Georg von Rosen.

Joseph Thomson: der freundlichste Entdecker Afrikas

„Sicher geht, wer vorsichtig geht"

1879–84

Niemand konnte die erste Begegnung eines Afrikaners mit einem Europäer freundlicher und erinnerungswerter gestalten als Joseph Thomson. Der junge schottische Geologe war Assistent auf einer von der Royal Geographical Society veranstalteten Expedition, die von Dar-es-Salaam (im heutigen Tasmanien) zum Nyasa- und Tanganjika-See führen sollte, als er, gerade einmal 21 Jahre alt, das Kommando übernehmen musste, weil der Leiter, Alexander Keith Johnston, am Ufer des Rufiji gestorben war. Thomson zeigte sofort, wie gut er mit lokalen Stammesangehörigen umzugehen verstand. Er unterhielt sie mit Spiegeltricks oder zeigte ein mit Bildern attraktiver junger Mädchen gefülltes Fotoalbum herum. Während manche Entdecker unfreundliche Einheimische mit Gewehren bedrohten, unterhielt Thomson sie mit Gesellschaftsspielen. „Sicher geht, wer vorsichtigt geht" war sein Motto, und auf allen seiner insgesamt 25 000 Kilometer umfassenden Erkundungsreisen auf dem Schwarzen Kontinent fügte er niemals absichtlich einem Afrikaner ein Leid zu oder feuerte im Zorn einen Schuss ab.

1879 entdeckte Thomson an der Nordspitze des Nyasa-Ses ein „vollkommenes Arkadien, wie es die Dichter besungen haben", machte dann wichtige Entdeckungen rund um den Tanganjikasee und im Innern des heutigen Tansania. 1882 beauftragte ihn die Royal Geographical Society mit der Suche nach einer direkten Route von Mombasa zum Victoria-See. Diese Reise sollte ihn durch das Gebiet der Massai führen, eines Stammes, der aufgrund von Übertreibungen arabischer Händler im Ruf stand, furchterregend und kriegsliebend zu sein. Nun war kurz vor Thomson ein deutscher Entdecker, Gustav Adolf Fischer, im Gebiet der Massai gewesen und hatte diese durch sein unbeherrschtes und aggressives Auftreten tatsächlich auf den Kriegspfad gebracht. Thomson ließ die Expedition pausieren und 60 000 Glasperlen als Geschenke für die Massai aufziehen, und wann immer Gefahr drohte, griff Thomson zu seinen bewährten Mitteln, um die Stammesmitglieder zu beruhigen und zu beeindrucken. Er nahm seine zwei falschen Zähne heraus und setzte sie wieder ein oder ließ Wasser durch Fruchtsalztabletten aufschäumen. Fischer hatte nicht die diplomatischen Fähigkeiten besessen, mit den kultivierten Massai ins Geschäft zu kommen, aber Thomson behandelte sie mit solchem Respekt, dass er trotz mancher Bedrohung ihr Gebiet unbehelligt durchqueren konnte, um zum Victoria-See zu gelangen.

Nachdem er von einem verwundeten Büffel auf die Hörner genommen und durch Anfälle von Ruhr und Malaria geschwächt worden war, kehrte er nach England zurück und wurde als bis dahin jüngster Entdecker von der Royal Geographical Society mit der Goldmedaille des Gründers geehrt. Obwohl ihn während seines ganzen kurzen Lebens Krankheiten plagten, wurde er einer von Großbritanniens einflussreichsten Afrikaforschern und konnte viele Verträge abschließen, die für die Ausdehnung des britischen Empires auf diesem Kontinent grundlegend waren.

Rechts Joseph Thomson in nachdenklicher Stimmung auf dem Weg zum Gebiet der Massai.

Francis Younghusband stößt ins Herz von Zentralasien vor

Durch die Wüste Gobi und über den Karakorum

1887

Francis Younghusband, ein legendärer Abenteurer des viktorianischen Zeitalters, verbrachte die meisten seiner ersten fünfzig Lebensjahre im Osten. Er wurde in Indien geboren, bekam in England seine schulische und (in Sandhurst) seine militärische Ausbildung und entwickelte seine Leidenschaft für Entdeckungsreisen im Gedächtnis an seinen Onkel, Robert Barkley Shaw, der 1868 als erster Europäer Kaschgar, das Zentrum der zentralasiatischen Handelsrouten, betreten hatte. Seinen ersten Vorstoß in das Unbekannte unternahm Younghusband 1886, als der 23-jährige Hauptmann in die Mandschurei geschickt wurde, um herauszufinden, ob die Russen sich für das Gebiet interessierten. Der schwierige Weg von Peking zum Japanischen Meer führte ihn durch das entlegene Hochland an der Grenze zwischen China und Korea, wo seit den Jesuiten 1709 kein Europäer mehr gewesen war. In der Mandschurei fand er keine Hinweise auf russische Ambitionen, und so kehrte er nach Peking zurück, um einen noch gefährlicheren Auftrag zu übernehmen, der ihn durch die unerforschten Einöden der Wüste Gobi und über die Gebirge von Kaschmir nach Indien zurückführen sollte.

Younghusband verließ Peking in Begleitung eines Dolmetschers, eines Kochs und eines Dieners im April 1887. Jenseits der großen Biegung des Huang He beschaffte er sich acht Kamele und schlug einen 2000 Kilometer langen Weg durch die Wüste Gobi ein, wobei er der Südgrenze der Mongolei bis zum Becken des Dzungarias folgte. Geschwächt durch Durst und Erschöpfung erreichte er die Seidenstraße und im August Kaschgar. In Jarkand (Shache), wo sich manche Kaufleute noch an seinen Onkel erinnerten, fand er einen Brief vor, der ihn anwies, Erkundungen in Kaschmir zu unternehmen. Dazu musste er den 5800 Meter hohen Mustagh-Pass an den Hängen des K2 bewältigen, den noch kein Europäer bezwungen hatte. Der Aufstieg in tiefem Schnee war schwierig genug, aber der Abstieg verlangte von ihm und seinem Gefolge aus bergerfahrenen Männern das schier Unmögliche. Ohne Seile und Steigeisen und nur mit abgetragenen Lederstiefeln an den Füßen mussten sie eine Eiswand hinabsteigen, indem sie mit einem in Jarkand erworbenen Beil Stufen in das Eis hackten und aus Turbanen und Pferdezügeln ein improvisiertes Seil zusammenknoteten. Sechs Stunden brauchten sie, um zum Gletscher unterhalb der Steilwand zu gelangen. Vorbei am Baltoro-Gletscher, dem höchsten der Welt, gelangte Younghusband nach Skardu und Srinagar und kam im Dezember 1887 im Hauptquartier seines Regiments in Rawalpindi an. Er war nun ein Nationalheld und erkundete während der nächsten vier Jahre den Karakorum und den Pamir. In den Jahren 1903 – 04 war er führend am britischen Einmarsch in Lhasa beteiligt.

Rechts Francis Younghusband (2. v. r.) auf einem Foto von 1891 mit dem britischen Konsul George Macartney (l.) und zwei weiteren in Kaschgar ansässigen Briten.
Folgende Seiten Die Landkarte, eine Handzeichnung von Francis Younghusband, zeigt seine Wege über die Bergpässe, die von Kaschmir nach China führen.

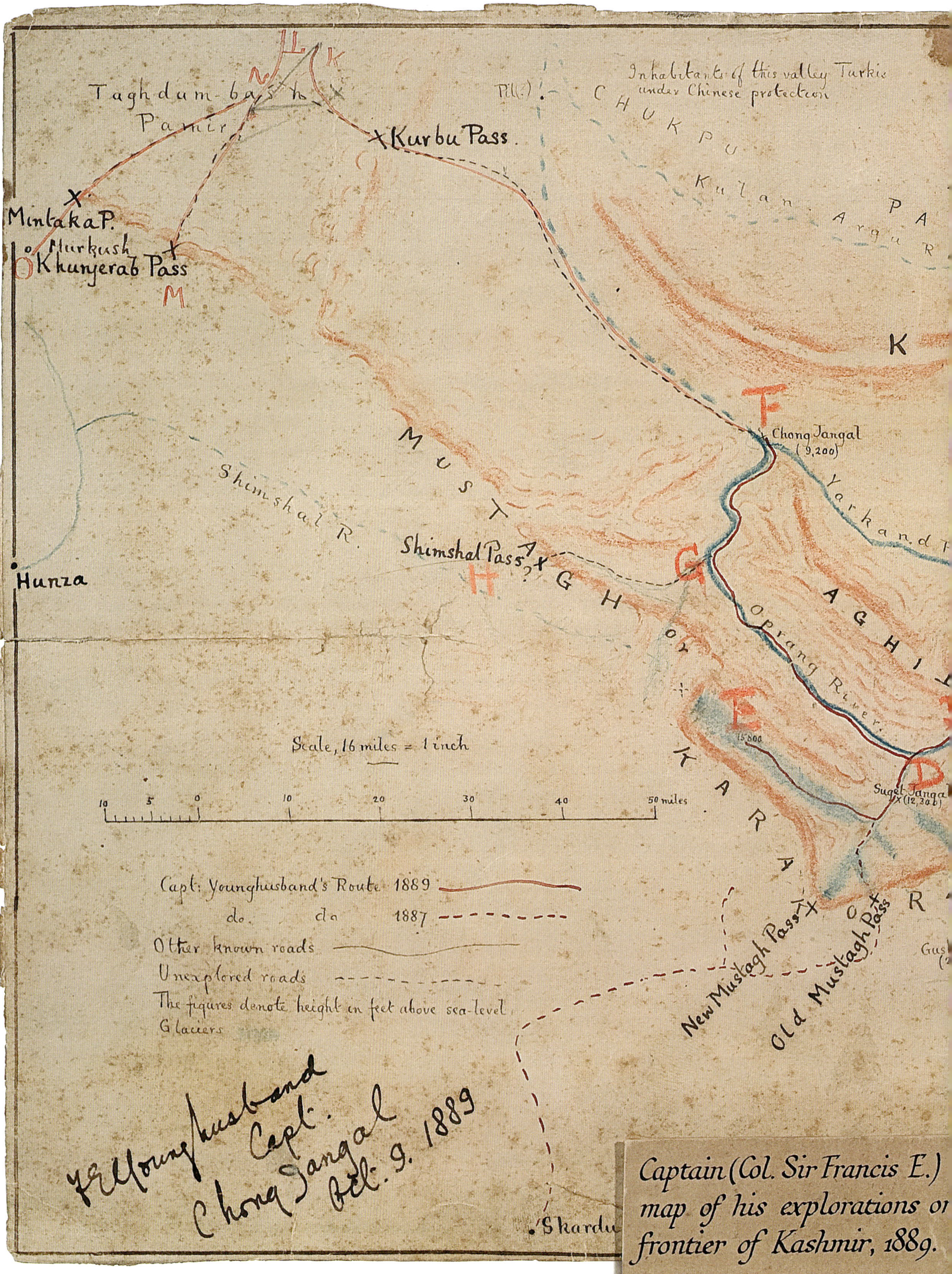

Captain (Col. Sir Francis E.) map of his explorations o… frontier of Kashmir, 1889.

ghusband's
e northern

Vittorio Bottego und der letzte von Afrikas Großen Seen

Eine neue Generation von Entdeckern erkundet Äthiopien

1891 – 96

Nachdem 1633 die ausländischen Missionare aus Äthiopien vertrieben worden waren, kamen während der folgenden zwei Jahrhunderte kaum Europäer in das Gebiet. Wer das zerklüftete Terrain überwand, bekam wenig mehr zu sehen als das Königreich Gondar um den Tana-See, während die übrigen heute als Äthiopien bekannten Regionen, bis zur Mitte des 19. Jahrhunderts von halb-autonomen Stämmen bewohnt, die einander ständig befehdeten, praktisch unbekannt blieben. Aber die Bemühungen, die Kaiser Tewodros und seine Nachfolger, Johannes und Menelik, unternahmen, um Äthiopien in das moderne Zeitalter zu führen, brachten eine Armee von europäischen Beratern, Kaufleuten, Botschaftern und Waffenhändlern in das Land, die sich auf jeweils ihre Weise die Entwicklung dort zunutze machen wollten. Danach kam der übliche bunte Haufen von Entdeckern – Briten, Franzosen, sogar Russen und Kroaten –, aber die Möglichkeiten, die das unerforschte Gebiet bot, zogen auch eine Generation italienischer Entdecker an. Italien hatte nämlich Eritrea kolonisiert und auf hinterhältige Weise versucht, Meneliks Kaiserreich zu einem bloßen Protektorat zu machen.

Der 27 Jahre alte Leutnant Vittorio Bottego hatte schon davon geträumt, ein Nationalheld zu werden, als er sich um die Versetzung nach Eritrea bewarb. 1891 erkundete er, nunmehr im Rang eines Hauptmanns, die Danakil-Wüste und das parallel zur Küste des Roten Meers verlaufende Gebiet zwischen Massawa und Aseb. Im Jahr darauf wagte er sich in die unerforschte Wüste von Ogaden vor und untersuchte danach die geographisch vielschichtigen Mendebo-Berge, von denen die Flüsse Südäthiopiens und Somalias zum Indischen Ozean strömen. Die 3000 Kilometer lange und zwölf Monate dauernde Reise brachte ihn zur Küste von Südsomalia; unterwegs jedoch hatte sein Begleiter, ein Offizierskollege, dem allzu abenteuerlustigen Bottego die Pistole unter die Nase gehalten und war auf eigene Faust zurückgekehrt. 1895 brach Bottego von Somalia zu einer noch kühneren Expedition auf: Er wollte den Verlauf des Omo, eines von Norden kommenden Zuflusses zum Turkana-See (auch Rudolf-See), erforschen. Unter der Schirmherrschaft der Geographischen Gesellschaft Italiens und begleitet von einer 250 Mann starken Kolonialtruppe entdeckte er den Abaya- und den Ch'amo-See. Ch'amo war der letzte der großen Seen im Rift Valley, der bislang der europäischen Aufmerksamkeit entgangen war. Danach fuhr er den Omo bis zum Turkana-See hinunter. Doch Bottegos Entscheidung, mitten durch Äthiopien zur Küste zurückzukehren, brachte ihn in direkten Konflikt mit Kaiser Menelik, für den die Expedition nur eine verkappte Invasion war. Er schickte seine Armee zum Angriff aus, und bei dem Gefecht starben Bottego und viele seiner Begleiter.

Rechts Vittorio Bottegos Karte zeigt seine Forschungsroute durch die Ogaden-Wüste, eine von Stämmen bewohnte Region im Südwesten Äthiopiens.

Spiegazioni
Villaggi stabili abitati.
Accampamenti di tribù nomadi, abitati.
Accampamenti di tribù nomadi, disabitati.
P. Pozzi.
Pozzi, serbatoi e conche d'acqua piovana.
Stazioni della Spedizione
2 Gen. Date delle marcie.
S. Soggiorno.
Le quote altimetriche così sottolineate indicano l'altezza sul mare del pelo d'acqua del fiume.
Lande quasi prive d'acqua, piuttosto sterili, probabilmente incoltivabili, popolate da pastori nomadi. Vegetazione arborea spinosa di Acacie e Mimose.
Terre ricche d'acqua, fertili, coltivate o coltivabili, occupate generalmente da popolazioni fisse, date alla pastorizia ed all'agricoltura. Vegetazione arborea non spinosa, palme.
GOLFO DI ADEN
DANAKIL
BERBERA
Bulhar
Gildessa
HARRAR
Archeisa (Harrar es Soghir)
OGO-GUDAN
GALLA
SOMALI
HABR AUAL
OGADEN
Il GIUBA ed i suoi AFFLUENTI
ESPLORATI
dalla SPEDIZIONE del Cap. VITTORIO BÒTTEGO
inviata dalla
SOCIETÀ GEOGRAFICA ITALIANA
Settembre 1892–Settembre 1893.
Carta originale costrutta e disegnata sui rilievi e sulle osservazioni della Spedizione.
Scala di 1 : 1,000,000.
Chilometri
Long. Est di Greenwich
43°
44°
45°
10°
9°
8°
7°

Fridtjof Nansens Reise mit dem arktischen Eis

Das Nordpolarmeer und die Eisdrift

1893 – 96

Die Vorstellung, es gebe ein Polarmeer – ein weites, von Eis umschlossenes Gebiet offenen Wassers, durch das Schiffe ungehindert den Nordpol überqueren könnten – hatte Forscher und Entdecker drei Jahrhunderte lang nicht losgelassen. Zunächst meinte man, dass die Mitternachtssonne den Sommer über den Pol dauerhaft erwärmen würde. Dann wiederum glaubte man, dass das Meer nur in Landnähe zufrieren würde oder dass die Temperaturen ihren Tiefststand bei 80° nördlicher Breite erreichten, um dann wieder anzusteigen. Doch am überzeugendsten waren die Mutmaßungen des einflussreichen Geographen August Petermann, der um die Mitte des 19. Jahrhunderts davon ausging, dass die warmen Nordwestströmungen des Atlantiks und Pazifiks in den hohen Breitengraden mit ihrer Energie für ein „thermometrisches Einfallstor" zum Nordpol sorgen würden. Die Suche nach diesem Einfallstor blieb zwar vergebens, aber dann entdeckte man eine wirklich vielversprechende geographische Eigenart des Polargebiets. 1879 wurde George Washington De Longs Schiff *Jeanette* jenseits der Bering-Straße vom Eis eingeschlossen und trieb während der nächsten zwei Jahre unstet 350 Kilometer nach Nordwesten. Schließlich zerbrach das Schiff, aber erstaunlicherweise tauchten drei Jahre später Trümmer der *Jeanette* an der Südwestküste von Grönland auf.

1889 kam der Norweger Fridtjof Nansen auf die Idee, dass man ein entsprechend stabil gebautes Schiff nur an der richtigen Stelle im Eis positionieren müsse, damit die Eisdrift es über den Pol in die offenen Gewässer auf der anderen Seite der Erde bringen könne. Im Juni 1893 verließ die *Fram* nach zweijähriger Bauzeit Oslo und fuhr entlang der sibirischen Küste bis zur Lena-Mündung, wo sie im Oktober im Eis eingeschlossen wurde. 16 Monate lang trieb das Schiff nun mit dem Eis immer dichter an den Pol heran, während die zur Untätigkeit verurteilte Mannschaft die 600 Bände umfassende Bordbibliothek schon bald durchgelesen hatte und sich ansonsten an den reichlich mitgenommenen Vorräten gütlich tat. Aber im Frühjahr 1895 wurde deutlich, dass die *Fram* den Pol um etwa 500 Kilometer verfehlen würde. Nansen und sein Begleiter Hjalmar Johansen machten sich dennoch auf den Weg zum Nordpol, mussten aber bei 86° nördlicher Breite einer Drift nachgeben, die sie schneller nach Süden brachte, als sie mit dem Schlitten nordwärts vorankamen. Doch nun war die *Fram* nicht mehr zu erreichen, und ihr Überlebenskampf, der schließlich mit ihrer Rettung durch das so außerordentlich wie glückliche, zufällige Zusammentreffen mit einer britischen Expedition im Franz-Joseph-Land endete, sollte zu einem der schönsten Epen polaren Heldentums werden. Die *Fram* kam im Mai 1896 vor Svalbard aus dem Eis frei, und im September war Nansen in Tromsø wieder mit seiner Mannschaft vereint.

Rechts Nansens Schiff, die *Fram*, in der Eisdrift.

Sven Hedin entdeckt eine vergessene Kultur

Die verlorenen Städte der Wüste Taklamakan

1895 – 08

Schweden hatte, was Entdeckungsfahrten nach Übersee anging, immer einen guten Ruf genossen. Seine Wikinger waren bis Konstantinopel und zum Kaspischen Meer gekommen, seine Ostindische Handelsgesellschaft hatte achtzig Jahre lang Beziehungen zum Orient gepflegt, die Schüler des Botanikers Carl von Linné waren auf der Suche nach Pflanzen in fast jeden Winkel der Erde vorgedrungen, und schwedische Entdecker und Navigatoren hatten die Ozeane und ihre Inselwelten erkundet und in der Polarregion Bemerkenswertes geleistet. Selbst in Zentralasien, einem für schwedische Forscher wenig naheliegenden Territorium, waren sie keineswegs unbekannt. Nach der Schlacht von Poltawa 1709 hatten die Russen schwedische Kriegsgefangene nach Tobolsk verbracht, von denen viele hinterher an der Erforschung Sibiriens teilnahmen, während andere, wie Johan Renat, ihren Weg tief ins Innere Asiens fanden. Es war daher kein Wunder, dass diese Traditionen von Schwedens berühmtestem Entdecker, Sven Anders Hedin, bis ins 20. Jahrhundert hinein fortgesetzt werden sollten. Hedin, der über eine Ausbildung in Geographie und Geologie verfügte, hatte sich von Nordenskiölds Asienumrundung inspirieren lassen und begann seine Reisen 1885–86 mit einer Tour durch die Grenzregionen Persiens, durchwanderte 1890 den russischen Teil Turkestans und überquerte den Tien Shan nach Kaschgar.

In den folgenden zwei Jahrzehnten unternahm Hedin drei große Expeditionen nach Zentralasien, wobei er so umfassende Gebiete erforschte, dass kaum noch etwas Wichtiges übrigzubleiben schien. 1895 durchquerte er als erster Europäer die Taklamakan-Wüste, die sonst immer umgangen worden war, und entdeckte so vergessene, im Sand versunkene Städte, Überreste der Blütezeit einer buddhistischen Kultur, von der Jahrhunderte zuvor der chinesische Mönch Fa Hsien berichtet hatte. 1899 fuhr er den auf seltsame Weise verschwindenden Tarim hinauf, erkundete den ständig seine Größe verändernden Lop-Nor-See und stieß auf die verlorene Stadt Loulan. 1901 versuchte Hedin als erster Europäer im 20. Jahrhundert nach Lhasa zu gelangen, hatte aber keinen Erfolg. Als der Zutritt zwei Jahre später von den Briten mit Waffengewalt erzwungen wurde, wandte Hedin seine Aufmerksamkeit jenen Regionen von Tibet zu, die noch weiße Flecken auf der Landkarte waren. 1906 erkundete er die Nebenflüsse, die im Norden dem Tsangpo (dem oberen Brahmaputra) zuströmten, und 1907 überquerte er die Gebirge von Kaschmir. Schließlich zog er mitten im Winter durch das tibetische Hochland. Die Kriegsjahre, in denen Sven Hedin wegen seiner Sympathien für Deutschland viele Freunde verlor, brachten seine Unternehmungen zum Erliegen, aber 1926 kehrte er nach China zurück, um eine umfangreiche, sieben Jahre dauernde Vermessungs- und Forschungsexpedition im Nordwesten des Landes zu leiten.

Rechts Sven Hedins Entdeckungen in Zentralasien, dargestellt auf französischen Reklamebildchen der damaligen Zeit.

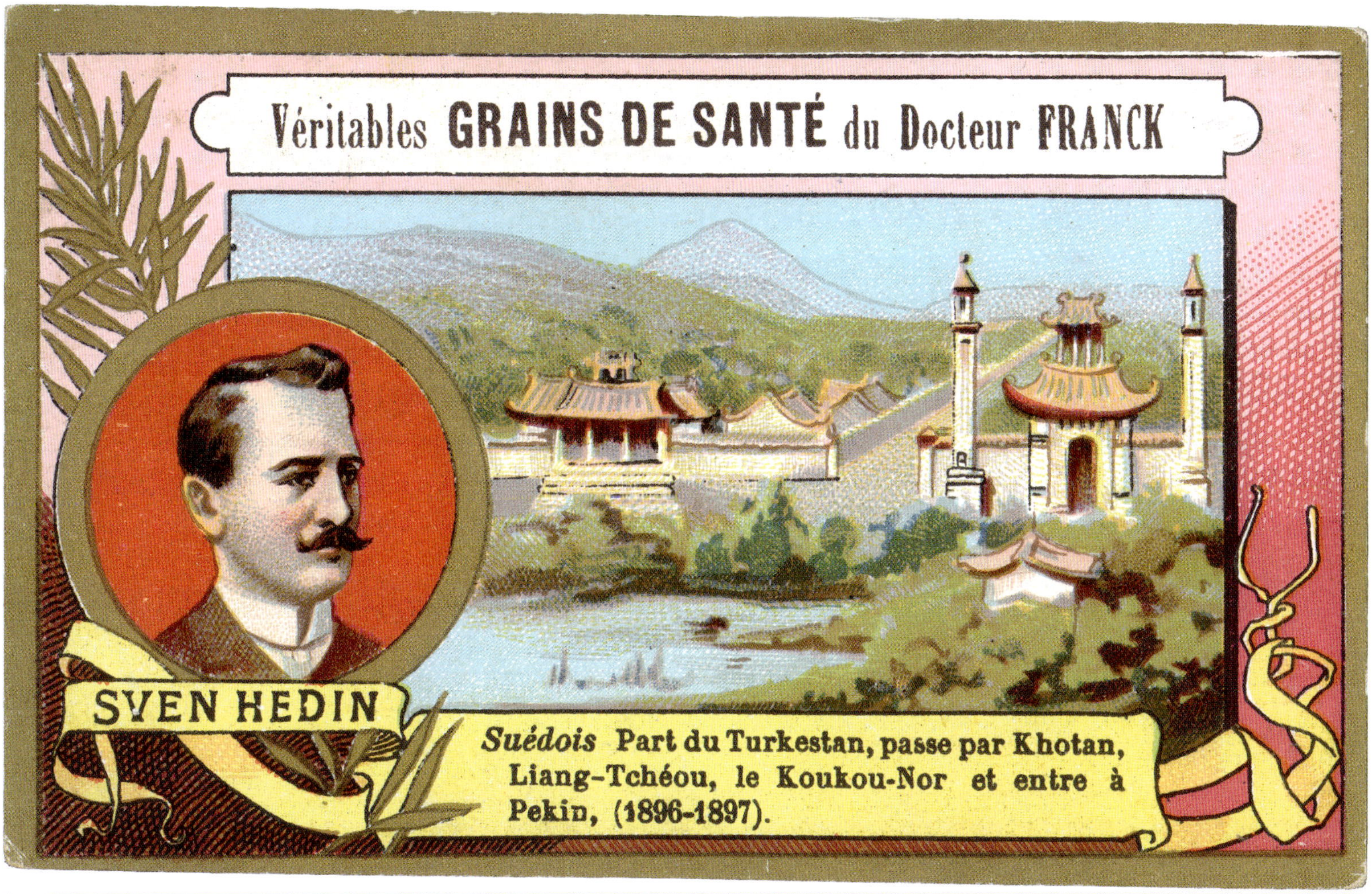
Véritables GRAINS DE SANTÉ du Docteur FRANCK
SVEN HEDIN
Suédois Part du Turkestan, passe par Khotan, Liang-Tchéou, le Koukou-Nor et entre à Pekin, (1896-1897).

Voyage de SVEN HEDIN au Thibet - 1. En marche vers Laïlik.
Sven Hedin.
Véritable Extrait de viande LIEBIG.
Voir l'explication au verso.

Anton Nieuwenhuis durchquert als erster Borneo

Dampfende Dschungel und umwölkte Gipfel

1896 – 97

Während des 19. Jahrhunderts und selbst noch bis in die Mitte des 20. Jahrhunderts hinein erweckte der Name Borneo Vorstellungen von primitiven Stämmen, die Kopfjagd betrieben, von reißenden wilden Tieren und von Forschern, die sich im undurchdringlichen Dschungel verloren. Tatsächlich blieben die wilden Tiere zumeist auf Distanz, und die Stämme waren kulturell weit entwickelt und freundlich, doch stellte Borneo mit seinen nebelverhangenen Bergen und tiefen Wäldern zweifellos eine beträchtliche Herausforderung dar. Der nördliche Teil der Insel war seit der Erhebung von James Brook zum Radscha von Sarawak im Jahre 1840 eng mit Großbritannien verbunden und ein beliebtes Ziel von Missionaren und Forschern. Aber in Kalimantan, der vernachlässigten „äußeren Provinz" des holländischen Imperiums im südlichen Teil kamen bis in die 70er-Jahre hinein nur wenige Forscher über die Küstenregion hinaus. 1879 erforschte der Norweger Carl Alfred Bock die südöstliche Region vom Mahakam-Fluss bis nach Banjarmasin, und während der folgenden 15 Jahre kartographierten die Holländer bei einer Reihe von quasi-militärischen Expeditionen die größeren Flüsse, die ins Landesinnere führten. Doch der Erste, der die ganze Insel von Westen nach Osten durchquerte, war der holländische Militärarzt und Amateuranthropologe Anton Willem Nieuwenhuis.

Im Februar 1896 begab sich Nieuwenhuis nach Pontianak an der Westküste und fuhr mit dem Dampfboot den Kapuas aufwärts bis Putusibau, wo der Fluss die Berge verlässt. Dort traf er seine Begleiter: einen Vermesser, einen Fotografen und zwei indonesische Naturforscher. Vier Monate verbrachten sie damit, das Vertrauen der Dayak zu gewinnen, von denen der Erfolg der Expedition abhing. Im Juli 1896 machte man sich auf den Weg und fuhr mit Kanus die Nebenflüsse des Kapuas aufwärts, bis die Enge des Wasserlaufs ein Weiterkommen unmöglich machte. Nieuwenhuis und seine Begleiter folgten nun einer Route über das Hochland, wobei die Dayak Vorratslager anlegten und dafür sorgten, dass die Bewohner der vorausliegenden Dörfer sich freundlich verhielten. Anfang August überquerte Niewenhuis das Gebirge, das die Wasserscheide zwischen Westen und Osten bildete, und stieg dann zum Penaneifluss ab, der ihn, wie er hoffte, zum Mahakam und damit zur Ostküste bringen würde.

Die Fahrt auf dem Mahakam dauerte acht Monate, in denen die Expedition kartographierte, Pflanzen sammelte, auf die Jagd ging und auch in Stammeskonflikte geriet, aber Ende Mai 1897 war die Hafenstadt Samarinda an der Mündung des Mahakam erreicht. Umfangreiche Sammlungen konnten nach Holland geschickt werden, und 1898 – 99 durchquerte Nieuwenhuis Borneo ein zweites Mal, bevor er nach Holland zurückkehrte und die nächsten dreißig Jahre als Professor in Leiden wirkte.

Rechts Bewaffnete Angehörige des Stammes der Ma-Suling vom Merasè mit ihrem Häuptling Ibau Li. Foto aus Nieuwenhuis' Buch *Quer durch Borneo*, 1904 – 07.

Das unrühmliche Schicksal der „Mission Marchand“

Der letzte Konquistador

1896 – 98

In nur fünfzig Jahren hatte sich die bis dahin vorwiegend weisse Landkarte Afrikas in ein Mosaik aus kolonialen Enklaven verwandelt, deren Siedlungen und geographische Merkmale ein so dichtes Netz über den Kontinent legten, dass Joseph Thomson schon 1885 meinte, im Hinblick auf Entdeckungsreisen großen Maßstabs sei „Afrika aus dem Spiel“. Immerhin blieben noch ein paar Gebiete wie das Große Sandmeer in der ägyptischen Grenzregion – die Libysche Wüste – bis in die 1920er-Jahre hinein relativ unbekannt, während andere, vor allem der Südosten unterhalb der Sahara, gegen Ende des 19. Jahrhunderts noch auf den kolonialen Zugriff warteten. Sie waren auch das Ziel der vielleicht größten und am sorgfältigsten geplanten Expedition aller Zeiten: der sogenannten „Mission Marchand“. Benannt war sie nach ihrem Leiter Jean-Baptiste Marchand, einem Soldaten, der Landrouten von Senegal bis zur Elfenbein-Küste erkundet hatte. 1896 sammelte sich die Expedition an der Kongomündung; sie umfasste 12 000 Träger, 200 senegalesische Soldaten sowie eine Gruppe handverlesener Offiziere und Wissenschaftler. Ihr Ziel bestand darin, ein umfangreiches Territorium vom Atlantik bis zum Sudan unter französische Vorherrschaft zu bringen. Zu den 16 Tonnen an Proviant, wozu auch große Mengen an Wein, Spirituosen und Gänseleberpastete für die Offiziere gehörten, kamen noch 70 000 Meter Stoff und 16 Tonnen venezianischer Perlen als Geschenke zur Bestechung lokaler Despoten.

Marchand wollte die Wasserscheide zwischen dem Kongo und dem Nil auf den schiffbaren Routen überwinden, von denen frühere Entdecker berichtet hatten, und zu diesem Zweck wurde ein kleines, zerlegbares Dampfboot mitgeführt. Doch jenseits des Ubangi versickerten die Flüsse recht bald, sodass das Boot in seinen Einzelteilen 170 Kilometer weit über die Savannen des Sudans geschleppt werden musste. Die Nebenflüsse des Nil waren durch Trockenheit zu bloßen Rinnsalen geworden und konnten nicht einmal mit Kanus befahren werden, und so mussten die Boote zwei Wochen lang durch die mannshohen Riedgräser des moskitoverseuchten Sumpfgebiets im Süden des Sudans, den berüchtigten Sudd, gezogen werden. Im Juli 1898, ein Jahr später als geplant, pflanzte Marchand die französische Fahne bei Faschoda am Oberlauf des Nil auf, musste jedoch feststellen, dass eine von Dschibuti ausgesandte Hilfsexpedition sich schon längst aufgelöst hatte, nachdem die Mehrzahl ihrer Teilnehmer durch Fieber und Desertion verloren gegangen war. Das Schicksal der Mission Marchand war besiegelt, als eine schwer bewaffnete schottisch-sudanesische Streitmacht unter Horatio Kitchener aus Khartum eintraf, um der französischen Invasion Einhalt zu gebieten. Die beiden Befehlshaber stellten sich höflich vor und gratulierten einander zu ihren respektiven Leistungen, während daheim die Minister berieten, wie sie die delikate Pattsituation bereinigen könnten. Am Ende gab Kitcheners überlegene Streitmacht den Ausschlag. Marchand wurde ganz friedlich nach Äthiopien abkommandiert und in Frankreich als Held empfangen.

Rechts Trotz der „Niederlage“ von Faschoda sorgten populäre, illustrierte Darstellungen der „Mission Marchand“ in Frankreich für nationalen Stolz.

Le Colonel MARCHAND
MENUISERIE
Fils d'un pauvre menuisier chargé de famille, il naît à Thoissey (Ain), le 22 novembre 1863.
Au collège, où il étonne ses maîtres par sa précocité, il passe tous ses dimanches à lire des histoires de guerre et de voyages et prend la secrète résolution de s'engager.
Sorti brillamment de l'École Militaire de Saint-Maixent, et nommé sous-lieutenant d'infanterie de marine, il vient embrasser son vieux père avant de s'embarquer.
Du fond des colonies, il épargne sur sa solde pour subvenir à l'éducation de ses jeunes frères.
Capitaine à 29 ans, il expose au Ministre des Affaires Étrangères son vaste et hardi projet de traverser toute l'Afrique avant les Anglais et il en reçoit aussitôt la périlleuse mission.
HONNEUR ET PATRIE
Il est l'espoir de la France
Vive Marchand!
Suivi de son intrépide état-major, et de la petite armée de ses fidèles tirailleurs noirs, il traverse les arides déserts et les marécages de la brousse, où, à toute minute, il court les plus grands dangers.
Après cette expédition qui dure plus de trois ans et que les Anglais avaient déclarée impossible, il plante le premier le drapeau tricolore sur les bords du Nil à Fashoda, s'y établit formidablement et y cultive des légumes et des fleurs.
Il voit arriver les Anglais, et il fait serment, avec ses braves compagnons, de mourir à son poste.
Devant l'énergique attitude de l'héroïque Marchand, le général anglais s'entend avec lui pour qu'un officier de la mission aille en France aviser le gouvernement.
Les tristes nécessités de la politique l'obligeant à se retirer, il quitte Fashoda la mort dans l'âme, et reçoit les honneurs militaires de toute l'armée anglaise.
Nommé chef de bataillon et Commandeur de la Légion d'Honneur, il est royalement reçu par Ménélick, Empereur d'Abyssinie, qui le couvre d'honneurs et de présents.
En France, il reçoit, partout sur son passage, l'accueil le plus enthousiaste et il est l'objet à Paris, au Cercle Militaire, d'une ovation triomphale.
Honoré par l'Institut d'un prix de 15,000 francs, il les donne avec un désintéressement admirable à une œuvre de défense nationale : La Ligue Navale pour la Défense des Côtes.
Il revoit son village natal qu'il a couvert de gloire.
Au cours d'une visite qu'il fait à l'École de Saint-Cyr, les élèves l'acclament et décident que leur promotion s'appellera la promotion Marchand.
A la revue du 14 Juillet, il défile en tête de l'armée de Paris, au milieu de l'amour de tout un peuple.

Die erste Überwinterung jenseits des südlichen Polarkreises

Adrien de Gerlache läutet das „heroische Zeitalter“ der Antarktisforschung ein

1897 – 99

Zu Beginn des 19. Jahrhunderts hatten häufige Fahrten in die Gewässer der Antarktis die Existenz einer umfangreichen kontinentalen Landmasse enthüllt und die Seehundbestände um die antarktische Halbinsel nahezu ausgerottet. Doch diese Aktivitäten endeten 1843, und während der folgenden fünfzig Jahre war der Kontinent fast in Vergessenheit geraten. In den 90er-Jahren kamen Walfangexpeditionen und Robbenjäger dorthin, um die partielle Erholung der Bestände auszunutzen, doch erst 1895 trat ein bis dahin unbekannter belgischer Marineoffizier namens Adrien de Gerlache mit dem ehrgeizigen Plan einer wissenschaftlichen Expedition hervor, die den Beginn des „heroischen Zeitalters“ der Antarktiserforschung markieren und dreißig Jahre später mit Shackletons vom Unglück überschattetem Versuch, den Kontinent zu überqueren, ihren Höhepunkt finden sollte. In Belgien war man zwar mit dem frisch erworbenen Imperium am Kongo beschäftigt und hatte zunächst wenig Verständnis für ein solches Unternehmen, doch öffentliche Geldsammlungen, vielfach auf Jahrmärkten betrieben, erbrachten eine beträchtliche Summe, angesichts derer die Regierung nicht länger zurückstehen wollte. Im August 1897 stach die Expedition mit dem umgebauten Walfänger *Belgica* von Antwerpen aus in See und erreichte vier Monate später die Küste des Graham-Lands.

Leider standen Gerlaches Führungs- und Planungsfähigkeiten in erheblichem Kontrast zu seinen Ambitionen. Die hastig zusammengestellte kosmopolitische Gemeinschaft aus Matrosen und Wissenschaftlern hatte keine klare Vorstellung von den Bedingungen in der Antarktis und keine gemeinsame Sprache. Die Matrosen waren häufig betrunken oder stritten miteinander, und vielen fehlten sogar elementare seemännische Kenntnisse. Zwei Mitglieder, die erfahren genug waren, um den Widrigkeiten zu trotzen, Roald Amundsen und der Schiffsarzt Frederick Cook, die später selbst Ruhm erwerben sollten, stellten Gerlaches offenkundig irrationale Entscheidungen immer wieder infrage. Die Zustände an Bord waren so schlimm, dass einmal sogar die chilenische Marine gerufen werden musste, um die Ordnung wiederherzustellen, und sie verschlechterten sich noch, als die *Belgica* ins Packeis geriet, sodass die körperlich und seelisch bereits angegriffene Mannschaft zu einem unvorhergesehenen Winteraufenthalt in der Antarktis verdammt war. Skorbut griff um sich, und schließlich übernahm Cook, der später für seine Dienste geadelt wurde, das moralische Kommando über die Matrosen, die in der langen antarktischen Nacht buchstäblich durchdrehten. Einer begab sich sogar auf das Eis, um nach Belgien zurückzumarschieren. Erst im März 1899, als es nach einigen Versuchen gelang, einen Kanal durch das Packeis aufzusprengen, konnte die Expedition die Heimreise antreten und bekam in Belgien einen Empfang, der die Teilnehmer als Helden feierte. In wissenschaftlicher Hinsicht war das Unternehmen ein bemerkenswerter Erfolg. Man hatte geologische Verbindungen zwischen der Antarktis und Südamerika festgestellt und durch die erste Überwinterung die meteorologischen Daten eines ganzen Jahres sammeln können. Die Ergebnisse waren so überwältigend, dass die Veröffentlichung der Berichte fünfzig Jahre später noch nicht abgeschlossen war.

Rechts Die Route von Gerlaches Expedition entlang der Westküste der Antarktischen Halbinsel, des heutigen Graham-Lands.

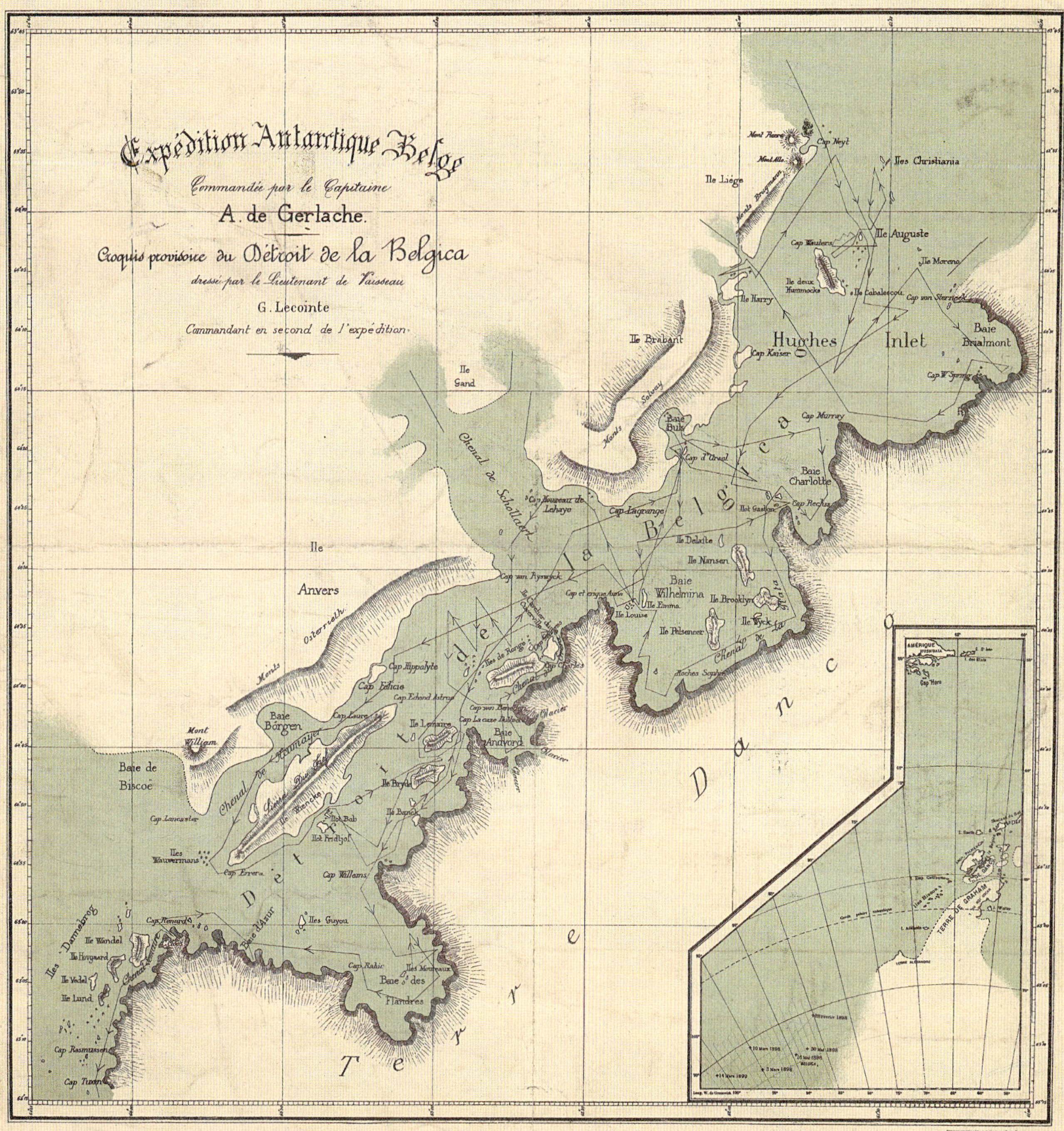

Société Royale Belge de Géographie

SEANCE DU 18 NOVEMBRE 1899

Otto Sverdrup vervollständigt die Karte der kanadischen Arktis

Erkundungen auf der abgelegensten Insel der Welt

1898–1902

Ausserhalb seines Geburtslands Norwegen dürfte der Name Otto Neumann Sverdrup wohl nur wenigen etwas sagen. Er war ruhig und bescheiden, ganz so, wie Hjalmar Johansen ihn beschrieb: „Er ging auf Deck schweigsam und ruhig umher, bemerkte alles, sprach wenig, doch bewirkte sehr viel mehr." Vielleicht steht der „Fürst der Polarforscher" gerade deshalb bis heute im Schatten von Riesen wie Nansen und Amundsen. Tatsächlich hatte Sverdrup als Kapitän der *Fram* entscheidenden Anteil am Erfolg von Nansens Erforschung der Eisdrift, doch sein Beitrag zum offiziellen Bericht, dessen Koautor er eigentlich sein sollte, war von Nansen zum Anhang degradiert worden. Indes sollte Sverdrup den ihm zustehenden Ruhm erlangen, als man ihn zum Leiter einer Expedition machte, deren Aufgabe es war, einen der letzten weißen Flecken auf der Landkarte zu tilgen – eine Region, so abgelegen und unwirtlich, dass sie bislang noch von niemandem erreicht worden war.

Mit der instand gesetzten *Fram* als Leihgabe der norwegischen Regierung und mit einer sorgfältig ausgewählten Mannschaft verließ Sverdrup im Juni 1898 Oslo in der Absicht, die unbekannte Wildnis Nordgrönlands zu kartographieren. Doch machten ausgedehnte Eisfelder vor der Nordwestküste die Zufahrt unmöglich, sodass Sverdrup seinen Plan änderte und stattdessen nun Kurs auf die Ellesmere-Insel nahm, um zu erkunden, was westlich der Ausläufer der bis dahin bekannten Welt liegen könnte. Sverdrup verbrachte drei Winter in der Arktis, den letzten davon erzwungenermaßen, weil das Eis, in dem die *Fram* festsaß, nicht schmelzen wollte. Nun drang er mit Schlitten in alle Richtungen vor, kartographierte die Fjorde der Westküste von Ellesmere, drang bis zur vereisten Beaufortsee vor und benannte drei Inseln nach den Sponsoren der Expedition – Axel Heiberg, Amund und Ellef Ringnes. Im September 1902 kehrte Sverdrup, gefeiert als Held, mit einem solchen Reichtum an Informationen zurück, dass die Veröffentlichung seiner Aufzeichnungen mehr als 15 Jahre in Anspruch nahm.

Sverdrup hatte die neu entdeckten Inseln für Norwegen in Besitz genommen, aber erst gut zwanzig Jahre später fiel es der kanadischen Regierung auf, dass ausgedehnte Gebiete des nördlichen Archipels einer anderen Nation gehörten. Obwohl Norwegen wenig Interesse an seinen arktischen Besitzungen gezeigt hatte, musste eine freundschaftliche Lösung gefunden werden. 1930 fasste Kanadas Regierung den Entschluss, Sverdrups Kartenmaterial zu kaufen und den Forscher selbst mit einer jährlichen Pension auszustatten. Bedenken hinsichtlich des möglichen Alters, das Sverdrup noch erreichen könnte, führten schließlich aber zur Zahlung einer Abfindungssumme in Höhe von 67 000 Dollar. Die Entscheidung kam Kanada teuer zu stehen, denn zwei Wochen später war Sverdrup tot.

Rechts Sverdrups *Fram* im Eis vor der Ellesmere-Insel.

1902 – 04

„Bösartige Rivalität"

Schottland vs. England: William Bruce und die schottische Nationale Antarktis-Expedition

Schottland hat so viele ausgezeichnete Entdecker hervorgebracht, dass man versucht ist zu behaupten, die Geschichte der britischen Expeditionen nach 1750 sei eher schottischer als englischer Provenienz. Mackenzie, Livingstone, James Bruce, Stuart, Mitchell, Thomson, Clapperton, Nares, Park und Grant sind bereits auf den vorangegangenen Seiten erwähnt worden. Sie alle waren Schotten, auch wenn sie ihre Reisen oft unter der Schirmherrschaft von Institutionen südlich des Tweed unternahmen. Im späten 19. Jahrhundert jedoch gewann der schottische Forschungsdrang eine quasi-nationale Identität. Die berühmte Reise der *Challenger*, die erste der Ozeanographie gewidmete Unternehmung, bestand fast ausschließlich aus schottischen Wissenschaftlern und Matrosen und erhielt ihre Anweisungen aus Edinburgh. 1892 – 93 schickte die Stadt Dundee, die Waltran für ihre Juteindustrie benötigte und deren Werften sich auf den Bau von polartüchtigen Schiffen spezialisiert hatte, eine Vermessungsexpedition in die Antarktis, die dort wichtige Entdeckungen machte.

Schottische Universitäten spielten eine führende Rolle bei der Entwicklung naturwissenschaftlicher Forschungen und stellten schon bald ihre englischen Pendants in den Schatten, während Wissenschaftler wie Patrick Geddes und William Speirs Bruce, getragen von einem neu erwachten schottischen Nationalbewusstsein, den wissenschaftlichen Fortschritt als Bestandteil einer romantischen schottisch-keltischen Kulturrenaissance begriffen. Andere dagegen, wie James Wordie, die kommende graue Eminenz der Polarforschung, gingen nach England, um dort an einem umfangreichen Programm mitzuwirken, das seine schottischen Kollegen schließlich isoliert dastehen ließ.

William Bruce, der in England geborene und ausgebildete Sohn eines Arztes aus Edinburgh, war von dem pulsierenden geistigen Leben dieser Stadt so beeindruckt, dass er dort blieb. Er nahm an der Dundee-Expedition und an Erkundungsfahrten ins Franz-Josef-Land und nach Svalbard teil, lehnte es aber ab, Robert Scott auf dessen erster Reise in die Antarktis zu begleiten. Zum einen schienen ihm die Ziele des Unternehmens zu sehr davon abzuhängen, dass der Südpol erreicht und damit für eine entsprechende Sensation gesorgt werden konnte, zum anderen aber, und das war der Hauptgrund, hatte er bereits eine ausschließlich schottische Expedition unter seiner Leitung im Visier. Als die britische Regierung sich weigerte, ein Projekt zu finanzieren, das einer der Granden der Royal Geographical Society als „bösartige Rivalität" brandmarkte, trieb Bruce sehr schnell in Schottland Geldquellen und ein Team von Wissenschaftlern auf und stach im November 1902 mit der *Scotia* in See, um zum Weddellmeer und den Südlichen Orkney-Inseln zu gelangen. Während Scott und seine Leute, die auf der in Dundee gebauten *Discovery* in die Antarktis gefahren waren, zwei Jahre lang über das Eis schlitterten und vergleichsweise wenig erreichten, konnte Bruces schottische Nationale Antarktis-Expedition große Lücken auf der Landkarte füllen, eine meteorologische Station errichten, die noch heute in Betrieb ist, und mehr an ozeanographischen, geographischen und anderen wissenschaftlichen Informationen heimbringen als alle anderen vor ihr.

Rechts Die *Scotia* und ihre Mannschaft 1904 im Eis vor Coats Land, wo wichtige Entdeckungen gemacht wurden.

Roald Amundsen erobert die Nordwest-Passage

Klugheit ist dort erfolgreich, wo Heldentum versagt

1903 – 06

Ende des 19. Jahrhunderts hatte die obsessive Suche nach der Nordwest-Passage eine beträchtliche Anzahl möglicher Routen durch das Labyrinth der vereisten Wasserwege des nordamerikanischen Archipels zu Tage gefördert. Zwar hatten einige Mitglieder britischer Schiffsbesatzungen von Expeditionen, die aus entgegengesetzten Richtungen vorgedrungen waren, schon 1853 die Passage auf Schlitten überquert, doch war es bisher keinem Schiff gelungen, vom Atlantik zum Pazifik durchzustoßen. Doch sollte die Herausforderung, an der die Royal Navy gescheitert war, schon bald von einem relativ unbekannten norwegischen Forscher mit einer sechsköpfigen Mannschaft auf einem kleinen, dreißig Jahre alten Holzschiff, kaum größer als ein Heringskutter, bewältigt werden. Das Schiff hieß *Gjøa* und der Mann Roald Engelbregt Gravning Amundsen. Er war auf die Verwirklichung seines Jugendtraums gut vorbereitet. Für ihn war „Heldentum" nichts weiter als mutwillige Selbstopferung und Stümperei, und da er keinen Wert darauf legte, die Fehler anderer zu wiederholen, plante er sein Unternehmen mit aller erdenklichen Sorgfalt. Amundsen war ein erfahrener Seemann und ein guter Skiläufer und hatte die Psychologie des Überlebens als unbezahlter Zweiter Offizier auf Gerlaches Antarktis-Expedition kennengelernt. Er hatte altgediente Arktisfahrer um Rat gefragt, sich in geomagnetischen Messtechniken unterweisen lassen und mit der *Gjøa* eine Probefahrt unter schwierigen Bedingungen unternommen. Aber sein Erfolg hing auch damit zusammen, dass er sich die Lebensweise der Inuit zu eigen machte, indem er der Kälte durch Fellbekleidung trotzte und mit Schlittenhunden umzugehen lernte.

Die Expedition Gerlaches hatte viele Fragen über die mutmaßliche Drift der Magnetpole aufgeworfen, und die präzise Lokalisierung des magnetischen Nordpols sollte zu den Hauptaufgaben von Amundsens Expedition gehören. Er verließ Oslo im Juni 1903, kaufte in Grönland Hunde, Schlitten und Kajaks, fuhr dann durch den Lancaster-Sund und von dort südwärts zur Boothia-Halbinsel, wo James Ross 1831 die Position des Magnetpols festgelegt hatte. Während die *Gjøa* wie geplant zwei Jahre lang in ihrem Eishafen blieb, unternahm Amundsen weite Exkursionen mit dem Schlitten, kreiste den Pol ein und maß eine Drift von sechzig Kilometern in nordöstlicher Richtung. Im August 1905 wurde der Anker gelichtet, und binnen eines Monats hatte die *Gjøa* die Passage zur Beaufort-See bewältigt. Ein weiterer Eiswinter verhinderte zunächst den endgültigen Vorstoß in den Pazifik, aber Amundsen wollte nicht länger warten. Er fuhr mit dem Schlitten 800 Kilometer quer durch Alaska zur nächsten Telegrafenstation und führte ein 700 Dollar teures R-Gespräch mit Fridtjof Nansen, dem er, und damit der Welt, von seiner bahnbrechenden Entdeckung berichtete.

Rechts Amundsens Mannschaft 1906 am King Point nach ihrer Durchquerung der Nordwest-Passage.

Der seltsame Fall des Oberst Fawcett

Eine Forschungsreise mit bisher unbekanntem Ausgang

1906 – 25

ZWEIFELLOS HAT DER RÄTSELHAFTE OBERST PERCY HARRISON FAWCETT, was immer man sonst von ihm halten mag, einer Generation von Entdeckern und Lehnstuhlreisenden die Leidenschaft für das Abenteuer in den tiefsten Tiefen des Dschungels am Amazonas vermittelt. Sein Bericht mit dem Titel *Exploration Fawcett* wurde dreißig Jahre nach Fawcetts Verschwinden auszugsweise von seinem Sohn Brian veröffentlicht. Damals hatte die sinnlose Zerstörung der Wälder noch nicht begonnen, und wer auf Fawcetts Spuren wandern wollte, konnte die Landschaft noch so erleben, wie der Forscher sie porträtiert hatte. Das Buch, das über verborgene Städte und moderne El Dorados spekulierte, verkaufte sich millionenfach und wurde von vielen als das beste seines Genres gepriesen, doch steckt der Bericht voller Anspielungen auf verborgenen Ehrgeiz und Geheimnisse, die nie wirklich deutlich benannt werden. Fawcett hatte als Soldat auf Ceylon nach vergrabenen Schätzen gesucht und besaß Kenntnisse in der Vermessungstechnik. Seine erste Reise nach Südamerika unternahm er 1906 im Auftrag der Royal Geographical Society, die von der bolivianischen Regierung ersucht worden war, die nationalen Grenzen in den umkämpften, gummireichen Wäldern der nördlichsten Provinzen des Landes zu vermessen. Die Aufgabe, die danach auch die östlichen und westlichen Grenzregionen umfasste, beschäftigte Fawcett bis 1912; danach reiste er weitgehend auf eigene Faust.

In Bolivien hörte Fawcett Erzählungen von weit entwickelten Kulturen, die einst im Landesinneren floriert hatten. Das bestätigte ihn in seiner Überzeugung, tief im Dschungel müsse eine Stadt verborgen liegen. Während der Kriegsjahre konnte er keine Reisen unternehmen, aber die Vorstellung von einer verschwundenen Kultur ließ ihn nicht mehr los. 1920 kehrte er nach Südamerika zurück und interessierte sich jetzt vor allem für die unerforschten Gebiete jenseits des Mato Grosso, wo die südlichsten Nebenflüsse des Amazonas von dichten, weglosen Wäldern umsäumt waren. Seine erste Expedition war von allen möglichen Unglücksfällen begleitet, während er auf der zweiten 1921 von der Atlantikküste aus zu einem Ort gelangen wollte, den er mit „Z" bezeichnete und der irgendwo jenseits des Río Xingu lag. Sie blieb offensichtlich erfolglos, sodass er 1925, von seinem Sohn Percy und einem Freund namens Rimell begleitet, einen dritten Versuch unternahm, „Z" zu finden, diesmal vom Mato Grosso aus. Die drei erreichten ein früheres Lager Fawcetts, von dem aus er an seine Frau schrieb: „Du brauchst keine Angst vor einem Fehlschlag zu haben." Keiner von ihnen wurde jemals wiedergesehen. Ob Fawcett und seine Begleiter, wie einige behaupten, in ein unterirdisches Atlantis gelockt oder von einer Göttin entführt wurden oder überlebten, um eine geheime theosophische Gemeinschaft zu gründen, wird wohl immer ungewiss bleiben, aber höchstwahrscheinlich wurden sie von feindseligen Indianern umgebracht.

Rechts Oberst Fawcett auf einer seiner Reisen in Südamerika.

Die Arktis-Expedition, die den Südpol eroberte

Roald Amundsen greift zu unkonventionellen Mitteln

1910–12

Es gab vor allem in der Frühzeit europäischer Erkundungsfahrten viele Expeditionen, die aus wirtschaftlichen oder politischen Gründen geheim geplant und durchgeführt wurden, doch kaum eine lässt sich mit jenen ausgeklügelten Täuschungsmanövern vergleichen, die Roald Amundsens Eroberung des Südpols vorangingen. Nachdem Amundsen von seiner Durchquerung der Nordwest-Passage zurückgekehrt war, machte er sich sofort an die Vorbereitungen für eine Expedition zum Nordpol. Er wollte zu diesem Zweck Nansens alte *Fram* für eine fünfjährige Drift im arktischen Eis ausrüsten, die ihn, wie er hoffte, so nahe an den Pol tragen würde, dass dieser zu Fuß erreichbar wäre. Doch als die Vorbereitungen schon in vollem Gange waren, erreichte Amundsen die Nachricht, dass Cook oder Peary oder gar beide ihm zuvorgekommen waren. Das war natürlich ein Schlag, aber Amundsen entschied sich sofort, seinem Unternehmen eine kühne Wendung zu geben. Schließlich sollten die beträchtlichen Summen, die zur Unterstützung des Nordpolprojekts geflossen waren, nicht ungenutzt bleiben. Er würde also mit der *Fram* in den Atlantik aufbrechen, als wolle er die Bering-Straße ansteuern, um dann auf hoher See der Mannschaft zu erklären, dass die Reise nicht zum Nordpol, sondern zum Südpol ginge!

Es spricht für Amundsens außerordentliches Organisationsgeschick, dass er mit aller nötigen Sorgfalt zwei Expeditionen, die eine real, die andere imaginär, planen und die Täuschung aufrechterhalten konnte. Zwar mochte seine Anweisung, der Schiffszimmermann solle den Plan für eine aus Fertigteilen zusammenbaubare Hütte entwerfen, die in der Arktis von eher zweifelhaftem Nutzen war, einigen Verdacht erregen, doch blieb dieser unausgesprochen. Als Amundsen im August 1910 Bergen verließ, wurden seine Offiziere eingeweiht, und auf der Höhe von Madeira erfuhr die Mannschaft von der eigentlichen Absicht. Schließlich wurde dann auch die Weltpresse informiert. Im Januar 1911 hatten sich Amundsen und seine 18 handverlesenen Besatzungsmitglieder in der besagten Hütte eingerichtet, um darin zu überwintern. 600 Kilometer westlich von ihnen, auf der anderen Seite des Ross-Eisschelfs, lagerte eine britische Expedition unter Robert Scott, die ebenfalls den Südpol im Auge hatte. Im Oktober brach Amundsen mit vier Begleitern auf ebensovielen Schlitten, jeder von 13 Hunden gezogen, auf. Der Aufstieg zum Plateau in dichtem Schneetreiben war zwar unangenehm, aber relativ leicht zu bewältigen, verglichen mit den furchtbaren Qualen, die Scott erleiden musste. In weniger als zwei Monaten war Amundsen am Pol angekommen, und Ende Januar, drei Monate, bevor Scott und seine Männer sterbend in ihren Zelten lagen, hatte seine Expedition das Basislager wieder erreicht.

Rechts Stolz entrollt Amundsen am 12. Dezember 1911 am Südpol die norwegische Flagge.

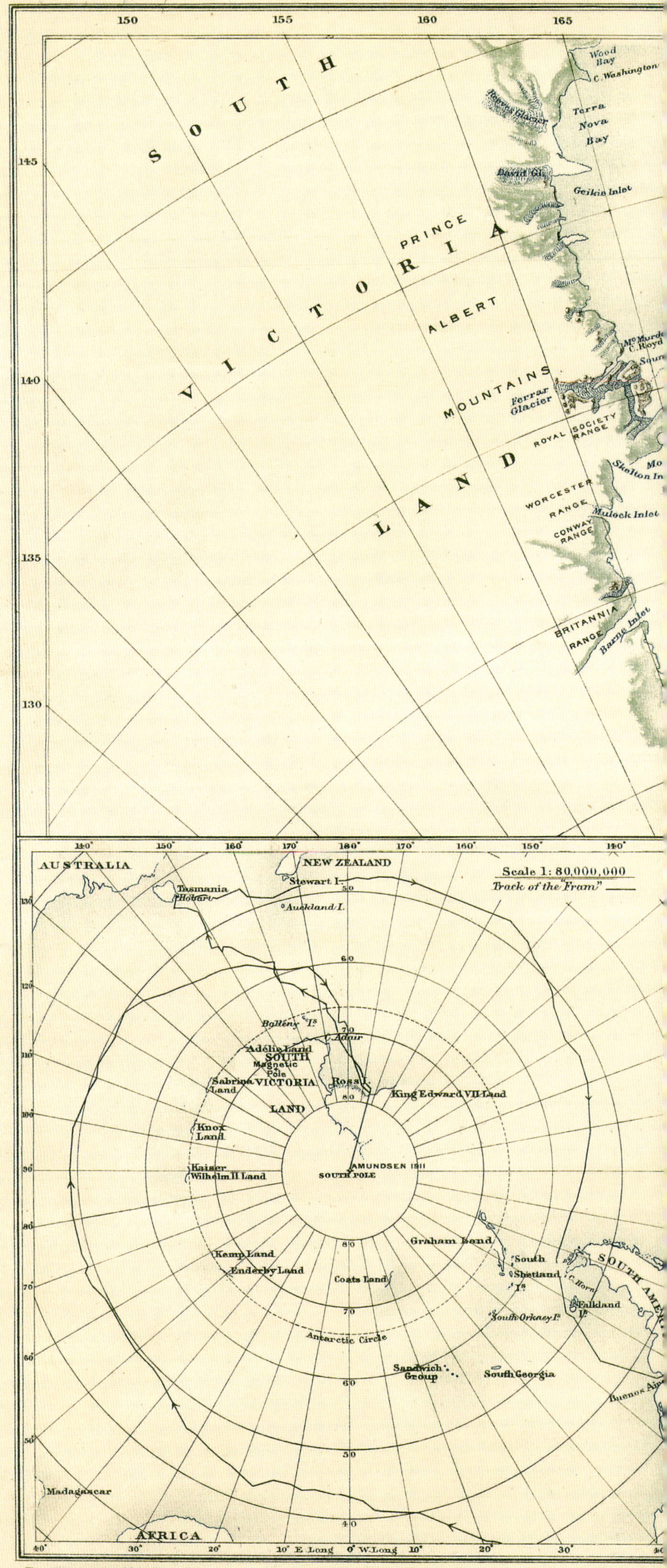

Oben Amundsen auf dem Weg zum Südpol. **Rechts** Die Karte der Antarktis zeigt Amundsens Route zum Südpol und zurück.

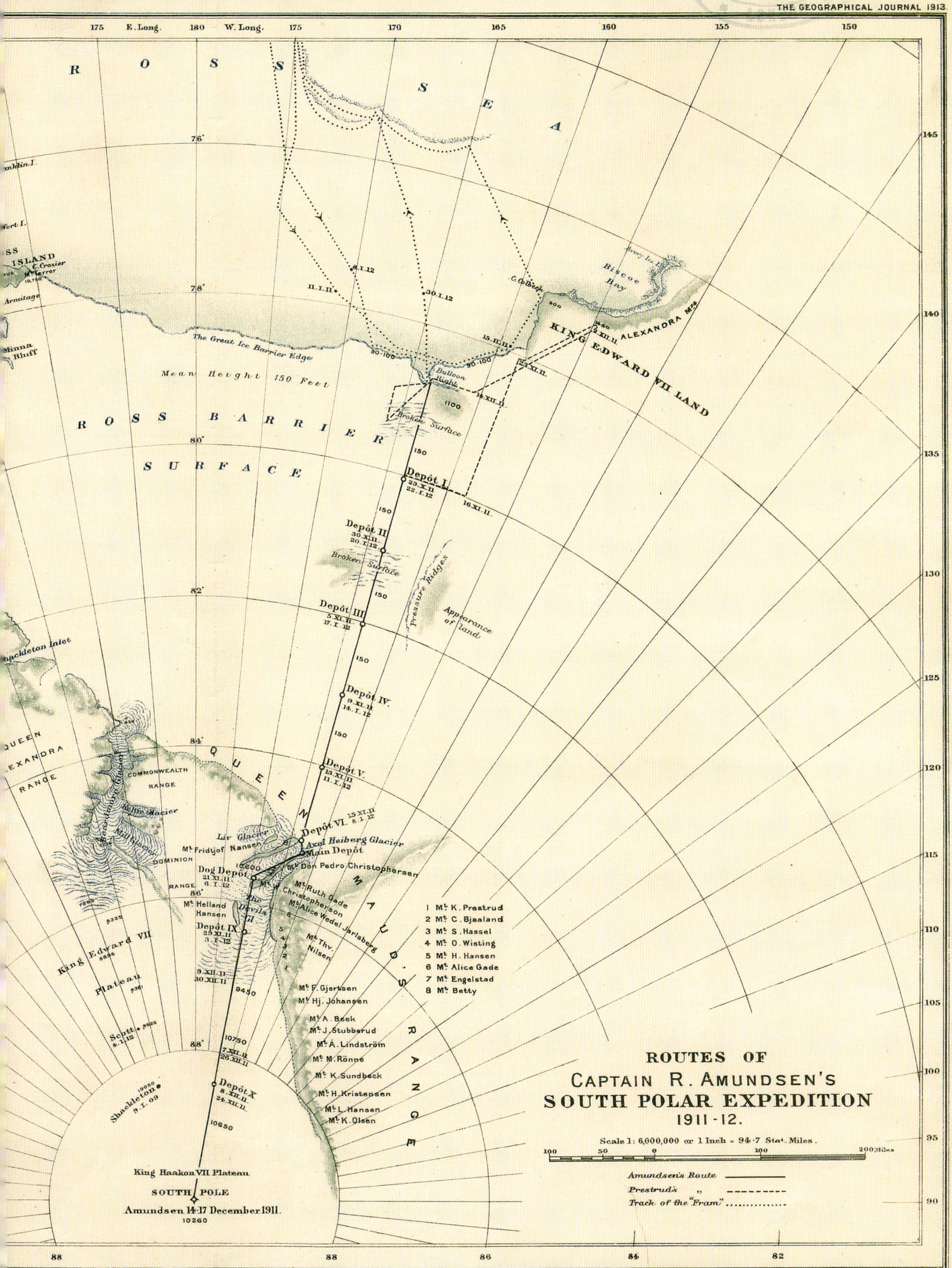

Published by the Royal Geographical Society

Entdeckungsreisen zur Förderung des Nationalstolzes

Robert Scotts Wettlauf gegen Roald Amundsen

1910–12

NATÜRLICH ERINNERN WIR UNS BESONDERS LEBHAFT JENER EPISCHEN ENTDECKUNGSREISEN, deren Protagonisten im Kampf darum, das Unmögliche zu erreichen, als Helden aus allen schicksalhaft schwierigen Umständen hervor- oder an ihnen zugrundegingen. In Wahrheit jedoch sind diese Umstände, die sich unserem Gedächtnis einprägen, häufig genug die Folge schlechter Vorbereitung, blinder Verkennung der zu erwartenden Bedingungen oder einer für diese Aufgabe schlechthin ungeeigneten Führungspersönlichkeit. Robert Falcon Scott, der zehn Jahre lang ein eher unauffälliger Marineleutnant gewesen war und irgendwann fürchtete, bei der Beförderung übergangen zu werden, hatte keinen entdeckerischen Ehrgeiz, keine diesbezüglichen Erfahrungen oder Qualifikationen und absolut keine Vorliebe für die Eiswüsten der Antarktis. Dennoch war es ihm mit bemerkenswerter Leichtigkeit gelungen, zum Schützling des Präsidenten der Royal Geographical Society, Clemens Markham, aufzusteigen. Markham suchte jemanden, der die Leitung einer in Planung begriffenen Antarktis-Expedition übernehmen könnte. Zwar hatten sich schon weitaus passendere Bewerber gemeldet, aber Markham und die Royal Navy setzten ihren Willen durch, und im Juli 1901 brach Scott an der Spitze einer Expedition auf, deren Ziele von vornherein höchst unklar definiert waren.

Das Unternehmen verlief enttäuschend. Die einzig bemerkenswerte Gelegenheit, etwas zu entdecken, ergab sich im Dezember 1902, als Scott die erste größere Fahrt über die Antarktis mit dem Hundeschlitten bewältigte. Aber er wagte sich schlecht vorbereitet und ohne Strategie in das Unbekannte vor, mit der verschwommenen Vorstellung, den Südpol erreichen zu können. Zudem hatte er keine Erfahrung im Umgang mit Schlittenhunden, wurde von Skorbut und Schneeblindheit befallen, musste mit schwindenden Vorräten und Unstimmigkeiten innerhalb seiner Mannschaft fertig werden und kam so kaum über 82° südlicher Breite hinaus. Dennoch kehrte Scott 1910 in die Antarktis mit dem Auftrag zurück, bis zum Südpol vorzustoßen. Die Expedition endete in einer Katastrophe, aber nicht nur, weil Scott keine Schlittenhunde mochte, weil die von ihm mitgebrachten Ponys in Eisspalten fielen oder die Motorschlitten schon nach kurzer Zeit den Geist aufgaben. Zum Scheitern führte insbesondere seine unrealistische Überzeugung, dass echte Entdeckungen nur dann gelingen, „wenn eine Gruppe von Männern sich aufmacht, um Not, Gefahren und Schwierigkeiten aus eigener Kraft zu bewältigen". Das war die Frucht einer viktorianischen Erziehung, die den Glauben vermittelte, ein durch eisernen Willen zusammengeschweißtes Team könne alle Widrigkeiten überwinden. Während also Scotts unheroischer Rivale Amundsen nach sorgfältiger Planung dem Südpol ganz ruhig mit Hundeschlitten entgegenstrebte, geriet die britische Expedition von einer Schwierigkeit in die nächste und musste ihr Gepäck auf eigenem Rücken südwärts schleppen. Auf dem Rückweg zum Basislager kamen Scott und seine letzten Begleiter ums Leben. Sie wurden nur 16 Kilometer vom schützenden Lager in einem Zelt tot aufgefunden.

Rechts Mitglieder von Scotts Expedition bei der Anlage eines Depots.

Bailey enthüllt die Geheimnisse der Schluchten des Tsangpo

Der letzte der großen Flüsse wird erforscht

1911 – 13

Frederick Marshman Bailey, seit seiner Kindheit „Eric“ gerufen, nimmt in der Liste großer Entdecker keinen herausragenden Platz ein. Er war ein äußerst bescheidener Mann, der „seine ungewöhnlichen Talente hinter einem überaus freundlichen Äußeren verbarg“ und dessen rühmlichste Taten unbemerkt auf den Seiten des *Scottish Geographical Magazine* schlummerten, während seine verdeckten Operationen, die er nach der Revolution im zentralasiatischen Teil Russlands betrieb, erst vierzig Jahre später bekannt wurden. Bailey, der Sohn eines Majors der britischen Armee in Indien, begann seine Karriere als Entdecker 1904. Er war damals als junger Offizier bei der britischen Invasion in Lhasa dabei und wurde ausgesandt, um den Oberlauf des Tsangpo (Zangbo) westlich von Lhasa bis zum heiligen See Mansarowar (Mapan Yumco) zu erforschen. Was Bailey an diesem Fluss, der in Assam als Brahmaputra oder Dihang bezeichnet wird, besonders faszinierte, war sein unbekannter Verlauf in östlicher Richtung. Der Tsangpo verließ das tibetanische Hochland in einer Höhe von 2700 Metern und erreichte das weniger als 200 Kilometer entfernte Assam in einer Höhe von nur 500 Metern. War der Tsangpo mit dem Brahmaputra identisch oder gab es tief in der labyrinthischen Geographie des südöstlichen Tibet verborgen einen Wasserfall, mächtiger als alle anderen auf der Erde?

Annäherungsversuche aus südlicher Richtung scheiterten an feindseligen Bergstämmen und der ablehnenden Haltung der indischen Regierung, während der Vorstoß von Nordosten es erforderlich machte, China zu durchqueren und dann die Steilhänge der tibetischen Grenzregionen zu überwinden. Bailey entschied sich für Letzteres. Im März 1911 fuhr er den Jangtse aufwärts und arbeitete sich auf dem Landweg zu den Oberläufen der Flüsse Mekong, Salween und Irawadi durch. Er gelangte in Regionen, deren Stämme noch nie einen Europäer gesehen hatten, und als er nur noch 150 Kilometer vom Tsangpo entfernt war, stieß er auf einen dieser Stämme, deren Ruf so furchterregend war, dass niemand es wagte, ihr Territorium zu betreten. Da er keinerlei lokale Unterstützung hatte, blieb ihm nichts übrig, als auf kürzestem Weg nach Assam zu gelangen. 1913 unternahm er einen weiteren Versuch, diesmal von Assam aus als Mitglied einer kleinen Vermessungsgruppe unter der Leitung von Hauptmann Henry Treise Morshead. Im Juni hatten sie den Tsangpo-Brahmaputra erreicht und befanden sich an einer Stelle achtzig Kilometer südlich der großen Biegung des Flusses. In den folgenden Monaten erforschten sie den Flussverlauf an verschiedenen Punkten, die günstig genug lagen, um die Erkenntnis zu bestätigen, dass Tsangpo und Brahmaputra tatsächlich identisch und durch reißende Stromschnellen und kleinere, in unzugänglichen Schluchten hinabstürzende Wasserfälle miteinander verbunden waren. Als Bailey und Morshead nach einer schwierigen Route durch die Berge von Bhutan zurückgekehrt waren, hatten sie die wohl längste zu Fuß unternommene Landvermessungstour des 20. Jahrhunderts bewältigt.

Rechts Bailey (ganz links) als Mitglied von Hauptmann G. A. Nevills Vermessungsgruppe oberhalb des Simong-Tals, Nordassam, im Februar 1913.

Douglas Mawson in der „Heimat des Blizzards“

Die erste australische Antarktis-Expedition

1911–14

DER ANTARKTISFORSCHER DOUGLAS MAWSON GENOSS IN SEINER HEIMAT AUSTRALIEN solches Ansehen, dass sein Porträt zwölf Jahre lang die 100-Dollar-Banknoten zierte. Er war jedoch zu sehr Wissenschaftler, um die Aufmerksamkeit einer Öffentlichkeit zu erregen, die sich damals weniger für Fortschritte in der geographischen Entdeckung (ganz gleich welcher Bedeutung) interessierte als für Heldentaten, die zur Erforschung unseres Planeten wenig beitrugen. Obwohl Mawsons Sinn für Abenteuer durchaus gut entwickelt war und er in seinem Durchhaltevermögen und seiner Leidensfähigkeit anderen in nichts nachstand, war Heldentum bei ihm eher die zufällige Folge einer Suche nach Wahrheit und Erkenntnis. Seine Ausbildung empfing er an der Universität von Sydney, deren berühmte geographische Fakultät unter ihrem Mentor Edgeworth David viele Verdienste um die Erforschung des Westpazifiks erworben hatte. Mawson kam 1908 mit dem britischen Polarforscher Ernest Shackleton in die Antarktis und gehörte zu denen, die den zermürbenden Treck zum magnetischen Südpol unternahmen. Aber Mawson interessierte sich stärker für die tatsächliche Beschaffenheit des Kontinents. Handelte es sich um eine einzige zusammenhängende Landmasse oder nur um eine Ansammlung von eisumschlossenen Inseln? Und was hatte es auf sich mit der ausgedehnten Küstenlinie, die vom Rossmeer bis zum Längengrad Südafrikas reichte?

Als Mawson 1911 England besuchte, konnte er ohne Schwierigkeiten Geld auftreiben für sein Vorhaben, ein Drittel der gesamten antarktischen Küste zu vermessen. Schon gegen Ende des Jahres war die sorgfältig organisierte, vorwiegend mit Australiern besetzte Expedition in der Lage, den Hafen von Hobart auf der in Dundee gebauten *Aurora* zu verlassen. Die Funkverbindung lief über die australische Insel Macquarie, und Basislager wurden an der Adélie-Küste sowie 2000 Kilometer weiter, am Shackleton-Eisschelf errichtet. An der Adélie-Küste wurde das Lager durch einen von März bis April 1912 unablässig peitschenden Sturm mit Geschwindigkeiten von bis zu 150 Stundenkilometern beschädigt, wobei kleinere Wirbelwinde Ausrüstungsgegenstände in die Luft schleuderten. Im zweiten Lager überwinterten acht Männer in einer sechs Quadratmeter großen Hütte. Im Sommer darauf begannen die Erkundungsfahrten mit Hundeschlitten. Bei einer dieser Touren geriet Mawson in einen Überlebenskampf, der denen seiner berühmten Zeitgenossen ebenbürtig war. Als einer seiner Gefährten mitsamt den Hunden und vollbeladenem Schlitten in eine Gletscherspalte stürzte und der andere nach dem Verzehr von Hundeleber starb, musste Mawson mit erfrierenden Fingern und kaputten Stiefeln allein den Rückweg antreten. Er durchtrennte seinen Schlitten mit der Taschensäge und zog ihn 160 Kilometer weit zum Basislager zurück. Als die Expedition 1914 heimkehrte, wurde sie als die bis dahin größte wissenschaftliche Antarktis-Expedition gefeiert, und Mawson war zum Helden geworden.

Rechts Die Unterstände der Hütte im Hauptlager waren vom Schnee so zugeweht, dass die Männer Tunnel graben mussten, um nach draußen zu gelangen. **Folgende Seiten** Um die Instrumente außerhalb der Hütte abzulesen, musste Mawsons Team auf Händen und Füßen kriechend gegen den Blizzard ankämpfen.

Die mystische Suche der Alexandra David-Néel

Eine Pariserin in Lhasa

1911 – 24

Alexandra David-Néel wurde in Paris geboren und wuchs in Belgien auf. Die Ehe der Eltern war unglücklich, und Alexandra verspürte schon als kleines Mädchen die Sehnsucht, „durch die Gartenpforte auf die Straße zu treten, ihr zu folgen und ins Unbekannte aufzubrechen". Mit 17 überquerte sie, nur mit einem Regenmantel und Epiktets *Handbüchlein* ausgerüstet, zu Fuß den St.-Gotthard-Pass und studierte danach als eine der ersten Frauen an der Sorbonne am Institut für Orientalische Sprachen, schloss sich theosophischen Geheimgesellschaften an und wurde sogar *première chanteuse* bei einer Operntruppe. 1890 – 91 tourte sie durch Indien und heiratete dann in Tunis den wohlhabenden Eisenbahningenieur Philippe Néel. Aber ein ruhiges Eheleben entsprach nicht ihren feministischen Überzeugungen – sie hatte geschrieben, Hausfrauen sollten für ihre Arbeit bezahlt werden –, und so sagte sie ihrem Ehemann 1911 Adieu und machte sich auf den Weg nach Sikkim, um den Buddhismus zu studieren. 1914 führte sie, nur in der Gesellschaft eines jungen Mönchs namens Aphur Yongden, ein einsiedlerisches Leben nahe der tibetischen Grenze, die sie mehrere Male überquerte, um sich mit dem Pantschen Lama, der zweithöchsten buddhistischen Autorität, in Xigaze zu treffen. Als die Briten weitere Grenzüberschreitungen verboten, begab David-Néel sich nach Japan, wo der berühmte, vielgereiste Mönch Ekai Kawaguchi in ihr den Wunsch weckte, die heilige Stadt Lhasa zu besuchen.

Sie verbrachte nun drei Jahre bei den Mönchen im Kloster Kunbum im Nordwesten Chinas und machte sich 1921, verkleidet als Bettlerin und begleitet von Yongden, auf den Weg nach Lhasa. Weitere drei Jahre zogen sie durch die zerklüfteten chinesischen Grenzgebiete, überquerten die tiefen Schluchten des oberen Mekong und des Salween und folgten der parallel zum Tsangpo verlaufenden Route nach Tibet. Im Januar 1924 betraten sie Lhasa, wo sie zwei Monate blieben, die heiligen Stätten besuchten und sich am Neujahrsfest unter die feiernden Pilger mischten. Über Sikkim kehrten sie nach Paris zurück, wo sie als Helden empfangen wurden. Alexandra kampierte in einem Zelt vor dem Museum Guimet. Sie ließ sich später in Digne in der Provence nieder, erbaute dort ihr Samten-Dzong, eine „Festung der Meditation", und ging 1937 erneut nach China, wo sie die Kriegsjahre in den Bergen von Szechuan verbrachte. Danach wohnte sie wieder in Digne und kampierte noch im Alter von 82 Jahren mitten im Winter in den Hochalpen. 1969 ließ die nun 100-Jährige vorsorglich ihren Pass verlängern, um noch weitere Reisen zu unternehmen. Sie starb jedoch im Jahr darauf. Bis zuletzt war sie mit der Abfassung von Biographien über Mao-Tsetung und Jesus beschäftigt. Ihre Asche wurde bei Benares in den Ganges gestreut.

Rechts Alexandra David-Néel und ihr ständiger Begleiter Aphur Yongden auf dem Weg nach Lhasa.

Die Telegrafen-Expedition

Ein brasilianischer Entdecker und der Präsident der USA am „Fluss des Zweifels“

1913–14

Cândido da Silva Rondon, Freund der Indios und wohl Brasiliens bester Entdecker, ist außerhalb seines Heimatlandes kaum bekannt. Aber er entdeckte 15 große Flüsse, und der brasilianische Staat Rondônia ist nach ihm benannt. Bis 1913 hatte er, mittlerweile 47 Jahre alt, bereits an die 22 000 Kilometer im Landesinneren zurückgelegt, und das war nur der Beginn. Geboren im Mato Grosso als Sohn eines Mestizen und einer Indiofrau, hatte er seine Lehrjahre als Militäringenieur unter härtesten Bedingungen absolviert. Er war am Bau der strategisch wichtigen Telegrafenlinie beteiligt, die Brasiliens westliche Außenposten mit dem bevölkerungsreichen Osten verband. 1907 übernahm er die wenig beneidenswerte Aufgabe, die Linie von Cuiabá in nordwestlicher Richtung zum Río Madeira weiterzubauen, was bedeutete, eine Route durch Wälder zu schlagen, in denen Indios lebten, die noch nie Kontakt mit Weißen gehabt hatten. Nach vier Monaten, in denen Rondon und sein Team sich mühselig von dem ernährten, was der Urwald hergab, erreichten sie völlig erschöpft gegen Weihnachten 1909 den Madeira. Im folgenden Jahr wurde Rondon, ein aufgeklärter und mitfühlender Mann, zum Leiter einer neu geschaffenen Institution bestimmt, deren Aufgabe im Schutz der Indios bestand. Rondon, zutiefst beschämt über die bisherige unmenschliche Behandlung der Indios, rüttelte die Nation wach, indem er verkündete, dass keiner seiner Untergebenen jemals einen Indio töten dürfe, auch nicht zur Selbstverteidigung. Das führte in Brasilien zu einem Gesinnungswandel und brachte Rondon weltweite Bewunderung ein.

Die Telegrafen-Expedition war bei ihren Arbeiten auf einen großen und bislang unbekannten Nebenfluss des Amazonas gestoßen, den Rondon 1913 von der Quelle bis zur Mündung kartographieren sollte. Zu seiner Begleitung gehörte eine außergewöhnliche Persönlichkeit – der ehemalige US-Präsident Theodore Roosevelt, ein Mann mit umfassender Bildung und scharfem Verstand, dessen Leidenschaft für die wissenschaftliche Erforschung bislang hinter seinen politischen Aufgaben hatte zurückstehen müssen. Rondon, unterstützt von hartgesottenen Offizieren, und Roosevelt, mit dem Gefolge argloser Freunde und Familienmitglieder, brachen in den Mato Grosso auf und erreichten im Februar 1914 die Quelle des von Rondon sogenannten „Flusses des Zweifels“. Die anschließende Fahrt flussabwärts wurde zu einer Belastbarkeitsprüfung erster Güte. Stromschnellen, Fieber und Ruhr brachten Roosevelt an den Rand des Todes, die Kanus mussten mühselig an Wasserfällen vorbei- und hinabgeschleppt werden, und Termiten zernagten die Kleidung der Expeditionsteilnehmer. Erst nach zwei Monaten erreichte die Expedition den Madeira und war in Sicherheit. Roosevelts Karriere als Entdecker war damit vorüber, aber Rondon unternahm noch weitere 25 Jahre Reisen in den Mato Grosso, zu den Nebenflüssen des Madeira, den Grenzgebieten zu Venezuela und Kolumbien und zu dem zurückgezogen lebenden Stamm der Xingu.

Rechts Roosevelt (links) und Rondon bei den Navaite-Stromschnellen am „Fluss des Zweifels“, fotografiert vom Naturforscher George Cherrie.

Höhepunkt und Ende eines heroischen Zeitalters

Ernest Shackletons triumphale Fehlschläge

1914–17

Von den vielen, die den Wunsch hegten, sich als Entdecker hervorzutun, hatten nur wenige auch die Gelegenheit oder machten jene Zufallsbekanntschaft, die ihre Träume Wirklichkeit werden ließ. Aber Ernest Henry Shackleton, ein unbekannter, doch ehrgeiziger Handelskapitän, hatte dieses Glück. Als er britische Truppen zum Krieg gegen die Buren nach Südafrika transportierte, befreundete er sich mit einem jungen Leutnant, dessen Vater, wie sich herausstellte, Scotts erste Antarktis-Expedition großzügig unterstützt hatte. Damit öffnete sich für Shackleton eine Tür. Er ging an Bord von Scotts *Discovery* und gehörte durch diesen glücklichen Zufall im Dezember 1902 zu denen, die den bislang weitesten Vorstoß zum Südpol schafften, dem sie sich bis auf 770 Kilometer näherten. Zwar erlitt Shackletons Selbtbewusstein einen Knacks, weil er physisch zusammenbrach und die Expedition vor ihrem Ende verlassen musste, doch wurde sein Ehrgeiz, als Erster den Pol zu erreichen, dadurch nur gestärkt. Aber erst 1906 fand sich ein zahlungswilliger Sponsor – ein wohlhabender Industrieller, dessen Frau Shackleton mit seinem Charme und blendendem Aussehen verführt hatte. Im folgenden Jahr brach Shackleton mit der *Nimrod* und einer handverlesenen Mannschaft wieder in die Antarktis auf, und im Januar 1908 fahndete eine Gruppe seiner Leute nach dem magnetischen Südpol, während Shackleton selbst mit einigen Begleitern gegen einen Blizzard kämpfte, der sie 180 Kilometer vor dem Pol zur Aufgabe zwang.

Die britische Öffentlichkeit, die heroische Fehlschläge fast ebenso feierte wie Erfolge, bereitete Shackleton einen begeisterten Empfang und überhäufte ihn mit Ehrungen, aber sein Ruhm sollte schon bald durch noch glänzendere polare Niederlagen und Siege überstrahlt werden. Eine Zeit lang beschäftigte er sich mit Geldgeschäften, die jedoch nur Verluste brachten. 1913 hörte er von Wilhelm Filchner, der meinte, ein riesiger Eisschelf im Weddellmeer biete einen realistischen Zugang für eine Expedition quer durch die Antarktis, und das brachte ihn wieder ins Entdeckerleben zurück. Nachdem er der Mobilisierungskampagne für den bevorstehenden Krieg gerade noch entgangen war, konnte er im Juli 1914 mit seiner Mannschaft den umfassenden Angriff auf den antarktischen Kontinent wagen. Aber das Weddellmeer zeigte ihm seine Grenzen auf. Sein Schiff, die *Endurance*, zerbrach unter dem Druck des Eises, und er musste mit seinen Männern monatelang auf einer kahlen Felseninsel ausharren. Um Rettung zu holen, machte sich Shackleton in einem Beiboot bei meterhohen Wellen auf den Weg zu den 1300 Kilometer entfernt liegenden Inseln Südgeorgiens. Die Antarktis blieb auch weiterhin eine erhebliche Herausforderung, aber das „heroische Zeitalter" war auf angemessene Weise mit einer der spektakulärsten Geschichten zu Ende gegangen.

Rechts Die *Endurance* liegt zerbrochen im Packeis des Weddellmeers. Die Mannschaft ist 3000 Kilometer von jeglicher Zivilisation entfernt gestrandet.

Philby kartographiert das Innere Arabiens

Ein Leben für die Wüste

1918–32

Die britische Regierung hatte immer gezögert, sich in die komplexen binnenpolitischen Angelegenheiten der Arabischen Halbinsel einzumischen, aber in den Jahren vor dem Ersten Weltkrieg reiste eine ganze Reihe britischer Gesandter offen und ohne jede Geheimhaltung dorthin, um Beziehungen zu König Ibn Saud zu knüpfen und nebenbei weiße Flecken auf der Landkarte zu tilgen. 1912 besuchte Gerard Leachman Riad und kehrte mit Fotografien der saudischen Königsfamilie zurück. 1914 erreichte William Henry Shakespear Riad von Kuwait aus und setzte die Reise dann über Land nach Suez fort, wobei er eine von Europäern bis dahin noch nie benutzte Route wählte. Aber erst bei Ausbruch des Kriegs entdeckten die Briten die Vorteile, die eine Freundschaft mit Ibn Saud im Kampf gegen die Türken bot. 1917 besuchte Harry St. John Philby, ein Cambridge-Absolvent, der im Irak in der britischen Finanzverwaltung arbeitete, Riad, um über eine Unterstützung von Ibn Sauds Angriff auf die mit den Türken verbündeten Raschids von Ha'il zu verhandeln. Nachdem er seinen offiziellen Auftrag erledigt hatte, ergriff Philby die Gelegenheit zu einem waghalsigen Trip durch die Wüste nach Djidda so weit südlich wie noch keiner vor ihm. Auf diese Weise begann eine lebenslange Freundschaft mit Ibn Saud und eine Verbundenheit mit Arabien, die vierzig Jahre währen sollte.

1918 war Philby erneut in Riad und brach von dort mit einer kleinen Eskorte mitten in der Sommerhitze in die Wüste auf. Er drang fast 500 Kilometer weit entlang der völlig unbekannten Abbruchkante Jabel Tuwaiq bis nach As Sulayyil vor, wobei er zahlreiche Umwege machte, um Vermessungen vorzunehmen. Das brachte seine arabischen Begleiter, die dem „Ungläubigen" ohnehin misstrauisch gegenüberstanden, an den Rand der Meuterei. Aber auf dieser Reise konnte zum ersten Mal das bislang unzugängliche Herz der Arabischen Halbinsel kartographiert und die nördliche Grenze der berüchtigten Sandwüste Rub' al Khali – „Leeres Viertel" – festgelegt werden. Philby wurde 1921 nach Jordanien versetzt, ging aber immer mehr auf Distanz zur britischen Regierungspolitik und gab den Dienst schließlich auf. Er ließ sich in Djidda nieder, leitete dort eine Handelsgesellschaft und trat 1930 zum Islam über. 1932 machte er sich von Hufuf aus mit 14 Begleitern und 32 Kamelen auf den Weg, um die Vermessung der Rub' al Khali zu vollenden. Die Karawane zog durch die Wüste nach Südwesten bis zu dem Punkt, wo die Grenzlinien von Saudi-Arabien, Oman und Jemen aufeinandertreffen. Von diesem verlassensten aller Orte ging es dann nach Westen weiter, wo Philby mit As Sulayyil den Ausgangpunkt seiner ersten Vermessungsfahrt erreichte. Seine Erkundungen zogen sich bis in die 30er-Jahre hin, und am Ende war ihm die Arabische Halbinsel mit ihren Routen und Siedlungen völlig vertraut.

Rechts Philby war einer der ersten Europäer, der die Wüste mit motorisierten Fahrzeugen erkundete. Auf seinen späteren Forschungsfahrten bediente er sich zumeist dieses Transportmittels.

Karius' und Champions Reise vom Fly zum Sepik

Unbesungene Helden der Neuguinea-Patrouille

1927–28

NEUGUINEA WAR 1526 VON PORTUGIESISCHEN SEELEUTEN ENTDECKT und „Insel der Papuas" genannt worden – ein Name, der sich bis heute erhalten hat. Aber mehr als drei Jahrhunderte lang setzte kein Europäer seinen Fuß in das dicht bewaldete Binnenland. Die vom Dschungel bestandenen Flüsse blieben unerforscht, die schneeschimmernden Berggipfel, die sich unwirklich aus dem dampfenden Grün zu erheben schienen, blieben ungesehen. Dabei bot die vielfältige Topographie der Insel für Naturforscher, Anthropologen und Entdecker ganz besondere Herausforderungen. Doch noch im 20. Jahrhundert waren die Landschaften zwischen den Flüssen nicht erforscht, und die einheimischen Stämme, von denen einige ganz offenkundig Kannibalen waren, lebten in segensreicher Unwissenheit über die Welt jenseits ihrer Wälder. Versuche, den Nordwesten zu besiedeln, waren fehlgeschlagen, und so blieb die Insel bis zu den 70er-Jahren des 19. Jahrhunderts ein Niemandsland. Dann gründeten Missionare Port Moresby, und der italienische Abenteurer Luigi d'Albertis unternahm die erste größere Expedition ins Binnenland, indem er den Fly 930 Kilometer weit aufwärts fuhr. Die Teilung der Insel zwischen Großbritannien, Deutschland und den Niederlanden brachte die Erforschung beträchtlich voran, die im britischen Sektor scharf kontrolliert wurde und vorwiegend in den Händen von wenig bekannten Offizieren der lokalen Polizei, der Neuguinea-Patrouille, lag.

Charles Henry Karius stammte aus Queensland und hatte sich als Freiwilliger im Ersten Weltkrieg an die Westfront gemeldet, die er jedoch erst erreichte, als der Krieg schon beendet war. 1920 schloss er sich als Offiziersanwärter der Neuguinea-Patrouille an. Zu dieser Zeit hatten Entdecker und Prospektoren die schmale Halbinsel im Osten durchquert. Doch niemand hatte sich bisher an den Mittelteil gewagt, wo eine undurchdringliche Bergkette mit tiefen Tälern und messerscharfen Kalksteinformationen die Nebenflüsse des nach Süden verlaufenden Fly von denen des Sepik, des großen Flusses im Norden, trennte. 1926 wurde Karius mit der Aufgabe betraut und nahm als stellvertretenden Befehlshaber Ivan Francis Champion mit, der später zu einem der berühmtesten Entdecker Neuguineas werden sollte. Ihr erster Versuch schlug fehl, aber 1927 fuhren sie mit einem Team von 36 Mann den Fly aufwärts und erklommen das Victor-Emmanuel-Gebirge, wobei sie fast vertikale Felswände überwinden mussten. Tiefe Abgründe überquerten sie auf umgestürzten Baumstämmen oder klammerten sich an glitschige, moosbedeckte Wurzeln. Ein Fehlgriff konnte den Tod bedeuten. Nachdem sie Hindernisse bewältigt hatten, die „zu zahlreich waren, um sie zu beschreiben", erreichten sie den Sepik und gelangten auf ihm zur Nordküste.

Rechts Charles Karius vor seinem Zelt im Dorf Kapatia, Neuguinea, 1927.

AT KAPATIA. 27.

Bertram Thomas durchquert das „Leere Viertel“

Das letzte unbeschriebene Stück Erde

1930 – 31

Um 1930 war das Zeitalter der Kraftwagen und der Flugzeuge endgültig angebrochen, und so lässt sich annehmen, dass es kaum noch wichtige Regionen gab, die der Aufmerksamkeit der europäischen Entdecker entgangen waren. Doch während die entferntesten Winkel der Amazonasdschungel, die innersten Gebiete von Australien, Afrika und der Antarktis ihre Geheimnisse der menschlichen Neugier nach und nach preisgegeben hatten, blieb noch eine große *terra incognita* übrig – die wasserlose Ödnis der Rub' al-Khali, jener ungeheuren Sandwüste auf der Arabischen Halbinsel, deren Name „Leeres Viertel“ bedeutet. James Wellstead war in den 1830er-Jahren an ihren Rändern entlanggezogen, Leo Hirsch hatte sie 1893 vom Wadi Hadramaut aus erspäht, und seit den 1880er-Jahren waren Entdecker vorsichtig über die Ruinen von Marib hinausgelangt. Für manche, darunter Richard Francis Burton und Gerard Leachman, blieb die Erforschung ein Traum, aber Bertram Sidney Thomas machte ihn wahr und wurde der erste Europäer, der das Leere Viertel durchquerte.

Bertram Thomas kam 1917 als Soldat in den Nahen Osten und bekleidete nach dem Krieg dort eine Reihe von Posten im zivilen und diplomatischen Dienst. Während die meisten seiner Kollegen ihren Urlaub im Sommer nahmen, um sich im milderen Klima der indischen Bergstationen zu erholen, wählte Thomas den Winter, der sich für Entdeckungsfahrten am besten eignete. 1927 – 28 unternahm er einen 1000 Kilometer langen Kamelritt entlang der gesamten südöstlichen Küste von Oman, und 1929 – 30 bereiste er zum ersten Mal die Rub' al-Khal, indem er von Salalah aus 250 Kilometer weit ins Landesinnere bis zum Rand der Wüste vorstieß. Um sich die Freundschaft und das Vertrauen der Einheimischen zu sichern, von denen sein Erfolg abhing, ließ er sich einen Bart wachsen, trug arabische Kleidung und verzichtete auf Nikotin und Alkohol.

Im Oktober 1930 dann wagte er das Abenteuer. Reise und Ziel waren geheimgehalten, aber von den Briten und dem Sultan von Muskat und Oman gebilligt worden. Thomas ging von einem britischen Öltanker an Land, sammelte in Salalah Beduinen um sich und zog landeinwärts. Im Januar hatte er die sich unendlich dehnenden Dünen des Leeren Viertels erreicht, wo mysteriöse Spuren zur im Sand versunkenen alten Stadt Ubar führten. Trotz gnadenloser Hitze und peitschender Sandstürme hatten er und seine Karawane nach 18 Tagen die 430 Kilometer lange Strecke bewältigt und erreichten Anfang Februar Doha. Für diese Leistung und die dabei gewonnenen Erkenntnisse wurde Thomas vielfach geehrt. Er war der Letzte jener Generation von Arabienforschern, die, um mit T. E. Lawrence zu sprechen, „die unberührte Erde um des Neuen willen durchwanderten“.

Rechts Bertram Thomas erkundet den nächsten Horizont des Leeren Viertels. **Folgende Seiten** Bertram Thomas mit seiner Karawane auf dem Weg zur Rub' al-Khali, der letzten unerforschten Wildnis der Erde.

1938–39

Die Antarktis umzäunt von Hakenkreuzen

Alfred Ritscher: Kolonisierung oder Verschwörung?

Die Geschichte der Entdeckungen kennt viele bizarre und exzentrische Unternehmungen, doch übertrafen einige, die unter der Schirmherrschaft des nationalsozialistischen „Dritten Reichs" stattfanden, alles bisher Dagewesene. 1938, am Vorabend des Zweiten Weltkriegs, schickte der SS-Chef Heinrich Himmler, der eine Vorliebe für die Parawissenschaften hegte und pervertierten anthropologischen Ideen huldigte, eine ausgezeichnet dokumentierte Expedition nach Tibet, die dort den Ursprüngen der arischen Rasse nachgehen sollte. Ihre Leiter, der Naturforscher Ernst Schäffer und der Anthropologe Bruno Beger, deren Rassentheorien den Weg nach Auschwitz bahnten, nahmen bei den arglosen Tibetern Kopfvermessungen vor und verteilten Fähnchen mit Hakenkreuzen – einem in Tibet hoch verehrten Symbol. Eine ähnliche, 1942 für den Kaukasus geplante Expedition blieb schon in den Anfängen stecken, und noch bevor Schäffer den Aufenthaltsort eines roten Pferdes mit weißer Mähne, von dem Himmler aus nordischen Märchen erfahren hatte, ausfindig machen konnte, war der Krieg vorüber.

Geheime Nazi-Expeditionen haben Verschwörungstheoretikern immer wieder willkommenes Material geliefert, aber keine löste solche Spekulationen aus wie Alfred Ritschers Operationen in der Antarktis. Ob er dort tatsächlich nach alten, im Eis begrabenen Kulturen, nach Forschungsmöglichkeiten für Anti-Schwerkraft-Apparaturen oder nach einer unterirdischen Zuflucht für hochrangige Nazideutsche suchen sollte, wird wohl nie geklärt werden können. Sein offizielles, weitaus weniger spektakuläres Ziel bestand in der Errichtung von Stationen für die deutsche Walfangflotte. Doch warum Ritscher es für notwendig hielt, monotone Eiswüsten auf zahllosen Farbfotografien festzuhalten oder ein riesiges Gebiet für das Reich zu markieren, warf Fragen auf, die, wie manche meinten, unkonventionelle Antworten erforderten. Ritschers Expedition startete im Dezember 1938 mit einem von der Lufthansa aufwendig umgebauten „Mutterschiff" für Flugzeuge, das einen Monat später Dronning Maud Land erreicht hatte, einen Abschnitt der Antarktis, den die Norweger mit großem Nachdruck für sich beanspruchten. Zwei mit einem Dampfkatapult vom Schiff zum Start gebrachte Flugboote überquerten bei ihren Einsätzen 600 000 Quadratkilometer des Kontinents und drangen an die 600 Kilometer ins Binnenland vor. Reihenbildkameras machten mit sechs jeweils 390 Meter langen Filmen 11 000 Luftaufnahmen, von denen die wenigsten mit geographischen Koordinaten versehen sind, weshalb ihr Sinn und Wert die Interpreten immer wieder vor Rätsel gestellt hat. Das Territorium erhielt den Namen „Neu-Schwabenland" und wurde „kolonisiert", indem die Flugzeuge alle zwanzig Kilometer einen mit einer Hakenkreuzfahne versehenen Aluminiumpfeil abwarfen, der sich dreißig Zentimeter tief in das Eis bohren konnte. Als Ritscher im April 1939 zurückkehrte, erhielt er Glückwunschtelegramme von Hitler und Göring, doch fielen bereits geplante weitere Unternehmungen dieser Art dem Krieg zum Opfer.

Rechts oben Alfred Ritscher setzt die Hakenkreuzfahne auf antarktisches Eis.
Rechts unten Die Karte der geplanten Kolonie „Neu-Schwabenland" zeigt die Ergebnisse von Ritschers Vermessungen.

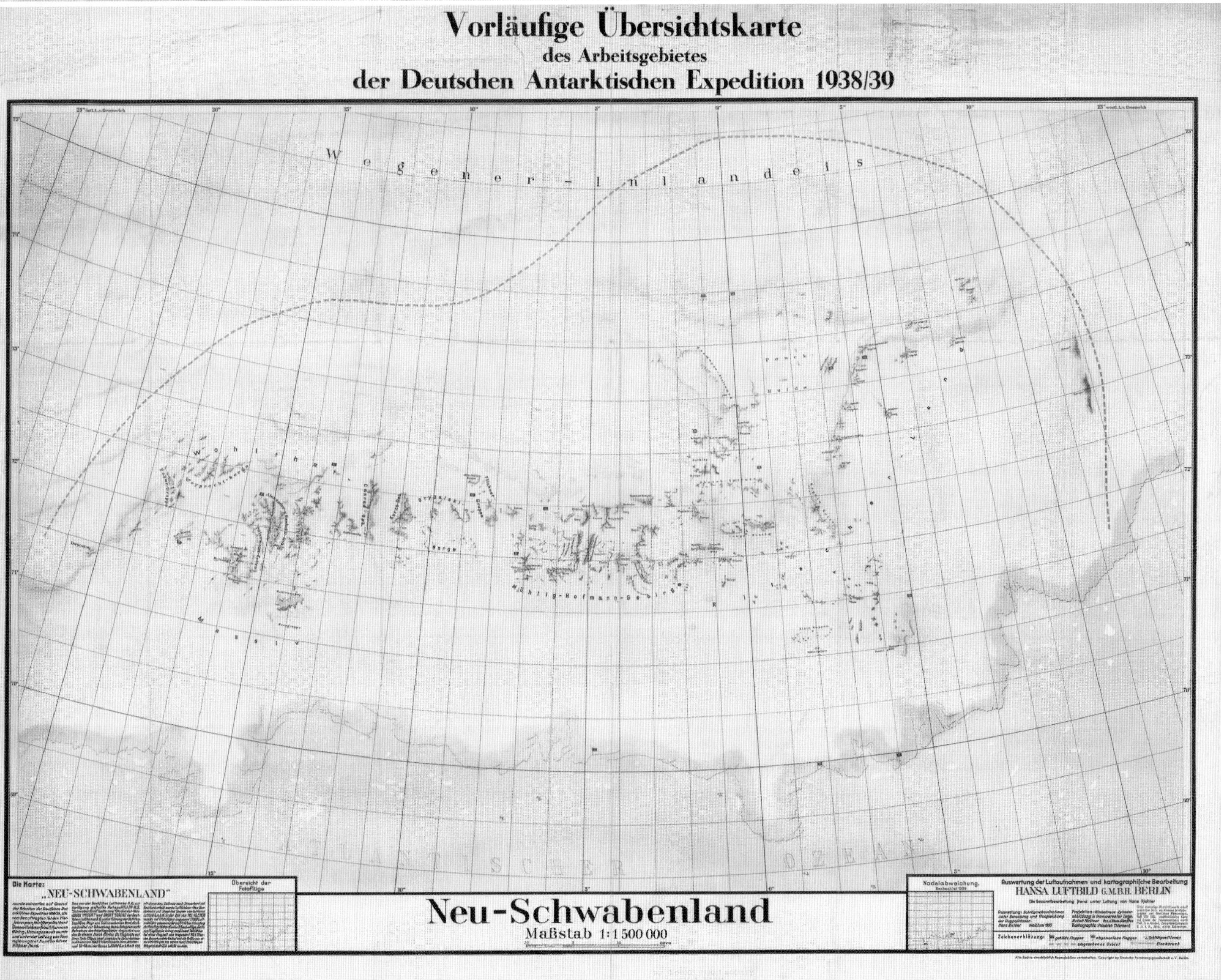

Vorläufige Übersichtskarte
des Arbeitsgebietes
der Deutschen Antarktischen Expedition 1938/39
Wegener-Inlandeis
Mühlig-Hofmann-Gebirge
Atlantischer Ozean
Die Karte:
„NEU-SCHWABENLAND"
Übersicht der Fotoflüge
Neu-Schwabenland
Maßstab 1:1 500 000
Nadelabweichung
Auswertung der Luftaufnahmen und kartographische Bearbeitung
HANSA LUFTBILD G.M.B.H. BERLIN

Acht Männer überwintern in einer Holzbox

Vivian Fuchs überquert die Antarktis

1955 – 58

Die technologischen Fortschritte des 20. Jahrhunderts sollten eigentlich, so könnte man annehmen, die Landüberquerung des antarktischen Kontinents zu einer relativ einfachen Angelegenheit gemacht haben. Aber auch in den vierzig Jahren nach den gescheiterten Versuchen Wilhelm Filchners und Ernest Shackletons war die Antarktis ein abweisender Ort geblieben, der all jene, die es wagten, die Eiswüsten zu betreten, daran gemahnte, dass das Zeitalter der Entdeckungen vielleicht doch noch nicht ganz vorüber war. Als Vivian Fuchs 1955 an der Spitze der „Commonwealth Trans-Antarctic Expedition" die Überquerung in Angriff nahm, wählte er eine ähnliche Strategie wie Shackleton. Er wollte am Weddellmeer ein Basislager errichten, während ein zweites Team unter Edward Hillary, dem Bezwinger des Mt. Everest, Fuchs auf der anderen Seite des Kontinents erwarten sollte. Eine an frühere Fehlschläge erinnernde Katastrophe schien sich jedoch schon anzubahnen, als das Mutterschiff, die *Theron*, im Weddellmeer vom Eis eingeschlossen wurde. Die *Theron* konnte sich allerdings mithilfe eines Schwimmerflugzeugs befreien, das ihr den Weg aus dem Packeis wies. Fuchs kehrte Anfang 1956 nach London zurück, ließ aber acht Mann unter Leitung von Kenneth Blaiklok zurück. Sie sollten das mitgebrachte Material an den Basisstandort transportieren und dort ein Lager installieren.

Die Bestandteile ihrer in Behältern verpackten Winterhütte und der meiste Proviant lagen am Ufer und auf dem Eis des Weddellmeers verstreut, als Blaikloks Team sich daranmachte, eine dauerhafte Unterkunft für den bevorstehenden Winter zu errichten. Doch kaum war der Holzrahmen aufgebaut, als auch schon ein Blizzard aufkam, der die Männer in ihre winzigen, vom Sturm gebeutelten Zelte trieb und sie zwang, die sechs mal drei mal drei Meter große Verpackungskiste, die zuvor den Traktor beherbergt hatte, in ein Behelfsquartier umzuwandeln. Doch da sie nicht abgedichtet war, füllte sie sich mit Schnee, und als sich die Männer nach dem Blizzard endlich aus ihrem eisigen Verlies befreit hatten, mussten sie zu ihrem Entsetzen feststellen, dass das Eis aufgebrochen war und den Großteil der Vorräte ins Meer mitgenommen hatte. Zudem lagen die Kisten mit den Baumaterialien tief im Schnee begraben. Dennoch überstanden die Männer den Winter bei recht guter Gesundheit. Nachdem sie die Kisten mühselig aus dem Schnee geborgen hatten, konnten sie die Hütte rechtzeitig für die Rückkehr von Fuchs, der im Dezember 1956 eintraf, fertigstellen. Im Vergleich dazu war die darauffolgende Überquerung des Kontinents, die 1957 – 58 mit Motorfahrzeugen und Luftunterstützung durch Flugzeuge vonstatten ging, eine recht unproblematische Angelegenheit. Fuchs und seine Männer trafen Anfang Januar am Südpol auf Hillarys Team und folgten dann der von ihm markierten Route zum Lager am Rossmeer. Anfang März war die erste Überquerung des Kontinents geglückt, bei der in 99 Tagen 3473 Kilometer zurückgelegt wurden.

Rechts Eine der von Fuchs bei der Überquerung der Antarktis benutzten Sno-Cats.

TRANS ANTARCTIC
EXPEDITION

Die englische Originalausgabe ist 2009 bei Weidenfeld & Nicolson (Orion Publishing Group Ltd.) unter dem Titel *The Book of Exploration* erschienen.

Lizenzausgabe für die Wissenschaftliche Buchgesellschaft

ISBN 978-3-534-23837-8

Die Herausgabe des Werkes wurde durch die Vereinsmitglieder der WBG ermöglicht.

Gedruckt auf säurefreiem und alterungsbeständigem Papier
Gestaltung und Satz der deutschen Ausgabe: schreiberVis, Seeheim
Printed in Italy

www.wbg-wissenverbindet.de

Mix
Produktgruppe aus vorbildlich bewirtschafteten Wäldern und anderen kontrollierten Herkünften
www.fsc.org Zert.-Nr. CQ-COC-000012
© 1996 Forest Stewardship Council